HR MDTA
www.chinahrw.net

中·小·微企业管理实务系列

U0710743

中·小·微企业
流程设计实务

弗布克 ◎ 编著

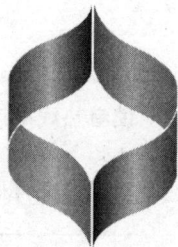

PROCESS DESIGN PRACTICE

中国铁道出版社
CHINA RAILWAY PUBLISHING HOUSE

内 容 简 介

本书从企业流程设计的方法和形式等着手，详细介绍了 10 类职能的 93 个流程，并由此设计出常用的管理流程，辅以流程说明对流程进行解析，其中连接了流程使用配套的文件、表单等，方便读者高效运用，将流程落到实处，构建了中·小·微企业的常用流程体系，使得流程体系构建标准化、规范化和实用化。

本书适合中·小·微企业管理人员、从事流程设计工作的人员及生产、采购、市场、销售等业务部门工作人员使用，还可作为管理咨询人员、高校相关专业师生和培训机构的参考用书。

图书在版编目（CIP）数据

中·小·微企业流程设计实务 / 北京弗布克管理咨询有限公司编著. —北京：中国铁道出版社，2017.6
ISBN 978-7-113-22910-8

Ⅰ. ①中… Ⅱ. ①北… Ⅲ. ①中小企业－企业管理－研究 Ⅳ. ①F276.3

中国版本图书馆 CIP 数据核字（2017）第 050421 号

书　　名：中·小·微企业流程设计实务
作　　者：弗布克　编著

策　　划：王　佩　　　　　　　　　读者热线电话：010-63560056
责任编辑：杨新阳
责任印制：赵星辰　　　　　　　　　封面设计：MXK DESIGN STUDIO

出版发行：中国铁道出版社（北京市西城区右安门西街 8 号　邮政编码：100054）
印　　刷：三河市宏盛印务有限公司
版　　次：2017 年 6 月第 1 版　　　　2017 年 6 月第 1 次印刷
开　　本：787mm×1 092mm　1/16　印张：15　字数：301 千
书　　号：ISBN 978-7-113-22910-8
定　　价：49.00 元

中·小·微企业的管理从来就不缺少理论，缺少的是制度设计、流程设计、目标管理、财务会计和风险控制等关键事项的系统设计。

《中·小·微企业管理实务系列》是一套专门为中·小·微企业量身打造的实用型指导丛书。丛书围绕中·小·微企业管理的五大关键事项，旨在为中·小·微企业的管理工作提供科学的实践范例、实用的工具方法和规范的管理标准，以期引导中·小·微企业快速走上发展壮大之路。

本系列图书包括《中·小·微企业制度设计实务》《中·小·微企业流程设计实务》《中·小·微企业目标管理实务》《中·小·微企业财务会计管理实务》和《中·小·微企业风险控制实务》，整套系列图书具备以下特色。

这是一套"一竿子插到底"的管理实务经典。本系列图书帮助中·小·微企业摆脱用工成本上升、原材料价格上涨、订单量减少及资金链紧张等困扰，走出"温水煮蛙"的艰难处境。

这是一次"逢山开路、遇水搭桥"的实战演练。本系列图书引导成百上千的年轻人在"梦工厂"实现创业梦想。崇尚创业、鼓励冒险、宽容失败、创造条件，让年轻人的激情、热情、想象力、创新能力得到充分的释放和发挥。

这是一种"更加快捷、更加高效"的模式模板分享。操千曲而后晓声，观千剑而后识器。本系列图书既为中·小·微企业梳理了管理系统、构建了业务管理体系，还针对具体的业务事项给出了流程、标准、制度、方案、方法、工具等方面的模板和范例。为小微企业管理者可能遇到的困惑提供了一套切实可行的解决方案。

综上所述，"中·小·微企业管理实务系列"图书本着促进中·小·微企业管理人员"知识体系化、管理规范化、操作模板化、范例分享化"的设计理念，向读者提供了全方位的中·小·微企业管理方法和执行工具，推进管理工作的高效执行，是中·小·微企业管理人员在工作中必不可少的工具书。

流程设计是中·小·微企业规范化管理的重心，完善的流程体系能够提升中·小·微企业人员的执行力，提升组织的运营效率。因此，企业应做好流程设计工作，使各项业务操作达到标准化、流程化和规范化。

《中·小·微企业流程设计实务》从流程设计方法着手，针对十大业务职能，设计了93个常见的流程及其说明，能够有效指引读者构建自己企业的流程体系，方便读者**"拿来可用""稍改即用"**。本书主要有如下四大特点。

1. 提供流程体系设计思路

本书从流程简介着手，对流程设计、绘制过程、说明文件编制等进行了详细的说明，读者可依次设计出符合企业实际需求、适合企业发展阶段的流程体系。

2. 解析各职能结构及重点内容

本书对中·小·微企业战略规划、营销管理、技术研发、生产运营、质量管理、安全生产、采购供应、财务管理、人力资源管理、行政后勤管理等十大职能的管理事项结构进行了分析，并明确各项管理的重点，能够协助企业快速遴选出重要的流程。

3. 中·小·微企业流程实例分享

本书提供了中·小·微企业常用的93个流程，这些流程是企业使用频率较高、较实用的管理流程，有利于企业构建自身的规范化管理流程体系，方便企业将这些流程针对性地落实到各个管理环节当中，有效解决组织运营不规范、执行效率低下等问题，逐渐消除管理盲点，为企业实现管理的流程化、规范化及标准化奠定基础。

4. 配套展示标准化的流程说明

本书针对每一个流程，都提供了标准化的流程说明。该说明明确了流程的起始节点、流程涉及的部门及职责、流程依据的管理文件、流程产生的表单与记录、流程关键环节及节点说明等，为企业流程说明提供了标准化的模板。

本书适合中·小·微企业管理人员、企业流程设计人员及生产、采购、市场、销售等业务管理部门工作人员使用，还可作为管理咨询人员、高校相关专业师生和培训机构的参考用书。

在本书编写的过程中，孙立宏、程富建、董建华、刘井学负责资料的收集和整理，贾月、周海静负责图表的编排，王瑞永参与编写了本书的第1章，周鸿参与编写了本书的第 2 章，张天骄参与编写了本书的第 3 章，程淑丽参与编写了本书的第 4 章，权锡哲参与编写了本书的第 5 章，黄成日参与编写了本书的第 6 章，金成哲参与编写了本书的第 7 章，李艳参与编写了本书的第 8 章，赵红梅参与编写了本书的第 9 章，滕金伟参与编写了本书的第 10 章，毕春月参与编写了本书的第 11 章，全书由北京弗布克管理咨询有限公司组织统撰定稿。

CONTENTS 目 录

第 1 章　企业管理流程设计 1

　1.1　流程简介 1

　　1.1.1　流程的概念 1

　　1.1.2　管理流程 1

　　1.1.3　业务流程 2

　1.2　流程设计 3

　　1.2.1　流程设计的基础 3

　　1.2.2　流程设计的原则 4

　　1.2.3　流程设计的事项 4

　　1.2.4　关键流程的选择 6

　1.3　流程的绘制 9

　　1.3.1　绘制的步骤 9

　　1.3.2　绘制的工具 10

　　1.3.3　流程体系构建 10

　1.4　流程的形式 11

　　1.4.1　流程标准符号 11

　　1.4.2　步骤式流程图 12

　　1.4.3　岔道式流程图 12

　　1.4.4　矩阵式流程图 13

　　1.4.5　泳道式流程图 14

　1.5　流程说明文件设计 15

　　1.5.1　流程说明要求 15

　　1.5.2　流程起始简介 16

　　1.5.3　流程涉及部门及职责 16

　　1.5.4　流程依据的管理文件 16

　　1.5.5　流程相关表单和记录 17

　　1.5.6　流程关键环节和节点 17

　　1.5.7　其他需要说明的事项 17

第 2 章　企业战略规划流程设计 19

　2.1　战略规划管理结构 19

　　2.1.1　战略规划管理总体结构 19

　　2.1.2　战略规划工作的重点 19

　2.2　经营战略规划 20

　　2.2.1　经营规划制定流程 20

2.2.2　经营规划制定流程说明文件 21

2.3　财务规划管理 22

2.3.1　财务预算规划编制流程 22

2.3.2　财务预算规划编制流程说明文件 23

2.3.3　投资经营规划流程 24

2.3.4　投资经营规划流程说明文件 25

2.3.5　筹资融资规划流程 26

2.3.6　筹资融资规划流程说明文件 27

2.4　人力资源规划 28

2.4.1　人力资源规划流程 28

2.4.2　人力资源规划流程说明文件 29

2.5　品牌战略规划 30

2.5.1　品牌商标推广宣传流程 30

2.5.2　品牌商标推广宣传流程说明文件 31

2.6　企业文化规划 32

2.6.1　企业文化建设规划流程 32

2.6.2　企业文化建设规划流程说明文件 33

2.7　技术研发规划 34

2.7.1　技术研发规划流程 34

2.7.2　技术研发规划流程说明文件 35

2.8　信息化建设规划 36

2.8.1　信息化建设规划流程 36

2.8.2　信息化建设规划流程说明文件 37

第 3 章　企业营销管理流程设计 39

3.1　企业营销管理结构 39

3.1.1　企业营销管理总体结构 39

3.1.2　企业营销管理的重点 39

3.2　营销渠道建设 40

3.2.1　营销渠道建设流程 40

3.2.2　营销渠道建设流程说明文件 41

3.2.3　销售政策制定流程 42

3.2.4　销售政策制定流程说明文件 43

3.3　销售计划制订 44

3.3.1　销售计划制订流程 44

3.3.2　销售计划制订流程说明文件 45

3.4　销售订单管理 46

3.4.1　销售订单合同报价流程 46

3.4.2　销售订单合同签订流程 47

3.4.3　销售订单合同更改流程 ……………………………………… 48

3.4.4　销售订单合同评审流程 ……………………………………… 49

3.4.5　销售订单管理流程说明文件 ………………………………… 50

3.5　交付发货管理 ……………………………………………………… 51

3.5.1　交付发货管理流程 ……………………………………………… 51

3.5.2　交付发货管理流程说明文件 ………………………………… 52

3.6　销售回款管理 ……………………………………………………… 53

3.6.1　销售回款管理流程 ……………………………………………… 53

3.6.2　销售回款管理流程说明文件 ………………………………… 54

第 4 章　企业技术研发流程设计 ……………………………………… 57

4.1　技术研发管理结构 ………………………………………………… 57

4.1.1　技术研发管理总体结构 ……………………………………… 57

4.1.2　技术研发的管理重点 ………………………………………… 57

4.2　产品技术研发计划 ………………………………………………… 58

4.2.1　产品研发计划流程 ……………………………………………… 58

4.2.2　产品研发计划流程说明文件 ………………………………… 59

4.2.3　技术研发计划评审流程 ……………………………………… 60

4.2.4　技术研发计划评审流程说明文件 …………………………… 61

4.3　产品工艺开发制定 ………………………………………………… 62

4.3.1　产品工艺制定流程 ……………………………………………… 62

4.3.2　产品工艺制定流程说明文件 ………………………………… 63

4.3.3　产品工装设计流程 ……………………………………………… 64

4.3.4　产品工装设计流程说明文件 ………………………………… 65

4.4　外包产品技术协同设计 …………………………………………… 66

4.4.1　技术协同开发流程 ……………………………………………… 66

4.4.2　技术协同开发流程说明文件 ………………………………… 67

4.4.3　外包产品技术审核流程 ……………………………………… 68

4.4.4　外包产品技术审核流程说明文件 …………………………… 69

4.5　设计试验与技术引进 ……………………………………………… 70

4.5.1　技术引进吸收评审流程 ……………………………………… 70

4.5.2　技术引进吸收评审流程说明文件 …………………………… 71

第 5 章　生产运营管理流程设计 ……………………………………… 73

5.1　生产运营管理结构 ………………………………………………… 73

5.1.1　生产运营管理总体结构 ……………………………………… 73

5.1.2　生产运营的管理重点 ………………………………………… 73

5.2　生产运营计划管理 ………………………………………………… 74

5.2.1　生产计划制订流程 ……………………………………………… 74

5.2.2　计划制订流程说明文件 ……………………………………………… 75
5.2.3　生产计划调整流程 …………………………………………………… 76
5.2.4　生产计划调整流程说明文件 ………………………………………… 77

5.3　主计划的分解计划 …………………………………………………………… 78
5.3.1　车间作业计划制订流程 ……………………………………………… 78
5.3.2　车间作业计划制订流程说明文件 …………………………………… 79
5.3.3　物料需求计划制订流程 ……………………………………………… 80
5.3.4　物料需求计划制订流程说明文件 …………………………………… 81
5.3.5　外协外包计划制订流程 ……………………………………………… 82
5.3.6　外协外包计划制订流程说明文件 …………………………………… 83

5.4　生产制造过程管理 …………………………………………………………… 84
5.4.1　生产作业指导书制定流程 …………………………………………… 84
5.4.2　生产作业指导书制定流程说明文件 ………………………………… 85
5.4.3　生产派工任务下达流程 ……………………………………………… 86
5.4.4　生产派工任务下达流程说明文件 …………………………………… 87
5.4.5　生产协调调度工作流程 ……………………………………………… 88
5.4.6　生产协调调度工作流程说明文件 …………………………………… 89
5.4.7　生产问题处理流程 …………………………………………………… 90
5.4.8　生产问题处理流程说明文件 ………………………………………… 91

5.5　生产过程物料管理 …………………………………………………………… 92
5.5.1　生产限额用料流程 …………………………………………………… 92
5.5.2　生产限额用料流程说明文件 ………………………………………… 93
5.5.3　车间在制品管理流程 ………………………………………………… 94
5.5.4　车间在制品管理流程说明文件 ……………………………………… 95

5.6　生产完工入库管理 …………………………………………………………… 96
5.6.1　完工总检管理流程 …………………………………………………… 96
5.6.2　完工总检管理流程说明文件 ………………………………………… 97
5.6.3　产成品完工入库流程 ………………………………………………… 98
5.6.4　产成品完工入库流程说明文件 ……………………………………… 99

5.7　生产统计核算管理 …………………………………………………………… 100
5.7.1　生产进度统计管理流程 ……………………………………………… 100
5.7.2　生产进度统计管理流程说明文件 …………………………………… 101

5.8　生产运营设备管理 …………………………………………………………… 102
5.8.1　生产设备管理流程 …………………………………………………… 102
5.8.2　生产设备管理流程说明文件 ………………………………………… 103
5.8.3　设备维护管理流程 …………………………………………………… 104
5.8.4　设备维护管理流程说明文件 ………………………………………… 105

第 6 章　企业质量管理流程设计..107

　　6.1　质量管理体系结构..107

　　　　6.1.1　质量管理体系总体结构..107

　　　　6.1.2　质量管理体系工作重点..107

　　6.2　质量体系的建设..109

　　　　6.2.1　质量体系建设流程..109

　　　　6.2.2　质量体系建设流程说明文件..110

　　　　6.2.3　质量体系文件管理流程..111

　　　　6.2.4　质量体系文件管理流程说明文件..112

　　　　6.2.5　质量体系认证管理流程..113

　　　　6.2.6　质量体系认证管理流程说明文件..114

　　6.3　质量目标计划管理..115

　　　　6.3.1　质量目标考核流程..115

　　　　6.3.2　质量目标考核流程说明文件..116

　　　　6.3.3　质量工作计划制订流程..117

　　　　6.3.4　质量工作计划制订流程说明文件..118

　　6.4　产品质量过程控制..119

　　　　6.4.1　来料质量检验流程..119

　　　　6.4.2　来料质量检验流程说明文件..120

　　　　6.4.3　制程质量检验流程..121

　　　　6.4.4　制程质量检验流程说明文件..122

　　　　6.4.5　终检质量检验流程..123

　　　　6.4.6　终检质量检验流程说明文件..124

　　6.5　质量不合格处置管理..125

　　　　6.5.1　材料不合格处置流程..125

　　　　6.5.2　材料不合格处置流程说明文件..126

　　　　6.5.3　产品不合格处置流程..127

　　　　6.5.4　产品不合格处置流程说明文件..128

　　6.6　质量改进工作管理..129

　　　　6.6.1　质量改进管理流程..129

　　　　6.6.2　质量改进管理流程说明文件..130

第 7 章　企业安全生产流程设计..133

　　7.1　安全生产管理结构..133

　　　　7.1.1　安全生产管理总体结构..133

　　　　7.1.2　安全生产管理工作重点..133

　　7.2　安全生产计划管理..134

　　　　7.2.1　安全生产计划管理流程..134

　　　　7.2.2　安全生产计划管理流程说明文件..135

7.3 危险操作作业管理 136
　　7.3.1 危险操作作业审批流程 136
　　7.3.2 危险操作作业审批流程说明文件 137
7.4 消防安全防火管理 138
　　7.4.1 消防设施管理流程 138
　　7.4.2 消防设施管理流程说明文件 139
7.5 安全生产教育培训 140
　　7.5.1 安全培训管理流程 140
　　7.5.2 安全培训管理流程说明文件 141
7.6 安全事故处理处置 142
　　7.6.1 安全事故调查流程 142
　　7.6.2 安全事故调查流程说明文件 143
　　7.6.3 安全事故处置流程 144
　　7.6.4 安全事故处置流程说明文件 145

第8章　企业采购供应流程设计 147
8.1 采购供应管理机构 147
　　8.1.1 采购供应管理总体结构 147
　　8.1.2 采购供应管理工作重点 147
8.2 采购供应计划管理 148
　　8.2.1 采购需求计划制订流程 148
　　8.2.2 采购需求计划制订流程说明文件 149
　　8.2.3 采购计划编制管理流程 150
　　8.2.4 采购计划编制管理流程说明文件 151
8.3 对供应商管理控制 152
　　8.3.1 供应商选择流程 152
　　8.3.2 供应商选择流程说明文件 153
　　8.3.3 供应商考察评估流程 154
　　8.3.4 供应商考察评估流程说明文件 155
8.4 采购供应过程管理 156
　　8.4.1 采购询价管理流程 156
　　8.4.2 采购询价管理流程说明文件 157
　　8.4.3 采购合同管理流程 158
　　8.4.4 采购合同管理流程说明文件 159
8.5 采购到货付款管理 160
　　8.5.1 采购退货管理流程 160
　　8.5.2 采购退货管理流程说明文件 161
　　8.5.3 采购付款管理流程 162
　　8.5.4 采购付款管理流程说明文件 163

8.6　外包外协协作管理 164

8.6.1　采购外包管理流程 164

8.6.2　采购外包管理流程说明文件 165

8.6.3　采购外包商选择流程 166

8.6.4　采购外包商选择流程说明文件 167

8.6.5　采购外包评估管理流程 168

8.6.6　采购外包评估管理流程说明文件 169

8.7　仓库存储保管管理 170

8.7.1　入库管理流程 170

8.7.2　入库管理流程说明文件 171

8.7.3　仓库存储保管流程 172

8.7.4　仓库存储保管流程说明文件 173

8.7.5　仓库盘点管理流程 174

8.7.6　仓库盘点管理流程说明文件 175

第 9 章　企业财务成本流程设计 177

9.1　企业财务成本管理 177

9.1.1　财务成本管理总体结构 177

9.1.2　财务成本管理工作重点 177

9.2　企业成本核算管理 178

9.2.1　成本核算管理流程 178

9.2.2　成本核算管理流程说明文件 179

9.2.3　成本费用控制流程 180

9.2.4　成本费用控制流程说明文件 181

9.3　财务审计纳税管理 182

9.3.1　内部审计管理流程 182

9.3.2　内部审计管理流程说明文件 183

9.3.3　税务筹划工作流程 184

9.3.4　税务筹划工作流程说明文件 185

9.3.5　纳税申报管理流程 186

9.3.6　纳税申报管理流程说明文件 187

第 10 章　企业人力资源流程设计 189

10.1　人力资源管理机构 189

10.1.1　人力资源管理总体结构 189

10.1.2　人力资源管理工作重点 189

10.2　人力资源招聘管理 190

10.2.1　人力资源招聘计划流程 190

10.2.2　人力资源招聘计划流程说明文件 191

10.2.3 人力资源岗位设置流程 192

10.2.4 人力资源岗位设置流程说明文件 193

10.3 员工劳动关系管理 194

10.3.1 劳动合同管理流程 194

10.3.2 劳动合同管理流程说明文件 195

10.3.3 专项合同管理流程 196

10.3.4 专项合同管理流程说明文件 197

10.4 员工绩效考核管理 198

10.4.1 工时定额标准制定流程 198

10.4.2 工时定额标准制定流程说明文件 199

10.4.3 员工绩效考核流程 200

10.4.4 员工绩效考核流程说明文件 201

10.5 人力资源薪酬与培训 202

10.5.1 员工岗位培训流程 202

10.5.2 员工岗位培训流程说明文件 203

10.5.3 薪酬福利管理流程 204

10.5.4 薪酬福利管理流程说明文件 205

第 11 章 企业行政后勤流程设计 207

11.1 行政后勤管理机构 207

11.1.1 行政后勤管理总体结构 207

11.1.2 行政后勤管理工作重点 207

11.2 办公设施用品管理 208

11.2.1 办公设施管理流程 208

11.2.2 办公设施管理流程说明文件 209

11.2.3 办公用品管理流程 210

11.2.4 办公用品管理流程说明文件 211

11.3 会议与接待管理 212

11.3.1 来客接待管理流程 212

11.3.2 来客接待管理说明文件 213

11.3.3 会议组织管理流程 214

11.3.4 会议组织管理流程说明文件 215

11.4 车辆管理 216

11.4.1 车辆使用管理流程 216

11.4.2 车辆使用管理流程说明文件 217

11.5 行政公文管理 218

11.5.1 公文收发管理流程 218

11.5.2 公文收发管理流程说明文件 219

11.6 保卫与环境保护 220
    11.6.1 工厂保卫管理流程 220
    11.6.2 工厂保卫管理流程说明文件 221
    11.6.3 环境保护管理流程 222
    11.6.4 环境保护管理流程说明文件 223

第 1 章

企业管理流程设计

1.1 流程简介

1.1.1 流程的概念

流程的概念自 20 世纪 90 年代传入我国以来，已经越来越多地被广大企业所接受。可是，诸多企业在实施流程管理时，由于对流程和流程再造的基本概念不清晰，结果导致了管理上的失败。

关于流程，不同的人有不同的说法。有人认为，流程就是程序，其实，"流程"和"程序"是两个互相关联，但绝不等同的概念。"流程"可以体现出在一项工作中，若干个作业项目哪个在前，哪个在后，即先做什么、后做什么。除此之外，还可以体现出每一项具体任务是由谁来做，即甲项工作由谁负责，乙项工作又由谁来负责，从而反映出他们之间的工作关系。

只有通过流程才能把一项工作的若干个作业项目或者若干个工作环节，以及它们的责任人和责任人之间的相互工作关系一目了然地表述出来，而程序则是无法做到这一点的。

我们不妨给流程下这样一个定义："流程就是为特定的顾客或特定的市场提供特定的产品或特定的服务所精心设计的一系列活动。"

1.1.2 管理流程

管理流程是支持公司战略和经营顺利实施的流程，如人力资源管理、信息系统管理等。公司通过管理活动对公司的业务开展进行监督、控制、协调、服务，间接地为公司创造价值。常见的管理流程有六类，如图 1-1 所示。

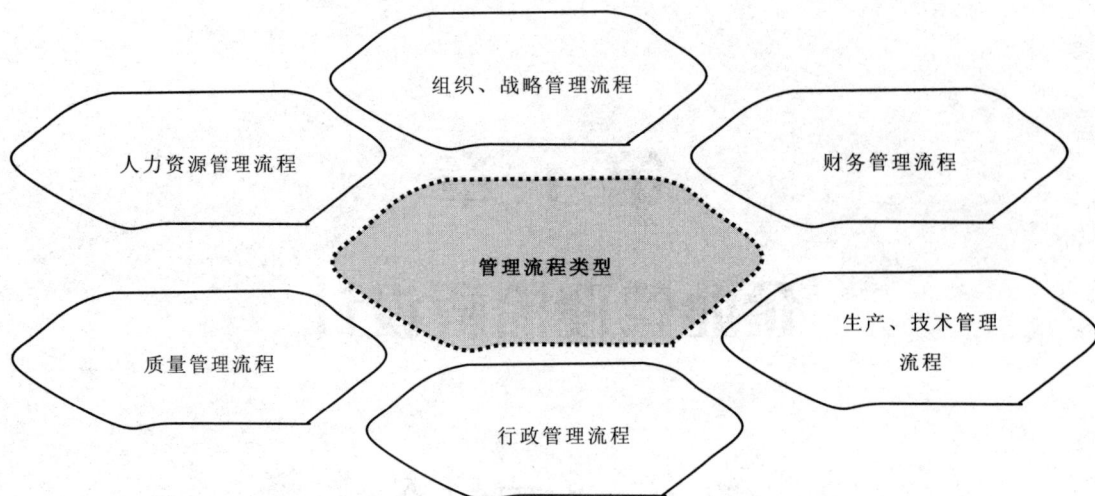

图 1-1　管理流程的六种类型

管理流程具有分配任务、分配人员、启动工作、执行任务、监督任务等功能，根据管理流程中包括的功能，一般情况下可以把管理流程分为以下三个部分，具体如图 1-2 所示。

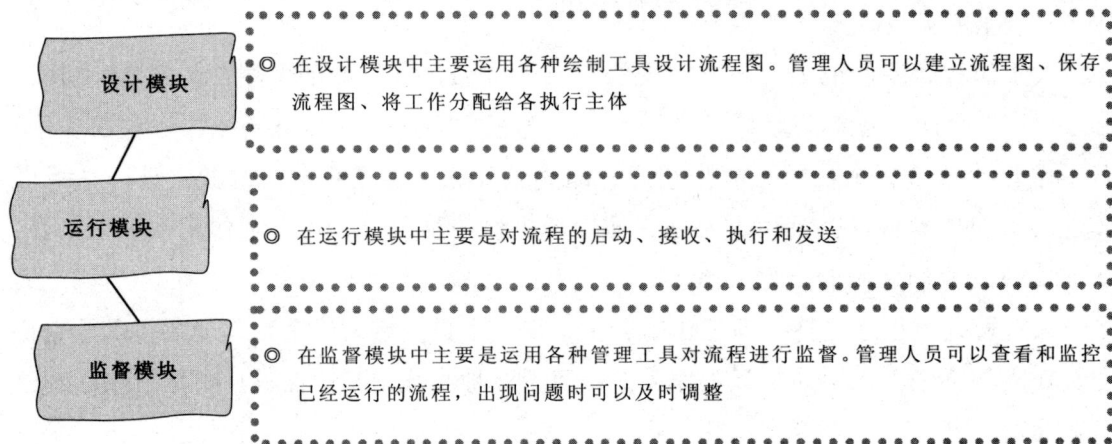

图 1-2　管理流程的组成内容

1.1.3　业务流程

业务流程主要是指公司实现其日常功能的流程，它将工作分配给不同岗位的人员或部门，按照执行的先后顺序及明确好的业务内容、方式、责任，进行不同岗位人员或部门之间的交接活动。

常见的业务流程有六类，如图 1-3 所示。

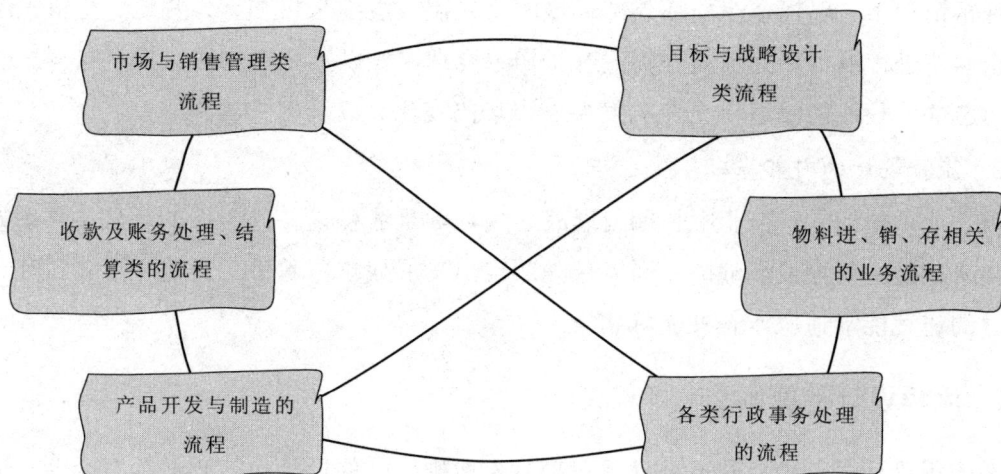

图 1-3　业务流程的常见类型

业务流程对于公司来说不仅是对公司关键业务的一种描述，而且对公司的业务运营具有指导作用。这一指导作用可以保证公司经营目标的顺利实现，降低公司的运营成本，提高公司的市场竞争力，为公司获得更大的利润。其主要特点如表 1-1 所示。

表 1-1　业务流程的主要特点

主要特点	具体说明
层次性	业务流程是有层次性的，体现在由上至下、由整体到部分的逻辑关系，业务流程的层次关系也反映了公司部门和人员之间的层次关系
人性化	公司最重要的部分是人员的工作方式及操作的工作流程，通过业务流程，每位员工都会清晰自己的职责，明确在业务流程中的角色，反馈流程运行中存在的问题
效益性	业务流程能够为公司带来最高利润，以财务数据、人员效率、经营效率、成本控制等为关键数据，对业务流程的好坏进行评估

1.2　流程设计

1.2.1　流程设计的基础

1. 流程设计的外部基础

目前，市场竞争越来越激烈，企业要想在激烈的市场竞争中求得生存和发展，取得竞争优势，使企业在激烈竞争的环境下立于不败之地，就必须全面地、彻底地了解客户的需要，最大限度地满足客户的需求，并且要不断地适应外部市场环境的变化。而流程设计的目的就在于使企业的内部管理通过流程的规范加以改进，使企业不断适应变化的市场形势。

通常情况下，现代企业面临外部环境的巨大挑战主要来自顾客、变化、竞争三个方面。企业在进行流程设计与流程再造时，切记要把握好以上三项内容。只有这样，所设计或再造的流程才能够适应企业的发展、市场的变化，以及客户的需求。

2. 流程设计的内部基础

就企业内部而言，企业中长期发展战略规划则是流程设计与再造的基础条件。如果企业尚未制定中长期发展战略，则应首先制定出发展战略再着手进行流程设计工作，确保设计的流程能够适应本企业实际情况。

1.2.2 流程设计的原则

在流程设计过程中，应遵循以下三项基本原则，以便设计出能够适合本企业、适应市场竞争的流程，将流程管理工作落到实处。

1. 以客户为导向

现在市场竞争，在很大限度上表现为对顾客的争取。一家极具竞争力的企业，必然是能充分满足客户需求的企业，也必然是一家以客户为导向的企业，因此以客户为导向便成为流程设计工作应遵循的基本原则。

2. 以流程为中心

坚持以流程为导向的原则，就是将企业的管理方式从以任务为中心改造成以流程为中心，将原来一个个孤立的任务，连接成能够表示任务之间关系的流程，将企业的管理重点从"任务管理"转移到"流程管理"上来，实现"流程式管理"。

3. 以人为本的团队式管理

流程是需要团队来完成的，所以在流程设计过程中，必须贯彻以人为本的团队式管理精神，注重团队的整体作用及团队配合，使团队的每一个成员都知道自己要做什么，这样有助于员工工作自觉性的提高，也有助于工作效率的提升。

1.2.3 流程设计的事项

在流程设计之前，应首先明确流程设计的具体因素，确定流程设计的事项，准确把握流程设计的方向，这样才能更好地设计流程。

1. 流程的设计目的

在具体单个流程的绘制之前，应首先明确流程的设计目的。一般情况下，流程设计的目的可以从经济、效率等方面来划分，具体如图1-4所示。

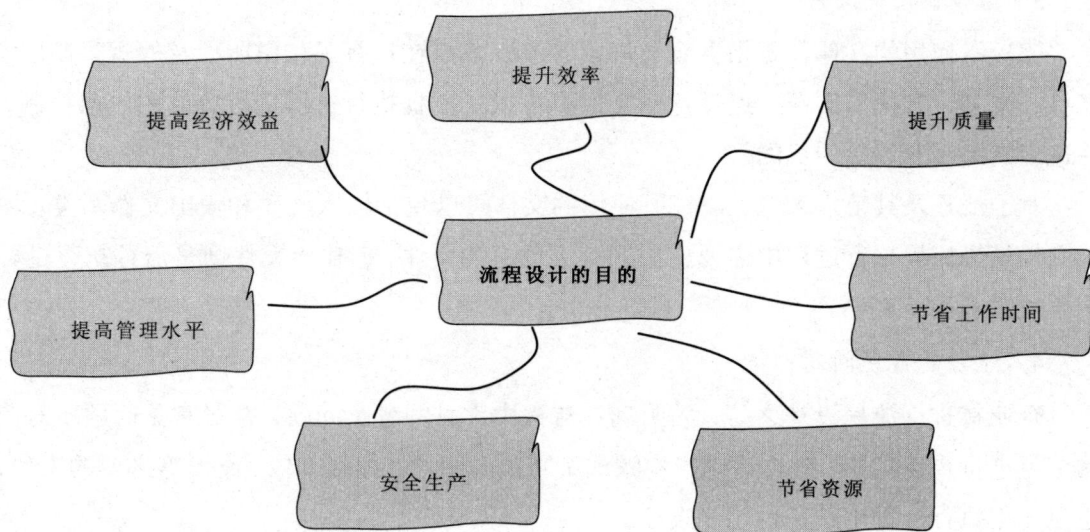

图 1-4 流程设计的目的说明图

2. 流程的关键节点

（1）什么是节点。

在管理流程图或业务流程图中，每一个动作事项都对应着某一个环节，这一环节被称为流程的"节点"。这些节点对公司某一流程的执行效率乃至公司的整体经济效益起着至关重要的作用。

企业要对流程关键节点进行分析，分析节点为什么运行效率低，或运用成本高，或经济效益差，在找出原因的基础上进行有针对性的改善与控制，为节点事项的高效执行、管理流程设计与再造决策提供依据。

（2）关键节点的确定原则。

为了更大限度地提升公司推行流程管理的经济效益，公司在推行流程管理的过程中，需要确定"节点"作为突破口开展流程的设计、改善和管理工作，在选择和确定关键"节点"时，公司需要注意三点，如表 1-2 所示。

表 1-2 关键节点确定原则

原则	具体说明
绩效低下的流程	凡是目前绩效低下，存在工作效率低、效益低的问题之处，都是业务关键点的选取对象
地位的重要性	单纯是绩效低下还不够，这个节点在整个公司管理流程体系中的地位也很重要，即把有关问题进行改善或流程再造后，将对整个公司的效率、效益起着重要的影响
落实的可行性	这个节点改造后的事项是否容易落实，流程再造后能否很快见到实效

综上所述，关键节点的选取是指那些绩效低下，但地位又很重要的，落实又可行的流程中的节点。

3. 流程使用的文件

流程所使用的文件，是指供企业规范各流程节点在执行工作中所涉及的规章制度、表单、文书、方案等文件，通过这些文件，可以对流程执行过程进行有效的内部控制，并达到减少企业风险的目的。

对于流程及其节点来说，流程所使用的文件可以包括输入文件和输出文件两类。输入文件是指流程执行过程中需要使用的各类已有的文件，而输出文件则是流程执行过程中生成的各类新文件。

4. 流程的常见问题

企业在进行流程设计之前，应明确该流程中常见的各类问题，并对常见问题所对应的节点进行重点控制，在设计这些步骤或节点的过程中，加强审核、反馈等必要的工作，避免流程执行过程中这些问题的发生。

5. 流程的执行主体

执行主体是指在流程图中，依照公司制定的各项管理制度和办法规定，在业务作业中享有权利和承担义务，并能够引起业务作业发生、发展或结束的部门和个人。企业在设置执行主体时，需要注意以下事项，如图 1-5 所示。

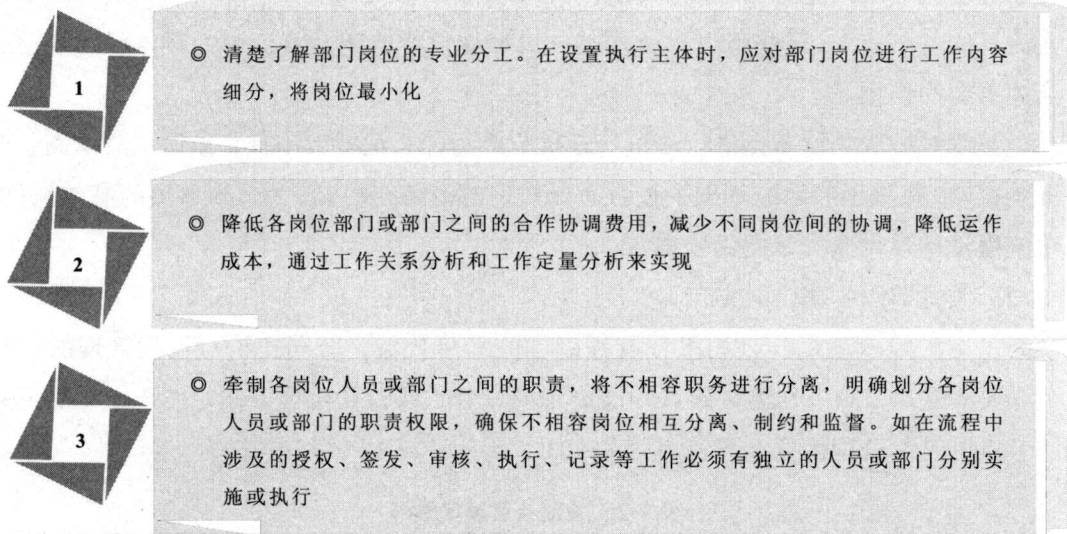

1　◎　清楚了解部门岗位的专业分工。在设置执行主体时，应对部门岗位进行工作内容细分，将岗位最小化

2　◎　降低各岗位部门或部门之间的合作协调费用，减少不同岗位间的协调，降低运作成本，通过工作关系分析和工作定量分析来实现

3　◎　牵制各岗位人员或部门之间的职责，将不相容职务进行分离，明确划分各岗位人员或部门的职责权限，确保不相容岗位相互分离、制约和监督。如在流程中涉及的授权、签发、审核、执行、记录等工作必须有独立的人员或部门分别实施或执行

图 1-5　执行主体设置的注意事项

1.2.4　关键流程的选择

企业在进行流程设计或再造之前，首先要对企业目前存在的问题进行诊断与分析，找出企业问题的关键所在。这些企业关键的、急待解决的问题，需要首先着手建立流程，我们将其称之为"关键流程"。

1. 选择"关键流程"的三大原则

企业在选择"关键流程"时，主要从以下三个方面着手。

原则一：绩效的低下性。凡是目前绩效低下，即存在工作效率较低，效益低的问题之处，都是流程设计的首要选择对象。

原则二：地位的重要性。单纯是绩效的低下还不够，这个流程在整个公司管理流程体系中的地位也很重要。也就是说，把有关问题进行了流程设计之后将对整个企业起着重要的影响。

原则三：落实的可行性。这个流程的设计是否容易落实，流程再造后能否很快见到实效。

综上所述，关键流程应该是绩效低下的，地位又很重要的，而且落实又可行的流程。具备了这些条件才应该是生产企业的关键流程。

2. 寻找"关键流程"的方法

企业到底如何寻找到自己的"关键流程"呢？以下介绍几种方法，供企业有关部门和人员进行参考。

（1）绩效表现－重要性矩阵法

首先利用漏斗原理对企业所有流程进行初步筛选，再利用绩效－重要性矩阵来识别需要优先改进的关键流程，具体模型如图 1-6 所示。

绩效－重要性矩阵以绩效表现和重要性作为纵、横坐标，绩效表现分数低的和重要性程度高的流程应是首选的再造流程。

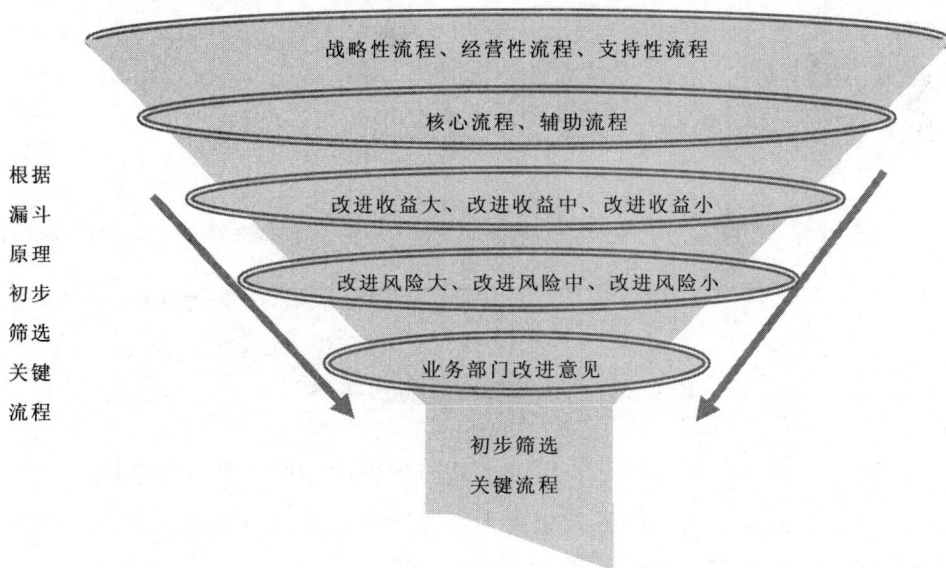

根据流程的绩效表现和流程的重要性对初选的流程进行矩阵分类，找出优先改进的关键流程

图 1-6 利用绩效－重要性矩阵选择关键流程

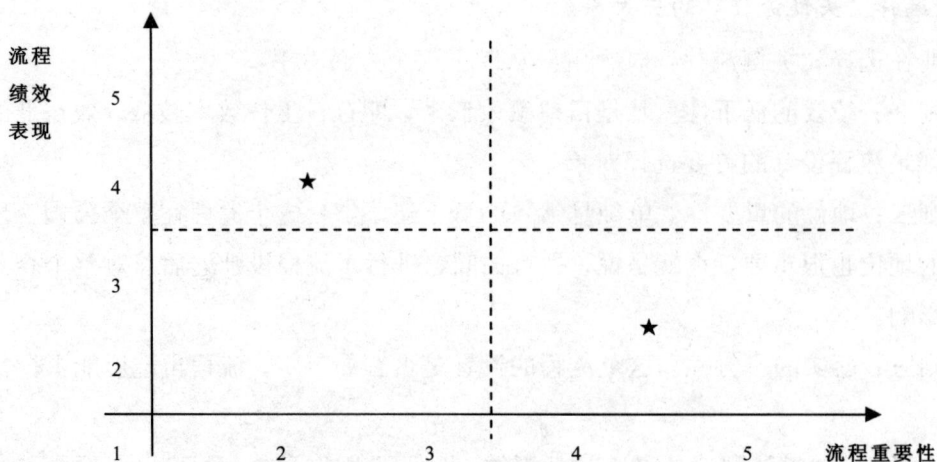

图 1-6　利用绩效－重要性矩阵选择关键流程（续）

如图 1-6 所示，右下角的五角星重要性高、绩效表现分数低，应该是流程设计的首选。而左上角的五角星重要性低、绩效表现分数却很高，目前则不急于马上进行流程再造。

（2）需求程度－准备程度分析法

我们把需要鉴别的流程按照其需求程度和准备程度做成一个分析图，以需求程度为纵坐标，以准备程度为横坐标，采用"五分法"对这两个指标进行打分，然后将分点标记在图上，如图 1-7 所示。

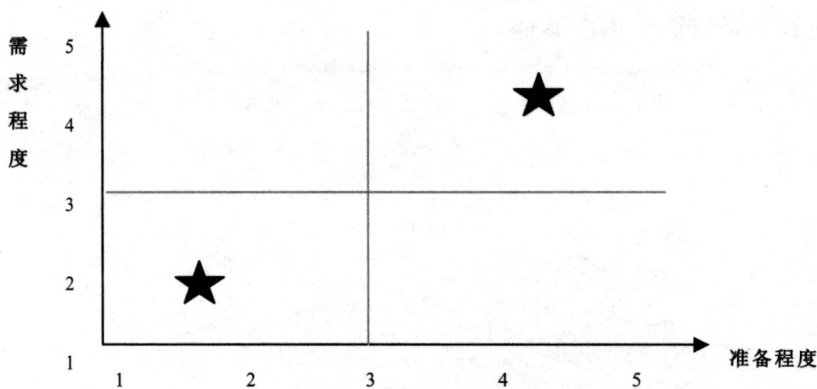

图 1-7　需求程度和准备程度分析图

如图 1-7 所示，位于右上角的五角星由于其需求程度和准备程度都很高，应该考虑先进行流程设计，而位于左下角的五角星由于其需求程度和准备程度都很低，因此目前进行流程设计时机还不是很成熟。

（3）成本－收益矩阵法

通过分析流程对顾客的重要性、流程的实施改进成本大小来综合评价、确定流程改进的先后顺序。具体模型如图 1-8 所示。

最后再说 该象限的流程实施成本最高，对顾客的重要性低，因此是最后考虑改进的对象	**不用先考虑** 该象限的流程实施成本最高，对顾客的重要性也高，不应该首先实施改进
先不考虑 该象限的流程实施成本低，对顾客的重要性也低，可以先不考虑	**优先考虑** 该象限的流程实施成本低，对顾客的重要性高，应该优先进行改进

高

实施改进成本

低

对顾客的重要性　　　　　　　　　高

图 1-8　利用成本—收益矩阵法选择关键流程的模型图

1.3　流程的绘制

1.3.1　绘制的步骤

流程图的绘制是流程设计人员将流程设计或流程再造的成果予以书面化呈现的过程，流程图的绘制主要是从公司的经营目标出发，对所有领域的相关工作进行绘制，试图消除未以流程目标为中心的作业。其具体步骤如图 1-9 所示。

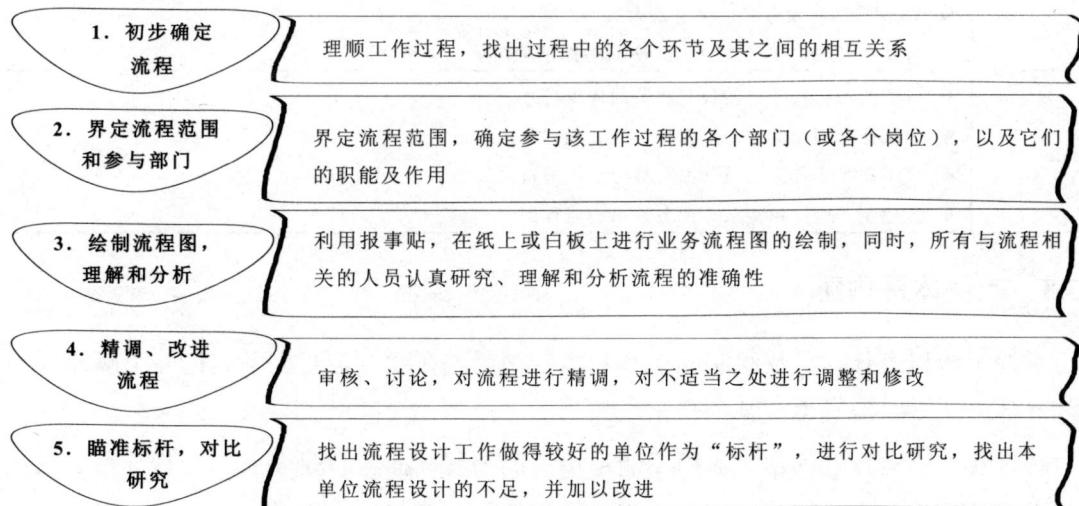

步骤	说明
1. 初步确定流程	理顺工作过程，找出过程中的各个环节及其之间的相互关系
2. 界定流程范围和参与部门	界定流程范围，确定参与该工作过程的各个部门（或各个岗位），以及它们的职能及作用
3. 绘制流程图，理解和分析	利用报事贴，在纸上或白板上进行业务流程图的绘制，同时，所有与流程相关的人员认真研究、理解和分析流程的准确性
4. 精调、改进流程	审核、讨论，对流程进行精调，对不适当之处进行调整和修改
5. 瞄准标杆，对比研究	找出流程设计工作做得较好的单位作为"标杆"，进行对比研究，找出本单位流程设计的不足，并加以改进

图 1-9　流程图绘制步骤图

| 6. 流程试行，收集信息 | 设计的流程开始在工作中试行，注意收集流程在执行过程中的反馈信息 |

| 7. 分析研究反馈的信息 | 已设计的流程在工作中试行半年左右，便能够反映出很多问题，我们要对收集到的反馈信息进行认真地分析和研究 |

| 8. 设计并实施流程改进 | 在对收集到的反馈信息进行认真地分析和研究后，要对现有的流程图进行改进，并重新绘制 |

| 9. 最终确定流程 | 对经过实践考验的流程图进行最终确定，由公司管理层正式公示，并将公司所有的流程图汇集成册 |

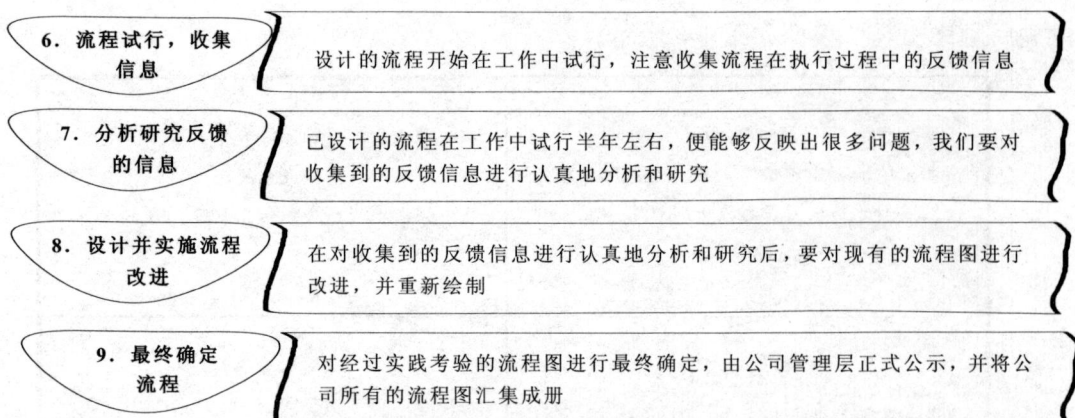

图 1-9　流程图绘制步骤图（续）

在实际操作中，流程图的绘制最好通过公司中高层领导讨论的方式来进行，这样可以集思广益，有助于流程的优化。

1.3.2　绘制的工具

常用来绘制流程图的工具有 Word、Visio，二者在绘制流程图上都有着自身的特色（如表 1-3 所示），流程图设计人员可根据本公司流程设计要求、自己的使用习惯等选择使用。

表 1-3　流程图绘制常用工具一览表

工具名称	工具介绍
Word	◆ Word软件普及率高，使用普遍 ◆ 发排打印方便，方便流程文件的印制 ◆ Word绘制的图片清晰、文件量小，容易复制到移动存储器和作为电子邮件收发 ◆ Word绘图比较费时，难度较大 ◆ 与其他专用绘图软件相比，Word绘图功能简单、不够全面
Visio	◆ 专业的绘图软件，随带有相关的建模符号 ◆ 通过拖动预定义的图形符号，能够很容易地组合图表 ◆ 可根据本单位流程设计需要进行组织的自定义 ◆ 能绘制一些组织复杂、业务繁杂的流程图

1.3.3　流程体系构建

掌握了流程设计，以及绘制的工具和步骤之后，在绘制流程图前，还需了解流程绘制的具体方法，一般来说应从两个层次着手。

在企业实际运行过程中，流程不能是单一的流程，而应该是整套的流程体系，在流程体系设计前应首先分清楚流程的层级。流程按其层级性可划分为一、二、三级，具体如图 1-10 所示。

企业级	◎ 如企业主导业务流程、企业决策流程等
部门级	◎ 如技术研发管理流程、人力资源管理流程、市场营销管理流程等
部门内工作	◎ 固定资产管理部门对固定资产报废是否符合规定、手续是否齐全等进行审批，若不符合，则退回；若符合，则就报废进行登记，提出处理意见，并反馈给财务部门

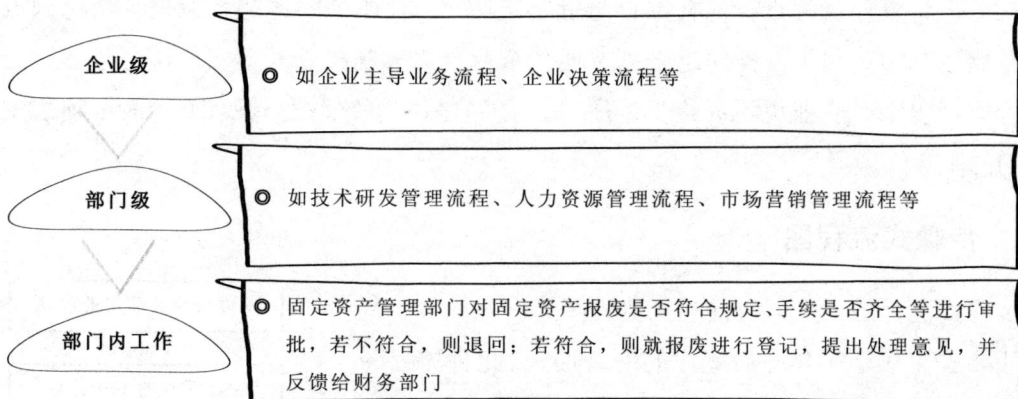

图 1-10 管理流程层级示意图

各级流程之间也是环环相套的，上一级别流程中的一个节点，到下一个级别可能就会演化成另一个流程。例如，在二级流程的人力资源管理流程中，招聘工作可能只是一个节点，而它会演化成三级流程中的招聘工作流程。

1.4 流程的形式

1.4.1 流程标准符号

美国国家标准学会（ANSI）规定了流程设计标准符号，常用的绘制符号如图 1-11 所示。

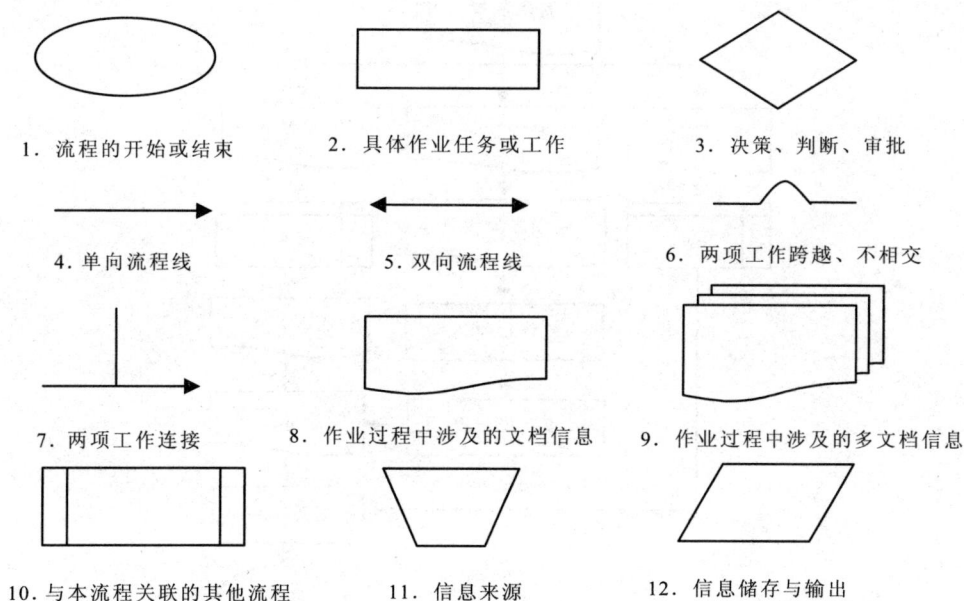

1. 流程的开始或结束　2. 具体作业任务或工作　3. 决策、判断、审批

4. 单向流程线　5. 双向流程线　6. 两项工作跨越、不相交

7. 两项工作连接　8. 作业过程中涉及的文档信息　9. 作业过程中涉及的多文档信息

10. 与本流程关联的其他流程　11. 信息来源　12. 信息储存与输出

图 1-11 流程设计常用到的符号

11

实际上，管理流程设计的标准符号远不止图 1-11 所列的这些。但是，考虑到流程图的绘制越简洁、明了，操作起来越方便，企业也更容易接受和落实；符号越多，会使得流程图越复杂，企业更不易接受。所以，我们建议一般情况下只使用 1～4 项规定的四种符号。

1.4.2 步骤式流程图

步骤式流程图，又称为直观式流程图，十分简单，是以上下步骤来表示工作先后顺序的一种形式。此种流程图方式直观，一目了然，适用于组织较为简单的情况。步骤式流程图的举例如图 1-12 所示。

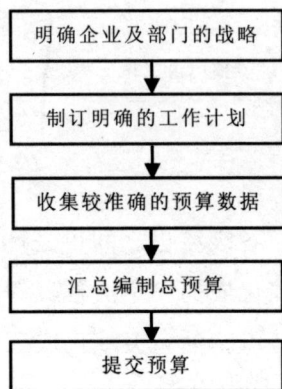

1.4.3 岔道式流程图

岔道式流程图是在步骤式流程的基础上演进而来的。这种流程图适合一项工作后续分很多工作的情况，具体可如图 1-13 所示。

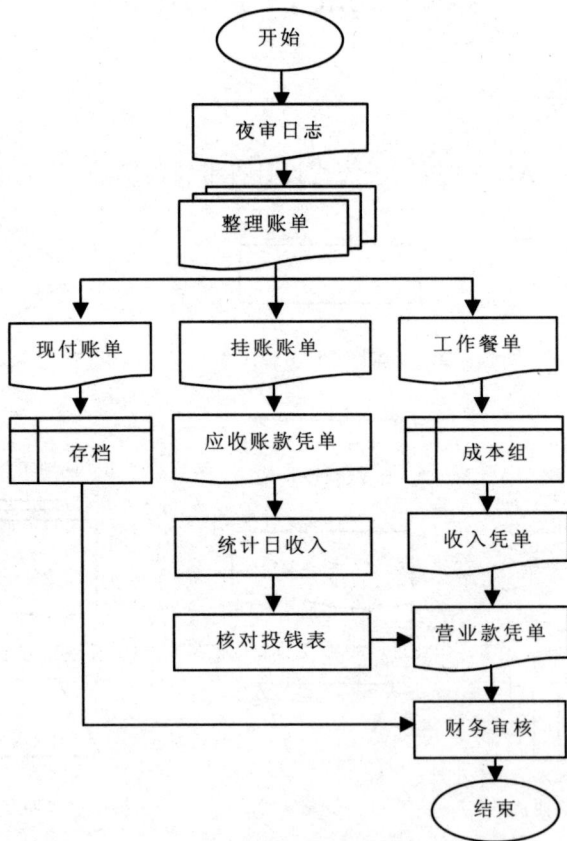

图 1-12 步骤式流程图示例图

图 1-13 岔道式流程图举例

1.4.4 矩阵式流程图

矩阵式流程图是另一种类型的流程图，它适用于企业考虑流程之间的情况，描述了一个横向流动的流程如何在一个纵向的职能部门间流动的过程，因此它在企业流程再造过程中也具有很大的实用价值。

1. 矩阵式流程图示例

下面是矩阵式流程图的示例。

单位名称	质量管理部		流程名称	制程质量检验工作流程
部门	质量管理部经理	质检专员	生产部	生产车间
节点	A	B	C	D

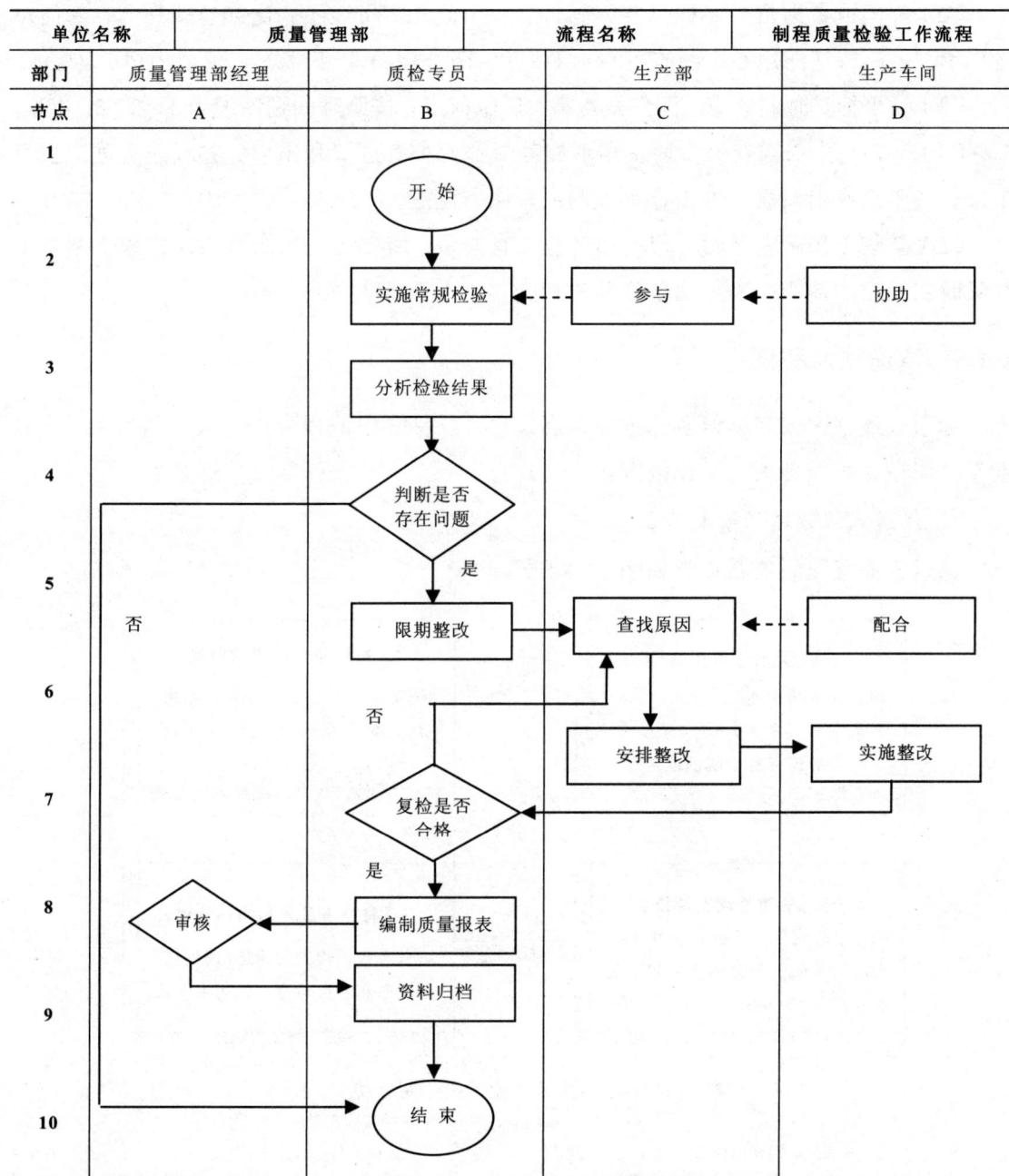

图 1-14 矩阵式流程图示例

如图 1-14 所示，矩阵式流程图分成纵、横向两个方向，纵向表示工作的先后顺序，横向表示承担该项工作的部门和职位。这样通过纵、横向两个方向的坐标，既解决了先做什么、后做什么的问题，又解决了甲项工作由谁负责，乙项工作又由谁来负责的问题。

2. 矩阵式流程图的绘制

矩阵式流程图中应使用标准流程图的符号，具体的绘制方法如下。

（1）用横坐标表示部门和岗位的名称，从左上角开始，级别从高向低逐步下降。

（2）部门或者岗位的名称也要编码，一般用英文字母表示，比如总裁用 A，部门总监用 B，生产管理部用 C，物流中心用 D，营销公司用 E，工厂或者子公司用 F 等。

（3）纵坐标是时间顺序，即先做何事，后做何事，按照时间顺序编为 1、2、3、4 等。

（4）进口、出口与交叉。通常矩形和菱形都要求有进口和出口，如果只有进口没有出口，或者只有出口没有进口，都说明流程图有问题。

（5）某些工作做完以后，若不和其他人有关系，就要用一条虚线表示结束。两条线交叉时用拐弯的箭头，表示两条线并未相交，不存在节点。

1.4.5 泳道式流程图

泳道式流程图因其类似游泳道而得名。它可以反映出流程中人与人之间的关系，有助于分清在流程中各人的工作范围。

1. 泳道式流程图的绘制步骤

泳道式流程图的绘制步骤如图 1-15 所示。

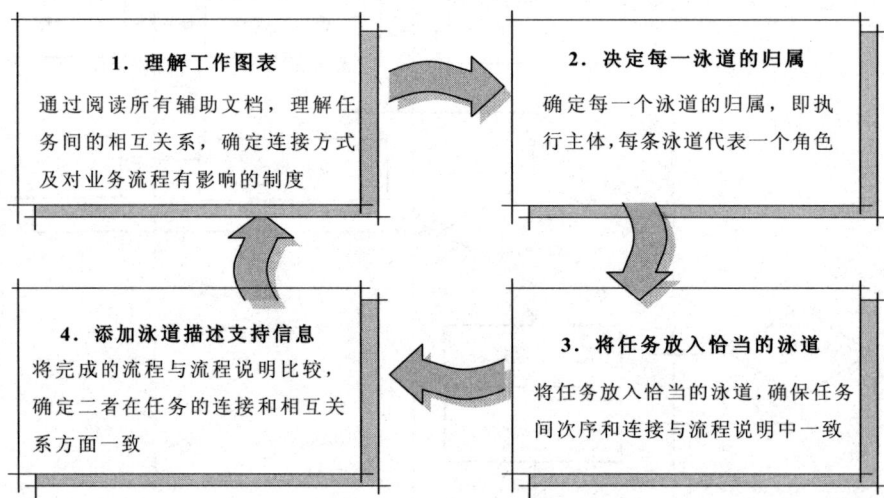

图 1-15　泳道式流程图绘制步骤

2. 泳道式流程图的示例

本书中主要采取此种流程，图 1-16 所示为泳道式流程图的示例。

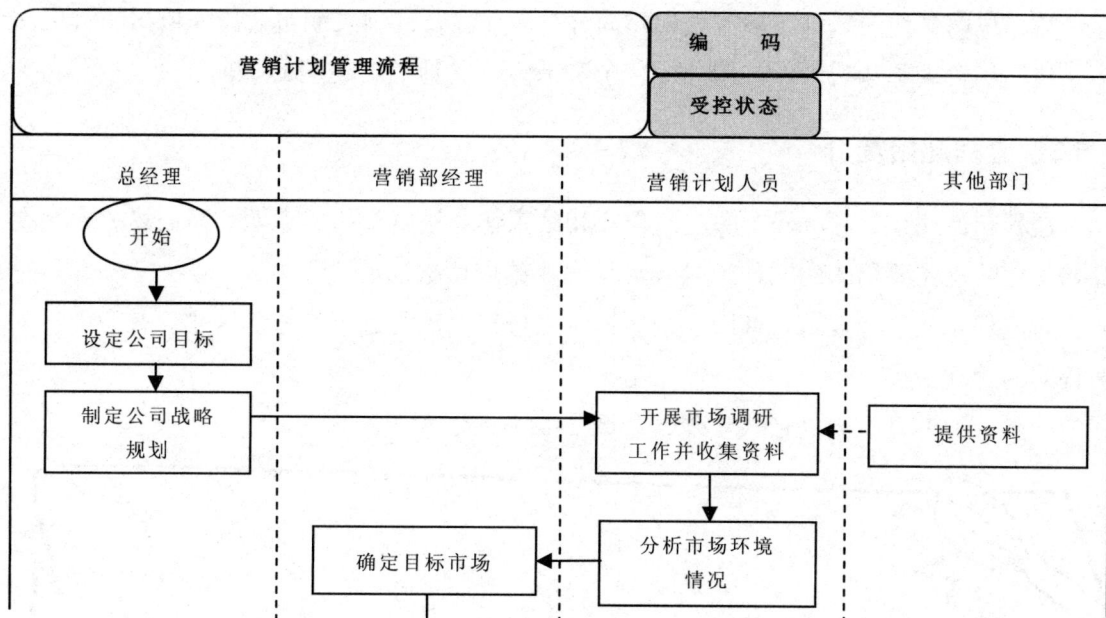

图 1-16　泳道式流程图示例

1.5　流程说明文件设计

流程说明文件，是与流程配套使用，对流程中节点等进行分解说明的文件。

由于图形的流程方式在描述具体细节方面有很大的局限性，为了完整而准确的描述流程及其运作，必须使用流程说明文档来提供其他相关信息。这些文本信息包括流程说明文件、附表、假定、业务规章制度等。

1.5.1　流程说明要求

在编制流程说明时，必须满足以下四项要求，如图 1-17 所示。

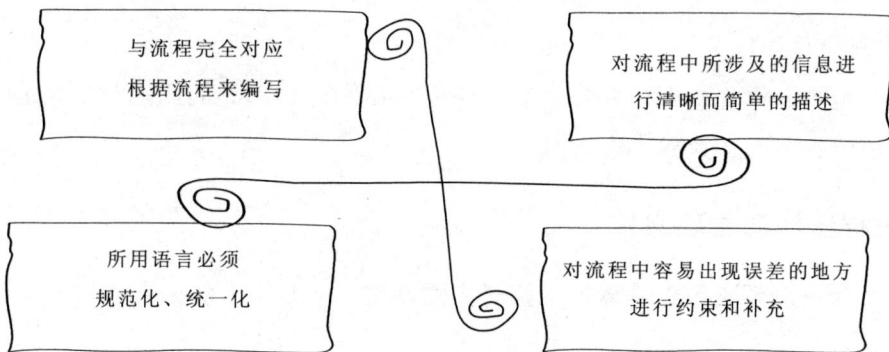

图 1-17　流程说明的要求

流程说明文件中，应包括流程起始简介、流程涉及部门及职责、流程依据的管理文件、流程相关表单和记录、流程关键环节和节点、其他需要说明的事项等内容。

1.5.2　流程起始简介

流程起始简介，对流程图的起始作业和结束作业进行简单的说明，并描述流程图在开始作业阶段需要输入的文件，以及流程作业结束后输出的文件。

对流程起始进行规范，有助于企业将流程与其他流程进行有效的区别，有助于不同流程间的合理衔接。

此部分内容以下列的形式呈现，如图 1-18 所示。

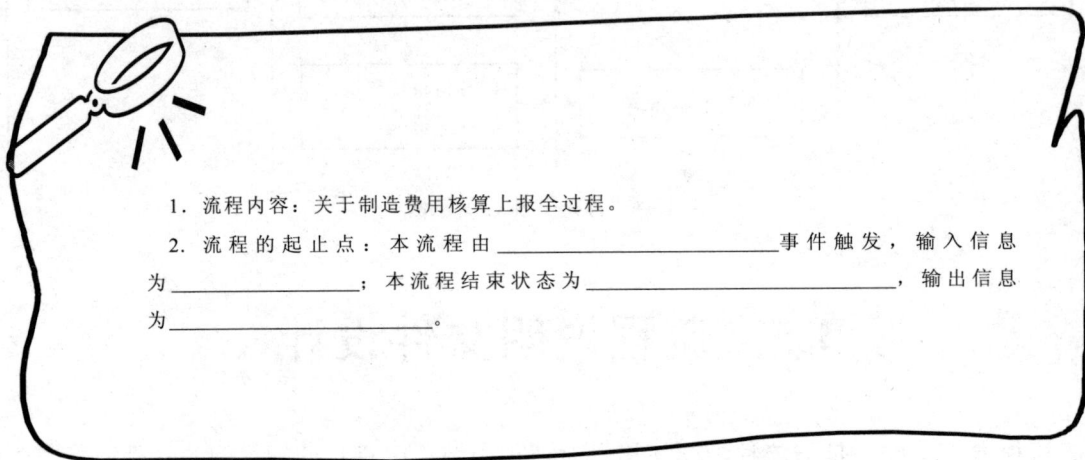

1. 流程内容：关于制造费用核算上报全过程。
2. 流程的起止点：本流程由 _____ 事件触发，输入信息为 _____；本流程结束状态为 _____，输出信息为 _____。

图 1-18　流程起始简介呈现形式

1.5.3　流程涉及部门及职责

此处部门必须使用部门全程，流程涉及部门及职责可分为以下两部分。

1. 业务主管部门

在此说明业务主管部门并描述其在流程中起到的职能。

2. 业务参与部门

在此说明除主管业务部门外其他参与流程运作的部门起到的职能及负责的工作，在排列时应按照相关度从大到小进行排列。

1.5.4　流程依据的管理文件

这一部分应说明流程中具体的步骤对应的制度、标准及体系文件，并填入表 1-4 中。

表 1-4　流程参考文件列表

步骤名称	文件类型	文件名称
	（制度/工作标准）	

明确了此部分的内容，可以使流程执行过程有据可依、有章可循，增强流程执行过程的规范性。

1.5.5　流程相关表单和记录

在此应说明流程中生成及输入的表单和记录名称、编号等，并将内容填入表 1-5 形式的表格中。

表 1-5　流程依据/生成记录列表

步骤序号	表单名称	编号	是否全部电子化	表单模板所依据的文件

1.5.6　流程关键环节和节点

在这一部分中，对流程关键环节和节点的操作人员、操作要求、执行要点等进行说明。

1.5.7　其他需要说明的事项

在此环节中，说明流程存在的问题及改进事项、并对与流程相关的信息系统应用情况进行说明，除此之外，还可以介绍与流程相关的其他流程，方便企业用流程来对接信息系统。

第 2 章

企业战略规划流程设计

2.1 战略规划管理结构

2.1.1 战略规划管理总体结构

战略规划管理包括确定发展目标、制定战略规划、评估战略规划、执行战略规划等四大工作事项，具体的结构如图 2-1 所示。

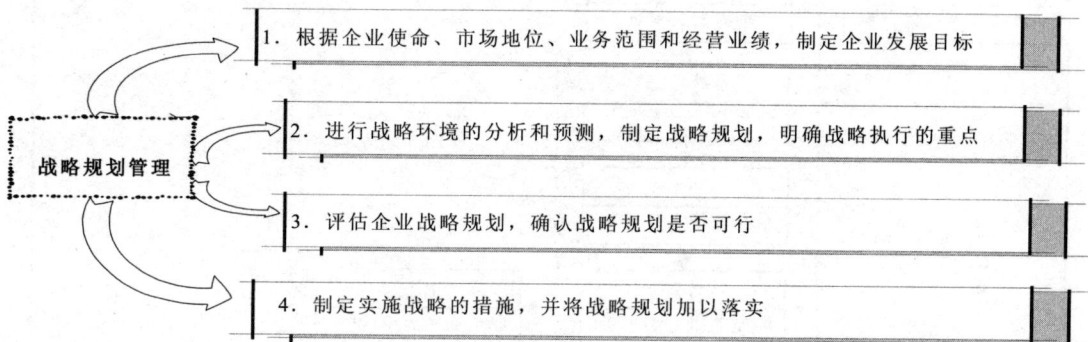

图 2-1 战略规划管理的总体结构

2.1.2 战略规划工作的重点

战略规划，就是制定组织的长期目标并将其付诸实施，它是一个正式的过程和仪式。其具体工作重点如图 2-2 所示。

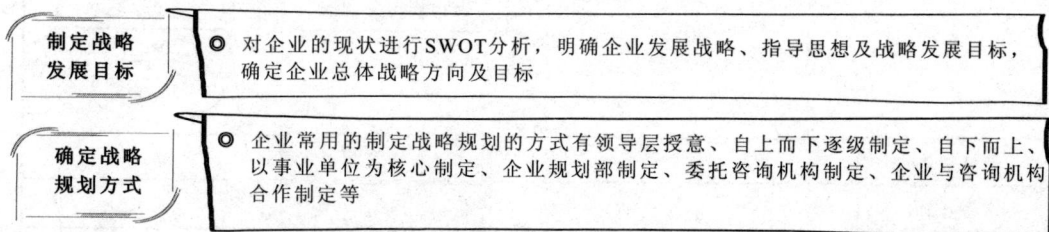

图 2-2 战略规划工作的重点

| 制定企业战略规划 | ◎ 确定战略规划主题，制订工作计划，编制战略规划大纲并对企业战略规划进行评估，确保战略规划切实可行 |

图 2-2　战略规划工作的重点（续）

2.2　经营战略规划

2.2.1　经营规划制定流程

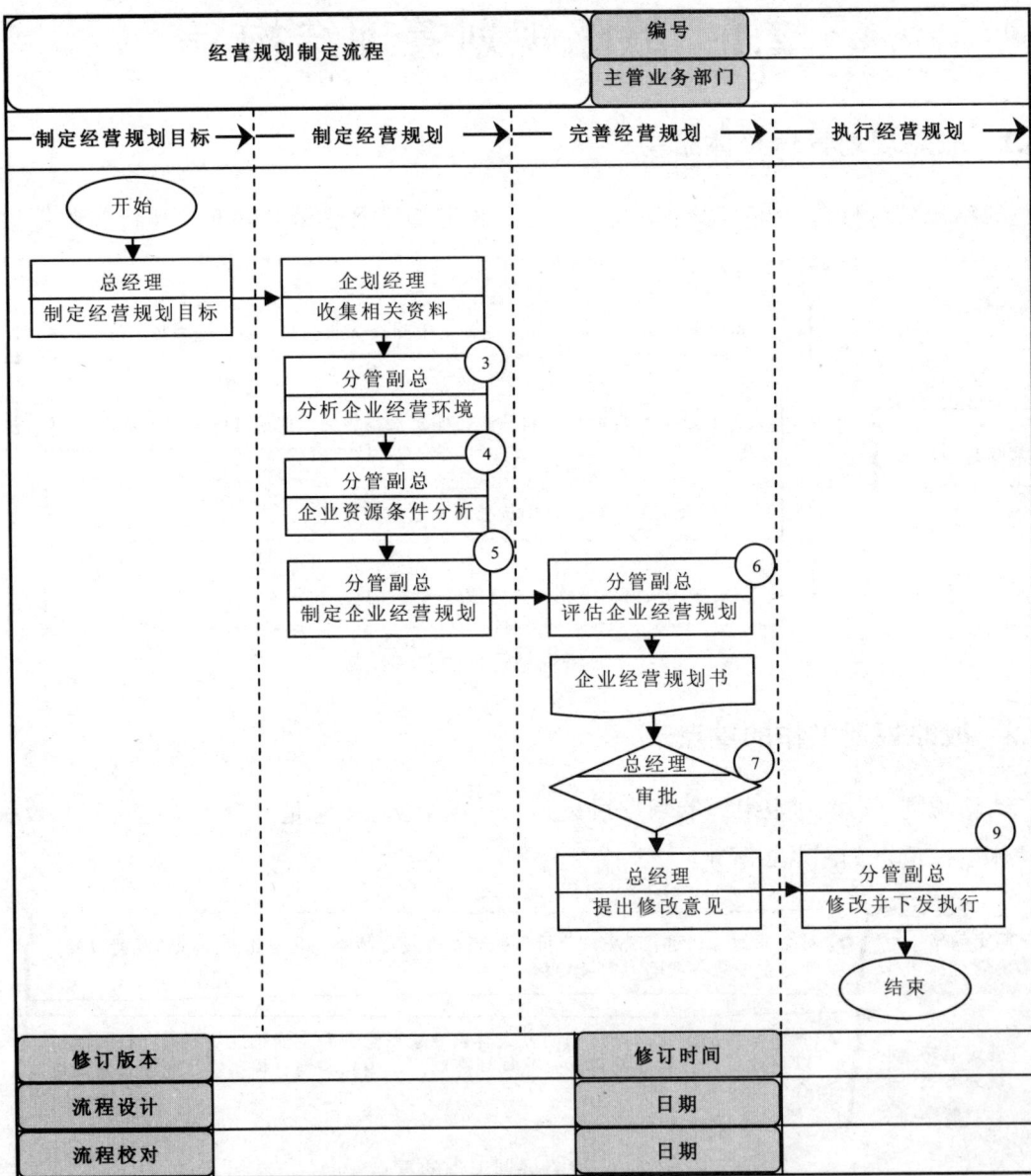

经营规划制定流程	编号
	主管业务部门

制定经营规划目标　→　制定经营规划　→　完善经营规划　→　执行经营规划　→

开始

总经理
制定经营规划目标

企划经理
收集相关资料

分管副总　③
分析企业经营环境

分管副总　④
企业资源条件分析

分管副总　⑤
制定企业经营规划

分管副总　⑥
评估企业经营规划

企业经营规划书

总经理　⑦
审批

总经理
提出修改意见

分管副总　⑨
修改并下发执行

结束

修订版本		修订时间	
流程设计		日期	
流程校对		日期	

2.2.2 经营规划制定流程说明文件

经营规划制定流程说明

流程名称：经营规划制定流程	流程编号：
编制部门：企划部	日期： 年 月 日

一、流程简介

1．流程内容：关于企业制定经营规划全过程。

2．流程的起止点：本流程由__制定经营规划目标__事件触发，输入信息为__经营规划目标责任书__；本流程结束状态为__执行经营规划__，输出信息为__企业经营规划执行记录__。

二、管理/工作职责

1．业务主管单位及职责。

本流程业务主管单位为企划部，全面负责经营规划管理工作。

2．总经理职责。

（1）总经理负责提出规划目标，并进行企业经营规划的审批与执行监督工作。

（2）总经理负责审批"企业经营规划书"并对其提出修改意见和建议。

3．分管副总职责。

（1）负责制定企业的经营规划目标，并做好相关工作的部署与指导。

（2）负责对企业经营规划进行评估，草拟"企业经营规划书"并上交总经理进行审批。

（3）负责对企业的经营环境和资源条件进行分析，制定企业经营规划。

（4）负责根据总经理的审批意见对企业经营规划进行修正，并针对修改后的"企业经营规划书"执行措施、下发执行。

4．企划部经理职责。

（1）企划部经理为经营规划目标的制定提供资料支持。

（2）企划部经理严格执行企业经营规划。

三、流程依据的制度、标准及体系文件

本流程所依据的文件如下表所示。

流程参考文件列表

步骤名称	文件类型	文件名称
收集相关资料	制度	文件信息收集管理制度 市场调查管理制度
分析企业经营环境	工作标准	企业经营环境分析工作标准
企业资源条件分析	工作标准	企业资源条件分析工作标准
评估企业经营规划	制度	企业经营规划评估管理制度

四、流程相关的表单记录

本流程所依据或生成的表单记录如下表所示。

流程依据/生成记录列表

步骤序号	表单名称	是否全部电子化	表单模板所依据的文件
第3步	企业经营环境分析说明表	是	
第4步	企业资源条件分析表	是	
第5步	企业经营规划书	是	
第6步	企业经营规划评估表	是	
第7步	企业经营规划审批表	是	
第9步	经营规划执行记录表	是	

五、流程关键环节

1．制定经营规划目标。

（1）总经理根据企业生产经营的需要及实际情况确立企业的战略方向，设定企业经营发展的总体目标和长远目标，从而建立企业的经营规划目标体系。

（2）在设置目标时，分管副总需考虑的因素有企业远景、企业宗旨、企业文化、企业的经营使命、目标市场、消费者类型及企业的核心竞争力等内容。

2．收集相关资料，根据确定的经营战略目标，企划经理应组织收集与企业经营规划的相关信息资料，包括国际与国内的背景、市场环境与动向、经营技术动向、消费者动向与其他企业的经营战略等相关资讯。

3．分析企业经营环境，分管副总组织对企业经营环境进行分析，运用SWOT分析法全面分析现行环境下企业的主要优势与劣势、机遇与挑战。

4．评估企业经营规划，分管副总应组织对经营规划进行评估，评估标准必须由定性和定量两方面的标准组成，将实际成效和预定目标进行比较，对低于目标的情况，应制订有效的修正措施。

2.3 财务规划管理

2.3.1 财务预算规划编制流程

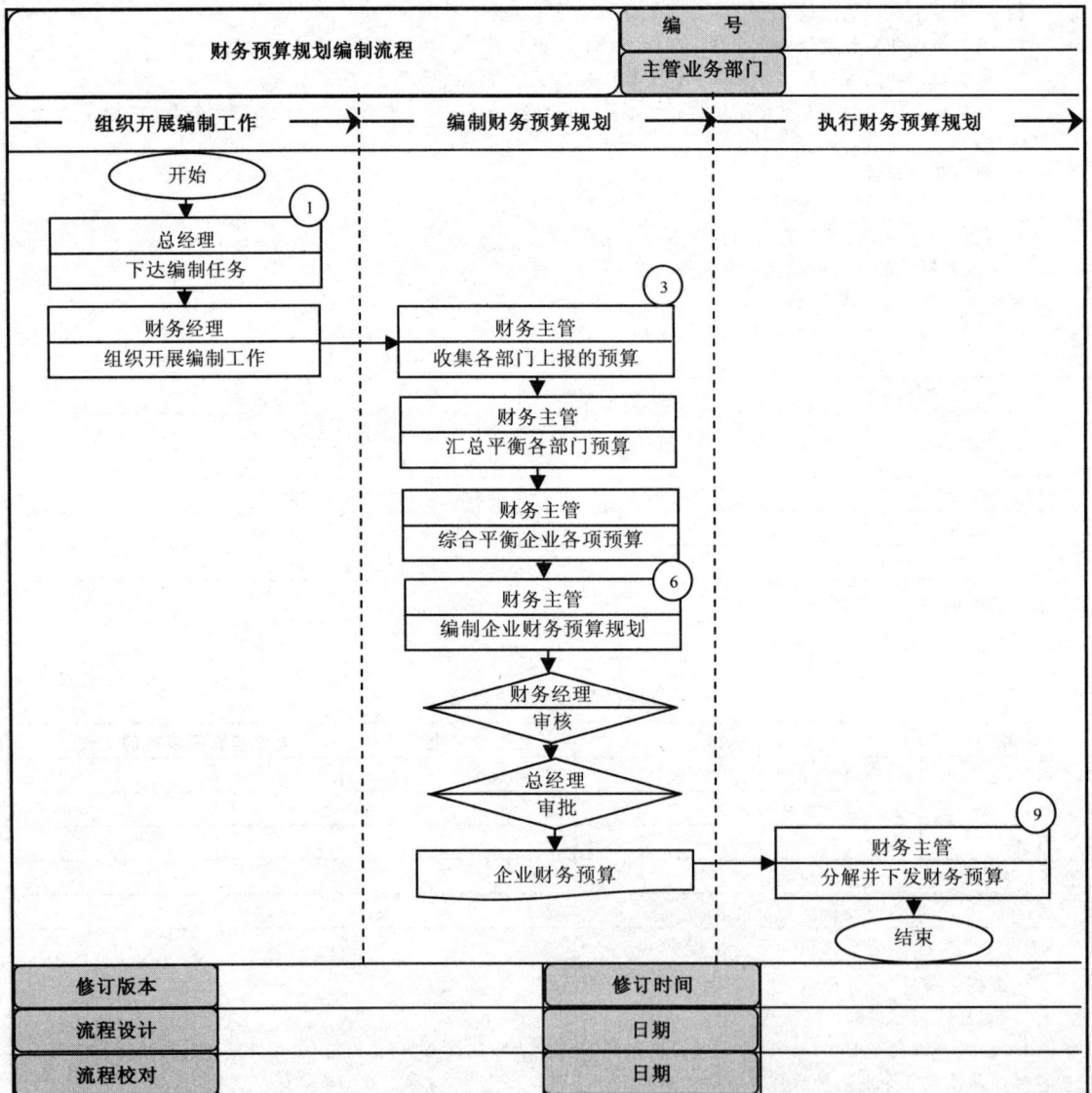

财务预算规划编制流程	编　号	
	主管业务部门	

组织开展编制工作　➤　编制财务预算规划　➤　执行财务预算规划

```
                    开始
                         ①
              总经理
              下达编制任务
                                    ③
      财务经理            财务主管
      组织开展编制工作      收集各部门上报的预算

                        财务主管
                        汇总平衡各部门预算

                        财务主管
                        综合平衡企业各项预算
                                    ⑥
                        财务主管
                        编制企业财务预算规划

                        财务经理
                        审核

                        总经理
                        审批
                                                    ⑨
                        企业财务预算      财务主管
                                        分解并下发财务预算

                                            结束
```

修订版本		修订时间	
流程设计		日期	
流程校对		日期	

2.3.2　财务预算规划编制流程说明文件

财务预算规划编制流程说明

流程名称：财务预算规划编制流程	流程编号：
编制部门：财务部	日期：　　年　月　日

一、流程简介

1．流程内容：关于编制财务预算规划全过程。

2．流程的起止点：本流程由 <u>下达编制任务</u> 事件触发，输入信息为 <u>企业的年度经营计划</u> ；本流程结束状态为 <u>分解并下发财务预算规划</u> ，输出信息为 <u>企业的总预算及各部门分解预算方案</u> 。

二、管理/工作职责

1．业务主管单位及职责。

本流程业务主管单位为财务部，负责收集相关资料、编制企业的总预算、编制并下发各部门的预算方案等工作。

2．总经理职责。

（1）负责根据企业的年度经营计划下达企业财务预算规划编制任务。

（2）负责对企业的财务预算规划进行审批。

3．财务经理职责。

（1）负责组织召开一次预算布置会议，要求企业各职能部门预算编制人员参加，对相关事项进行说明与讲解。

（2）负责对企业的财务预算规划进行审核，并提出适当建议。

4．财务主管职责。

（1）负责对各部门财务预算规划的编制工作进行指导、监督，并进行收集、汇总。

（2）根据各部门的实际情况进行部门专项预算的分析与平衡。

（3）根据企业上年度的实际经营情况及本年度预计的内外部变化因素进行企业财务预算的综合平衡。

（4）将预算资料进行汇总，形成企业年度财务预算规划，交由财务经理审核、财务总监审批，在经批准后组织执行。

三、流程依据的制度、标准及体系文件

本流程所依据的文件如下表所示。

流程参考文件列表

步骤名称	文件类型	文件名称
下达编制任务	工作计划	企业年度经营计划
汇总平衡各部门预算	制度	企业预算编制管理办法、预算分析与控制办法、全面预算管理制度
综合平衡企业各项预算	制度	企业预算与成本控制办法
编制企业财务预算规划	工作标准	企业财务预算规划编制标准

四、流程相关的表单记录

本流程所依据或生成的表单记录如下表所示。

流程依据/生成记录列表

步骤序号	表单名称	是否全部电子化	表单模板所依据的文件
第1步	预算编制任务表	是	
第3步	企业财务预算表（各部门）	是	
第6步	企业年度财务预算编制规划书	是	
第9步	企业财务预算	是	

五、流程关键环节

1．组织开展编制工作。

（1）财务预算是全员、全过程预算，要做到凡涉及资金活动的地方都要有预算，为便于部门汇总，由财务部统一制作"财务预算表"，统一下发。

（2）为了防止各部门人员在理解上产生歧义，财务经理应组织召开一次预算布置会议，对相关事项进行说明。

2. 收集各部门上报的预算。由财务主管负责，预算编制的项目主要包括成本费用预算、收入预算、资产负债预算、财务指标预算、现金流量预算。

3. 编制企业财务预算规划。财务主管应根据企业的年度经营总目标、年度预算方案思路、有关分预算及相关历史数据等资料，编制企业的财务预算规划。

4. 分解并下发财务预算规划。

（1）财务主管负责将审批通过的财务预算规划方案进行分解并下发到各个部门。

（2）企业所属的各职能部门应根据财务部的通知执行各自的预算，安排好日常生产经营活动，控制好日常经济活动，确保各项费用支出在预算范围内。

2.3.3 投资经营规划流程

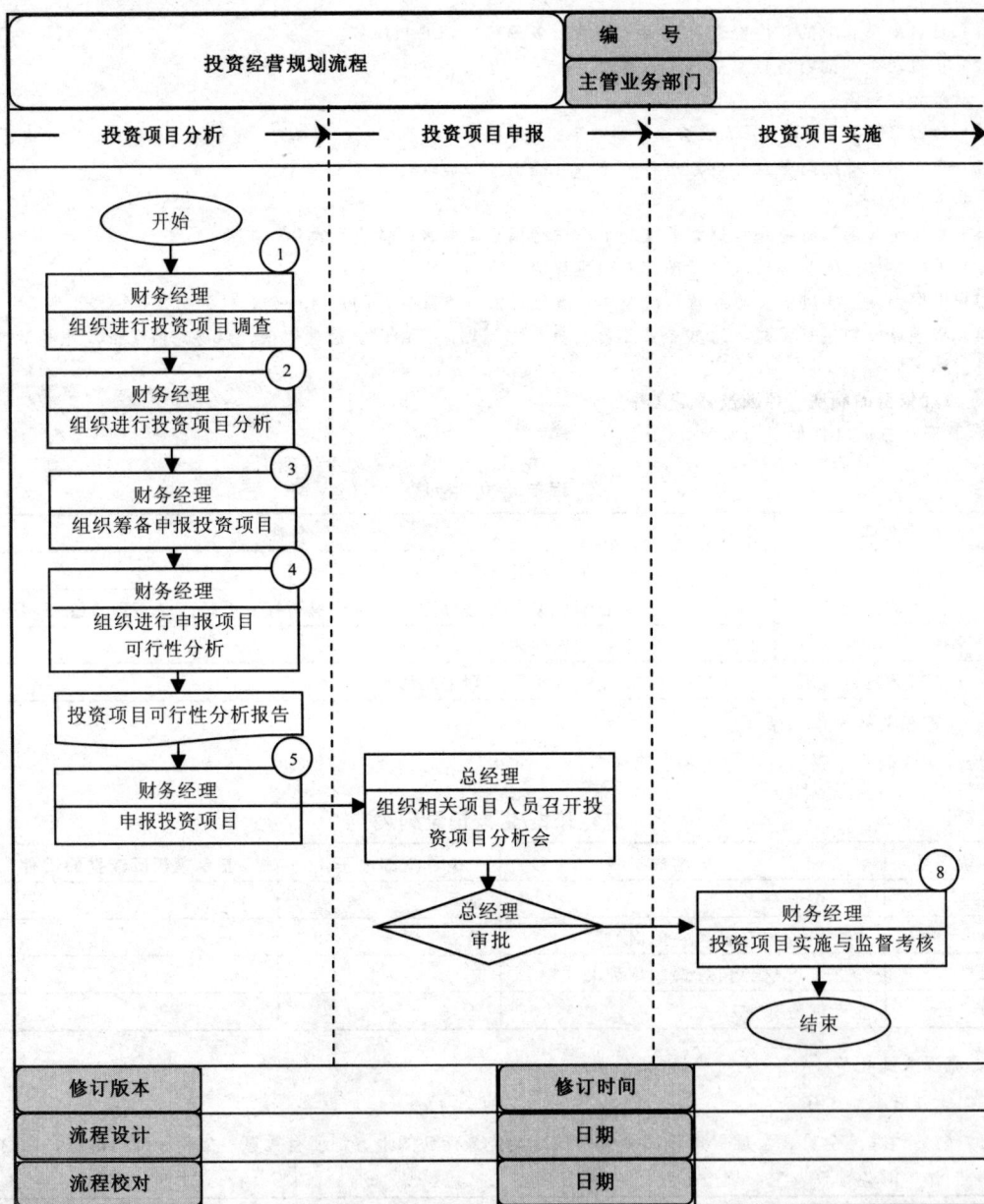

| 投资经营规划流程 | | 编　　号 | |
| | | 主管业务部门 | |

| 投资项目分析 | 投资项目申报 | 投资项目实施 |

开始

① 财务经理 / 组织进行投资项目调查

② 财务经理 / 组织进行投资项目分析

③ 财务经理 / 组织筹备申报投资项目

④ 财务经理 / 组织进行申报项目可行性分析

投资项目可行性分析报告

⑤ 财务经理 / 申报投资项目

总经理 / 组织相关项目人员召开投资项目分析会

总经理 / 审批

⑧ 财务经理 / 投资项目实施与监督考核

结束

修订版本		修订时间	
流程设计		日期	
流程校对		日期	

2.3.4 投资经营规划流程说明文件

投资经营规划流程说明

流程名称：投资经营规划流程	流程编号：
编制部门：财务部	日期： 年 月 日

一、流程简介

1．流程内容：关于投资经营规划、决策全过程。

2．流程的起止点：本流程由 投资项目调查 事件触发，输入信息为 企业投资计划 ；本流程结束状态为 投资项目实施与监督考核 ，输出信息为 企业投资项目实施方案 。

二、管理/工作职责

1．业务主管单位及职责。

本流程业务主管单位为财务部，负责投资项目信息的调查、投资项目的分析、筛选、申报等相关工作。

2．总经理职责。

（1）总经理负责宏观政策导向和企业的经营发展战略对企业的投资经营规划进行审批。

（2）组织召开专门的会议对企业的拟投资项目进行讨论、分析，对项目可行性给出具体意见。

3．财务经理职责。

（1）负责组织开展投资项目的调研工作，收集相关信息、资料。

（2）负责对调查得到的信息进行汇总和初步分析，筛选出有价值的投资项目。

（3）负责组织投资项目申报的筹备工作，准备好所需材料、数据及其他资源。

（4）负责组织对选出的投资项目进行可行性分析，并形成投资项目可行性分析报告。

（5）负责投资项目的申报工作，并在申报通过后组织实施。

三、流程依据的制度、标准及体系文件

本流程所依据的文件如下表所示。

流程参考文件列表

步骤名称	文件类型	文件名称
组织进行投资项目调查	制度	企业投资项目管理制度
组织筹备申报投资项目	制度	企业投资项目管理制度
组织进行投资项目可行性分析	制度	投资项目管理控制办法
总经理审批	制度	企业投资项目管理制度

四、流程相关的表单记录

本流程所依据或生成的表单记录如下表所示。

流程依据/生成记录列表

步骤序号	表单名称	是否全部电子化	表单模板所依据的文件
第1步	企业投资项目调查表	是	
第2步	投资项目信息汇总表	是	
第3步	投资项目建议书	是	
第4步	投资项目可行性分析报告	是	
第5步	投资项目申请表	是	
第8步	投资项目实施记录表	是	

五、流程关键环节

1．组织进行投资项目调查。

由财务经理组织进行，企业投资信息的来源包括但不限于以下4个方面。

（1）企业年度经营计划中关于投资计划的内容。

（2）日常工作中，董事会、总经理及其他相关管理人员收集、获得的投资信息。

（3）总经理认为现有生产设备设施急需改造时提出的投资计划项目。

（4）其他来源的各种投资信息。

2．组织进行投资项目分析。

根据收集到的投资项目信息，初步分析投资项目的概况，主要从类别、资金来源、预估效益等方面进行，筛选出有价值的投资项目。

3．组织筹备申报投资项目。

财务经理负责组织做好投资项目申报的筹备工作，组织技术部、研发部、法务部等部门的相关人员做好项目前期的可行性研究及资源调配。

4．审批。

总经理对申报的投资项目进行审批时，应遵循以下基本原则。

（1）对于对内投资项目的审批，应遵循有效、成长、可行、自主的基本原则。

（2）对于对外投资项目的审批，应遵循合法、有效、适量、风险控制的基本原则。

2.3.5　筹资融资规划流程

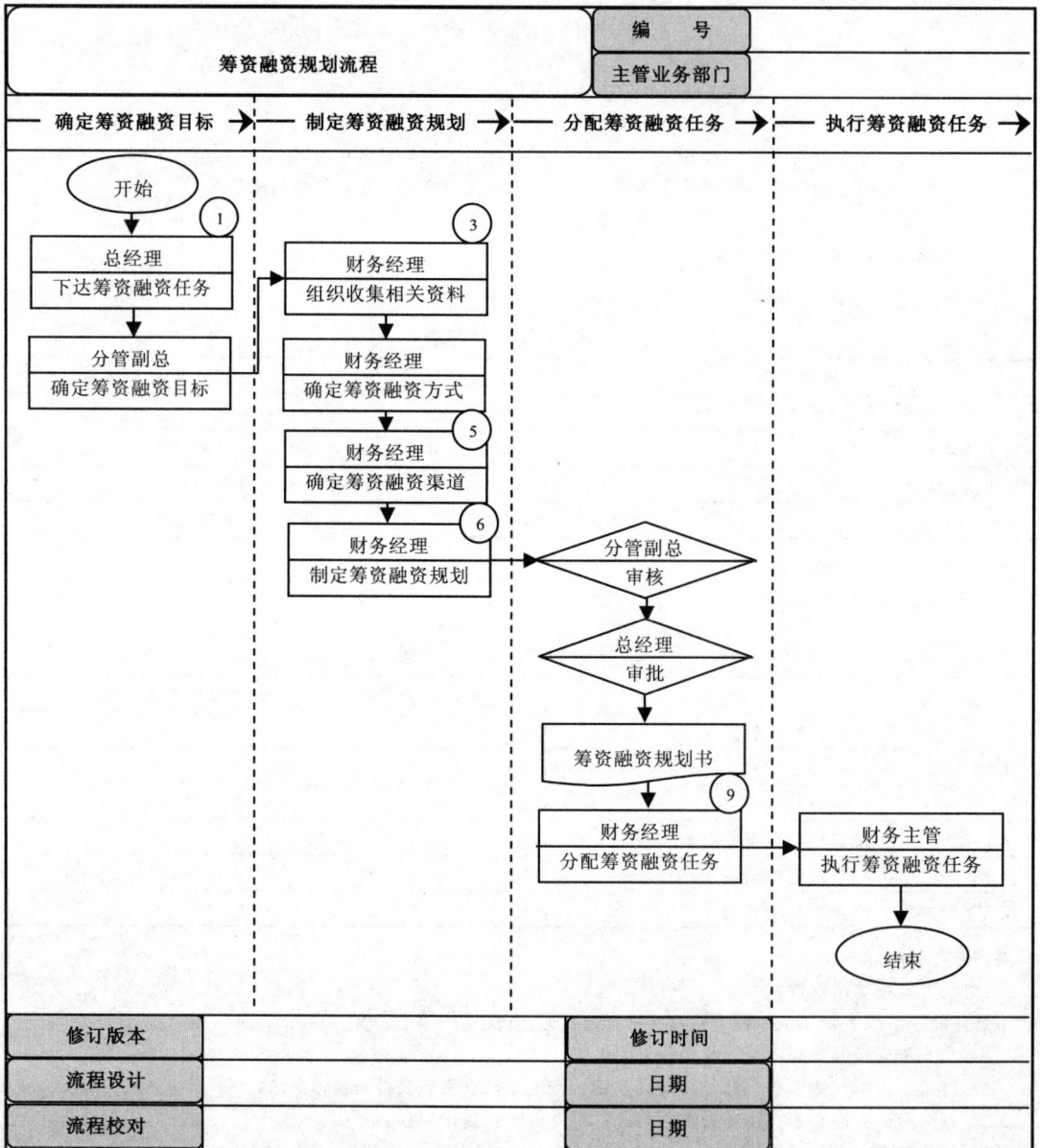

2.3.6 筹资融资规划流程说明文件

筹资融资规划流程说明

流程名称：筹资融资规划流程	流程编号：
编制部门：财务部	日期：　　年　月　日

一、流程简介

1．流程内容：关于企业制定筹资融资规划全过程。

2．流程的起止点：本流程由　确定筹资融资目标　事件触发，输入信息为　企业筹资融资目标　；本流程结束状态为　执行筹资融资任务　，输出信息为　企业筹资融资实施方案　。

二、管理/工作职责

本流程业务主管单位为财务部，全面负责企业筹资融资的规划工作。

1．总经理职责。

总经理负责下达筹资融资任务，对制定的投资融资规划进行审批，并监督执行。

2．分管副总

（1）负责根据企业的发展战略和实际情况确定企业的投资融资目标。

（2）负责对制定的投资融资规划进行审核，并给出有效意见。

3．财务经理职责。

（1）根据企业的筹资融资目标，组织收集相关信息资料，并对其进行汇总、分析。

（2）根据企业的实际情况确定企业的筹资融资方式。

（3）计算各个筹资融资渠道的成本费用，确定企业的筹资融资渠道。

（4）制定企业的筹资融资规划，交由分管副总审核。

（5）在筹资融资规划审批通过后，负责分配好筹资融资任务，并对其实施情况进行指导、监督。

4．财务主管职责。

（1）负责协助财务经理做好所需资料的收集、投资融资规划的制定等相关工作。

（2）负责企业投资融资的具体执行，确保投资融资目标的顺利达成。

三、流程依据的制度、标准及体系文件

本流程所依据的文件如下表所示。

流程参考文件列表

步骤名称	文件类型	文件名称
确定筹资融资目标	制度	企业筹资融资管理制度
确定筹资融资方式	工作标准	企业筹资融资工作标准
确定筹资融资渠道	工作标准	企业筹资融资工作标准
分配筹资融资任务	制度	企业筹资融资管理制度

四、流程相关的表单记录

本流程所依据或生成的表单记录如下表所示。

流程依据/生成记录列表

步骤序号	表单名称	是否全部电子化	表单模板所依据的文件
第1步	企业筹资融资任务书		
第3步	企业筹资融资信息汇总表	是	
第5步	筹资融资渠道对比表	是	
第6步	企业筹资融资规划书（草案）		
第9步	企业筹资融资任务分配表	是	

五、流程关键环节

1．确定筹资融资目标。

企业应根据企业的战略发展规划、生产经营状况、投资计划及当前的资金状况，对资金的需求进行预测和分析，从而确定企业筹资融资的目标。

2．确定筹资融资方式。

根据企业的实际需要确定合适的筹资融资方式，可选的方式包括金融机构借款、发行股票、发行债券、融资租赁、信用筹资等。

3．确定筹资融资渠道。

计算各个筹资融资渠道的成本费用，如银行贷款的成本主要是利息和贷款交际费用，发行股票的成本主要是股票发行费用等，经过计算后，选出符合企业实际的筹资融资渠道。

4．审核。

分管副总负责对制定的筹资融资规划进行审核，审核的内容主要包括是否符合国家政策和公司的中长期发展规划、筹资融资项目的经济效益情况、法律手续的完善情况、公司的筹资融资能力和上报资料的真实性、完善性等。

2.4 人力资源规划

2.4.1 人力资源规划流程

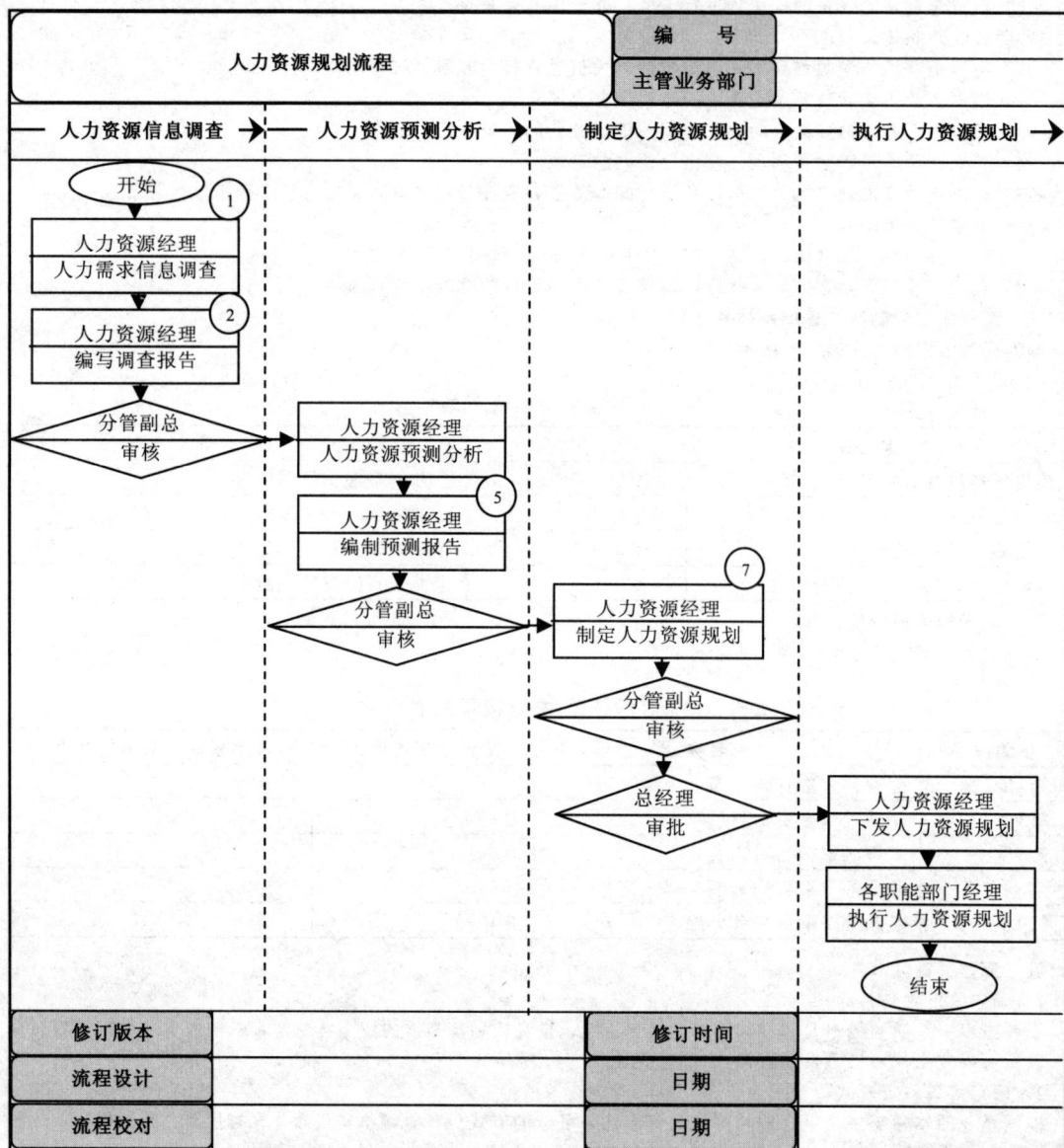

2.4.2 人力资源规划流程说明文件

人力资源规划流程说明

流程名称：人力资源规划流程	流程编号：
编制部门：人力资源部	日期： 年 月 日

一、流程简介

1．流程内容：关于企业人力资源规划全过程。

2．流程的起止点：本流程由__人力资源信息调查__事件触发，输入信息为__人力资源管理现状与人力资源需求信息__；本流程结束状态为__执行人力资源规划__，输出信息为__人力资源规划执行信息资料__。

二、管理/工作职责

1．业务主管单位及职责。

本流程业务主管单位为人力资源部，负责根据相关信息对企业的人力资源进行预测、分析，从而制定企业的人力资源规划。

2．总经理职责。

总经理负责对人力资源部提交的人力资源规划进行审批，并监督执行。

3．分管副总职责。

（1）负责审核人力资源调查报告，根据报告对企业的人力资源规划给出适当的意见。

（2）负责审核人力资源预测报告，并做好制定人力资源规划相关人物的分配。

（3）负责审核人力资源规划草案，并对其进行改进、完善。

4．人力资源经理职责。

（1）负责组织开展人力资源相关信息的调查活动，并完成人力资源调查报告的编制工作。

（2）负责组织对企业的人力资源进行预测、分析，并形成人力资源预测报告。

（3）根据相关信息、资料制定企业的人力资源规划，交由上级领导审核。

（4）在人力资源规划审批通过后，下发人力资源规划文件并组织执行。

三、流程依据的制度、标准及体系文件

本流程所依据的文件如下表所示。

流程参考文件列表

步骤名称	文件类型	文件名称
人力需求信息调查	制度	人力资源管理制度
人力资源预测分析	制度	人力资源需求分析与预测办法
制定人力资源规划	制度	人力资源管理制度
执行人力资源规划	制度	人力资源管理制度

四、流程相关的表单记录

本流程所依据或生成的表单记录如下表所示。

流程依据/生成记录列表

步骤序号	表单名称	是否全部电子化	表单模板所依据的文件
第1步	人力资源调查表	是	
第2步	人力资源调查报告	是	
第5步	人力资源调查报告、人力资源预测报告	是	
第7步	人力资源规划书	是	

五、流程关键环节

1．人力资源信息调查。

（1）人力资源部成员应在人力资源经理的领导下，定期开展人力资源信息调查，获取人力资源方面的有关信息、数据。

（2）在开展调查活动时，要注意所收集信息的全面性和准确性。

2．人力资源预测分析。

（1）人力资源经理负责在企业各职能部门的配合下对人力资源进行预测、分析，并形成预测报告。

（2）人力资源预测报告的内容应包括人力资源需求预测、供给预测等，并应保证内容的真实性、完整性和报告上交的及时性。

3．制定人力资源规划。

（1）人力资源经理负责在各职能部门的协助下制定企业的人力资源规划，规划内容应包括人力资源的总体规划、人力资源供需计划、人员使用规划、培训开发规划、绩效与薪酬福利规划和规划期限。

（2）制定的人力资源规划必须科学、合理，以事实为依据，并符合企业的实际情况。

2.5　品牌战略规划

2.5.1　品牌商标推广宣传流程

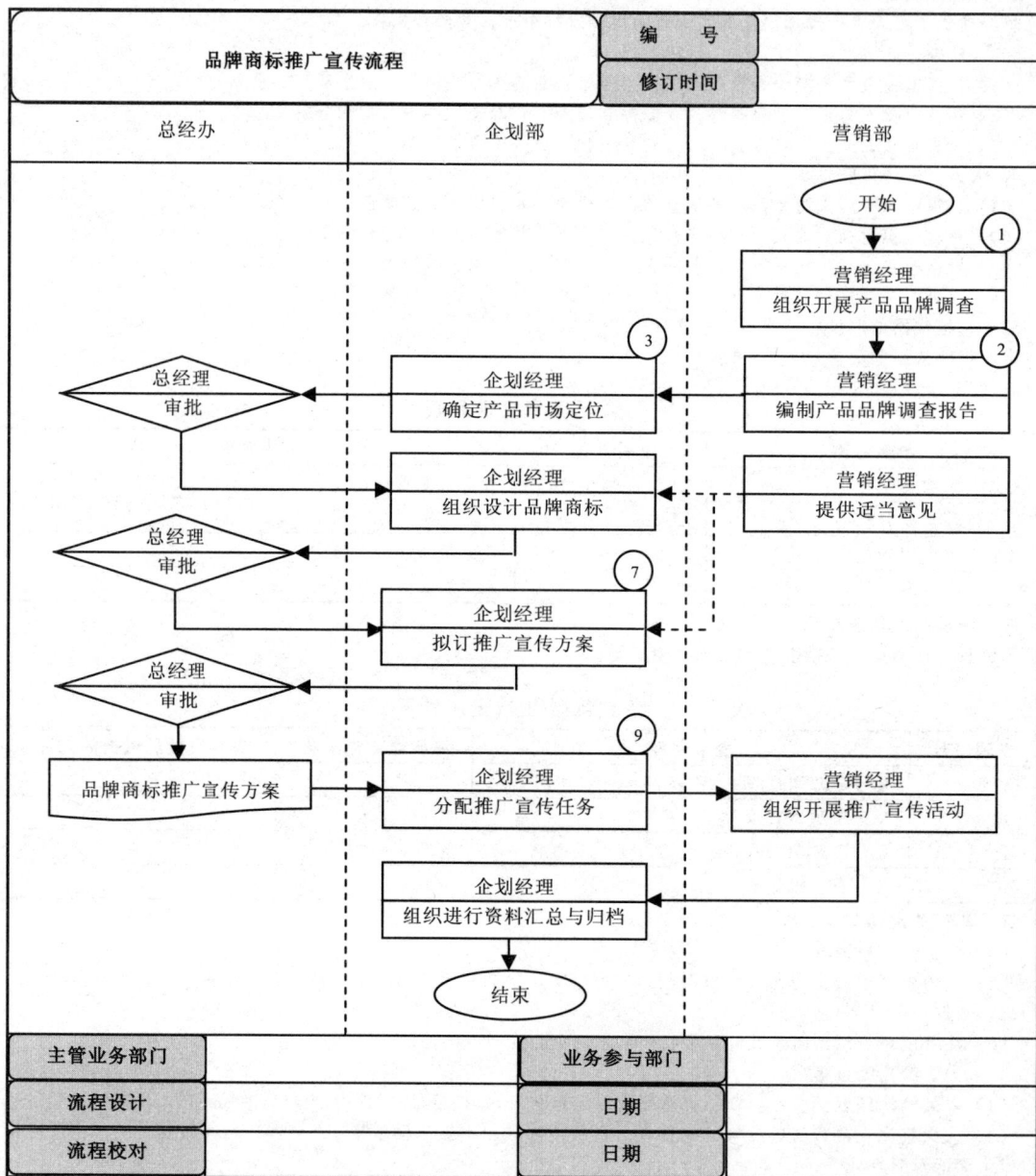

2.5.2 品牌商标推广宣传流程说明文件

品牌商标推广宣传流程说明

流程名称：品牌商标推广宣传流程	流程编号：
编制部门：企划部	日期：　　　年　月　日

一、流程简介

1．流程内容：关于品牌商标推广宣传全过程。

2．流程的起止点：本流程由　组织开展产品品牌调查　事件触发，输入信息为　竞争品牌实力及品牌认知度等相关信息　；本流程结束状态为　组织进行资料汇总与归档　，输出信息为　品牌商标推广宣传记录　。

二、管理/工作职责

1．业务主管单位及职责。

本流程业务主管单位为企划部，负责根据相关信息确定产品的市场定位、设计品牌商标、编写品牌商标推广宣传方案等相关工作。

2．业务参与部门及其职责。

（1）总经办负责确认产品的市场定位和品牌商标、审批产品的品牌商标推广宣传方案并监督执行。

（2）营销部负责开展产品品牌的调查活动，形成产品品牌调查报告。

三、流程依据的制度、标准及体系文件

本流程所依据的文件如下表所示。

流程参考文件列表

步骤名称	文件类型	文件名称
组织开展产品品牌调查	工作标准	产品品牌调查工作标准
确定产品市场定位	制度	品牌战略规划管理办法
组织设计品牌商标	制度	品牌战略规划管理办法
拟订推广宣传方案	制度	品牌商标推广宣传管理制度
分配推广宣传任务	制度	品牌商标推广宣传管理制度
组织开展推广宣传活动	制度	品牌商标推广宣传管理制度
组织进行资料汇总与归档	制度	企业资料档案管理办法

四、流程相关的表单记录

本流程所依据或生成的表单记录如下表所示。

流程依据/生成记录列表

步骤序号	表单名称	是否全部电子化	表单模板所依据的文件
第1步	品牌企划调研问卷 品牌调研信息汇总表、调研信息分析表	是	
第2步	产品品牌调查报告	是	
第3步	产品市场定位表、细分市场分析表、竞争品牌分析表、目标消费群体分析表	是	
第7步	品牌商标推广宣传方案	是	
第9步	品牌商标推广任务说明表	是	

五、流程关键环节

1．组织开展产品品牌调查。

（1）营销部负责开展产品品牌调查，调查的项目主要有企业现有产品的市场发展形势、竞争品牌的实力和市场占有率、消费者的品牌认知度、消费观念及消费水平等。

（2）品牌调查信息收集完毕后，营销部对所收集的信息进行整理、汇总与分析，分析的重点包括竞争品牌的优劣分析、企业产品的竞争能力分析、品牌定位的资源分析等内容。

2．确定产品市场定位。

（1）企划部负责根据产品品牌调查报告和企业的发展能力等相关因素确定产品的目标市场。

（2）产品的市场定位确定后，总经理对其进行审批，审批不通过，企划部应根据各项数据和资料重新确定产品的目标市场。

3．拟订推广宣传方案。

（1）企划部根据产品的目标市场定位和消费者需求等相关信息，拟订产品品牌商标的推广宣传方案。

（2）推广宣传方案中应包括品牌推广方案、品牌发展现状、推广的战略和战术、推广的损益分析、推广方式、推广工作的责任分工、推广时间和推广的费用预算等内容。

4．组织开展推广宣传活动。

营销部负责根据品牌商标的推广宣传方案开展相关活动，并做好相关资料的收集、整理和分析工作，以为品牌商标的进一步推广宣传工作提供数据支持。

2.6　企业文化规划

2.6.1　企业文化建设规划流程

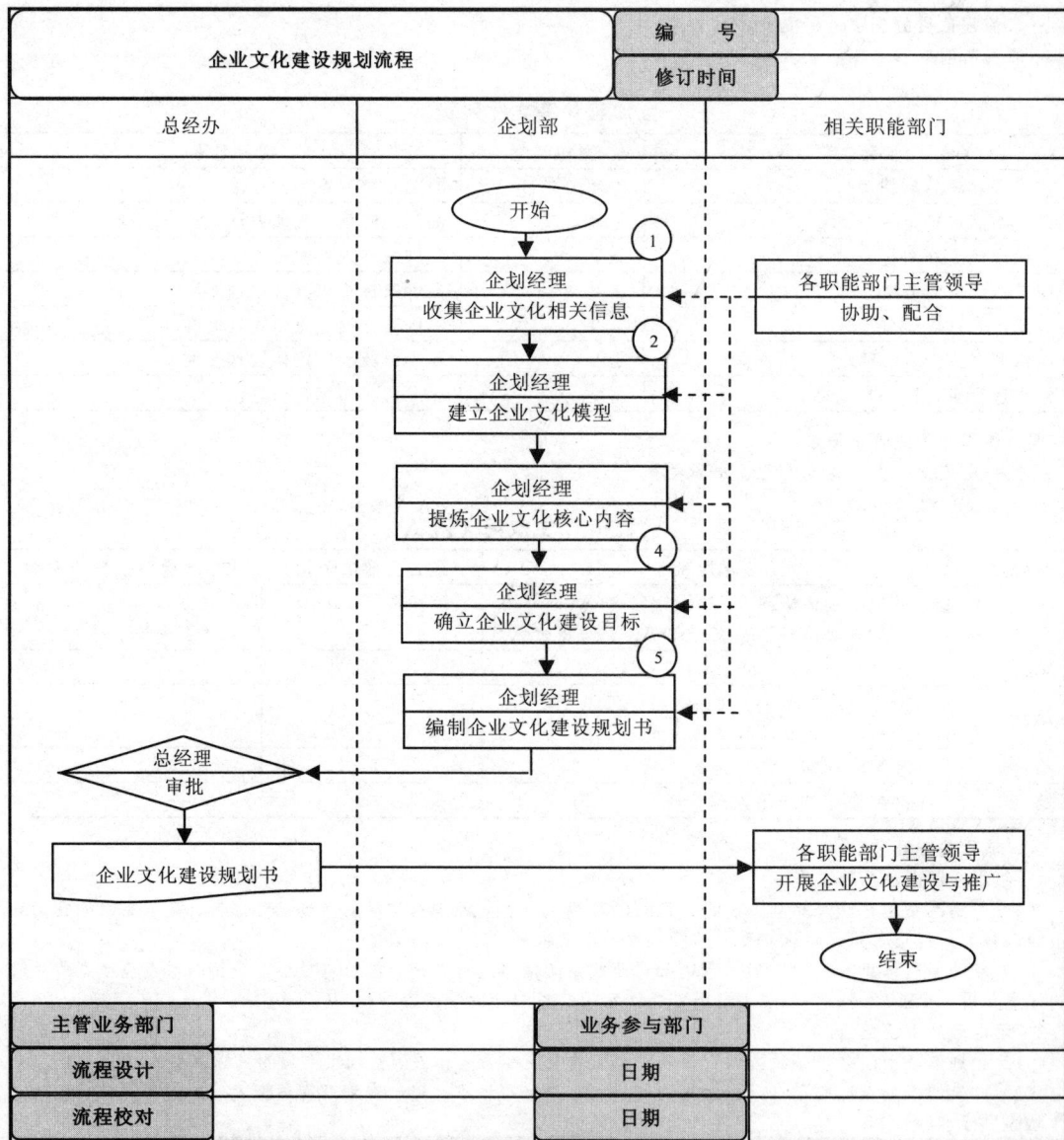

2.6.2 企业文化建设规划流程说明文件

企业文化建设规划流程说明

流程名称：企业文化建设规划流程	流程编号：
编制部门：企划部	日期： 年 月 日

一、流程简介

1．流程内容：关于企业文化建设规划工作的全过程。

2．流程的起止点：本流程由 <u>收集企业文化相关信息</u> 事件触发，输入信息为 <u>企业文化建设现状资料</u> ；本流程结束状态为 <u>开展企业文化建设与推广</u> ，输出信息为 <u>企业文化建设与推广实施资料</u> 。

二、管理/工作职责

1．业务主管单位及职责。

本流程业务主管单位为企划部，负责企业文化相关信息的收集、企业文化模型的建立、企业文化建设规划书的编制与实施等相关工作。

2．业务参与部门及其职责。

（1）总经办负责对企业文化模型和企业文化建设规划书进行审核、完善，并对其实施过程进行监控。

（2）企业的各相关职能部门负责协助建立企业文化模型、编制企业文化建设规划书等相关工作，并根据计划做好企业文化的建设与推广。

三、流程依据的制度、标准及体系文件

本流程所依据的文件如下表所示。

流程参考文件列表

步骤名称	文件类型	文件名称
收集企业文化相关信息	制度	企业文化建设管理制度
建立企业文化模型	制度	企业文化建设管理制度
确立企业文化建设目标	制度	企业文化建设管理制度
编制企业文化建设规划书	工作标准	企业文化建设工作标准

四、流程相关的表单记录

本流程所依据或生成的表单记录如下表所示。

流程依据/生成记录列表

步骤序号	表单名称	是否全部电子化	表单模板所依据的文件
第1步	企业文化建设状况调查表、企业文化建设意见汇总表、企业文化建设调查信息分析表	是	
第2步	企业文化模型说明表	是	
第4步	企业文化建设问题分析表	是	
第5步	企业文化建设规划书	是	

五、流程关键环节

1．收集企业文化相关信息。

（1）企划部组织下属人员对企业的文化建设现状进行周密的内外部调查，掌握本企业的企业文化建设现状资料，从而对企业文化所面临的问题有透彻清晰的了解。

（2）根据企业文化建设各项事宜需要，企划部组织征集各相关部门的文化建设意见及建议，并对收集的意见、建议进行汇总。

2．建立企业文化模型。

企划部负责将收集的企业文化建设意见进行汇总，进行综合分析，并根据本企业的文化实际状况，建立企业文化模型。

3．提炼企业文化核心内容。

企划部根据建立的企业文化模型确定本企业的特色文化内容，并针对企业总体发展状况，对企业文化内容进行整合，提炼出企业文化的核心内容，编写企业文化行文，并加以解读。

4．确立企业文化建设目标。

企划部负责根据本企业文化建设状况、企业文化建设征集、汇总意见，以及企业文化模型与实际调查差距分析结果，确立企业文化建设的工作目标。

5. 编制企业文化建设规划书。

（1）企划部根据本企业文化建设工作所制定的建设工作目标，编制企业文化建设规划书，以便企业文化建设工作有序进行。

（2）企业文化建设规划书中应包括企业文化建设的目标、实施步骤与工作内容、时间安排、责任分工与费用预算等相关内容。

2.7　技术研发规划

2.7.1　技术研发规划流程

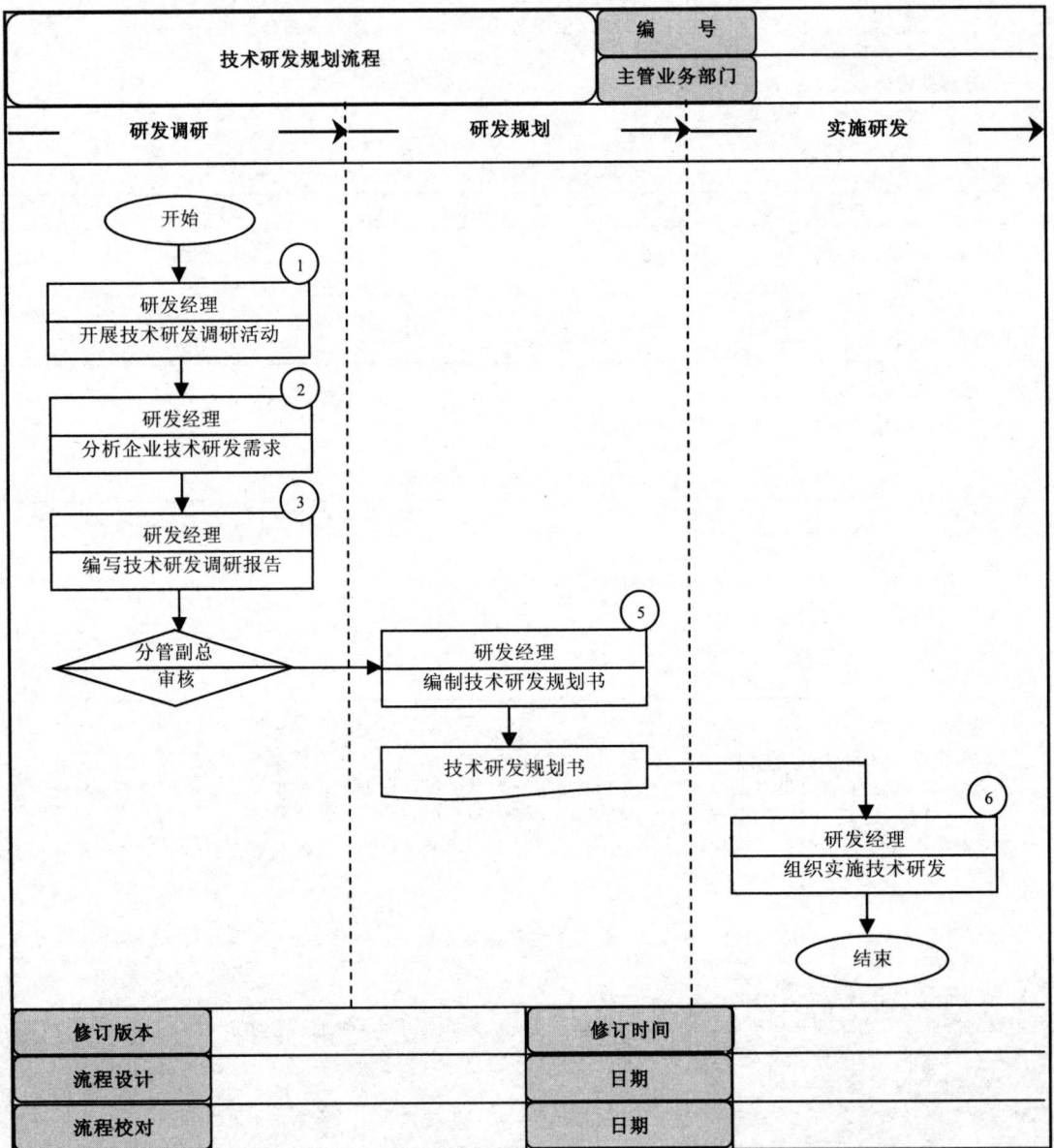

| 技术研发规划流程 | 编　　号 |
| | 主管业务部门 |

| 研发调研 | 研发规划 | 实施研发 |

开始

① 研发经理
开展技术研发调研活动

② 研发经理
分析企业技术研发需求

③ 研发经理
编写技术研发调研报告

分管副总
审核

⑤ 研发经理
编制技术研发规划书

技术研发规划书

⑥ 研发经理
组织实施技术研发

结束

修订版本		修订时间	
流程设计		日期	
流程校对		日期	

2.7.2 技术研发规划流程说明文件

技术研发规划流程说明

流程名称：技术研发规划流程	流程编号：
编制部门：研发部	日期： 年 月 日

一、流程简介

1．流程内容：关于企业进行技术研发规划工作的全过程。

2．流程的起止点：本流程由　__开展技术研发调研活动__　事件触发，输入信息为　__技术研发调研信息__　；本流程结束状态为　__组织实施技术研发__　，输出信息为　__技术研发实施记录__　。

二、管理/工作职责

1．业务主管单位及职责。

本流程业务主管单位为研发部，负责开展技术研发调研活动、分析企业技术研发需求、编写并实施技术研发等相关工作。

2．分管副总职责。

（1）负责审核技术研发调研报告，并据此对技术研发的规划提出有效的意见。

（2）负责审核技术研发规划书，并对其进行改进、完善。

3．研发经理职责。

（1）负责组织开展技术研发调研活动，收集相关的信息、资料。

（2）负责组织对企业的技术研发需求进行分析，为企业技术研发工作的开展提供依据。

（3）负责编制技术研发调研报告，并交由分管副总进行审核。

（4）负责编写技术研发规划书，并在审批通过后组织执行。

三、流程依据的制度、标准及体系文件

本流程所依据的文件如下表所示。

流程参考文件列表

步骤名称	文件类型	文件名称
开展技术研发调研活动	制度	技术研发工作管理制度
分析企业技术研发需求	工作标准	技术研发需求分析工作标准
编制技术研发规划书	制度	技术研发工作管理制度
组织实施技术研发	制度	技术研发工作管理制度

四、流程相关的表单记录

本流程所依据或生成的表单记录如下表所示。

流程依据/生成记录列表

步骤序号	表单名称	是否全部电子化	表单模板所依据的文件
第1步	企业技术研发现状信息汇总表	否	
第2步	技术研发调研信息汇总表、技术研发需求分析表	是	
第3步	技术研发调研报告	是	
第5步	技术研发规划书	是	
第6步	技术研发记录表		

五、流程关键环节

1．开展技术研发调研活动。

（1）研发经理负责组织开展技术研发调研活动，为企业技术研发工作的开展提供依据。

（2）调研的内容包括企业的基本情况、技术部门情况、产品技术水平、企业的生产能力、项目研发情况、消费者的需求等方面的信息。

2．分析企业技术研发需求。

研发经理负责组织相关人员根据调研得到的信息、资料对企业的技术研发需求进行分析，分析的内容主要包括产品的功能需求、性能需求和消费者需求。

3．编写技术研发规划书。

（1）研发经理负责根据企业的实际情况编制技术研发规划书，交由分管副总审核、总经理审批，并在审批通过后组织执行。

（2）技术研发规划书中应包括技术研发的目标与方向、技术研发要解决的问题、具体的实施步骤及研发预算等相关内容。

2.8 信息化建设规划

2.8.1 信息化建设规划流程

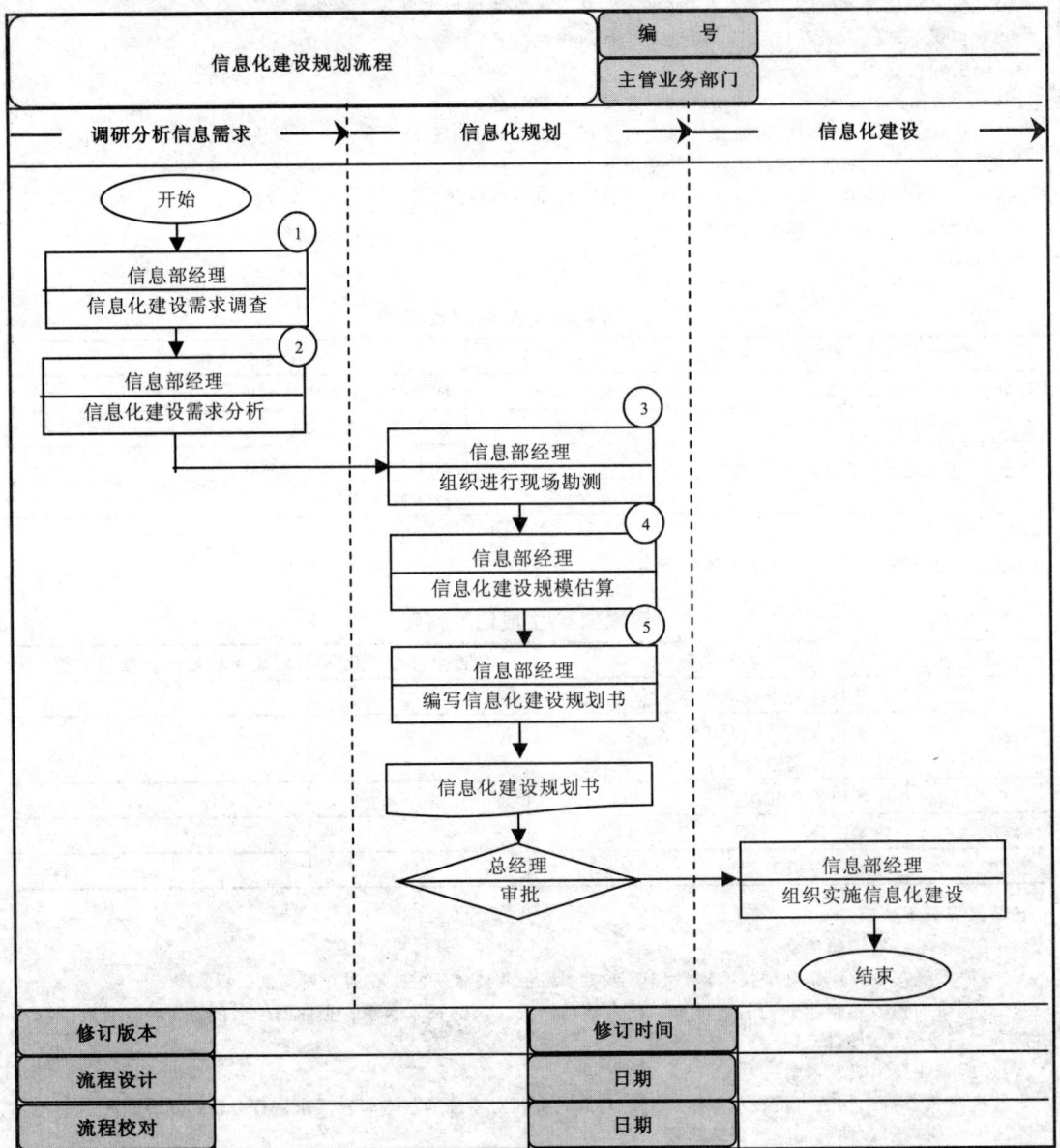

| 信息化建设规划流程 | 编　　号 | |
| | 主管业务部门 | |

调研分析信息需求 → 信息化规划 → 信息化建设 →

开始

① 信息部经理 / 信息化建设需求调查

② 信息部经理 / 信息化建设需求分析

③ 信息部经理 / 组织进行现场勘测

④ 信息部经理 / 信息化建设规模估算

⑤ 信息部经理 / 编写信息化建设规划书

信息化建设规划书

总经理 审批

信息部经理 / 组织实施信息化建设

结束

修订版本		修订时间	
流程设计		日期	
流程校对		日期	

2.8.2 信息化建设规划流程说明文件

信息化建设规划流程说明

流程名称：信息化建设规划流程		流程编号：	
编制部门：信息部		日期： 年 月 日	

一、流程简介

1．流程内容：关于企业信息化建设规划的全过程。

2．流程的起止点：本流程由 <u>信息化建设需求调查</u> 事件触发，输入信息为 <u>企业信息化建设现状资料</u> ；本流程结束状态为 <u>组织实施信息化建设</u> ，输出信息为 <u>企业信息化建设反馈资料</u> 。

二、管理/工作职责

1．业务主管单位及职责。

本流程业务主管单位为信息部，全面负责企业的信息化建设规划与实施工作。

2．总经理职责。

总经理负责对企业的信息化建设规划书进行审批，并对其实施情况进行监督。

3．信息部经理职责。

（1）负责组织开展企业信息化建设需求的调查活动，并对调查得到的资料进行整理、汇总。

（2）负责组织对企业的信息化建设需求进行分析，为企业的信息化建设工作提供依据。

（3）负责组织相关人员进行现场勘测，并做好相关记录。

（4）负责组织根据需求分析和现场勘测结果对企业信息化建设的规模进行估算。

（5）负责将所有的信息资料进行整合、分析，编制信息化建设规划书，并在审批通过后组织执行。

三、流程依据的制度、标准及体系文件

本流程所依据的文件如下表所示。

流程参考文件列表

步骤名称	文件类型	文件名称
信息化建设需求调查	工作标准	需求调查工作标准
组织进行现场勘测	制度	信息化建设管理制度
信息化建设规模估算	制度	信息化建设管理制度
组织实施信息化建设	制度	信息化建设管理制度

四、流程相关的表单记录

本流程所依据或生成的表单记录如下表所示。

流程依据/生成记录列表

步骤序号	表单名称	是否全部电子化	表单模板所依据的文件
第1步	信息化建设需求调查表	是	
第2步	信息化建设需求调查报告	是	
第3步	信息化建设现场勘测工作安排表 信息化建设现场勘测记录表	是	
第4步	信息建设规模估算表	否	
第5步	信息化建设需求分析表 信息化建设规划书	是	

五、流程关键环节

1．信息化建设需求调查。

信息部经理负责组织对企业的信息化建设需求进行调查，调查的内容主要包括企业信息化建设的现状及存在的问题、覆盖能力、后续建设需求，以及建设策略和建议等。

2．信息化建设需求分析。

信息部经理负责组织根据调查得到的资料对企业的信息化建设需求进行分析、审核，确认网络覆盖实施的必要性和可执行性。

3．组织进行现场勘测。

（1）信息部经理应组织相关人员进行网络覆盖现场的实地调查与勘测，判断信息化建设共组的难易程度，并为技术及设备的选择提供依据。

（2）在进行现场勘测时，应做好相关信息数据的记录、分析与汇总。

4．信息化建设规模估算。

（1）信息部经理组织对网络覆盖的规模进行估算，并测算出计划实施的预算金额。

（2）信息化建设规模估算的方法主要有链路估算和容量估算两种方法。

5．编写信息化建设规划书。

信息化经理负责根据前期调研的相关信息进行企业信息化建设规划书的设计，并在经上级领导批准后组织实施。

第 3 章

企业营销管理流程设计

3.1 企业营销管理结构

3.1.1 企业营销管理总体结构

企业市场营销包括市场调研管理、营销规划与计划管理、营销策划管理、广告与促销管理、营销渠道管理、销售管理、客户服务管理等方面的内容，具体结构如图 3-1 所示。

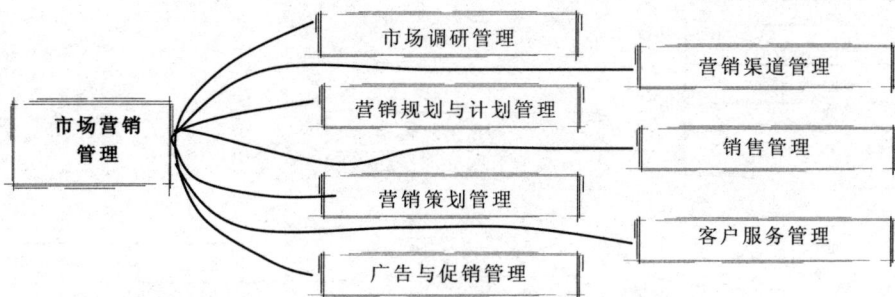

图 3-1 中小微企业营销管理结构图

3.1.2 企业营销管理的重点

中小微企业营销管理的重点如图 3-2 所示。

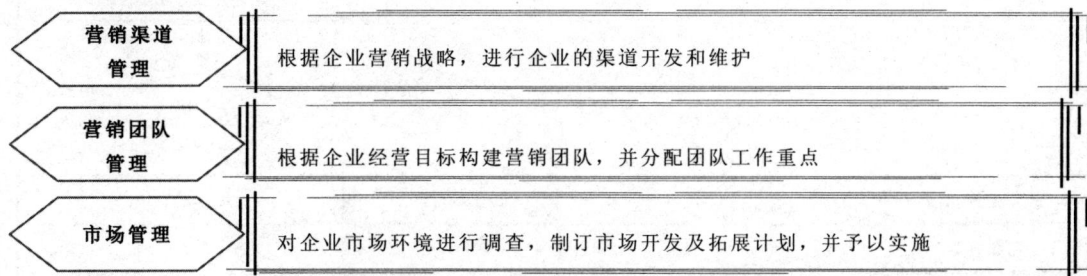

图 3-2 中小微企业营销管理重点说明图

| 销售管理 | 根据企业营销战略及市场计划制订开展销售业务，控制并管理销售结果 |
| 客户服务管理 | 维护企业与各类客户之间的关系，并保持良好合作，以提高企业利润 |

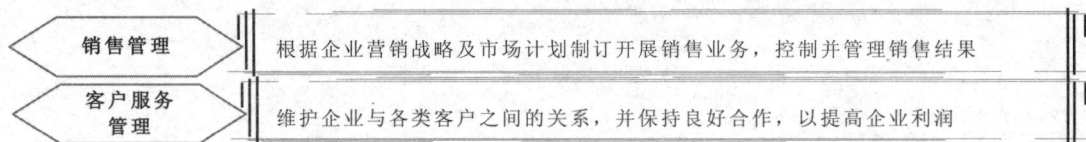

图 3-2　中小微企业营销管理重点说明图（续）

3.2　营销渠道建设

3.2.1　营销渠道建设流程

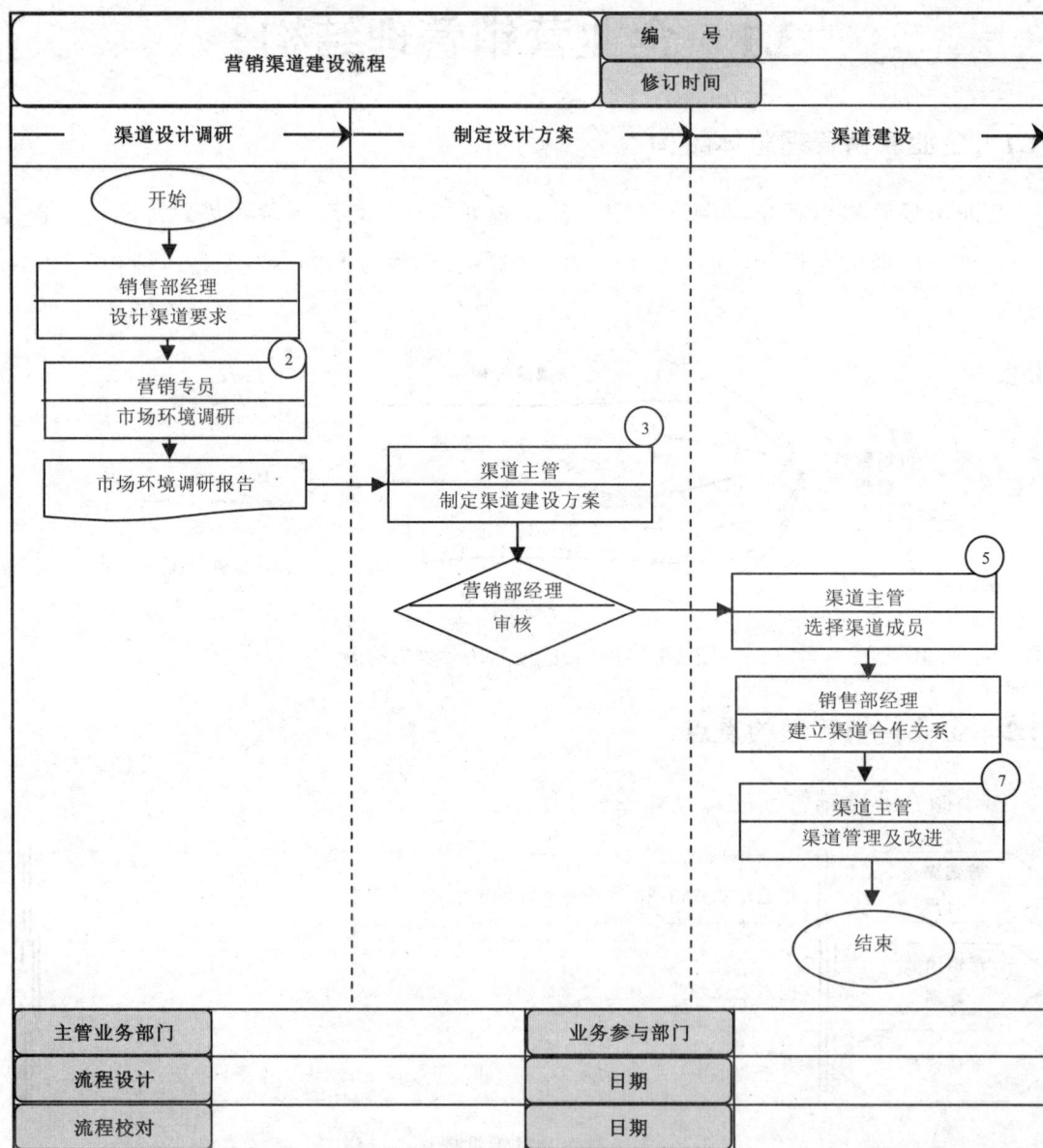

3.2.2　营销渠道建设流程说明文件

营销渠道建设流程说明

流程名称：营销渠道建设流程　　　　　　　　流程编号：

编制部门：销售部　　　　　　　　　　　　　日期：　　年　月　日

一、流程简介

1．流程内容：关于营销渠道建设的全过程。

2．流程的起止点：本流程由　　设计渠道要求　　事件触发，输入信息为　　市场环境调研报告　　；本流程结束状态为　　渠道改进　　，输出信息为　　渠道评估及改进方案　　。

二、管理/工作职责

1．业务主管单位及职责。

本流程业务主管单位为营销部，负责渠道市场调研及渠道政策研究工作。

2．各人员职责。

（1）营销部经理明确渠道建设的要求，并监督整个渠道建设过程。

（2）渠道主管负责制定渠道建设方案、选择渠道成员，并对渠道管理工作进行改进。

（3）营销专员负责开展市场调研工作。

三、流程依据的制度、标准及体系文件

本流程所依据的文件如下表所示。

流程参考文件列表

步骤名称	文件类型	文件名称
设计渠道要求	制度	营销渠道管理制度
市场环境调研	工作标准	市场环境调研工作标准
制定渠道建设方案	制度	营销渠道建设制度
选择渠道成员	标准	渠道成员选择标准
渠道管理及改进	制度、工作标准	渠道评估制度、渠道工作改进标准

四、流程相关的表单记录

本流程所依据或生成的表单记录如下表所示。

流程依据/生成记录列表

步骤序号	表单名称	是否全部电子化	表单模板所依据的文件
第2步	市场调研计划表 市场环境调研分析表	是	
第3步	渠道建设方案说明表	是	
第5步	渠道成员名单	是	
第7步	渠道改进分析说明表	是	

五、流程关键环节

1．设计渠道要求，营销部经理应明确并下达渠道设计的具体要求，包括渠道的宽度及广度等问题。

2．市场环境调研，营销专员应对市场环境进行调研，调研内容包括企业内部及外部环境，产品特性及目标客户的基本情况、竞争对手基本信息等。

3．渠道主管应根据渠道设计的要求及企业的具体情况制定渠道建设方案，并报营销部经理审批。

4．渠道主管应根据企业的要求筛选渠道合作伙伴。

六、流程存在的问题和改进建议

1．存在的问题。

该流程存在以下问题：

（1）营销部经理审核。

该过程表述不十分明了，若营销经理认为方案合理，则可直接进入下一步。若营销部经理认为渠道建设方案不合理，则应返回给渠道主管根据调研报告进行修改，且渠道建设方案应经总经理审核通过后方可执行。

（2）选择渠道成员。

在选择渠道成员方面，该流程未能有效体现渠道的控制政策和激励政策。

2．改进建议。

针对以上问题提出以下建议：

（1）营销部经理在审核渠道建设方案后，应提出修改意见，并经公司总经理审批通过后，方可进行下一步操作。

（2）渠道主管制定的渠道建设方案应包括渠道成员的选择标准及渠道成员的控制激励政策。同时市场部专员在与渠道成员进行合作时应签署渠道合作协议。

3.2.3 销售政策制定流程

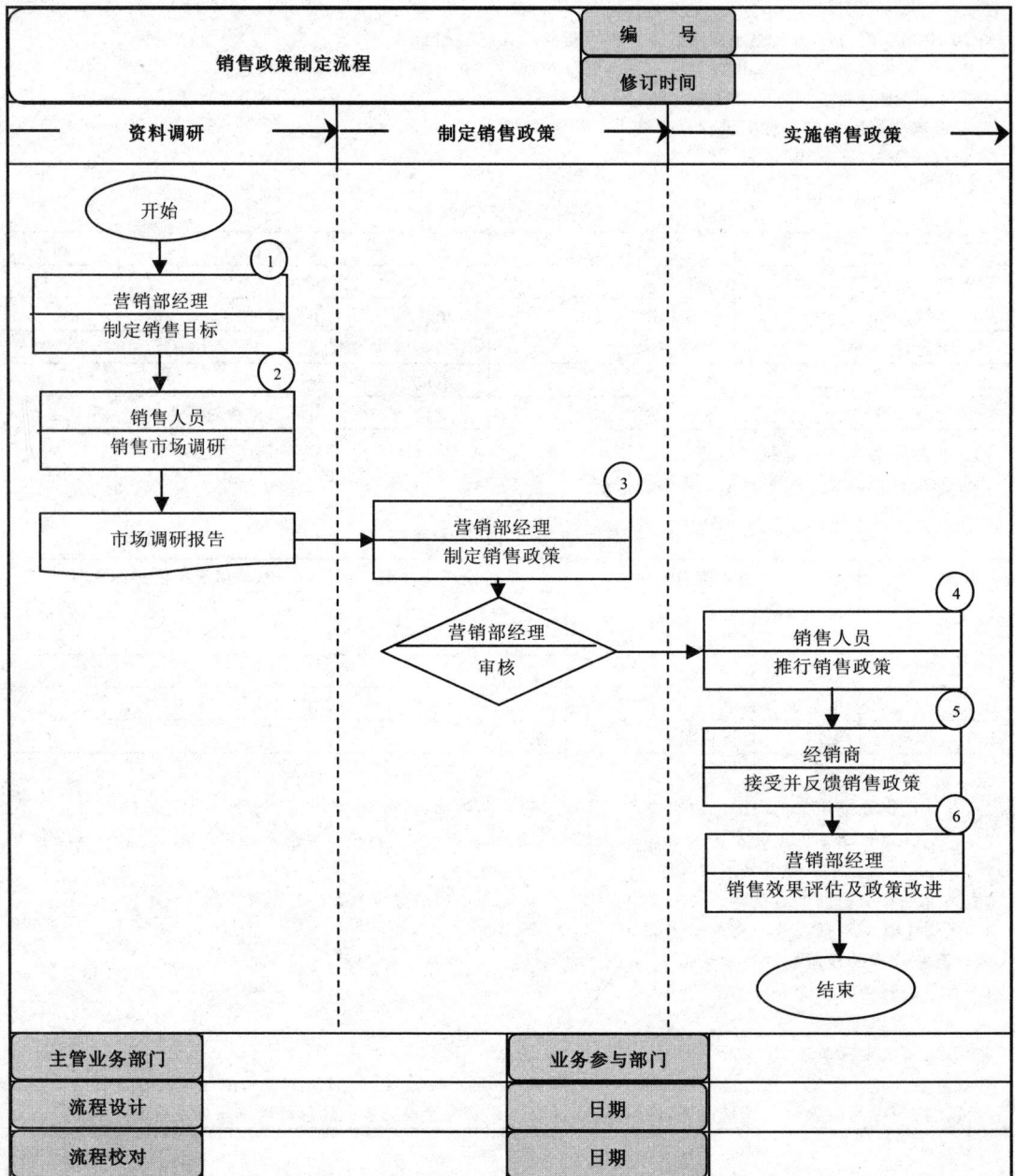

| 销售政策制定流程 | 编　号 | |
| | 修订时间 | |

资料调研　→　制定销售政策　→　实施销售政策

开始

① 营销部经理 / 制定销售目标

② 销售人员 / 销售市场调研

市场调研报告 → ③ 营销部经理 / 制定销售政策

营销部经理 审核 → ④ 销售人员 / 推行销售政策

⑤ 经销商 / 接受并反馈销售政策

⑥ 营销部经理 / 销售效果评估及政策改进

结束

主管业务部门		业务参与部门	
流程设计		日期	
流程校对		日期	

3.2.4 销售政策制定流程说明文件

销售政策制定流程说明

流程名称：销售政策制定流程	流程编号：
编制部门：营销部	日期： 年 月 日

一、流程简介

1．流程内容：关于销售政策制定的全过程。

2．流程的起止点：本流程由　　制定销售目标　　事件触发，输入信息为　　市场调研　　；本流程结束状态为　　销售效果评估及销售政策的改进　　，输出信息为　　销售政策改进方案　　。

二、管理/工作职责

1．业务主管单位及职责。

本流程业务主管单位为营销部，负责制定并实施销售政策，并根据销售政策的实施情况对销售效果进行评估，并及时给予改进。

2．各类人员职责。

（1）营销部经理负责制定销售目标和销售政策，并对销售政策进行评估和改进。

（2）销售人员对销售市场状况进行调研，并推行销售政策。

（3）经销商配合销售政策的执行，并及时反馈政策中的问题。

三、流程依据的制度、标准及体系文件

本流程所依据的文件如下表所示。

流程参考文件列表

步骤名称	文件类型	文件名称
制定销售目标	工作标准	销售计划制订标准
市场调研	制度	市场调研工作管理制度
制定销售政策	制度	销售政策制定制度
实施销售政策	标准	销售政策实施标准
销售效果评估及政策改进	制度、工作标准	市场评估制度 销售政策改进实施办法

四、流程相关的表单记录

本流程所依据或生成的表单记录如下表所示。

流程依据/生成记录列表

步骤序号	表单名称	是否全部电子化	表单模板所依据的文件
第1步	销售目标说明表	是	
第2步	市场环境调研分析表	是	
第3步	销售政策说明表	是	
第4步	销售政策实施计划表	是	
第5步	销售政策评估表	是	
第6步	销售政策改进说明表	是	

五、流程关键环节

1．制定销售目标。

营销部经理根据企业战略及企业目标等因素制定销售目标。销售目标的制定的前提是对市场环境进行评估，并参考历年的销售数据，同时可以做到销售目标的分解。

2．市场环境调研。

市场环境调研包括行业环境、竞争对手和自身产品的市场处境，还应对未来市场进行预测。在调研市场的选择上，要综合考核区域分布、市场成熟程度、市场容量和客户的销售能力等诸多因素。

3．制定销售政策。

（1）销售政策是企业策略的体现，并能够指导经销商的行为，引导经销商树立与企业长期合作的信心，并能够有效规范市场行为，维持市场长期稳定的发展。

（2）销售政策包含价格政策、返利政策、临时性优惠折让等三个主要方面，目的是增加销售额、扩大市场份额及推广新产品等。

4. 实施销售政策。

企业应与经销商签订销售合同，合同中明确主要销售任务及要求等。企业应按计划、按步骤落实销售政策，对完成销售任务或达成市场目标的经销商进行奖励。

5. 销售效果评估及政策改进。

营销部经理应组织市场人员对销售政策的落实情况进行监督，同时评估销售效果，及时发现并改进销售策略，以适应市场需求。

3.3 销售计划制订

3.3.1 销售计划制订流程

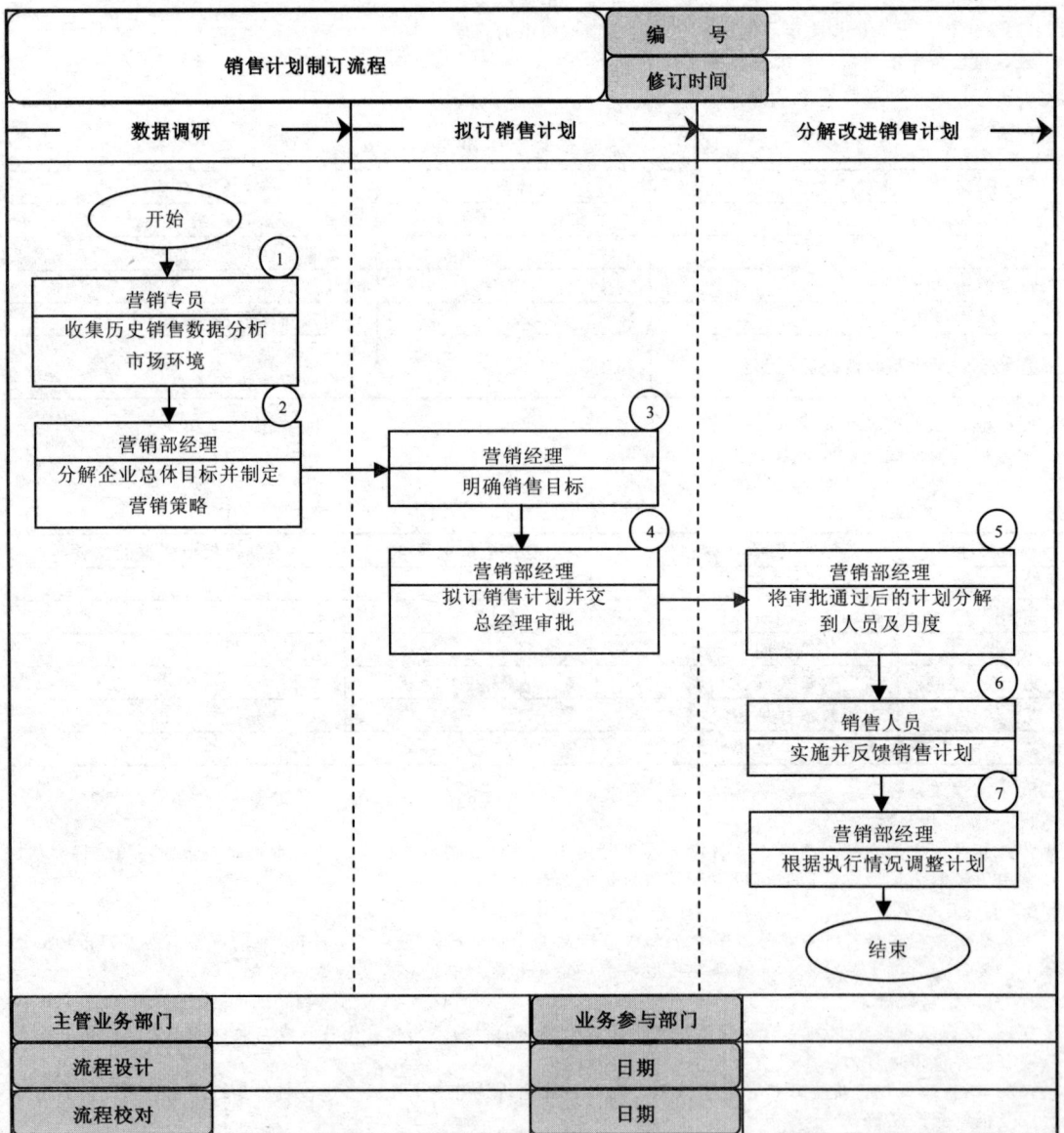

| 销售计划制订流程 | | 编　号 | |
| | | 修订时间 | |

数据调研	拟订销售计划	分解改进销售计划

开始

① 营销专员
收集历史销售数据分析
市场环境

② 营销部经理
分解企业总体目标并制定
营销策略

③ 营销经理
明确销售目标

④ 营销部经理
拟订销售计划并交
总经理审批

⑤ 营销部经理
将审批通过后的计划分解
到人员及月度

⑥ 销售人员
实施并反馈销售计划

⑦ 营销部经理
根据执行情况调整计划

结束

主管业务部门		业务参与部门	
流程设计		日期	
流程校对		日期	

3.3.2 销售计划制订流程说明文件

销售计划制订流程说明

流程名称：销售计划制订流程	编制部门：营销部
流程编号：	日期： 年 月 日

一、流程简介

1．流程内容：关于销售计划制订的全过程。

2．流程的起止点：本流程由 __收集历史销售数据分析市场环境__ 事件触发，输入信息为 __市场环境调研报告__；本流程结束状态为 __根据执行情况调整计划__，输出信息为 __销售计划书__。

二、管理/工作职责

本流程业务主管单位为营销部，负责销售计划的制订及分解工作。

1．总经理负责审批销售计划。

2．营销部经理负责对市场整体环境进行分析，明确销售目标等，拟订营销计划并报上级审批。

3．营销专员负责收集企业的历史销售数据。

4．销售人员负责落实销售计划。

三、流程依据的制度、标准及体系文件

本流程所依据的文件如下表所示。

流程参考文件列表

步骤名称	文件类型	文件名称
收集历史销售数据分析市场环境	工作标准	销售数据收集标准 市场分析工作标准
明确销售目标	工作标准	销售目标制定标准
确定销售计划	工作制度	销售计划制订管理制度
实施并反馈销售计划	工作制度	销售计划实施管理制度

四、流程相关的表单记录

本流程所依据或生成的表单记录如下表所示。

流程依据/生成记录列表

步骤序号	表单名称	是否全部电子化	表单模板所依据的文件
第1步	销售数据收集表 市场环境分析说明表	是	
第2步	企业目标分解表 营销策略说明表		
第3步	销售目标说明表	是	
第4步	销售计划分析表	是	
第5步	年度销售计划表、月度销售计划表、人员销售计划表		
第6步	销售计划实施说明表 销售计划实施反馈表	是	
第7步	销售计划说明表	是	

五、流程关键环节

1．收集历史销售数据分析市场环境。

（1）营销人员应对企业历年的销售数据进行收集，同时对市场环境进行分析。

（2）市场环境包括外部环境和内部环境，外部环境分析主要包括经济环境分析、技术环境分析、市场环境分析和竞争环境分析等；内部环境分析主要包括企业经济实力状况分析、生产能力状况分析、企业的优势和劣势分析等。

2．制定销售策略。

销售策略包括价格策略、促销策略、返利策略、企业发展策略、服务策略等，营销部经理在制定销售策略时，这些策略均应被体现出来。

3. 拟订销售计划。

营销部经理根据经营销经理审批通过后的销售政策方案，拟订销售计划草案，草案内容应包括产品销售目标、销售费用等各项工作内容。

4. 实施并反馈销售计划。

销售人员负责销售计划的实施，同时对销售计划的实施情况进行反馈，及时发现计划中存在的问题以便进行修改。

3.4 销售订单管理

3.4.1 销售订单合同报价流程

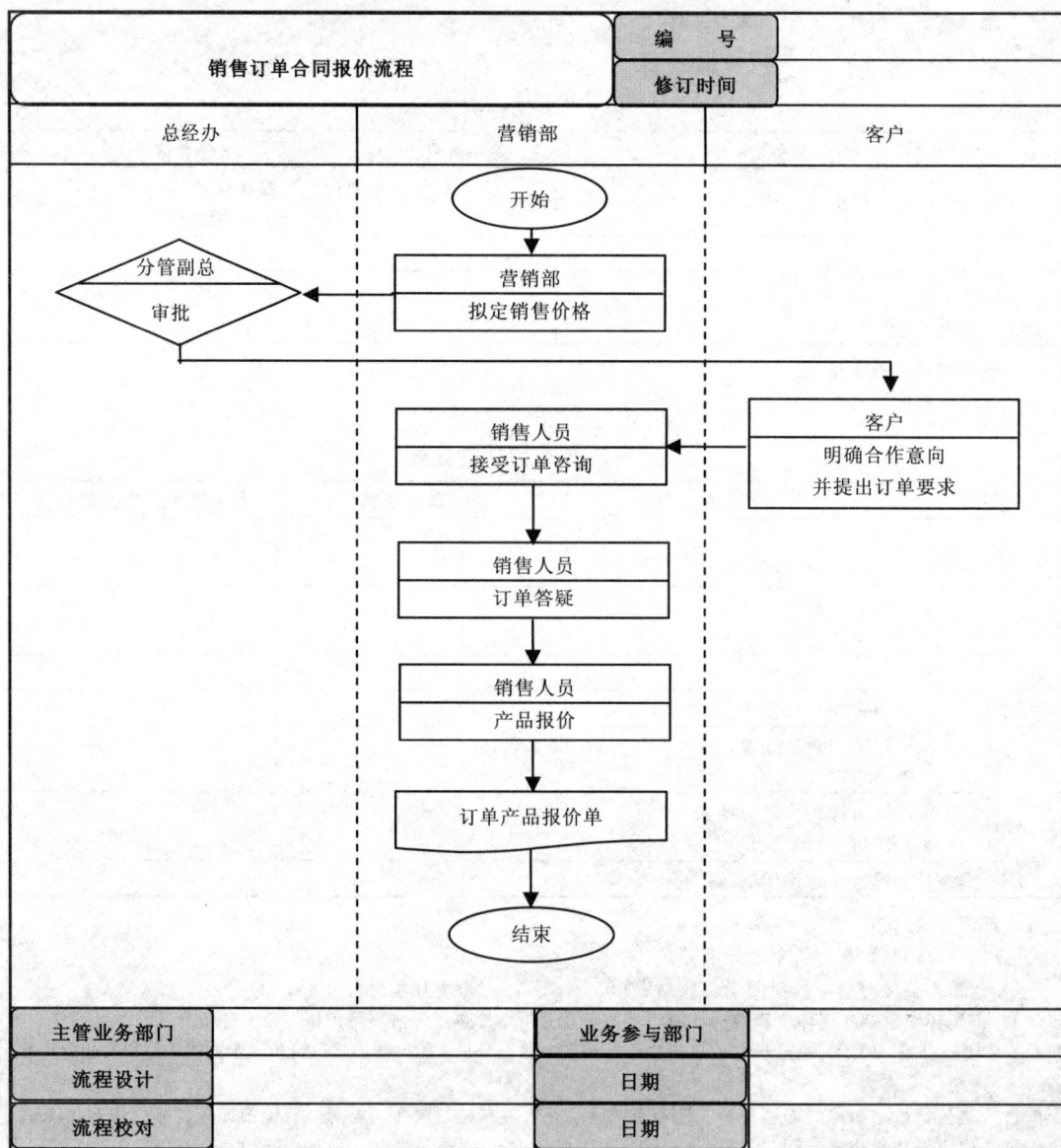

销售订单合同报价流程		编　号	
		修订时间	
总经办	营销部	客户	

```
                    ( 开始 )
                       ↓
  ◇分管副总     ← ┌──────────┐
    审批 ◇        │  营销部   │
                  │ 拟定销售价格 │
                  └──────────┘

  ┌──────────┐          ┌──────────────┐
  │  销售人员  │  ←       │     客户      │
  │ 接受订单咨询 │         │  明确合作意向   │
  └──────────┘          │ 并提出订单要求  │
       ↓                └──────────────┘
  ┌──────────┐
  │  销售人员  │
  │  订单答疑  │
  └──────────┘
       ↓
  ┌──────────┐
  │  销售人员  │
  │  产品报价  │
  └──────────┘
       ↓
  ╱ 订单产品报价单 ╲
       ↓
    ( 结束 )
```

主管业务部门		业务参与部门	
流程设计		日期	
流程校对		日期	

3.4.2 销售订单合同签订流程

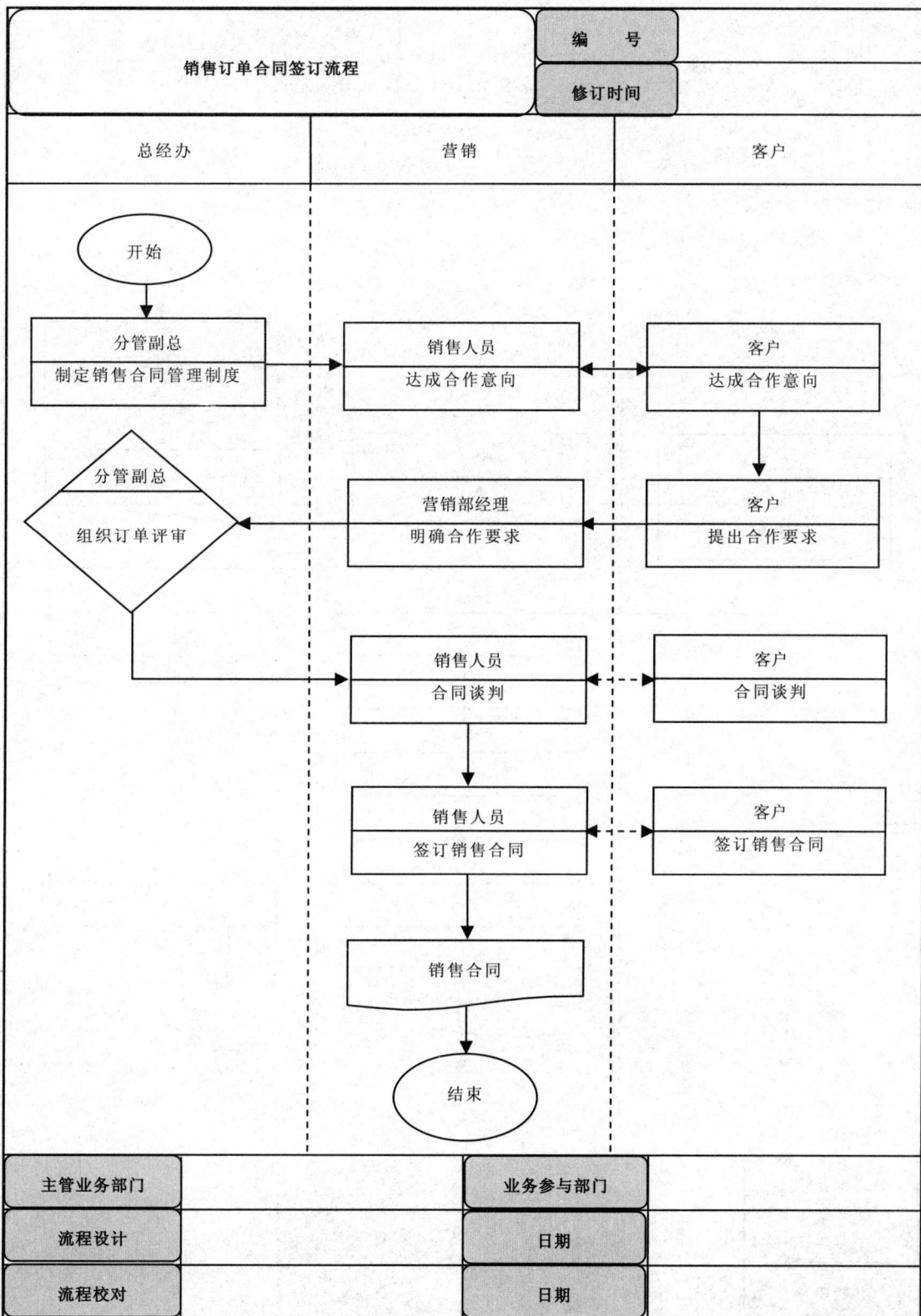

销售订单合同签订流程	编　号	
	修订时间	
总经办	营销	客户

```
开始
  ↓
分管副总            销售人员         客户
制定销售合同管理制度 → 达成合作意向 ← 达成合作意向
                                      ↓
分管副总            营销部经理        客户
组织订单评审 ←      明确合作要求 ←    提出合作要求
      ↓
                   销售人员          客户
                   合同谈判 ←→       合同谈判
                      ↓
                   销售人员          客户
                   签订销售合同 ←→    签订销售合同
                      ↓
                   销售合同
                      ↓
                   结束
```

主管业务部门		业务参与部门	
流程设计		日期	
流程校对		日期	

3.4.3　销售订单合同更改流程

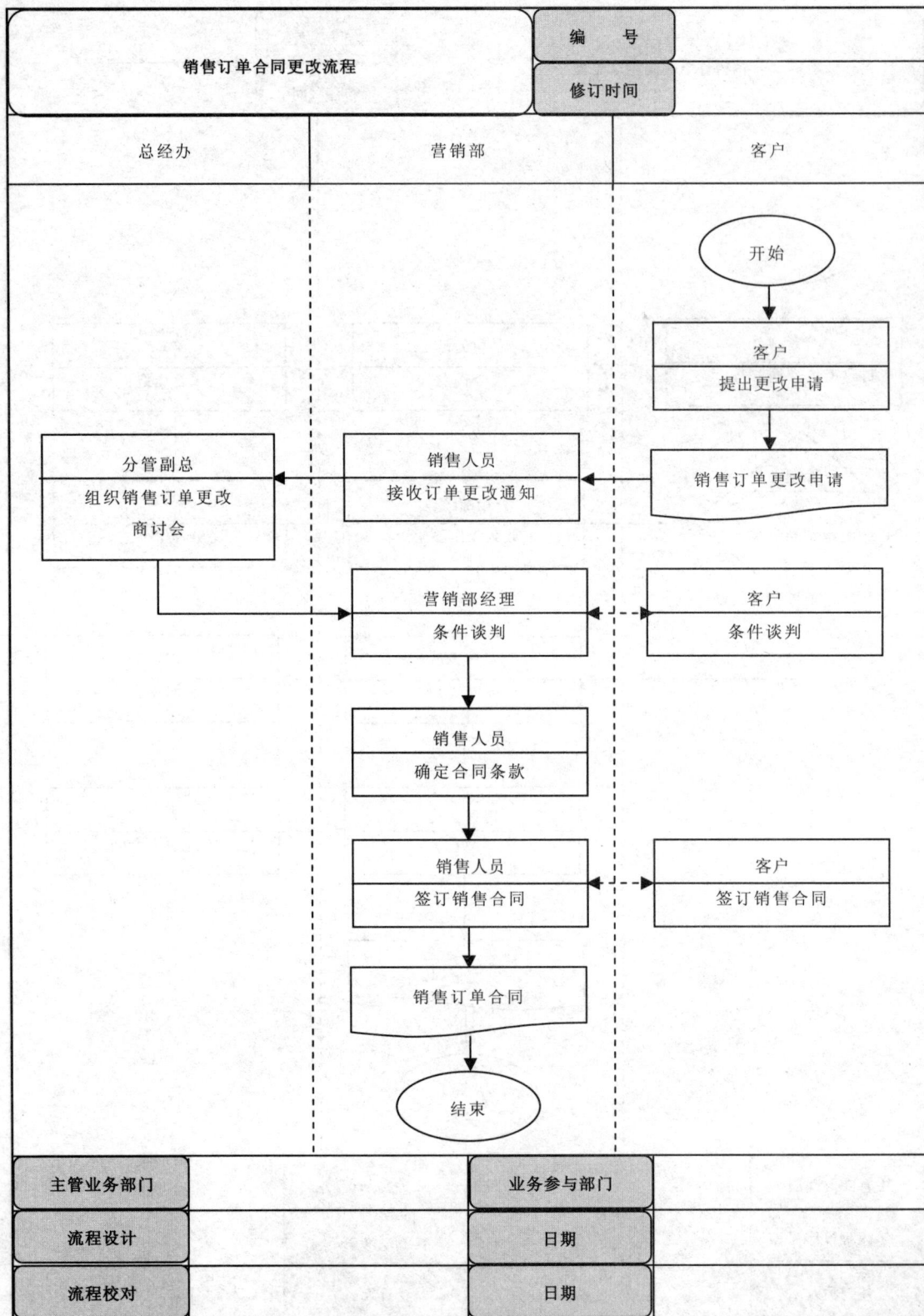

销售订单合同更改流程	编　　号
	修订时间

总经办	营销部	客户

```
                                          ( 开始 )
                                             │
                                    ┌─────────────────┐
                                    │     客户        │
                                    │  提出更改申请    │
                                    └─────────────────┘
                                             │
  ┌────────────┐   ┌─────────────┐   ┌─────────────────┐
  │  分管副总   │◄──│  销售人员    │◄──│ 销售订单更改申请 │
  │组织销售订单更│   │接收订单更改通知│   └─────────────────┘
  │改商讨会     │   └─────────────┘
  └────────────┘
        │         ┌─────────────┐   ┌─────────────────┐
        └────────►│  营销部经理   │◄─·│     客户        │
                  │  条件谈判    │   │   条件谈判       │
                  └─────────────┘   └─────────────────┘
                        │
                  ┌─────────────┐
                  │  销售人员    │
                  │ 确定合同条款  │
                  └─────────────┘
                        │
                  ┌─────────────┐   ┌─────────────────┐
                  │  销售人员    │◄─·│     客户        │
                  │ 签订销售合同  │   │  签订销售合同    │
                  └─────────────┘   └─────────────────┘
                        │
                  ┌─────────────┐
                  │ 销售订单合同  │
                  └─────────────┘
                        │
                   ( 结束 )
```

主管业务部门		业务参与部门	
流程设计		日期	
流程校对		日期	

3.4.4 销售订单合同评审流程

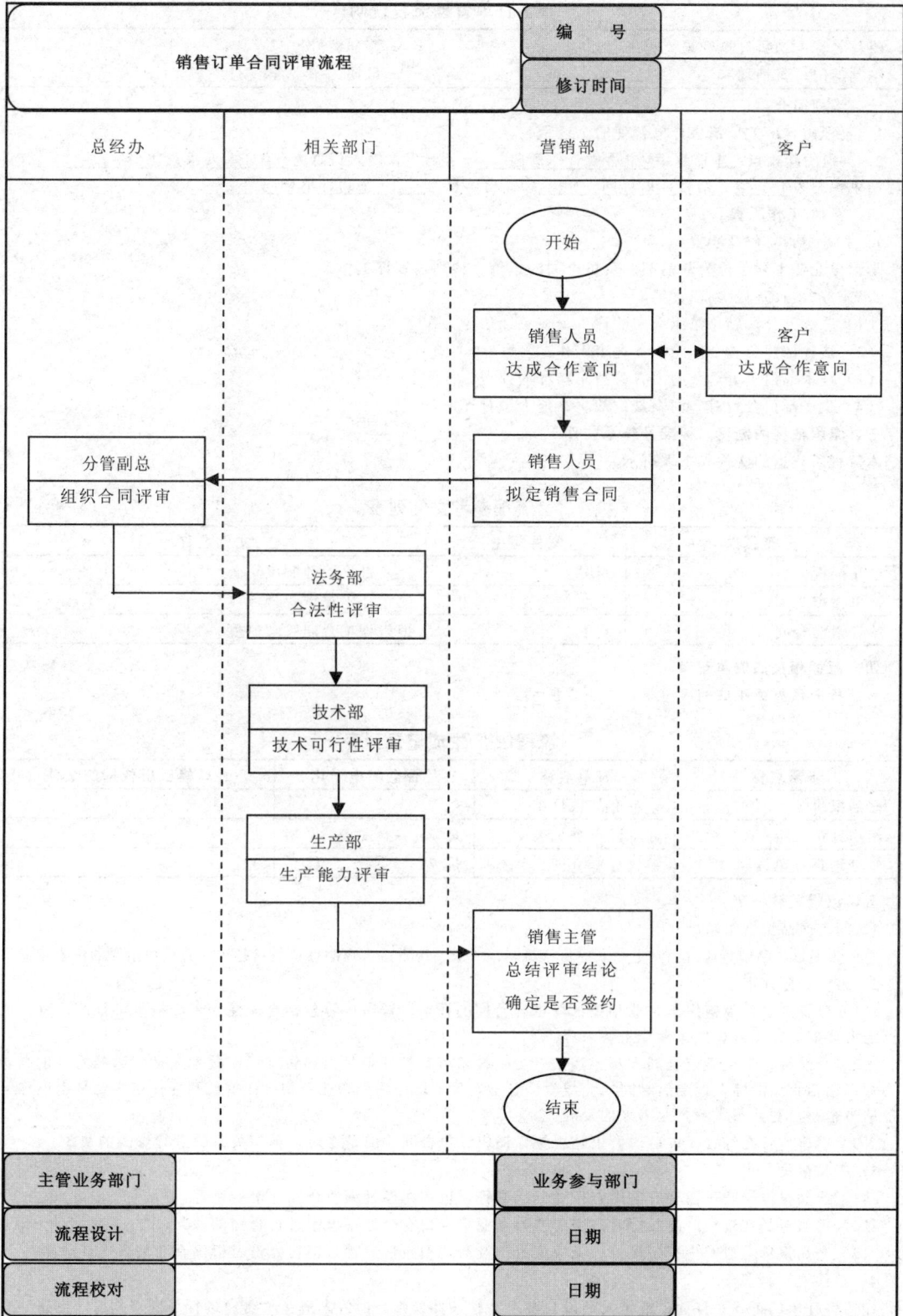

销售订单合同评审流程		编　　号	
		修订时间	
总经办	相关部门	营销部	客户

```
                                    ( 开始 )
                                        │
                                        ▼
                              ┌──────────────┐        ┌──────────────┐
                              │   销售人员    │ ◄---- │    客户       │
                              │  达成合作意向  │       │  达成合作意向  │
                              └──────────────┘        └──────────────┘
                                        │
                                        ▼
  ┌──────────────┐            ┌──────────────┐
  │   分管副总    │ ◄──────── │   销售人员    │
  │  组织合同评审  │            │  拟定销售合同  │
  └──────────────┘            └──────────────┘
          │
          ▼
  ┌──────────────┐
  │    法务部     │
  │  合法性评审   │
  └──────────────┘
          │
          ▼
  ┌──────────────┐
  │    技术部     │
  │ 技术可行性评审 │
  └──────────────┘
          │
          ▼
  ┌──────────────┐
  │    生产部     │
  │  生产能力评审  │
  └──────────────┘
          │
          └────────────────► ┌──────────────┐
                              │   销售主管    │
                              │  总结评审结论  │
                              │  确定是否签约  │
                              └──────────────┘
                                        │
                                        ▼
                                    ( 结束 )
```

主管业务部门		业务参与部门	
流程设计		日期	
流程校对		日期	

49

3.4.5 销售订单管理流程说明文件

销售订单管理流程说明

流程名称：销售订单管理流程	流程编号：
编制部门：营销部	日期：　　年　月　日

一、流程简介

1．流程内容：关于销售订单管理的全过程。

2．流程的起止点：本流程由＿＿达成合作意向＿＿事件触发，输入信息为＿＿订单要求说明书＿＿；本流程结束状态为＿＿签订销售订单合同＿＿，输出信息为＿＿销售订单合同＿＿。

二、管理/工作职责

1．业务主管单位及职责。

本流程业务主管单位为营销部，负责合同的报价、谈判及签订工作。

2．业务参与部门及其职责。

（1）总经办分管副总组织合同的评审、变更评估等工作。

（2）法务部门负责合同的法务评审工作。

（3）技术部门负责对合同中有关技术指标的评审。

（4）生产部门负责对合同中规定的生产能力进行评审。

三、流程依据的制度、标准及体系文件

本流程所依据的文件如下表所示。

流程参考文件列表

步骤名称	文件类型	文件名称
产品报价	制度	产品报价管理制度
订单评审	制度	销售订单评审管理制度
签订销售合同	制度	销售订单合同管理制度

四、流程相关的表单记录

本流程所依据或生成的表单记录如下表所示。

流程依据/生成记录列表

步骤名称	表单名称	是否全部电子化	表单模板所依据的文件
产品报价	订单产品报价单	是	
组织订单评审	订单评审登记表	是	
签订销售订单合同	销售订单合同	是	

五、流程关键环节

1．制定产品价格策略。

企业为促进产品销售通常会制定产品的价格策略，一般情况下，客户的订单数量越大，企业可给予的优惠越多。

2．组织合同评审。

（1）分管副总经理需组织企业相关部门进行合同的评审。评审内容包括合法性评审、技术可行性评审、生产能力评审、订单营利性评审等主要内容。

（2）合法性评审是确定合同本身无违法行为；技术可行性评审是指销售订单在技术上是可达到的；生产能力评审包括企业能够在规定的时间内完成生产任务，并不增加额外企业负担；订单营利性评审主要是指该订单能够为企业盈利并不影响企业未来的发展。

（3）销售主管在综合评审后，做出是否签订销售订单合同，或是否对订单相关条款进行修改的决定。

3．产品报价。

（1）产品报价一般可在客户提出合作意向后进行，也可在经过销售合同评审后进行。

（2）销售人员在进行产品报价时，一定要为企业自身留有余地，以便进行合同的谈判。

（3）产品报价一般有生存型报价、竞争型报价及盈利型报价三种，销售人员可根据企业战略进行选择。

4．条件谈判。

在销售订单的正式签订前，销售人员须与客户进行条件谈判。销售人员在与客户进行合同谈判时，应充分站在企业的角度并维护企业利益。

5. 组织销售订单更改商讨会。

若客户欲对销售订单进行大范围的更改，销售人员需及时通知营销经理，以便对订单进行再次评审，以充分保护企业利益并规避相关风险。

6. 签订销售合同。

一份完整的销售订单合同至少包含双方当事人的名称及联系地址、标的物名称、数量、质量、价格及报酬、履行期限、履行地点和方式、违约责任及争议的解决方式等。

3.5 交付发货管理

3.5.1 交付发货管理流程

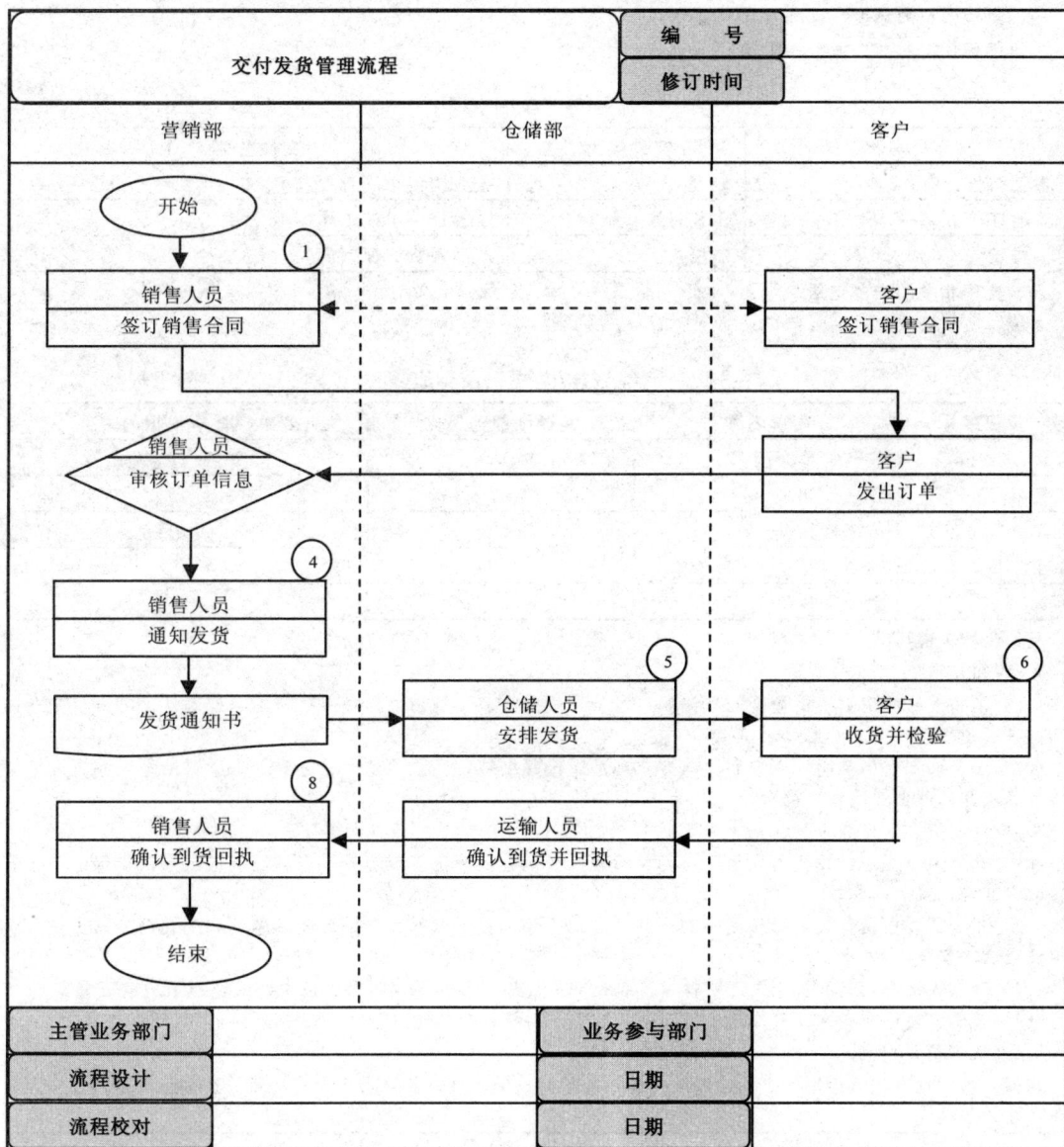

3.5.2 交付发货管理流程说明文件

交付发货管理流程说明

流程名称：交付发货管理流程	流程编号：
编制部门：仓储部	日期：　　年　月　日

一、流程简介

1. 流程内容：关于交付发货管理的全过程。

2. 流程的起止点：本流程由　签订销售合同　事件触发，输入信息为　销售订单合同　；本流程结束状态为　客户接收企业产品　，输出信息为　收货确认单　。

二、管理/工作职责

1. 业务主管单位及职责。

本流程业务主管单位为营销部，负责企业核实企业销售订单、与客户进行签约、协调仓储及客户关系、跟踪订单状态等。

2. 业务参与部门及其职责。

仓储部负责并核实订单信息，并根据订单要求进行发货。

三、流程依据的制度、标准及体系文件

本流程所依据的文件如下表所示。

流程参考文件列表

步骤名称	文件类型	文件名称
签订销售合同	制度	企业销售合同管理制度
审核订单信息	工作标准	销售订单审核工作标准
安排发货	制度	产品发货管理制度

四、流程相关的表单记录

本流程所依据或生成的表单记录如下表所示。

流程依据/生成记录列表

步骤序号	表单名称	是否全部电子化	表单模板所依据的文件
第1步	销售订单合同书	是	
第4步	发货通知书	是	
第5步	发货确认单	是	
第6步	收货检验单	是	
第8步	到货回执单	是	

五、流程关键环节

1. 通知发货。

（1）销售人员应根据"销售合同"编制"发货通知书"，经营销部经理或财务部经理确认后，方可交仓储部门进行备货。

（2）发货通知书中需明确客户名称、客户地址、产品名称、数量、单价、金额、货物目的地及制单人等基本信息，并加盖企业销售专员章。

2. 安排发货。

（1）仓储人员在进行发货前应组织备货，检查产品的完好情况，合理安排产品的堆放地点，以保证产品的及时、准确、安全出库。

（2）对于需要拼箱包装或拆箱零装的产品，仓储人员应提前做好拣选、分类、整理和配套的准备工作，以保证货物的安全。

（3）仓储人员应随货准备相关证明材料，包括产品合格证、使用说明书、技术证明及质量检验证书等。

（4）仓储人员还应在产品出库前进行检验，清点应付货物的数量，以防出现差错。

3. 确认到货并回执。

运输人员在货物送达指定地点后，需取回客户签字确认的回执，并将回执交给销售人员进行登记，以作为销售回款的依据。

3.6 销售回款管理

3.6.1 销售回款管理流程

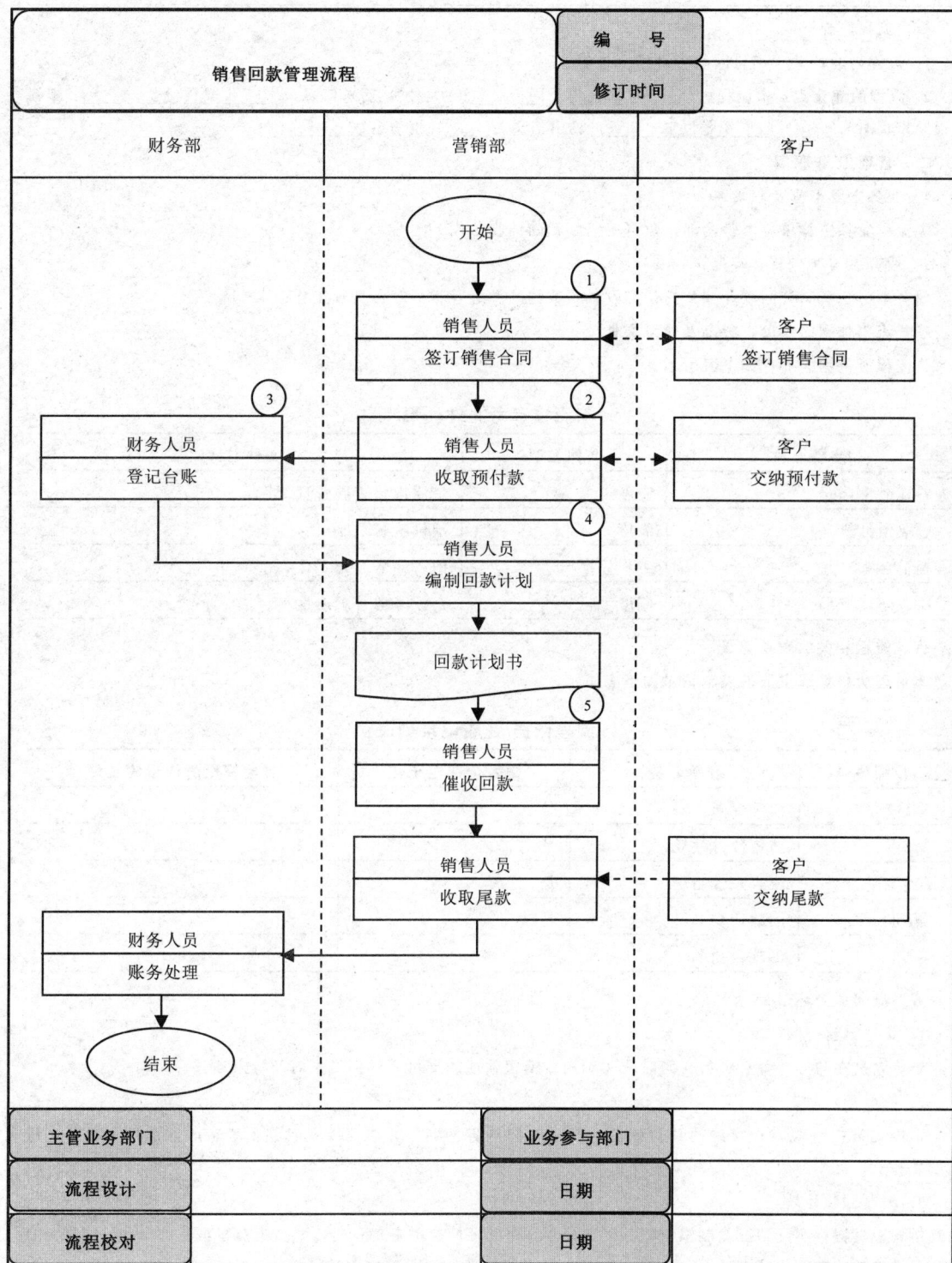

销售回款管理流程		编 号	
		修订时间	
财务部	营销部	客户	

```
                          开始

                      ┌─────────────────┐①        ┌─────────────────┐
                      │   销售人员        │ <----->  │   客户            │
                      │   签订销售合同    │          │   签订销售合同    │
                      └─────────────────┘          └─────────────────┘

┌─────────────────┐③  ┌─────────────────┐②        ┌─────────────────┐
│  财务人员        │←──│   销售人员        │ <----->  │   客户            │
│  登记台账        │   │   收取预付款      │          │   交纳预付款      │
└─────────────────┘   └─────────────────┘          └─────────────────┘
      │                ┌─────────────────┐④
      └───────────────→│   销售人员        │
                       │   编制回款计划    │
                       └─────────────────┘

                       ┌─────────────────┐
                       │   回款计划书      │
                       └─────────────────┘

                       ┌─────────────────┐⑤
                       │   销售人员        │
                       │   催收回款        │
                       └─────────────────┘

                       ┌─────────────────┐          ┌─────────────────┐
                       │   销售人员        │ <------  │   客户            │
                       │   收取尾款        │          │   交纳尾款        │
                       └─────────────────┘          └─────────────────┘
┌─────────────────┐
│  财务人员        │←─────
│  账务处理        │
└─────────────────┘
      │
    结束
```

主管业务部门		业务参与部门	
流程设计		日期	
流程校对		日期	

3.6.2 销售回款管理流程说明文件

销售回款管理流程说明

流程名称：销售回款管理流程	编制部门：营销部
流程编号：	日期： 年 月 日

一、流程简介

1．流程内容：关于销售回款管理的全过程。

2．流程的起止点：本流程由＿＿＿签订销售合同＿＿＿事件触发，输入信息为＿＿收取预付款＿＿＿；本流程结束状态为＿＿＿收取销售回款＿＿＿，输出信息为＿＿＿销售台账＿＿＿。

二、管理/工作职责

1．业务主管单位及职责。

本流程业务主管单位为营销部，负责销售回款的催收工作。

2．业务参与部门及其职责。

财务部门负责制订回款计划，提供应收款项数据，并进行相关账务处理工作。

三、流程依据的制度、标准及体系文件

本流程所依据的文件如下表所示。

流程参考文件列表

步骤名称	文件类型	文件名称
签订销售合同	制度	企业销售合同管理制度
收取预付款	制度	预付款管理制度
登记台账	工作标准	销售台账登记工作标准
账务处理	制度	企业账务管理制度

四、流程相关的表单记录

本流程所依据或生成的表单记录如下表所示。

流程依据/生成记录列表

步骤序号	表单名称	是否全部电子化	表单模板所依据的文件
第1步	销售合同	是	
第2步	销售预付款凭证	是	
第3步	应收账款明细表	是	
第4步	回款计划书	是	
第5步	催款通知书	是	

五、流程关键环节

1．签订销售合同。

销售人员在与客户签订销售合同时应明确规定销售款项的支付方式、支付时间等事项。

2．收取预付款。

销售人员在收取客户交纳的预付款后应及时上交财务部门，并由财务部门进行"应收账款明细表"的编制工作。

3．编制回款计划。

销售人员根据实际情况编制销售账款回款计划，原则上应交财务部一份。财务人员根据销售合同，或产品订货单及销售账款回收计划等相关资料，分析即将到期且尚未收回货款的客户。

4．催收回款。

销售人员根据财务部提供的"应收账款明细表"制作"催款通知单"，并及时交给客户，要求其尽快付清货款。

5．收取尾款。

销售人员对在客户付清所有的销售尾款后，财务人员需对账务进行相关处理。

六、流程存在的问题和改进建议

1．存在的问题：该流程未能体现销售呆死账的处理情况。

2．改进建议：建议增加销售呆账的处理部分。

第 4 章

企业技术研发流程设计

4.1 技术研发管理结构

4.1.1 技术研发管理总体结构

技术研发管理包括技术研发调研管理、技术研发项目立项及实施管理、技术研发经费管理、技术研发样品试制管理、技术研发专利申报管理、新产品试制管理六大工作事项，具体的结构如图 4-1 所示。

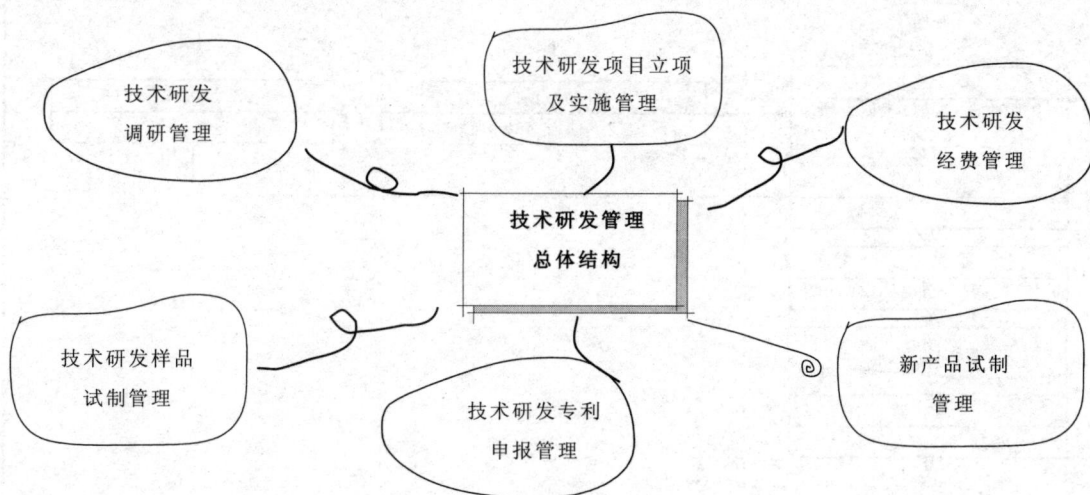

图 4-1 技术研发管理总体结构

4.1.2 技术研发的管理重点

技术研发的管理重点主要包括以下方面内容，具体如图 4-2 所示。

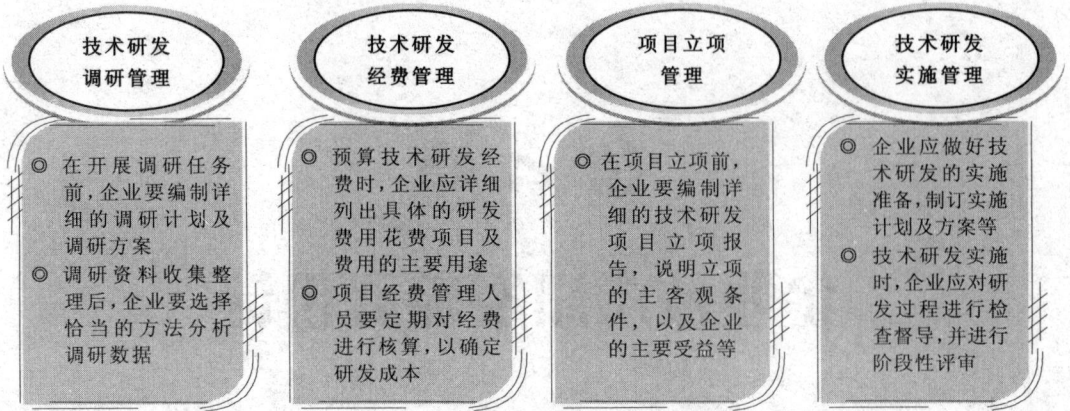

图 4-2 技术研发管理重点说明图

4.2 产品技术研发计划

4.2.1 产品研发计划流程

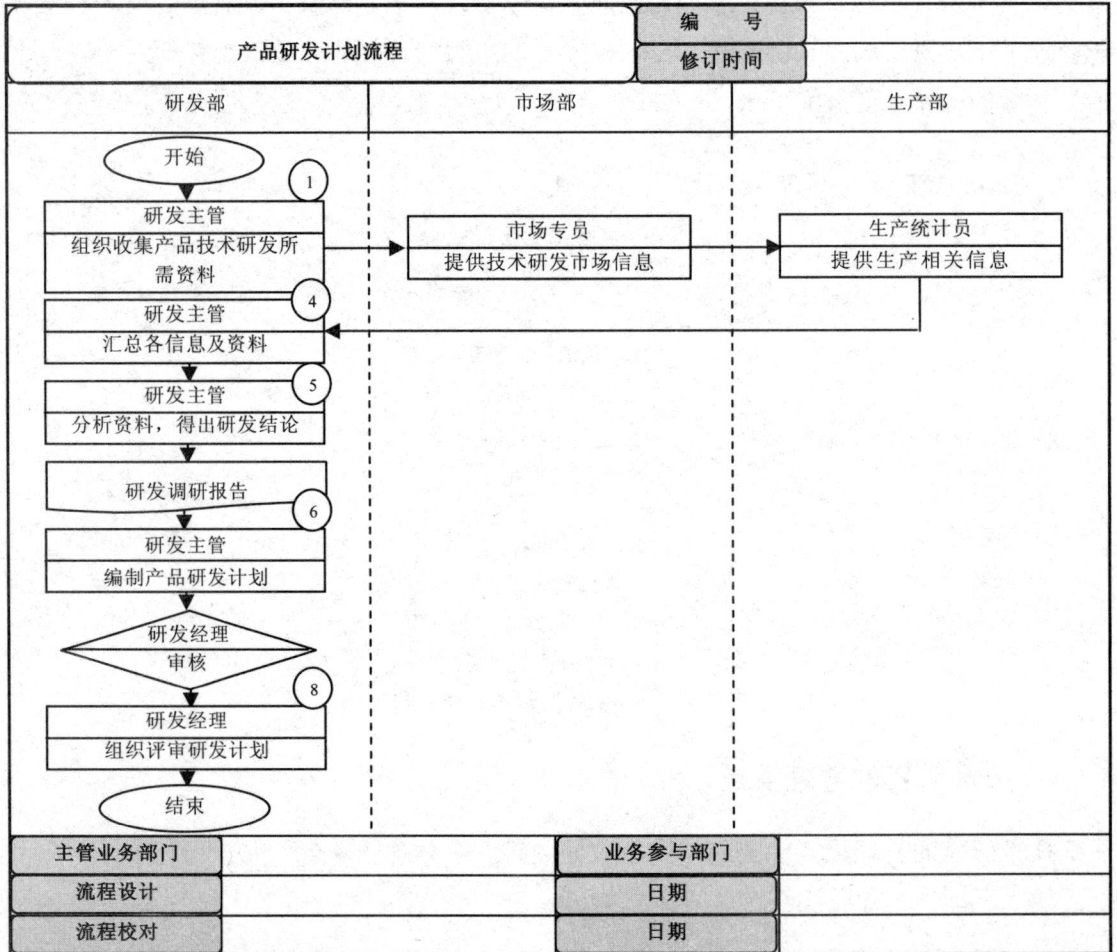

4.2.2 产品研发计划流程说明文件

产品研发计划流程说明

流程名称：产品研发计划流程	流程编号：
编制部门：研发部	日期：　　年　月　日

一、流程简介

1．流程内容：关于产品技术研发计划全过程。

2．流程的起止点：本流程由_____组织收集产品研发技术所需资料_____事件触发，输入信息为企业产品技术研发规范、企业战略发展规划文件_____；本流程结束状态为_____研发计划评审_____，输出信息为_____研发计划评审记录表_____。

二、管理/工作职责

1．业务主管单位及职责。

本流程业务主管单位为研发部，负责收集研发计划编制所需的各项信息及资料，并对资料进行整理汇总并分析、编制研发计划等工作。

2．业务参与部门及其职责。

（1）市场部门负责开展市场调研工作，为研发部门制订研发计划提供基本依据。

（2）生产部门负责在企业内部的生产调查工作，确认企业现阶段的主要生产能力及各生产设备的研发负荷能力等。

三、流程依据的制度、标准及体系文件

本流程所依据的文件如下表所示。

流程参考文件列表

步骤名称	文件类型	文件名称
组织收集产品技术研发所需资料	制度	文件信息收集管理制度 市场调查管理制度
汇总各信息及资料	制度	文件信息汇总管理制度
分析资料，得出研发结论	工作标准	文件信息分析工作标准
编制产品研发计划	工作标准	企业计划编制工作标准
组织评审研发计划	制度	计划评审管理制度

四、流程相关的表单记录

本流程所依据或生成的表单记录如下表所示。

流程依据/生成记录列表

步骤序号	表单名称	是否全部电子化	表单模板所依据的文件
第1步	产品技术研发资料采集表	是	
第4步	产品技术研发资料汇总表	是	
第5步	研发资料分析表	是	
第6步	产品研发计划	是	
第8步	研发计划评审记录表	是	

五、流程关键环节

1．分析资料，得出研发结论。

在分析资料时，分析人员应首先选取具有代表性的文件信息等进行分析；文件选定后，分析人员应选择恰当的分析方法分析所选材料；分析工作结束后，分析人员应确定研发项目是否具有实施上的可能性等。

2．汇总各信息资料。

在汇总收集所得资料时，相关人员应按照一定的类别及方法对各类资料进行分类管理，并对同一类资料进行编号管理。

3．编制产品研发计划。

在编制产品研发计划时，研发人员应保证研发计划的严密性及完整性，计划中的主要内容应包括产品研发时间、研发类别、研发所需资源、研发周期、研发实施控制等。

4．组织评审研发计划。

在研发计划制订后，研发经理应组织研发项目的相关部门及人员对研发项目计划的可行性等进行分析，确认企业是否具有执行计划所需的各类资源及主客观环境等。

4.2.3 技术研发计划评审流程

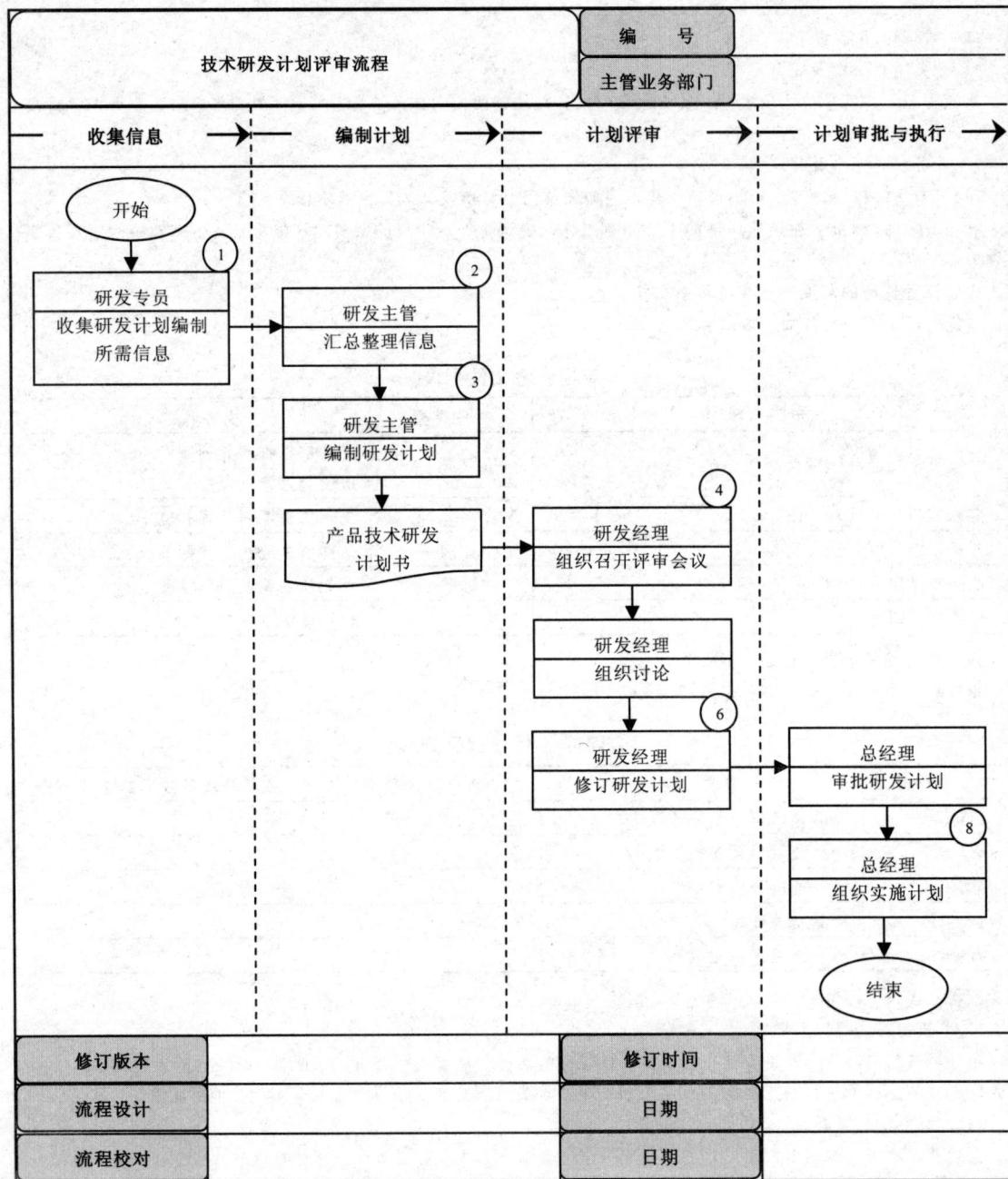

| 技术研发计划评审流程 | | 编　　号 | |
| | | 主管业务部门 | |

收集信息　→　编制计划　→　计划评审　→　计划审批与执行　→

开始

① 研发专员 / 收集研发计划编制所需信息

② 研发主管 / 汇总整理信息

③ 研发主管 / 编制研发计划

产品技术研发计划书

④ 研发经理 / 组织召开评审会议

研发经理 / 组织讨论

⑥ 研发经理 / 修订研发计划

总经理 / 审批研发计划

⑧ 总经理 / 组织实施计划

结束

修订版本		修订时间	
流程设计		日期	
流程校对		日期	

4.2.4 技术研发计划评审流程说明文件

技术研发计划评审流程说明

流程名称：技术研发计划评审流程	流程编号：
编制部门：研发部	日期：　　年　月　日

一、流程简介

1. 流程内容：关于产品技术研发计划全过程。

2. 流程的起止点：本流程由　　　　收集研发计划编制所需信息　　　　事件触发，输入信息为企业产品技术研发规范、企业战略发展规划文件　　　　；本流程结束状态为　　组织实施计划　　，输出信息为　　　产品技术研发计划实施方案　　　。

二、管理/工作职责

1. 总经理职责。

在本流程中，总经理参加"产品研发计划评审会议"，针对计划本身提出修改意见，并对修订后的计划进行审批，监督相关人员实施该计划。

2. 研发经理职责。

在本流程中，研发经理负责组织召开"产品研发计划评审会议"，说明会议的主要议题后组织参会人员进行讨论，总结讨论结果，修订研发计划。

3. 研发主管职责。

在本流程中，研发主管负责根据收集到的相关信息编制产品研发计划书，交由研发经理进行审核，参加"产品研发计划评审会议"，讨论研发计划的可行性等。

4. 研发专员职责。

在本流程中，研发专员负责收集编制研发计划所需要的各类信息及资料，并确定各信息资料的有效性。

三、流程依据的制度、标准及体系文件

本流程所依据的文件如下表所示。

流程参考文件列表

步骤名称	文件类型	文件名称
汇总整理信息	制度	文件信息汇总管理制度
组织召开评审会	制度	研发会议召开制度
组织讨论	制度	会议控制管理制度
组织实施计划	工作标准	研发计划实施工作标准

四、流程相关的表单记录

本流程所依据或生成的表单记录如下表所示。

流程依据/生成记录列表

步骤序号	表单名称	是否全部电子化	表单模板所依据的文件
第1步	研发信息采集表	是	
第2步	研发所需信息整理表	是	
第3步	研发计划书	是	
第4步	研发计划评审会议纪要 研发计划评审会议记录	是	
第6步	研发计划（定稿）	是	
第8步	研发计划实施记录表 研发计划实施进度控制表	是	

五、流程关键环节

1. 组织召开评审会议。在召开评审会议前，相关人员应将会议的时间、地点、主题及参会人员等进行提前通知，以保证评审会议的顺利召开。

2．组织讨论。在这一关键环节中，研发经理应就研发项目等所处的主客观、内外部环境进行详细阐述，然后组织参会人员就计划本身的执行中可能遇到的问题及问题解决办法进行详细阐述。

3．修订研发计划。在修订研发计划时，研发经理应在规定时间内完成计划修订任务，以保证计划的进一步完善。

4.3 产品工艺开发制定

4.3.1 产品工艺制定流程

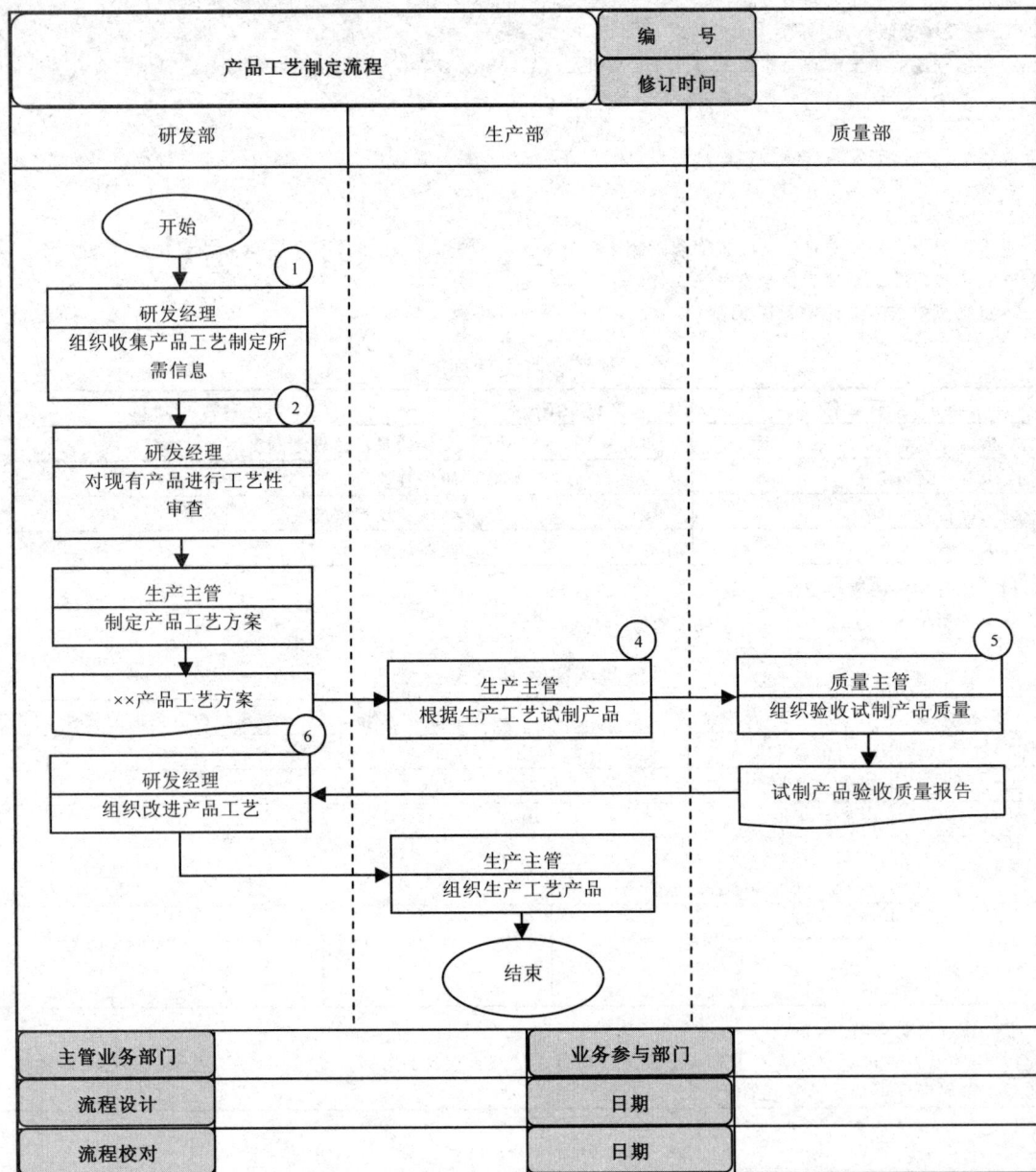

产品工艺制定流程	编 号	
	修订时间	
研发部	生产部	质量部

开始

① 研发经理
组织收集产品工艺制定所需信息

② 研发经理
对现有产品进行工艺性审查

生产主管
制定产品工艺方案

××产品工艺方案

④ 生产主管
根据生产工艺试制产品

⑤ 质量主管
组织验收试制产品质量

⑥ 研发经理
组织改进产品工艺

试制产品验收质量报告

生产主管
组织生产工艺产品

结束

主管业务部门		业务参与部门	
流程设计		日期	
流程校对		日期	

4.3.2 产品工艺制定流程说明文件

产品工艺制定流程说明

流程名称：产品工艺制定流程	流程编号：
编制部门：研发部	日期： 年 月 日

一、流程简介

1. 流程内容：关于产品工艺流程制定的全过程。

2. 流程的起止点：本流程由＿＿＿＿收集产品工艺制定信息＿＿＿＿事件触发，输入信息为＿现有产品工艺状况、企业战略发展规划、现有生产能力信息等＿；本流程结束状态为＿＿＿组织生产工艺产品＿＿＿，输出信息为＿＿＿工艺产品生产跟踪表、工艺产品生产进度控制表等＿＿＿。

二、管理/工作职责

1. 业务主管单位及职责。

本流程业务主管单位为研发部，负责收集产品工艺制定所需的信息，为编制产品工艺方案做准备；根据产品工艺方案试制产品，协助对产品质量进行检验，并根据试制产品的检验结果改进产品工艺，提高产品的工艺水平。

2. 业务参与部门及其职责。

（1）生产部门负责根据研发部提供的产品工艺文件及方案等试制产品，并保证产品试制工作无差错。

（2）质量部负责根据产品工艺文件对试制的产品进行质量检验，编制产品质量检验报告，并将产品质量检验报告反馈给研发部。

三、流程依据的制度、标准及体系文件

本流程所依据的文件如下表所示。

流程参考文件列表

步骤名称	文件类型	文件名称
对现有产品进行工艺性审查	制度	产品工艺审查管理制度
根据生产工艺试制产品	工作标准	产品生产工作标准
组织验收试制产品质量	制度	产品质量验收制度
组织改进产品工艺	制度	产品生产工艺管理制度
组织生产研发产品	工作标准	产品生产工作标准

四、流程相关的表单记录

本流程所依据或生成的表单记录如下表所示。

流程依据/生成记录列表

步骤序号	表单名称	是否全部电子化	表单模板所依据的文件
第1步	产品工艺信息采集表 产品工艺信息分类汇总表	是	
第2步	产品工艺审查记录表 产品工艺问题汇总表	是	
第4步	产品生产进度控制表 产品工艺试制问题汇总表	是	
第5步	产品质量验收过程记录表 产品质量验收报告	是	
第6步	产品工艺改进说明表	是	

五、流程关键环节

1. 对现有产品进行工艺性审查。

研发部人员在进行工艺性审查时，审查人员要首先确定审查的对象及审查的内容，待审查对象及内容确定后，方可进行工艺审查。

2. 制定产品工艺方案。

编制产品工艺方案时，研发部人员应在充分考虑企业现有生产能力及设备性能的基础之上制定，以保证方案的可执行性。

63

3．组织验收产品质量。

质量部人员在验收工艺产品质量时，应严格按照工艺规程及产品质量验收标准等实施检验，以保证检查结果的科学性及合理性。

4．组织改进产品工艺。

改进产品工艺时，研发部人员需详细说明改进的内容及改进的方向，必要时可对改进的对象做出改进前后的对比。

六、流程存在的问题和改进建议

1．存在的问题：产品工艺制定的所需收集的文件不能明确显示。

2．改进建议：研发部人员可在流程后附表说明需要收集的信息或采用何种工具收集的工艺信息等。

4.3.3 产品工装设计流程

4.3.4 产品工装设计流程说明文件

产品工装设计流程说明

流程名称：产品工装设计流程	流程编号：
编制部门：研发部	日期： 年 月 日

一、流程简介

1．流程内容：关于产品工装设计管理的全过程。

2．流程的起止点：本流程由＿＿＿审查产品工装＿＿＿事件触发，输入信息为＿＿＿现有产品工艺状况及生产能力信息等＿＿＿；本流程结束状态为＿＿＿改进工装设计＿＿＿，输出信息为＿＿＿工装设计文件＿＿＿。

二、管理/工作职责

1．业务主管单位及职责。

本流程业务主管单位为研发部，负责收集产品工艺信息、审查现有工装设备，并设计工装文件。

2．业务参与部门及其职责。

（1）生产部门负责根据研发部提供的工装文件对生产工艺设备进行生产加工，并协助对生产工艺装备进行质量检验。

（2）质量部门负责对工装设备进行质量检验，并将产品质量检验报告反馈给研发部门。

三、流程依据的制度、标准及体系文件

本流程所依据的文件如下表所示。

流程参考文件列表

步骤名称	文件类型	文件名称
审查产品工艺	制度	产品工艺审查管理制度
设计产品工艺装备	制度	工艺装备管理制度
工艺装备加工	制度	工艺装备管理制度
对工艺装备进行检验	制度	工装质量验收制度
改进工装设计	制度	工艺装备设计管理制度

四、流程相关的表单记录

本流程所依据或生成的表单记录如下表所示。

流程依据/生成记录列表

步骤序号	表单名称	是否全部电子化	表单模板所依据的文件
第1步	产品工装审查记录表 产品工装问题说明表	是	
第2步	工装设计说明表 工装用途说明表	是	
第4步	工装生产说明表 工装加工说明表	是	
第5步	工装质量检验说明表 工装设计改进建议书	是	
第6步	工装设计改进说明书 工装设计文件（改进后）	是	

五、流程关键环节

1．审查产品工装。

研发部人员在进行工艺性审查时，审查人员需要首先确定审查的对象及审查的内容，待审查对象及内容确定后，方可进行工艺审查。

2．设计产品工艺装备。

研发人员在设计产品工装时，应保管好各类工装设计文件及草稿图纸等，以对设计文件进行不断地改进。

3. 工艺装备加工。

生产人员在对生产工装进行加工时，应严格按照工装的设计图纸和设备的生产性能等安排生产排程，以保证工装生产加工任务的顺利完成。

4. 对工艺装备进行检验。

质量部人员在验收工装质量时，应严格按照工艺规程、工装图纸及产品质量验收标准等实施检验，以保证检查结果的科学性及合理性。

4.4 外包产品技术协同设计

4.4.1 技术协同开发流程

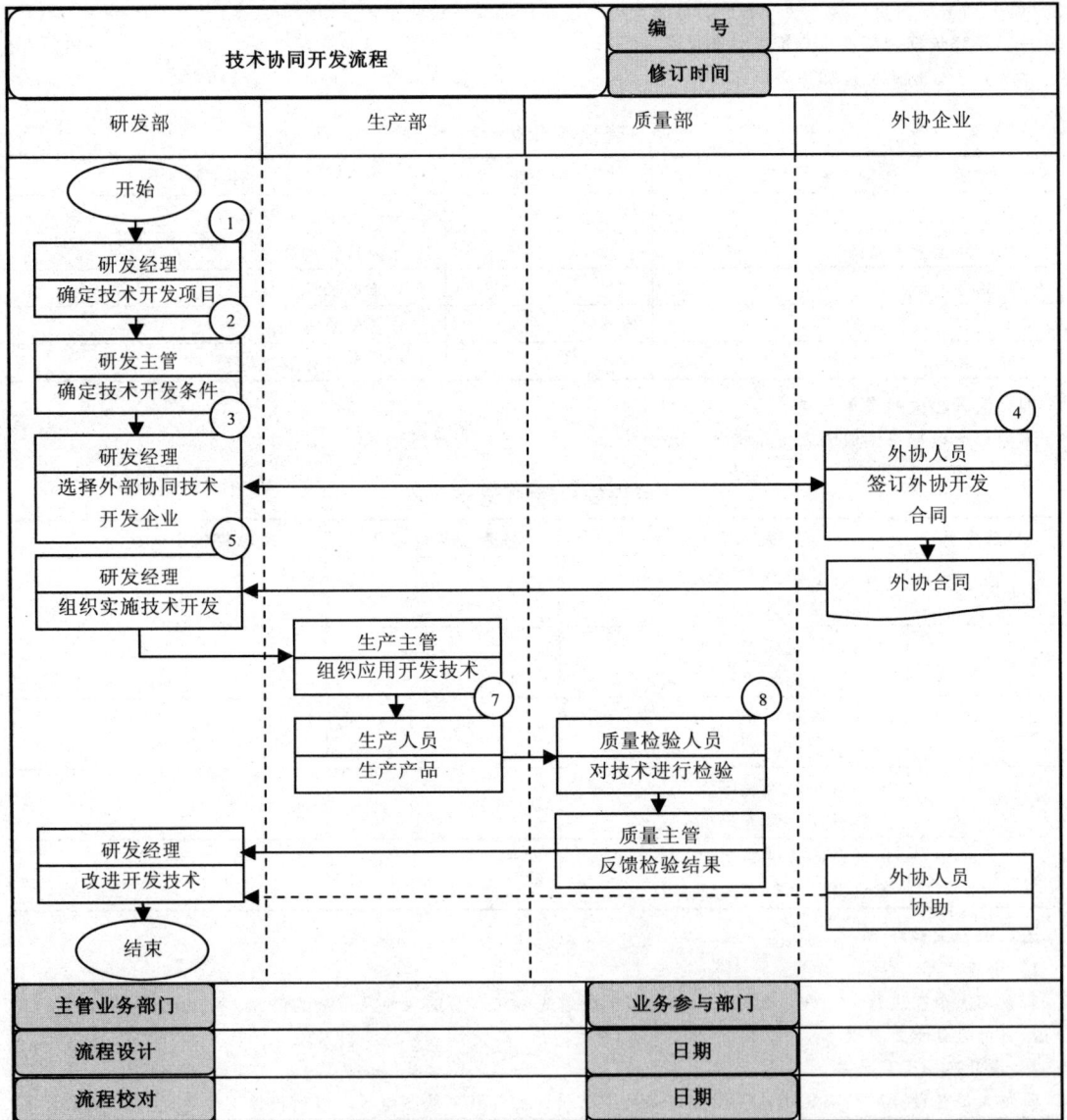

技术协同开发流程			编　　号	
			修订时间	
研发部	生产部	质量部	外协企业	

主管业务部门		业务参与部门	
流程设计		日期	
流程校对		日期	

4.4.2 技术协同开发流程说明文件

技术协同开发流程说明

流程名称：技术协同开发流程	流程编号：
编制部门：研发部	日期： 年 月 日

一、流程简介

1．流程内容：关于技术开发管理的全过程。

2．流程的起止点：本流程由＿＿＿＿确定技术开发项目＿＿＿＿事件触发，输入信息为＿＿＿＿企业产品技术发展规划文件等＿＿＿＿；本流程结束状态为＿＿＿改进开发技术＿＿＿，输出信息为＿＿＿开发技术改进说明文件等＿＿＿。

二、管理/工作职责

1．业务主管单位及职责。

本流程业务主管单位为研发部，负责确定技术开发项目及企业的主要技术开发条件状况等，根据企业现有技术开发条件选择外部协同开发企业，并与其签订"外协技术开发合同"实施技术开发，并不断对所开发的技术实施改进。

2．业务参与部门及其职责。

（1）生产部门负责应用所开发的技术，并对技术效果进行反馈。

（2）质量部门负责对使用开发技术生产的产品进行质量检验，确定技术开发水平，将检验结果反馈给研发部。

（3）外协部门须与研发部门签订"外协技术开发合同"，以保证双方的合法权益，并在研发部的组织下实施技术开发，协助对开发技术进行改进。

三、流程依据的制度、标准及体系文件

本流程所依据的文件如下表所示。

流程参考文件列表

步骤名称	文件类型	文件名称
确定技术开发项目	制度	技术开发管理制度
确定技术开发条件	制度	技术开发管理制度
选择外部协同技术开发企业	制度	外协企业管理制度
组织实施技术开发	制度	技术开发管理制度
对技术进行检验	工作标准	技术检验工作标准
反馈检验结果	制度	质量检验结果管理制度

四、流程相关的表单记录

本流程所依据或生成的表单记录如下表所示。

流程依据/生成记录列表

步骤序号	表单名称	是否全部电子化	表单模板所依据的文件
第1步	技术开发项目说明表 技术开发对象说明表	是	
第2步	技术开发调查报告	是	
第3步	外协企业名单 外协企业调查报告	是	
第4步	外协开发合同	否	
第5步	技术开发实施过程记录表 技术开发问题说明表	是	
第7步	产品生产过程说明表	是	
第8步	检验报告 检验数据说明表	是	

五、流程关键环节

1．确定技术开发条件。

在对企业现有的技术开发条件进行调查时，企业人员应重点调查技术开发资金状况、生产能力状况、可利用的资源状况等。

2．组织实施技术开发。

研发部经理在组织实施技术开发时，应组织做好技术开发的各项准备工作，并对技术开发的过程进行全程监督与管理，以保证技术开发的质量及效率等。

3．检验开发技术。

质量部人员在对开发技术成果进行检验时，应严格按照产品质量检验标准及检验注意事项及要求等对技术开发成果实施检验。

4.4.3 外包产品技术审核流程

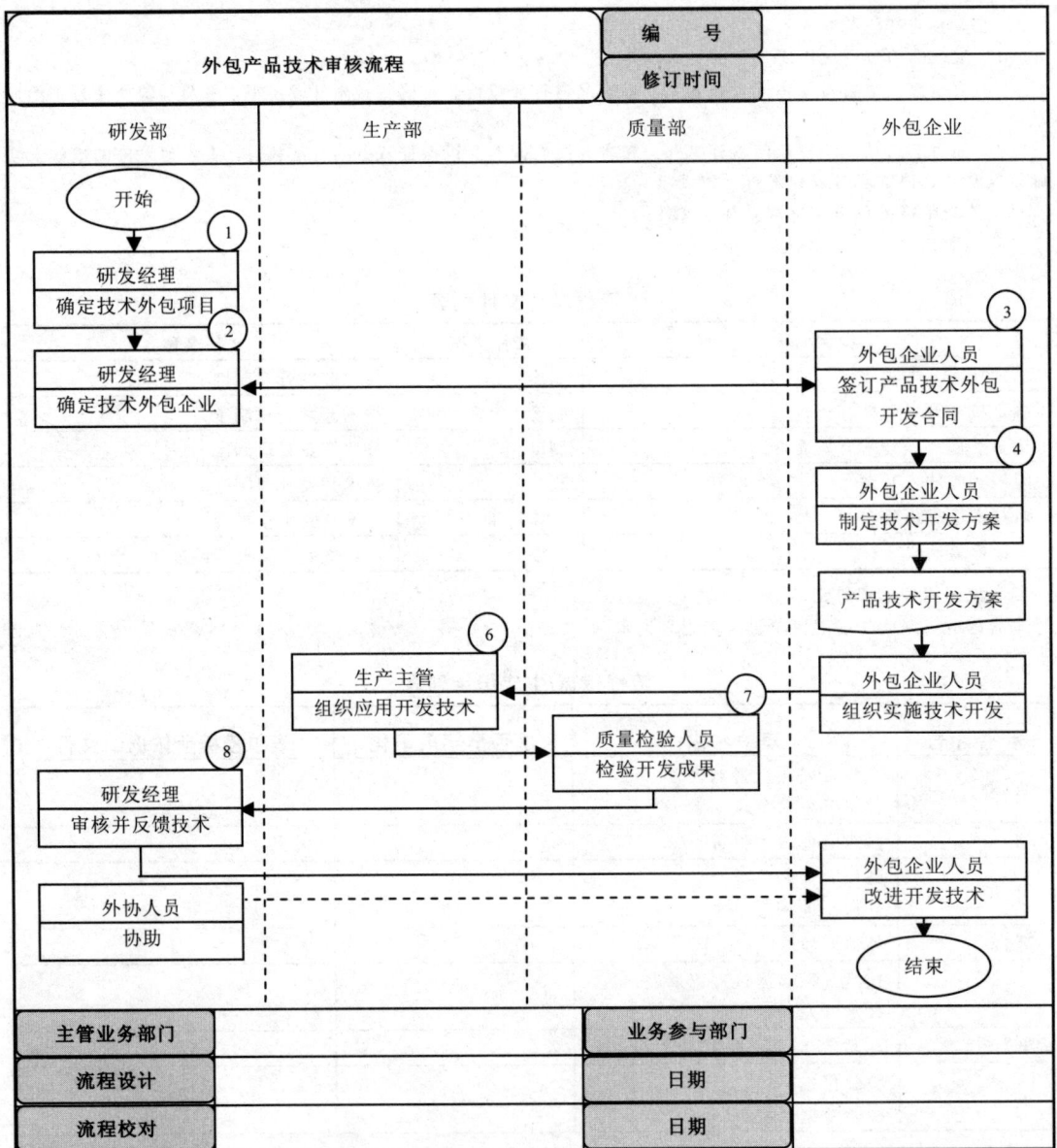

4.4.4 外包产品技术审核流程说明文件

外包产品技术审核流程说明

流程名称：外包产品技术审核流程	流程编号：
编制部门：研发部	日期： 年 月 日

一、流程简介

1．流程内容：关于外包产品技术审核全过程。

2．流程的起止点：本流程由_____确定技术外包项目_____事件触发，输入信息为_____企业产品技术发展规划文件等_____；本流程结束状态为_____改进开发技术_____，输出信息为_____开发技术更改说明书等_____。

二、管理/工作职责

1．业务主管单位及职责。

本流程业务主管单位为研发部，负责确定技术外包项目及技术外包企业，审核并反馈外包企业的技术开发状况，并协助其实施技术改进。

2．业务参与部门及其职责。

（1）生产部门负责应用所外包企业所开发的技术。

（2）质量部门负责对应用外包开发技术后生产的产品进行质量检验，确定技术开发水平，并将检验结果反馈给研发部。

（3）外协部门须与研发部门签订"外包产品技术合同"，以保证双方的合法权益，并在研发部的协助下对开发技术进行改进。

三、流程依据的制度、标准及体系文件

本流程所依据的文件如下表所示。

流程参考文件列表

步骤名称	文件类型	文件名称
确定技术外包项目	制度	技术外包开发管理制度
确定技术外包企业	制度	技术外包开发管理制度
签订外包产品技术开发合同	制度	技术外包开发管理制度
组织应用开发技术	制度	新技术应用管理制度
检验开发成果	制度	新技术检验管理制度

四、流程相关的表单记录

本流程所依据或生成的表单记录如下表所示。

流程依据/生成记录列表

步骤序号	表单名称	是否全部电子化	表单模板所依据的文件
第1步	技术外包项目说明表 技术外包项目统计表	是	
第2步	技术外包企业名单 技术外包企业调查报告	是	
第3步	外包产品技术开发合同	是	
第4步	产品技术开发方案	是	
第6步	外包开发技术应用问题说明表 外包开发技术应用记录表	是	
第7步	外包开发技术检验报告 检验数据说明表	是	
第8步	外包技术审核意见说明表	是	

五、流程关键环节

1．确定技术外包项目。

在对企业现有的技术开发条件进行调查后，企业方可确定本企业是否具有开发新技术的条件，以及企业可以进行技术开发的外包项目等。

2．确定技术外包企业。

　　研发部经理在确定技术外包企业时，应首先列出可供合作的企业名单，并组织对名单中的企业进行调查，根据调查结果及外包企业选择标准等选择合适的技术外包企业。

3．组织应用开发技术。

　　生产部人员在对开发技术成果进行应用时，应严格按照产品生产标准及技术的应用标准、注意事项及要求等对开发技术进行应用。

4.5　设计试验与技术引进

4.5.1　技术引进吸收评审流程

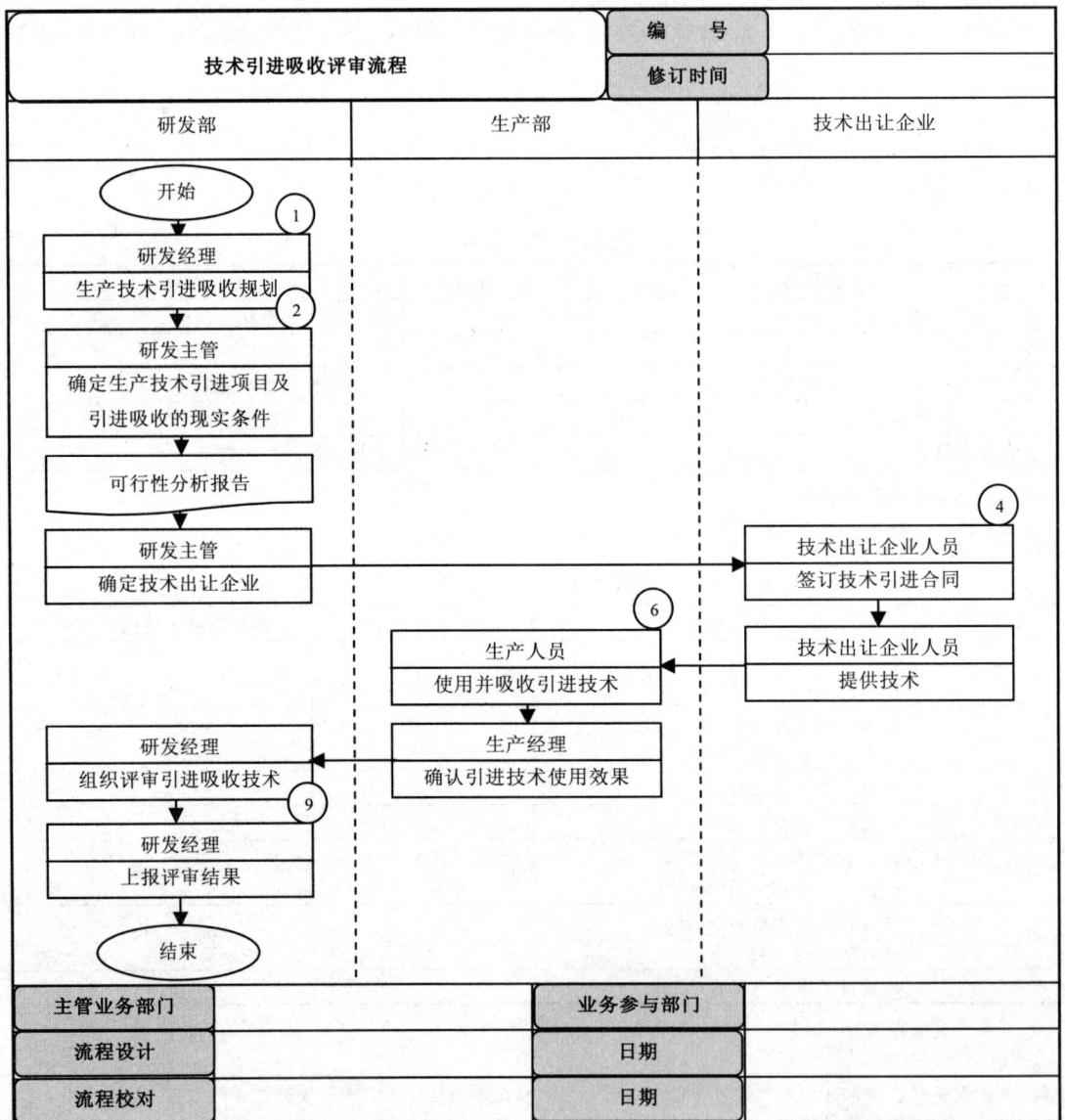

| 技术引进吸收评审流程 | 编　号 | |
| | 修订时间 | |

研发部	生产部	技术出让企业

开始

① 研发经理
生产技术引进吸收规划

② 研发主管
确定生产技术引进项目及
引进吸收的现实条件

可行性分析报告

研发主管
确定技术出让企业

④ 技术出让企业人员
签订技术引进合同

⑥ 生产人员
使用并吸收引进技术

技术出让企业人员
提供技术

研发经理
组织评审引进吸收技术

生产经理
确认引进技术使用效果

⑨ 研发经理
上报评审结果

结束

主管业务部门		业务参与部门	
流程设计		日期	
流程校对		日期	

4.5.2　技术引进吸收评审流程说明文件

技术引进吸收评审流程说明

流程名称：技术引进吸收评审流程	流程编号：
编制部门：研发部	日期：　　年　月　日

一、流程简介

1．流程内容：关于技术引进吸收评审全过程。

2．流程的起止点：本流程由　　生产技术引进吸收规划　　事件触发，输入信息为　　企业已有的战略规划和发展计划　　；本流程结束状态为　　上报评审结果　　，输出信息为　　技术引进吸收评审报告　　。

二、管理/工作职责

1．业务主管单位及职责。

本流程业务主管单位为研发部，负责根据企业已有的战略规划和发展计划等对生产技术引进吸收事项进行规划，并确定要引进的技术及技术引进的企业等，对引进后的技术进行评审。

2．业务参与部门及其职责。

（1）生产部门负责根据引进的技术生产产品，确认所引进技术的使用效果等，并将使用效果反馈给研发部门。

（2）技术出让企业负责与研发部门签订"技术引进合同"，提供相应技术，并对技术的使用进行指导。

三、流程依据的制度、标准及体系文件

本流程所依据的文件如下表所示。

流程参考文件列表

步骤名称	文件类型	文件名称
生产技术引进吸收规划	制度	技术引进管理制度
确定技术出让企业	制度	企业技术引进调查管理制度
签订技术引进合同	制度	合同签订管理制度
确认引进技术使用效果	制度	技术引进管理制度
组织评审引进吸收技术	制度	技术评审管理制度

四、流程相关的表单记录

本流程所依据或生成的表单记录如下表所示。

流程依据/生成记录列表

步骤序号	表单名称	是否全部电子化	表单模板所依据的文件
第1步	生产技术引进吸收规划书	是	
第2步	技术引进可行性分析报告	是	
第4步	技术引进合同	是	
第6步	引进技术使用记录表 引进技术使用问题汇总说明表	是	
第9步	引进技术评审会议通知书 引进技术评审会议记录 引进技术评审报告	是	

五、流程关键环节

1. 确定生产技术引进项目及引进吸收的现实条件。

研发部人员应首先确定本企业需要引进的技术项目，以及所引进的技术项目是否具有在本企业使用的条件等，以最大限度地保证产品质量及企业的效益等。

2. 签订技术引进合同。

在签订技术引进合同时，企业双方的合同签订人员应协商确定合同中所列事项，以明确双方的权利义务关系。

3. 组织评审引进吸收技术。

对引进技术进行评审时，研发部经理应邀请生产部、技术部、设备部、质量部等相关人员共同参与会议，对技术引进的效果等进行评审，以确定企业使用新技术进行生产的利弊，方便企业领导做出相关决策。

第 5 章

生产运营管理流程设计

5.1 生产运营管理结构

5.1.1 生产运营管理总体结构

生产运营管理包括生产运营的准备、生产运营的计划、生产运营的控制和生产运营模式的优化四大工作事项，具体的结构如图 5-1 所示。

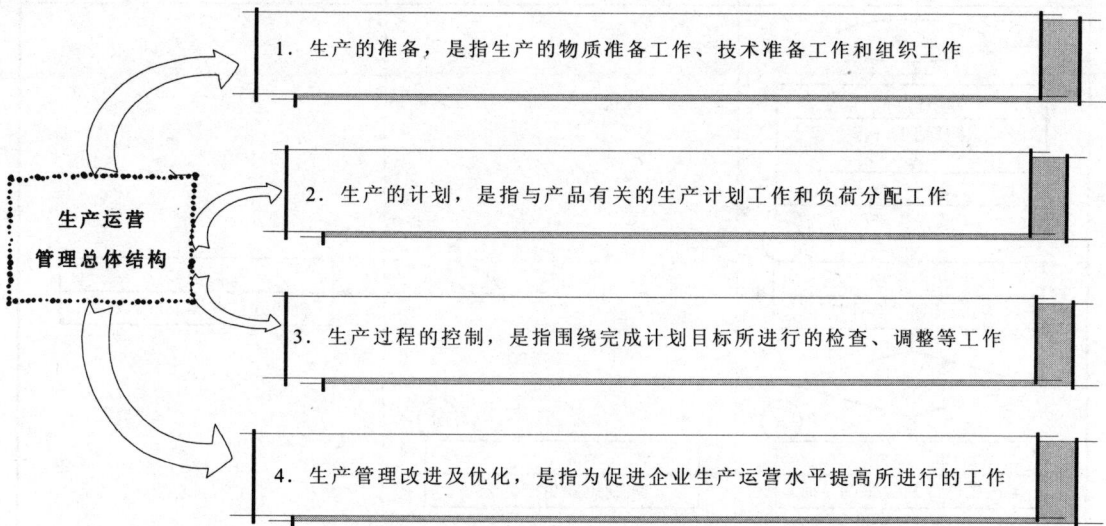

图 5-1 生产运营管理的总体结构

5.1.2 生产运营的管理重点

生产运营，即运用组织、计划、控制等职能，把投入生产过程的各种生产要素有效地结合起来，从而确保生产运营体系的顺利运行。生产运营的管理重点如图 5-2 所示。

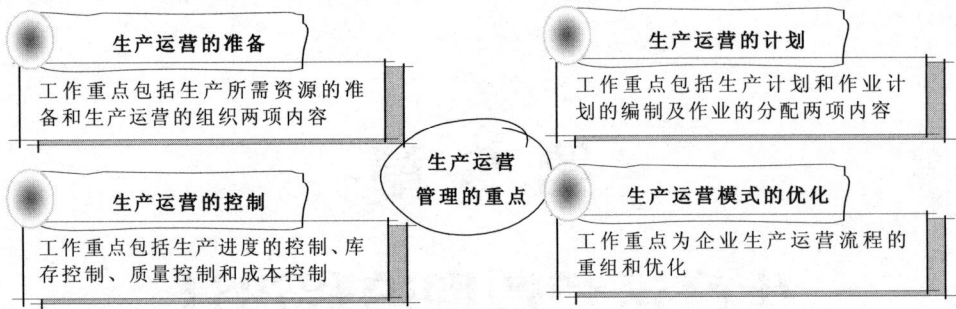

图 5-2　生产运营的管理重点

5.2　生产运营计划管理

5.2.1　生产计划制订流程

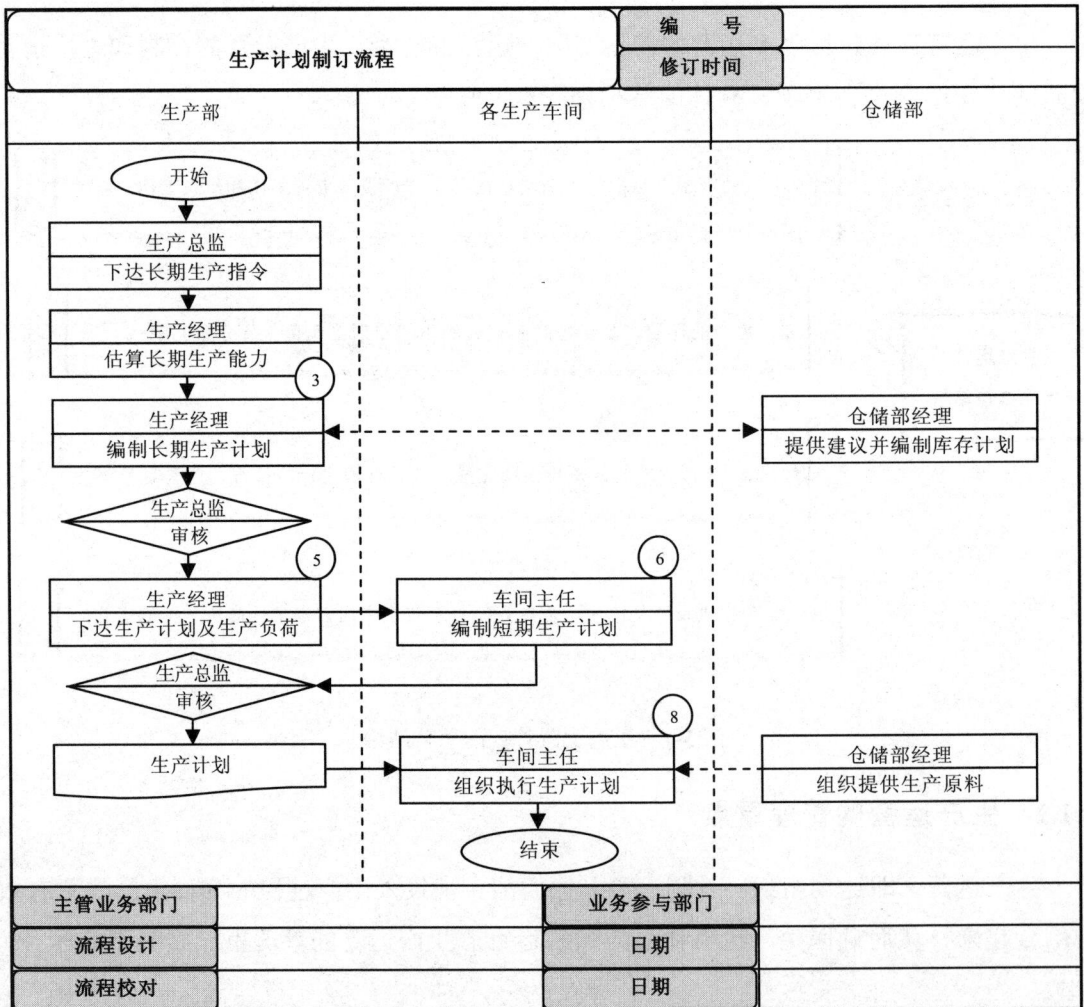

5.2.2 计划制订流程说明文件

生产计划制订流程说明

流程名称：生产计划制订流程	流程编号：
编制部门：生产部	日期： 年 月 日

一、流程简介

1．流程内容：关于企业制订生产计划的全过程。

2．流程的起止点：本流程由 <u>制订生产计划</u> 事件触发，输入信息为 <u>企业的长期生产指令</u> ；本流程结束状态为 <u>各生产车间执行生产计划</u> ，输出信息为 <u>企业的长期、短期和日程生产计划</u> 。

二、管理/工作职责

1．业务主管单位及职责。

本流程业务主管单位为生产部，负责生产计划的制订工作。

2．业务参与部门及其职责。

（1）各生产车间负责编制短期的生产计划并执行生产计划。

（2）仓储部负责协助生产计划的制订和执行工作。

三、流程依据的制度、标准及体系文件

本流程所依据的文件如下表所示。

流程参考文件列表

步骤名称	文件类型	文件名称
估算长期生产能力	工作标准	生产能力估算工作标准
编制长期生产计划	工作计划	企业长期生产计划
下达生产计划及生产负荷	制度	企业生产管理制度
编制短期生产计划	工作计划	企业短期生产计划
组织执行生产计划	制度	企业生产管理制度

四、流程相关的表单记录

本流程所依据或生成的表单记录如下表所示。

流程依据/生成记录列表

步骤序号	表单名称	是否全部电子化	表单模板所依据的文件
第3步	产品需求计划表、库存计划表	是	
第5步	生产任务书	是	
第6步	企业长期生产计划细分表	是	
第8步	生产计划实施安排表	是	

五、流程关键环节

1．下达长期生产指令。

生产车间负责根据企业的经营发展战略下达企业的长期生产指令，并做好生产计划制订工作的分工。

2．估算长期生产能力。

生产经理负责根据企业的资金、设备、原材料、人力等相关资源的实际情况估算企业的长期生产能力，并应保证估算数据的科学性，以为生产计划的制订提供合理依据。

3．编制长期生产计划。

生产经理在编制企业的长期生产计划时，应根据企业的年度经营目标、营销部提出的产品需求计划及技术部提出的产品试制计划等相关资料进行编制。

4．编制短期生产计划。

车间主任在编制短期生产计划时，必须考虑车间的生产能力及企业的库存状况。

5．组织执行生产计划。

（1）车间主任负责根据企业的长期和短期生产计划，合理调配相关资源，有序开展生产活动，确保生产计划的顺利完成。

（2）车间主任应做好相关生产数据资料的收集和整理、分析，定期编写生产总结报告，对生产中存在的问题提出有效的解决措施，并根据实际情况对企业的生产计划进行合理调整。

六、其他

当生产部接到营销部报来的临时性产品需求计划时，应以会议的形式组织营销部、仓储部等相关部门和生产车间进行生产资源及生产能力的平衡，编制完毕后，由生产经理审核、生产总监批准后，纳入当月的生产计划并执行。

5.2.3 生产计划调整流程

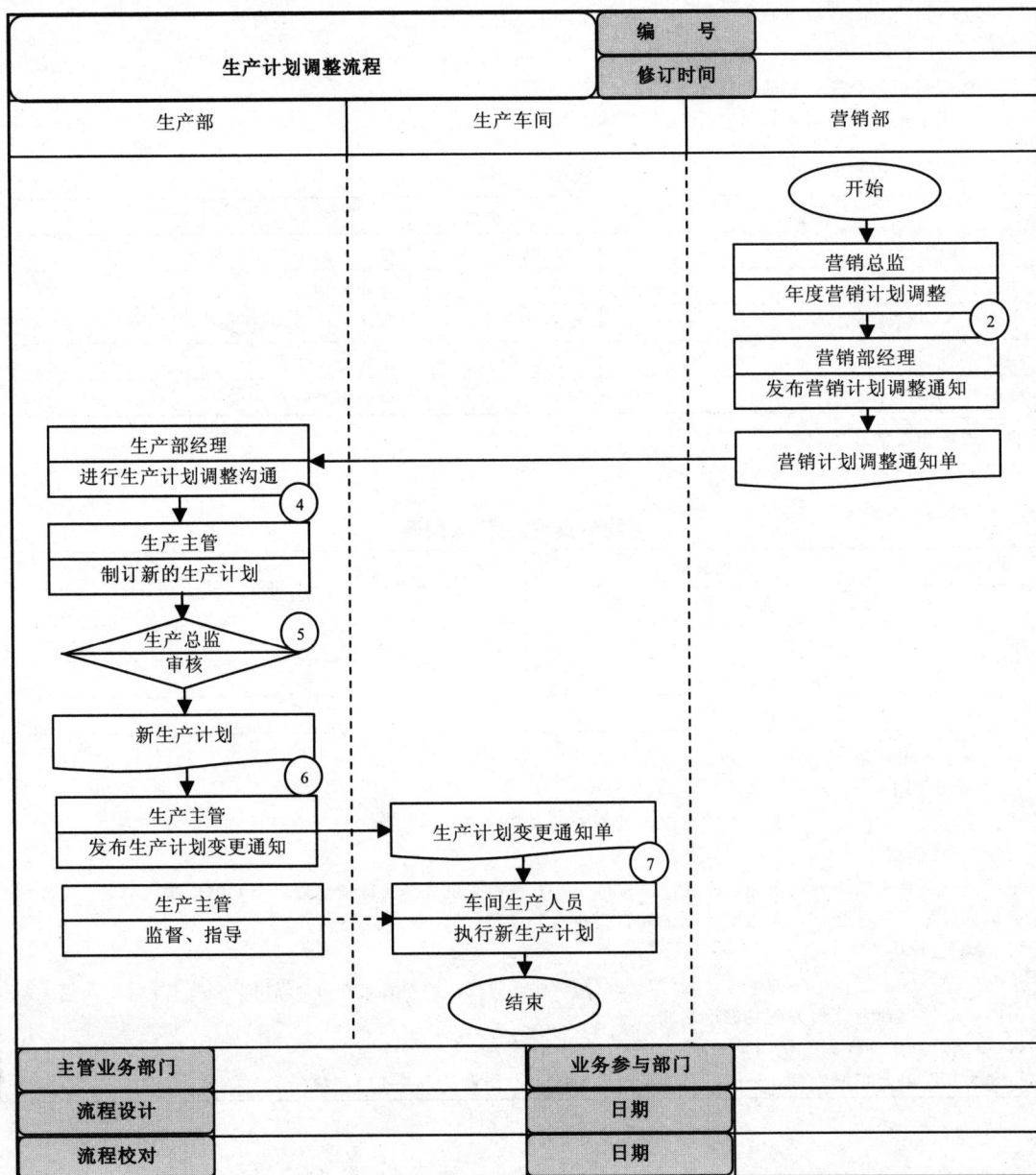

生产计划调整流程		编　　号	
		修订时间	
生产部	生产车间	营销部	

开始

营销总监
年度营销计划调整 ②

营销部经理
发布营销计划调整通知

营销计划调整通知单

生产部经理
进行生产计划调整沟通 ④

生产主管
制订新的生产计划

生产总监
审核 ⑤

新生产计划 ⑥

生产主管
发布生产计划变更通知 → 生产计划变更通知单 ⑦

生产主管
监督、指导

车间生产人员
执行新生产计划

结束

主管业务部门		业务参与部门	
流程设计		日期	
流程校对		日期	

5.2.4 生产计划调整流程说明文件

生产计划调整流程说明

流程名称：生产计划调整流程	流程编号：
编制部门：生产部	日期： 年 月 日

一、流程简介

1. 流程内容：关于生产计划调整的全过程。

2. 流程的起止点：本流程由＿＿＿＿年度营销计划调整＿＿＿＿事件触发，输入信息为＿＿＿＿营销计划调整方案、企业经营战略发展规划文件＿＿＿＿；本流程结束状态为＿＿＿＿执行新生产计划＿＿＿＿，输出信息为＿＿＿＿生产计划实施进度记录、生产计划变更跟踪报告＿＿＿＿。

二、管理/工作职责

1. 业务主管单位及职责。

本流程业务主管单位为生产部，负责生产计划的调整和计划变更后执行的跟踪工作，负责生产进度的控制并指导各车间顺利进行生产制造。

2. 业务参与部门及其职责。

（1）营销部门负责根据企业经营规划制定新的营销方案，并向生产部发布营销计划变更通知，进行生产计划变更沟通工作。

（2）生产车间负责依照新生产计划进行生产工作。

三、流程依据的制度、标准及体系文件

本流程所依据的文件如下表所示。

流程参考文件列表

步骤名称	文件类型	文件名称
年度营销计划调整	工作计划	企业年度营销计划
制订新的生产计划	制度	生产计划变更管理制度
新生产计划	工作计划	企业生产计划
发布生产计划变更通知	企业文书	生产计划变更通知单

四、流程相关的表单记录

本流程所依据或生成的表单记录如下表所示。

流程依据/生成记录列表

步骤序号	表单名称	是否全部电子化	表单模板所依据的文件
第2步	营销计划调整通知单	是	
第4步	生产计划调整表	是	
第5步	生产计划审批表	是	
第6步	生产计划变更通知单	是	
第7步	新生产计划实施表	是	

五、流程关键环节

1. 年度营销计划调整。

营销总监根据市场需求的变化，结合企业经营战略发展规划和经营现状，调整年度营销计划。

2. 进行生产计划调整沟通。

生产经理应根据实际生产能力与营销部进行生产计划调整沟通，确认变更后计划各订单交期是否可以确保，营销部应做好生产计划调整产生的需要与客户沟通的事宜。

3. 制订新的生产计划。

如生产计划变更范围较大，生产部应协同相关部门进行检讨确认，制订新的生产计划。

4. 生产计划变更通知单。

（1）"生产计划变更通知单"应包含生产计划变更原因、计划变更影响的生产单位及时间、原生产计划排程状况、变更后生产计划排程状况和需各部门注意配合的事项等内容。

（2）如生产计划变更后，新计划与旧计划相比较有较大变化时，生产部应在"生产计划变更通知单"后附上新的"周生产任务通知单""月生产任务通知单"。

5．执行新生产计划。

（1）生产车间接获"生产计划变更通知单"后，应立即确认本车间工作安排的调整，以确保计划的顺利执行。

（2）生产车间接到"生产计划变更通知单"后，修改相应的生产计划，确认并追踪变更后的物料需求状况，协调各部门因此产生的工作调整、配合，处理变更前后物料的盘点、清退、处理事宜，做好生产任务安排调整和人员、设备调度等工作。

5.3 主计划的分解计划

5.3.1 车间作业计划制订流程

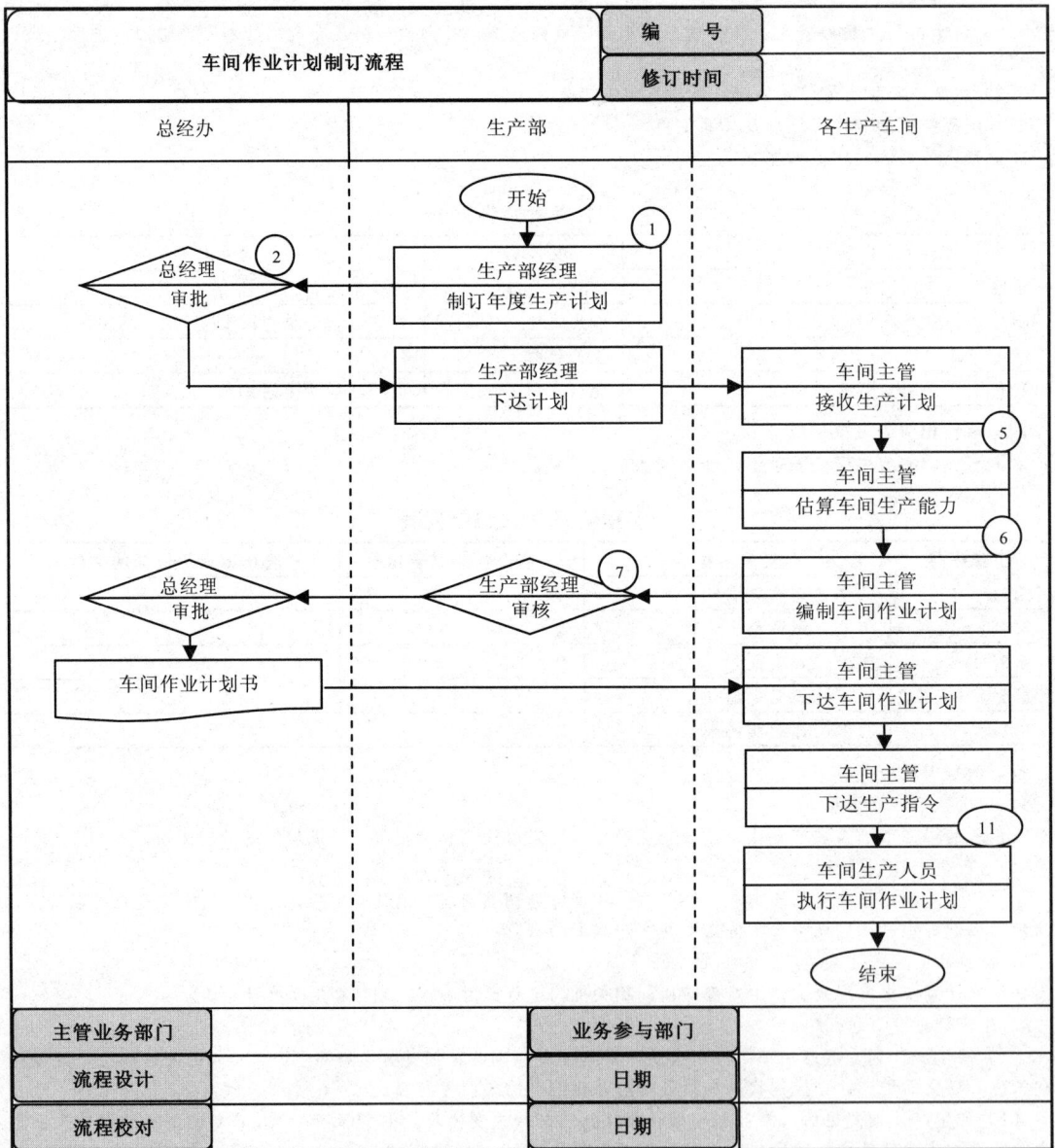

车间作业计划制订流程		编　号	
		修订时间	

总经办　　　　　生产部　　　　　各生产车间

开始

① 生产部经理 制订年度生产计划

② 总经理审批

生产部经理 下达计划

车间主管 接收生产计划

⑤ 车间主管 估算车间生产能力

⑥ 车间主管 编制车间作业计划

⑦ 生产部经理审核

总经理审批

车间作业计划书

车间主管 下达车间作业计划

车间主管 下达生产指令

⑪ 车间生产人员 执行车间作业计划

结束

主管业务部门		业务参与部门	
流程设计		日期	
流程校对		日期	

5.3.2 车间作业计划制订流程说明文件

车间作业计划制订流程说明

流程名称：车间作业计划制订流程	流程编号：
编制部门：生产部	日期：　　年　月　日

一、流程简介

1．流程内容：关于车间作业计划制订的全过程。

2．流程的起止点：本流程由　　制订年度生产计划　　事件触发，输入信息为　企业年度销售计划　；本流程结束状态为　　执行车间作业计划　　，输出信息为　　车间生产作业进度、车间生产统计表　　。

二、管理/工作职责

1．业务主管单位及职责。

本流程业务主管单位为生产部，负责各车间作业计划的编制管理工作。

2．业务参与部门及其职责。

（1）总经办职责。

总经办负责年度生产计划和车间作业计划的审批工作，并对车间生产进行监督。

（2）各生产车间职责。

① 车间主管负责根据生产计划和经营指标，估算车间生产能力，编制车间作业计划，并上报生产部经理审核、生产总监审批。

② 车间主管负责下达审批通过的车间作业计划，下达产量与生产负荷指令，监督、指导车间生产人员进行生产。

③ 车间生产人员严格执行车间作业计划和各项生产指令。

三、流程依据的制度、标准及体系文件

本流程所依据的文件如下表所示。

流程参考文件列表

步骤名称	文件类型	文件名称
制订年度生产计划	制度	生产计划编制制度
估算车间生产能力	工作标准	车间生产能力相关标准
编制车间作业计划	制度	各类车间作业计划的制订方法
下达生产指令	工作标准	生产任务书

四、流程相关的表单记录

本流程所依据或生成的表单记录如下表所示。

流程依据/生成记录列表

步骤序号	表单名称	是否全部电子化	表单模板所依据的文件
第1步	企业年度生产计划表	是	
第2步	企业年度生产计划审批表	是	
第5步	车间生产能力评估表	是	
第6步	车间作业计划表	是	
第7步	车间作业计划审批表	是	
第11步	各车间生产统计表	是	

五、流程关键环节

1．制订年度生产计划。

生产部经理根据企业年度销售计划和经营现状，编制年度生产计划，并上报总经理审批。

2．估算车间生产能力。

生产主管接到生产计划后，需对车间成产能力进行估算，编制生产负荷计划，对各项生产进行详细、周密的安排。

3．车间作业计划书。

车间作业计划书主要包括生产任务目标、生产日程安排、生产进度要求和质量标准等内容。

续表

4．执行车间作业计划。

各生产车间负责在生产过程中各资源的平衡、控制工作，合理调度人员，严格执行车间作业计划，合理解决生产过程中出现的问题。

六、其他

车间作业计划是在加工制造订单的基础上，按照交货期的前后和生产优先级选择原则以及车间的生产资源情况（如设备、人员、物料的可用性，加工能力的大小等），将零部件的生产计划以订单的形式下达给适当的车间。在车间内部，根据零部件的工艺路线等信息制订车间生产的日计划，组织日常的生产。同时，在生产过程中，实时关注车间生产的动态信息，掌握生产进度，发现问题并及时解决，尽量使车间的实际生产接近于计划。

5.3.3 物料需求计划制订流程

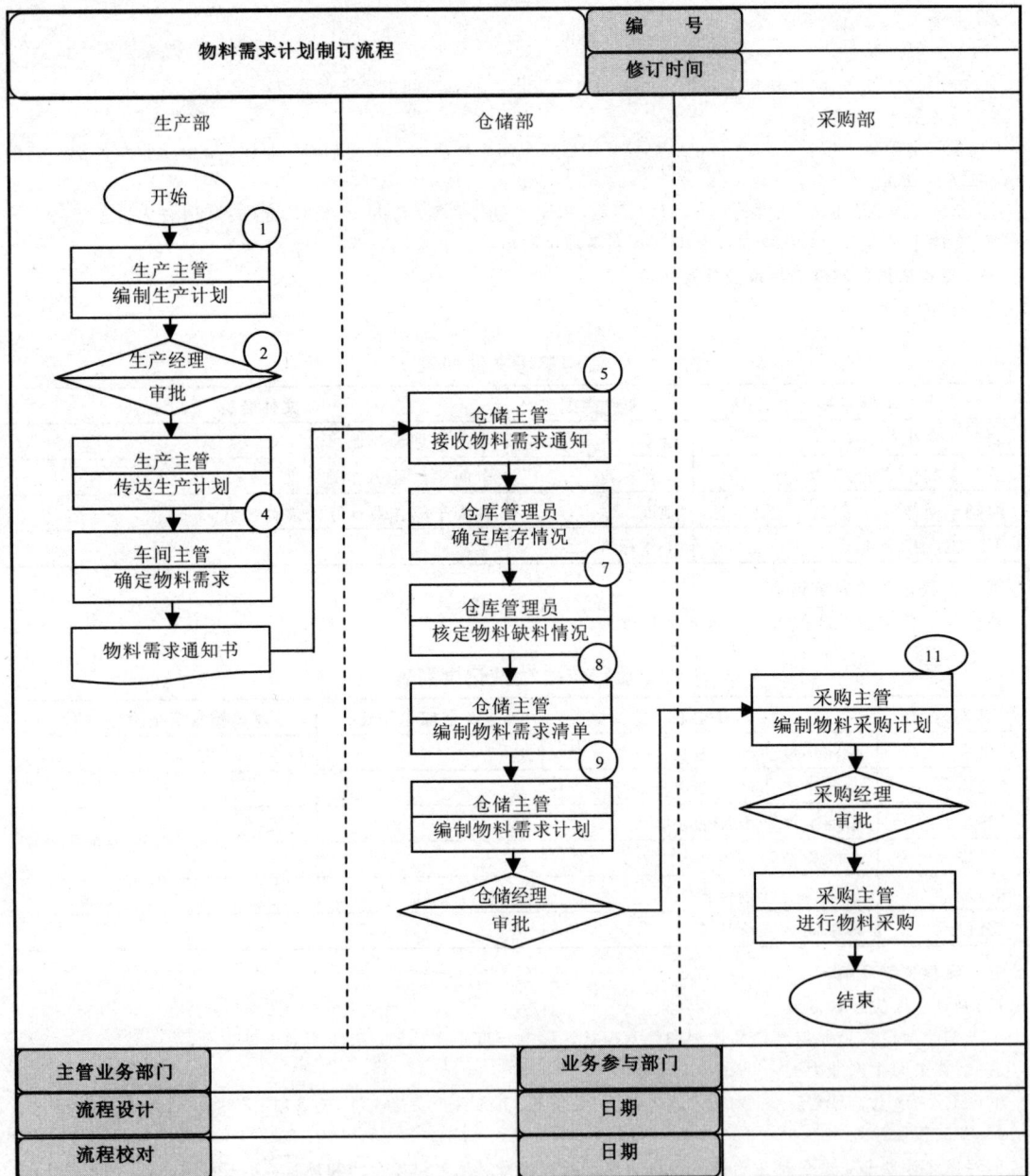

| 物料需求计划制订流程 | 编　号 | |
| | 修订时间 | |

| 生产部 | 仓储部 | 采购部 |

主管业务部门		业务参与部门	
流程设计		日期	
流程校对		日期	

5.3.4 物料需求计划制订流程说明文件

物料需求计划制订流程说明

流程名称：物料需求计划制订流程	流程编号：
编制部门：生产部	日期： 年 月 日

一、流程简介

1. 流程内容：关于物料需求计划编制全过程。

2. 流程的起止点：本流程由 ___编制生产计划___ 事件触发，输入信息为 ___客户订单___ ；本流程结束状态为 ___进行物料采购___ ，输出信息为 ___物料采购清单___ 。

二、管理/工作职责

1. 业务主管单位及职责。

本流程业务主管单位为生产部，负责根据市场预测和客户订单，正确编制可靠的生产计划和生产作业计划，确定物料需求，制订物流需求计划。

2. 业务参与部门及其职责。

（1）仓储部门负责监控物料库存，根据企业生产的需求核定物料缺料情况，编制物料需求清单，做好物流的采购前的准备工作。

（2）采购部门负责根据物料需求状况，编制物流采购计划，经采购经理审批通过后，采购专员执行物料采购。

三、流程依据的制度、标准及体系文件

本流程所依据的文件如下表所示。

流程参考文件列表

步骤名称	文件类型	文件名称
编制生产计划	制度	生产计划管理制度
物料需求通知书	企业文书	物料需求通知书
确定库存情况	制度	仓储定额管理制度
编制物料采购计划	制度	采购计划管理制度

四、流程相关的表单记录

本流程所依据或生成的表单记录如下表所示。

流程依据/生成记录列表

步骤序号	表单名称	是否全部电子化	表单模板所依据的文件
第1步	生产计划表	是	
第2步	生产计划审批表	是	
第4步	物料需求统计表	是	
第5步	物料需求通知书	是	
第7步	物料库存统计表	是	
第8步	物料需求清单	是	
第9步	物料需求计划表	是	
弟11步	物料采购计划表	是	

五、流程关键环节

1. 确定物料需求。生产部对物料的使用情况进行调查，确定物料需求状况，向仓储部发布"物料需求通知书"。

2. 确定库存情况。仓储部接收生产计划后，对物料需求进行分析，用时收集库存物料的资料，确定库存情况。

3. 核定物料缺料情况。仓储部根据生产计划和物料存储计算所需物料数量，按一定的标准（如种类、名称、规格、数量等）分类，核定物料缺料情况并说明其详细内容，编制物料需求清单。

4. 编制物料需求计划。物料需求计划一次制订3个月份的需求。例如，3月底制订4～6月的物料需求计划，因为2月底已经制订过4～5月份的物料需求计划，所以此次制订的4～5月份的物料需求计划是根据新的4～6月份的生产计划对前一次物料需求计划的补充和变更，6月份的需求计划则是根据生产计划制订出来的全新的物料需求计划；后续每个月依此类推。

5. 编制物料采购计划。采购部根据物料需求清单编制物料采购计划，详细说明需求物料的品种、数量及质量要求。

六、其他

物料需求计划（MRP）是一种推式体系，根据预测和客户订单安排生产计划。其主要内容包括客户需求管理、产品生产计划、原材料计划以及库存记录。其中，客户需求管理包括客户订单管理及销售预测，将实际的客户订单数与科学的客户需求预测相结合即能得出客户需要什么以及需求多少。

5.3.5 外协外包计划制订流程

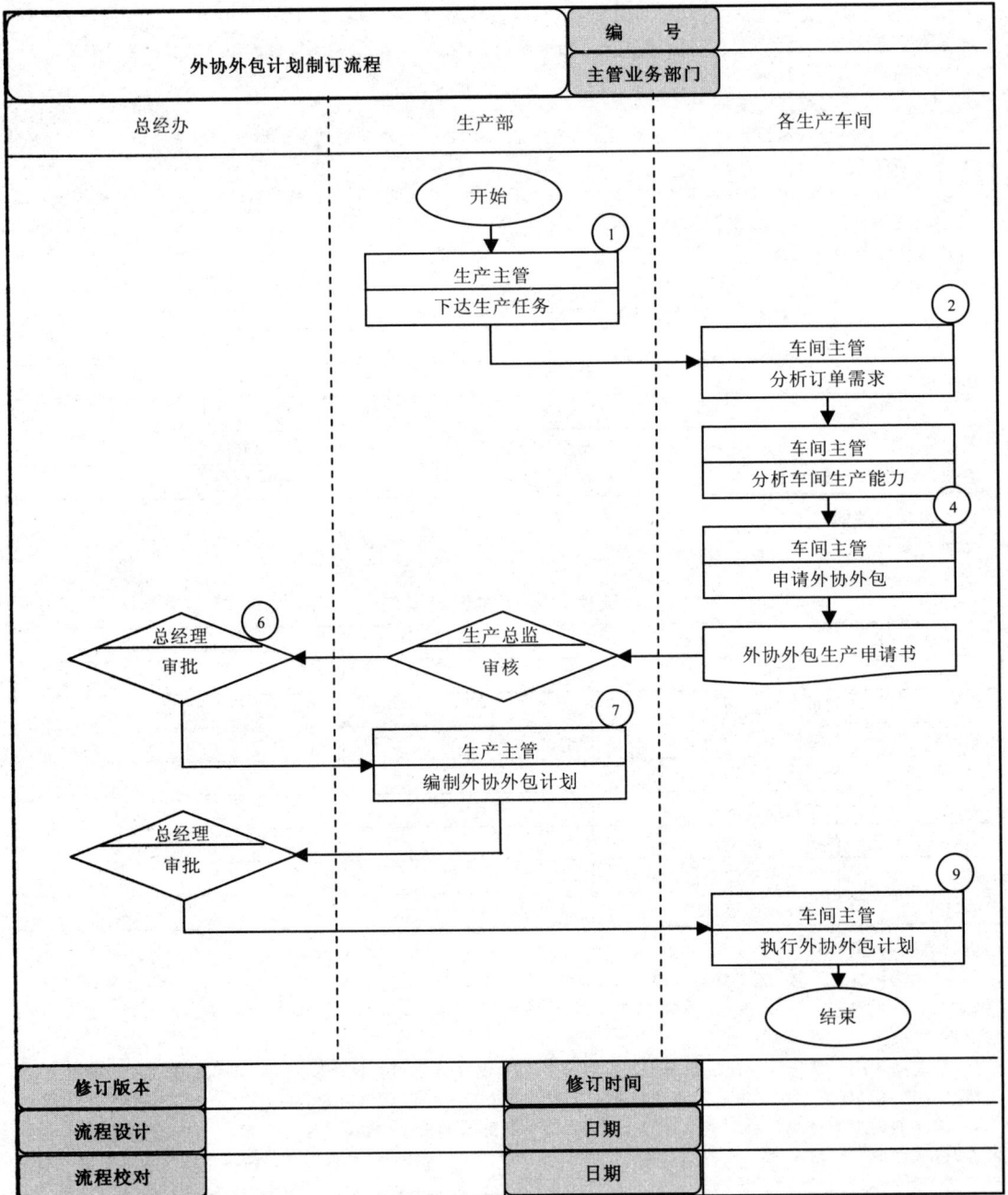

外协外包计划制订流程	编　　号	
	主管业务部门	

总经办	生产部	各生产车间

开始

① 生产主管 / 下达生产任务

② 车间主管 / 分析订单需求

车间主管 / 分析车间生产能力

④ 车间主管 / 申请外协外包

外协外包生产申请书

生产总监 审核

⑥ 总经理 审批

⑦ 生产主管 / 编制外协外包计划

总经理 审批

⑨ 车间主管 / 执行外协外包计划

结束

修订版本		修订时间	
流程设计		日期	
流程校对		日期	

5.3.6 外协外包计划制订流程说明文件

外协外包计划制订流程说明

流程名称：外协外包计划制订流程	流程编号：
编制部门：生产部	日期： 年 月 日

一、流程简介

1. 流程内容：关于制订外协外包计划的全过程。

2. 流程的起止点：本流程由＿＿＿下达生产任务＿＿＿事件触发，输入信息为＿＿＿年度生产计划、车间生产任务指令单＿＿＿；本流程结束状态为＿＿＿执行外协外包计划＿＿＿，输出信息为＿＿＿外协外包生产合同、外协外包生产跟踪报告单＿＿＿。

二、管理/工作职责

1. 业务主管单位及职责。

本流程业务主管单位为生产部，负责公司内所有的外包、外协产品的加工业务，制订外协外包计划，确保生产任务按时完成。

2. 业务参与部门及其职责。

（1）总经办职责。

总经办负责"外协外包生产申请书"和外协外包计划的审批工作，并对外协外包计划的执行情况进行监督、指导。

（2）各生产车间职责。

① 车间主管组织了解生产订单需求，确定生产订单的紧急情况，分析车间生产能力，根据公司对生产计划的安排，拟定外协外包生产计划安排，编制"外协外包生产申请书"，进行外协外包申请。

② 车间主管严格执行外协外包计划，根据外协订单的需求，联系合适的外协外包厂家，确保产品能按时保质保量的交货。

三、流程依据的制度、标准及体系文件

本流程所依据的文件如下表所示。

流程参考文件列表

步骤名称	文件类型	文件名称
分析车间生产能力	工作标准	车间生产能力相关标准
申请外协外包	制度	外协外包生产管理制度
外协外包生产申请书	企业文书	外协外包生产申请书
编制外协外包计划	制度	外协外包计划管理制度

四、流程相关的表单记录

本流程所依据或生成的表单记录如下表所示。

流程依据/生成记录列表

步骤序号	表单名称	是否全部电子化	表单模板所依据的文件
第1步	生产任务分配表	是	
第2步	订单需求汇总表	是	
第4步	外协外包生产申请书	是	
第6步	外协外包生产申请审批表	是	
第7步	外协外包计划表	是	
第9步	外协外包生产跟踪报告单	是	

五、流程关键环节

1. 分析订单需求。

车间主管在接到生产任务单后，仔细分析订单内容，根据订单需求的紧急情况安排生产任务，防止盲目生产。

2. 分析车间生产能力。

车间主管组织分析车间生产能力，确定本车间是否能够按时按质按量地完成生产任务。

3. 申请外协外包生产。

车间主管对不能完成的生产任务进行外协外包申请，填写"外协外包生产申请书"，注明外协外包原因、外协外包产品名称、型号、数量、质量标准、交货期限等。

4. 编制外协外包计划。

生产主管根据公司生产计划的安排，编制外协外包计划，该计划主要包括外协外包产品名称、型号、数量、质量标准、交货期限及外协外包生产厂家等内容，形成报告形式，经总经理审批通过后下发执行。

5. 执行外协外包计划。

车间主管组织执行外协外包计划，根据外协订单的需求，联系合适的外协外包厂家，签订合作协议，对外协外包厂家下达质量目标，并不定期不定时地对外协外包厂家针对本公司所做产品的产线进行督查，确保产品能按时保质保量的交货。

5.4 生产制造过程管理

5.4.1 生产作业指导书制定流程

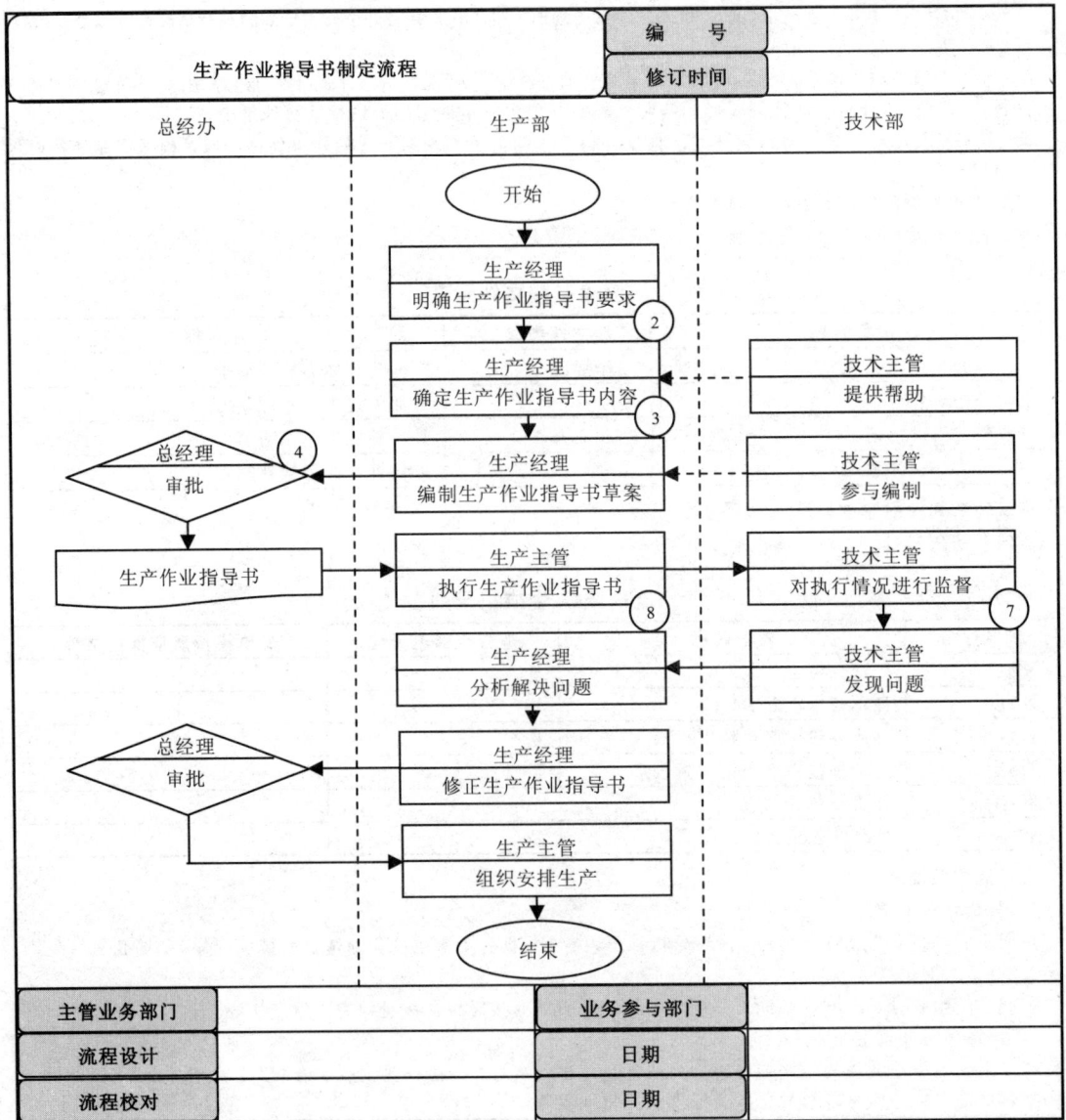

主管业务部门		业务参与部门	
流程设计		日期	
流程校对		日期	

5.4.2 生产作业指导书制定流程说明文件

生产作业指导书制定流程说明

流程名称：生产作业指导书制定流程	流程编号：
编制部门：生产部	日期： 年 月 日

一、流程简介

1．流程内容：关于生产作业指导书编制全过程。

2．流程的起止点：本流程由＿＿明确生产作业指导书要求＿＿事件触发，输入信息为＿＿ISO9000系列标准文件＿＿；本流程结束状态为＿＿组织安排生产＿＿，输出信息为＿＿生产任务完成情况＿＿。

二、管理/工作职责

1．业务主管单位及职责。

本流程业务主管单位为生产部，负责生产作业指导书的编制与实施工作。

2．业务参与部门及其职责。

（1）总经办负责生产作业指导书的审批工作，对不合理之处提出相应的修正意见。

（2）技术部门负责协助生产部编制生产作业指导书，对生产作业指导书的执行情况进行监督，发现问题及时通知生产部。

三、流程依据的制度、标准及体系文件

本流程所依据的文件如下表所示。

流程参考文件列表

步骤名称	文件类型	文件名称
明确生产作业指导书要求	制度	生产作业指导书编制管理制度
编制生产作业指导书草案	工作标准	生产作业指导书编制工作标准
执行生产作业指导书	工作标准	生产作业工作标准
组织安排生产	制度	车间生产管理制度

四、流程相关的表单记录

本流程所依据或生成的表单记录如下表所示。

流程依据/生成记录列表

步骤序号	表单名称	是否全部电子化	表单模板所依据的文件
第2步	生产作业指导说明书	是	
第3步	生产作业指导书草案	是	
第4步	生产作业指导书	是	
第7步	生产作业指导书执行问题汇总表	是	
第8步	问题处理对策表	是	

五、流程关键环节

1．确定生产作业指导书内容。

生产作业指导书是工艺文件中一种对重要岗位、关键工序、特殊工序的解释说明，对操作者进行明确有效的规范化指导，以保证产品生产处于受控状态，并达到质量控制的目的。

生产经理在明确生产作业指导书的要求后，应在技术主管的帮助下确定生产作业指导书的主要内容。

2．编制生产作业指导书草案。

（1）生产经理在技术主管的参与下，共同编制生产作业书草案，草案应包含工艺规范、设备使用说明、关键工序的执行操作步骤及相关工作人员的职责说明等内容。

（2）生产作业指导书草案编制完成后需上交总经理进行审批，审批通过后方可执行。

3．对执行情况进行监督。

生产作业指导书通过总经理审批后由生产主管负责其具体执行工作，由技术主管负责对执行情况的监督。若在执行的过程中发现了问题，技术主管应及时上报生产经理，共同分析问题出现的原因，并对问题进行解决。

4．修正生产作业指导书。

生产经理对生产作业指导书中存在的问题及时进行修正，以完善指导书的内容，并上交总经理进行审批。修正的生产作业指导书经审批通过后，作为企业工艺性文件指导企业生产。

5．组织安排生产。

生产主管按修正后的生产作业指导书组织安排企业进行生产活动。

5.4.3 生产派工任务下达流程

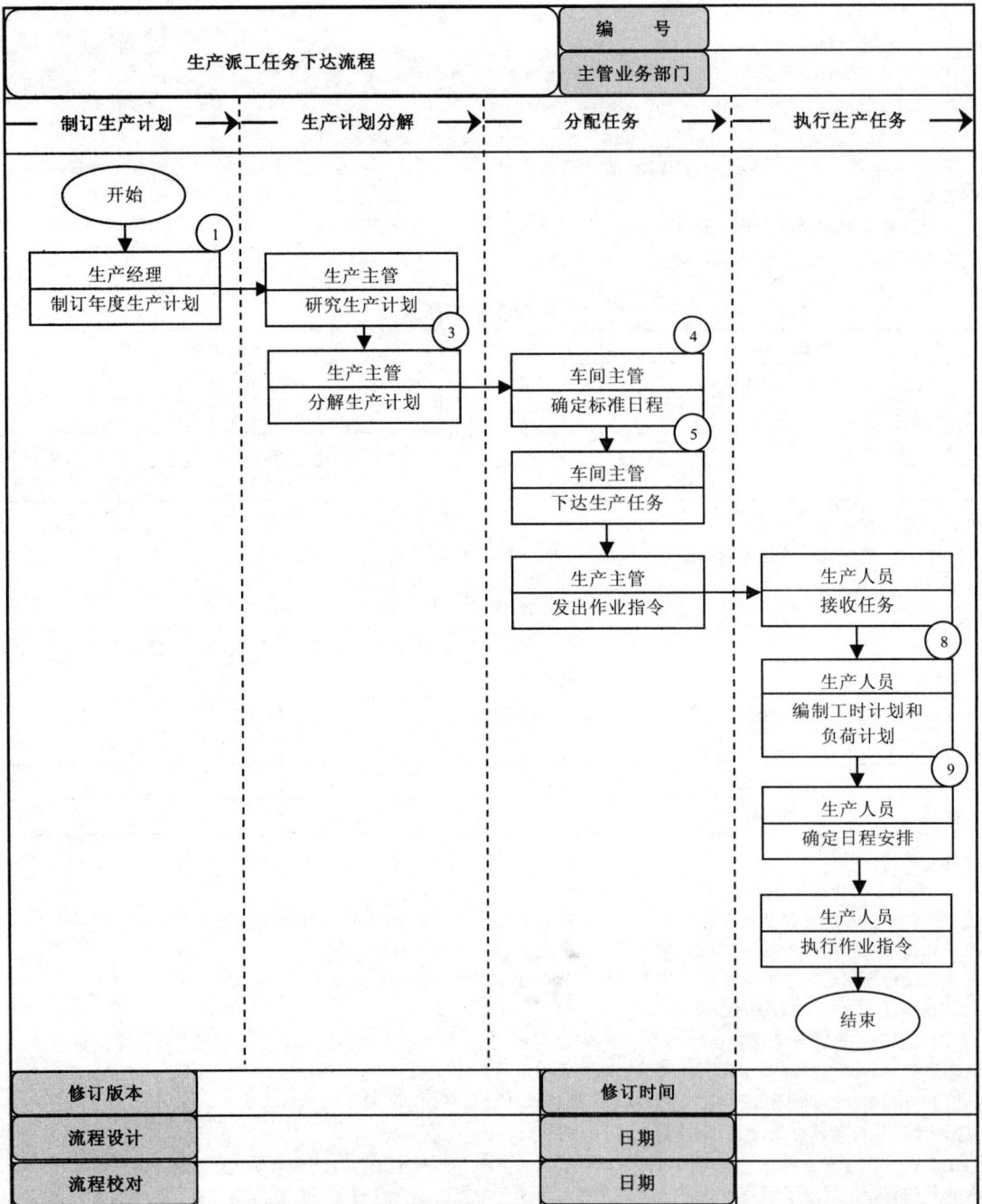

生产派工任务下达流程	编　号	
	主管业务部门	

制订生产计划 →	生产计划分解 →	分配任务 →	执行生产任务 →

开始

① 生产经理 / 制订年度生产计划

生产主管 / 研究生产计划

③ 生产主管 / 分解生产计划

④ 车间主管 / 确定标准日程

⑤ 车间主管 / 下达生产任务

生产主管 / 发出作业指令

生产人员 / 接收任务

⑧ 生产人员 / 编制工时计划和负荷计划

⑨ 生产人员 / 确定日程安排

生产人员 / 执行作业指令

结束

修订版本		修订时间	
流程设计		日期	
流程校对		日期	

5.4.4 生产派工任务下达流程说明文件

生产派工任务下达流程说明

流程名称：生产派工任务下达流程	流程编号：
编制部门：生产部	日期： 年 月 日

一、流程简介

1．流程内容：关于生产任务安排全过程。

2．流程的起止点：本流程由____制订生产计划____事件触发，输入信息为____销售订单、计划、存货等资料____；本流程结束状态为____执行作业指令____，输出信息为____生产任务完工记录____。

二、管理/工作职责

1．业务主管单位及职责。

本流程业务主管单位为生产部，负责生产计划制订，生产任务下达工作。

2．生产经理职责。

生产经理负责制订公司年度生产计划，并对生产任务下达工作进行监督、指导。

3．生产主管职责。

（1）生产主管负责研究生产计划并将其进行分解为短期的生产计划，下发到车间进行执行。

（2）生产主管监督、指导车间主管制定生产标准日程，对其不合理之处提出相应的修正意见和建议。

（3）生产主管负责下达生产任务和下发生产指令。

4．车间主管职责。

车间主管对生产计划进行研究，编制生产日程标准。

5．生产人员职责。

（1）生产人员接到生产任务后，在研究生产计划和生产日程标准的基础上，编制生产工时计划和负荷计划，确定具体的日程安排。

（2）生产人员严格执行生产质指令，按时保质保量地完成生产任务。

三、流程依据的制度、标准及体系文件

本流程所依据的文件如下表所示。

流程参考文件列表

步骤名称	文件类型	文件名称
制订年度生产计划	制度	生产计划编制制度
下达生产任务	工作标准	生产任务书
编制工时计划和负荷计划	工作标准	生产任务书

四、流程相关的表单记录

本流程所依据或生成的表单记录如下表所示。

流程依据/生成记录列表

步骤序号	表单名称	是否全部电子化	表单模板所依据的文件
第1步	年度生产计划表	是	
第3步	季度生产计划表、月度生产计划表	是	
第4步	生产日程标准审批表	是	
第5步	生产作业任务派工单	是	
第8步	生产工时计划表、生产负荷计划表	是	
第9步	生产日程安排表	是	

五、流程关键环节

1．制订年度生产计划。

生产经理根据公司经营现状和市场需求状况，制订年度生产计划，年度生产计划应根据需要细化到月、品种。

2．确定标准日程。

车间主管根据生产任务编制生产标准日程，缩短生产周期，减少在制品，提高工作效率。

3．编制工时计划和负荷计划。

生产人员根据生产任务和班组生产能力，编制工时计划和负荷计划，使生产计划尤其是日程计划切实可行。

4．确定日程安排。

生产人员对生产任务进行详细、周密的安排，并编制具体的生产日程计划，确保生产任务按时完成。

5．执行作业指令。

生产人员严格执行生产主管下达的生产作业指令。

5.4.5 生产协调调度工作流程

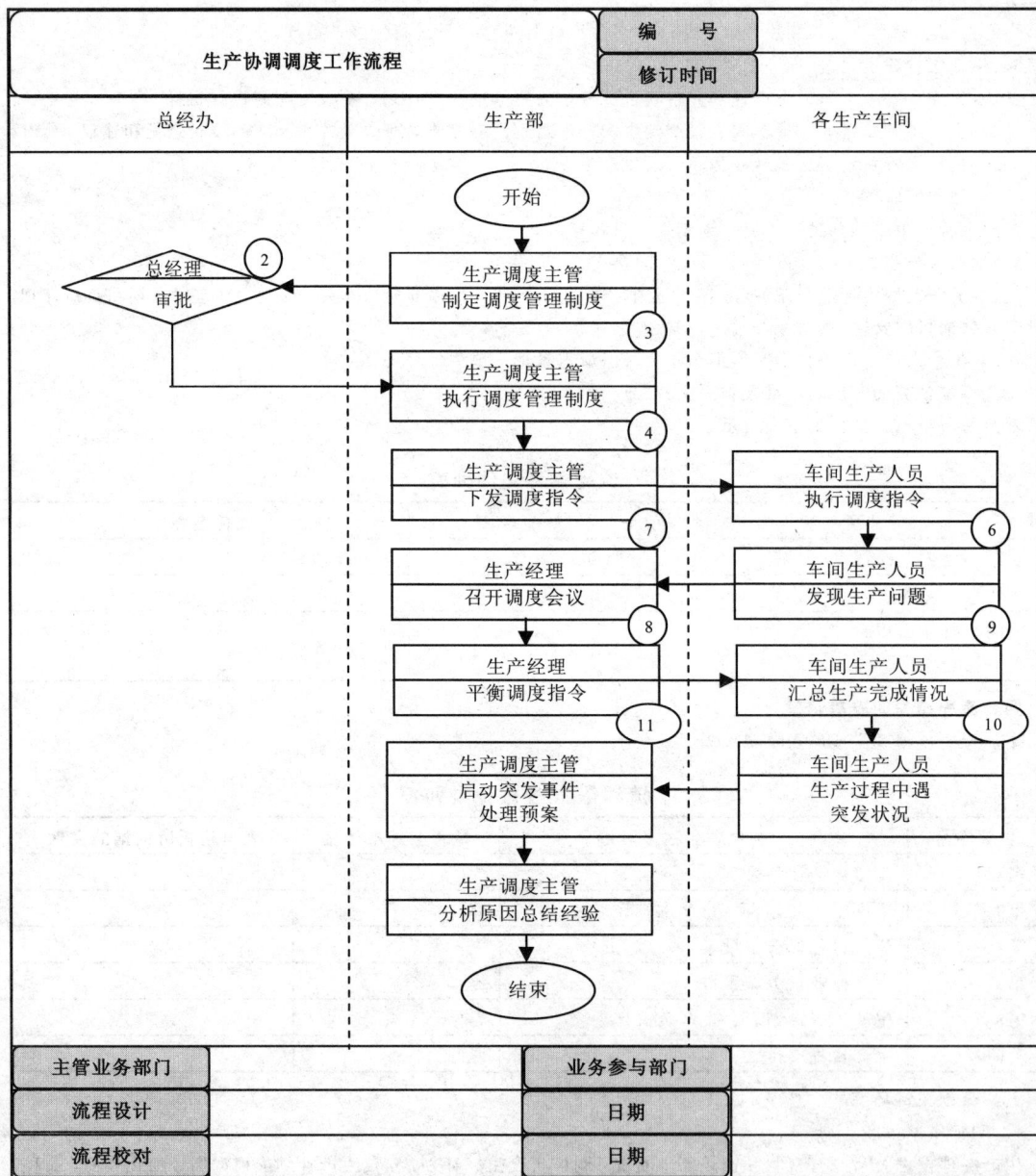

生产协调调度工作流程		编　号	
		修订时间	
总经办	生产部		各生产车间

开始

生产调度主管
制定调度管理制度 ③

总经理
审批 ②

生产调度主管
执行调度管理制度 ④

生产调度主管
下发调度指令 ⑦

车间生产人员
执行调度指令 ⑥

生产经理
召开调度会议 ⑧

车间生产人员
发现生产问题 ⑨

生产经理
平衡调度指令 ⑪

车间生产人员
汇总生产完成情况 ⑩

生产调度主管
启动突发事件
处理预案

车间生产人员
生产过程中遇
突发状况

生产调度主管
分析原因总结经验

结束

主管业务部门		业务参与部门	
流程设计		日期	
流程校对		日期	

5.4.6　生产协调调度工作流程说明文件

生产协调调度工作流程说明

流程名称：生产协调调度工作流程	流程编号：
编制部门：生产部	日期：　　年　月　日

一、流程简介

1. 流程内容：关于生产调度管理工作全过程。

2. 流程的起止点：本流程由＿＿制定调度管理制度＿＿事件触发，输入信息为＿＿年度生产计划＿＿；本流程结束状态为＿＿分析原因总结经验＿＿，输出信息为＿＿生产调度工作报告＿＿。

二、管理/工作职责

1. 业务主管单位及职责。

本流程业务主管单位为生产部，负责起草生产调度管理制度，根据生产进度，下发调度指令，解决生产过程中存在的问题，保证生产过程顺利运行，按时完成生产计划。

2. 业务参与部门及其职责。

（1）总经办职责。

总经办负责审批生产调度管理制度，监督生产调度工作，并指导处理生产调度过程中的各类问题。

（2）车间生产人员职责。

① 车间生产人员严格执行生产调度指令，保证生产的顺利进行。

② 车间生产人员发现生产问题和突发状况及时上报，定期汇总、整理生产任务完成情况。

三、流程依据的制度、标准及体系文件

本流程所依据的文件如下表所示。

流程参考文件列表

步骤名称	文件类型	文件名称
制定调度管理制度	工作计划	生产进度计划、生产计划
下发调度指令	制度	生产调度管理制度
执行突发事件处理预案	制度	突发事件管理制度

四、流程相关的表单记录

本流程所依据或生成的表单记录如下表所示。

流程依据/生成记录列表

步骤序号	表单名称	是否全部电子化	表单模板所依据的文件
第2步	调度管理制度审批表	是	
第3步	调度管理制度执行记录表	是	
第4步	生产调度表	是	
第6步	生产问题统计表	是	
第7步	调度会议记录表	是	
第8步	生产调度指令调整表	是	
第9步	生产任务完成情况记录表	是	
第10步	突发事件报告表	是	
第11步	突发事件处理预案	是	

五、流程关键环节

1. 制定调度管理制度。

生产调度主管组织制定生产调度管理制度，经审批后执行。

2. 下发调度指令。

需要改变生产方案，调整生产负荷、运行方案时，公司调度主管应将调度指令下达到生产相关部门，由相关部门安排立即执行，特殊情况时，公司调度主管可直接下达指令到各班组长，当班组长接到指令后，必须严格遵照执行。

3．召开调度会议。
（1）生产调度会议应定期定时召开，参加人员包括公司生产主管领导、生产调度指挥系统、安全管理部、质量管理部等。
（2）生产调度会议主要内容：一方面检查上次生产调度会议所安排工作的落实情况；另一方面参加会议的人员依次汇报未落实工作的原因并提出需生产调度会议解决的问题。
4．执行突发事件处理预案。
如遇紧急情况，生产调度主管需启动突发事件处理预案。

5.4.7 生产问题处理流程

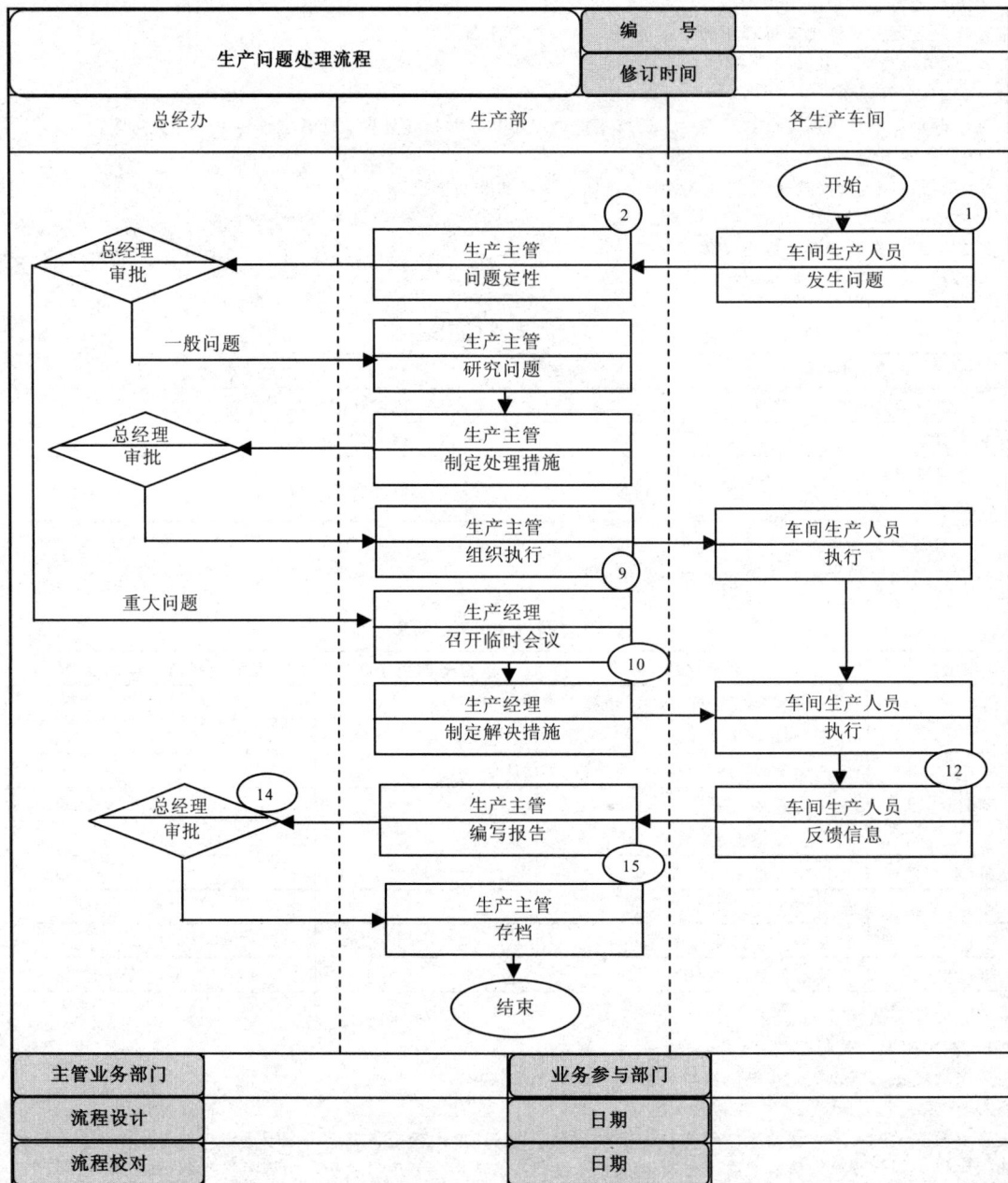

5.4.8　生产问题处理流程说明文件

生产问题处理流程说明

流程名称：生产问题处理流程	流程编号：
编制部门：生产部	日期：　　年　月　日

一、流程简介

1．流程内容：关于生产问题处理全过程。

2．流程的起止点：本流程由＿＿＿＿发生问题＿＿＿＿事件触发，输入信息为＿＿＿＿生产问题汇总表、生产中断报告＿＿＿＿；本流程结束状态为＿＿＿存档＿＿＿，输出信息为＿＿＿安全生产管理档案＿＿＿。

二、管理/工作职责

1．业务主管单位及职责。

本流程业务主管单位为生产部，负责生产过程中各种问题处理工作。

2．业务参与部门及其职责。

（1）总经办职责。

① 总经办负责对生产问题的性质进行审批。

② 总经办负责生产问题处理措施和生产问题处理报告的审批工作。

③ 总经办对生产问题处理全过程进行监督、指导，提出相应的意见和建议。

（2）生产车间职责。

① 车间生产人员负责生产问题的上报工作。

② 车间生产人员严格执行各类生产问题处理措施，及时解决生产问题，确保生产计划按时完成。

③ 车间生产人员负责收集生产问题处理相关信息，并做好反馈工作。

三、流程依据的制度、标准及体系文件

本流程所依据的文件如下表所示。

流程参考文件列表

步骤名称	文件类型	文件名称
问题定性	工作标准	生产问题性质界定标准
制定处理措施	制度	生产异常处理规范
反馈信息	制度	信息反馈管理制度
编写报告	工作标准	生产问题处理报告
存档	制度	企业档案管理制度

四、流程相关的表单记录

本流程所依据或生成的表单记录如下表所示。

流程依据/生成记录列表

步骤序号	表单名称	是否全部电子化	表单模板所依据的文件
第1步	生产问题报告单	是	
第2步	生产问题性质说明表	是	
第9步	会议记录表	是	
第10步	生产问题处理措施说明表	是	
第12步	信息反馈表	是	
第14步	生产问题处理报告审批表	是	
第15步	档案登记表	是	

五、流程关键环节

1．问题定性。

生产主管分析确定生产问题的性质，明确该问题是属于一般问题还是重大问题。

2．研究问题。

生产主管对一般问题进行研究分析，找出问题产生的原因、问题造成的影响等。

3．制定处理措施。

生产主管组织制定问题处理措施，制定问题处理方案，及时高效地处理和解决各类生产问题。

4．召开临时会议。
对于重大生产问题，生产经理应立即组织召开临时会议，制定相应的问题解决措施，确保所有问题得到妥善解决，按时完成生产计划和任务。
5．反馈信息。
车间生产人员组织收集生产问题处理相关信息，做好反馈工作，为生产改进工作提供依据，为生产问题处理报告的编写提高数据支持。

5.5 生产过程物料管理

5.5.1 生产限额用料流程

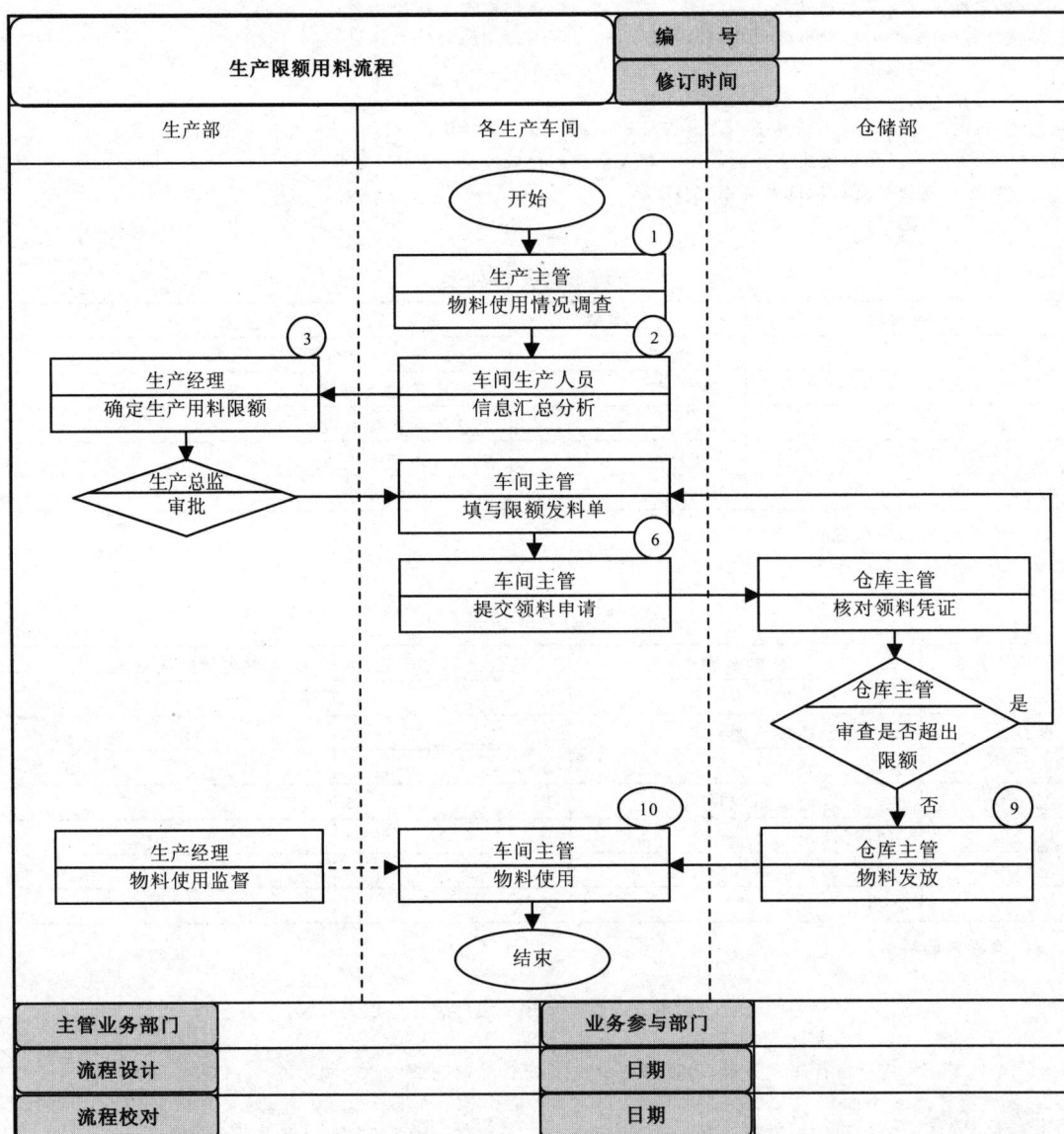

生产限额用料流程		编　　号	
		修订时间	
生产部	各生产车间	仓储部	

5.5.2　生产限额用料流程说明文件

生产限额用料流程说明

流程名称：生产限额用料流程	流程编号：
编制部门：生产部	日期：　　年　月　日

一、流程简介

1. 流程内容：关于生产限额用料管理的全过程。

2. 流程的起止点：本流程由 ＿＿控制用料成本＿＿ 事件触发，输入信息为 ＿＿物料使用情况调查报告＿＿ ；本流程结束状态为 ＿＿物料使用＿＿ ，输出信息为 ＿＿物料使用登记表＿＿ 。

二、管理/工作职责

1. 业务主管单位及职责。

本流程业务主管单位为生产部，负责制定生产用料限额，并监督物料的使用等工作。

2. 业务参与部门及其职责。

（1）各生产车间负责对物料的使用情况进行调查和分析，并按规定使用物料。

（2）仓储部门负责核对领料凭证，检查其是否超出用料限额、控制物料的发放。

三、流程依据的制度、标准及体系文件

本流程所依据的文件如下表所示。

流程参考文件列表

步骤名称	文件类型	文件名称
确定生产用料限额	制度	物料使用管理制度
物料发放	制度	物料发放管理制度

四、流程相关的表单记录

本流程所依据或生成的表单记录如下表所示。

流程依据/生成记录列表

步骤序号	表单名称	是否全部电子化	表单模板所依据的文件
第1步	物料使用情况调查表	是	
第2步	物料使用情况调查分析表	是	
第3步	生产用料限额说明书	是	
第6步	领料申请书	是	
第9步	物料发放登记表	是	
第10步	物料使用登记表	是	

五、流程关键环节

1. 物料使用情况调查。

为确定生产用料的限额提供数据支持，各生产车间组织对物料的使用情况进行调查，并汇总物料的使用信息。

2. 确定生产用料限额。

生产经理根据各车间提供的物料使用数据，确定生产用料限额。物料限额的制定是根据单位产品所需的各种物料的使用数量确定的。

用料限额经生产总监审批通过后在企业内部执行。在生产过程中，车间主管根据生产计划，计算各种物料的使用数量，填写限额发料单及领料申请单，提交至仓储部进行物料的申领工作。

3. 提交领料申请。

领料申请中应包含申请时间、车间名称、申请人姓名、物料名称、申请数量、领料用途、生产批次等基本信息。

4. 核对领料凭证。

仓库主管根据生产经理制定的用料限额情况，审查车间主管的领料申请是否超过限额。若申请超过限额，则车间主管需重新进行申请；若属于限额范围内，则仓储部可对其进行物料的发放。

5. 物料发放。

仓库主管发放物料后，应在物料发放登记表中进行登记，车间主管应签字确认。

续表

6. 物料使用。

车间主管应严格按照相关生产工艺进行生产，控制物料使用，以控制生产成本。

六、流程存在的问题和改进建议

1. 存在的问题：该流程仅是依据生产车间的物料使用情况进行物料限额的制定，忽略了生产工艺对物料的影响。

2. 改进建议：建议生产部在制定生产用料限额时，结合生产工艺对物料的要求等相关因素。

5.5.3 车间在制品管理流程

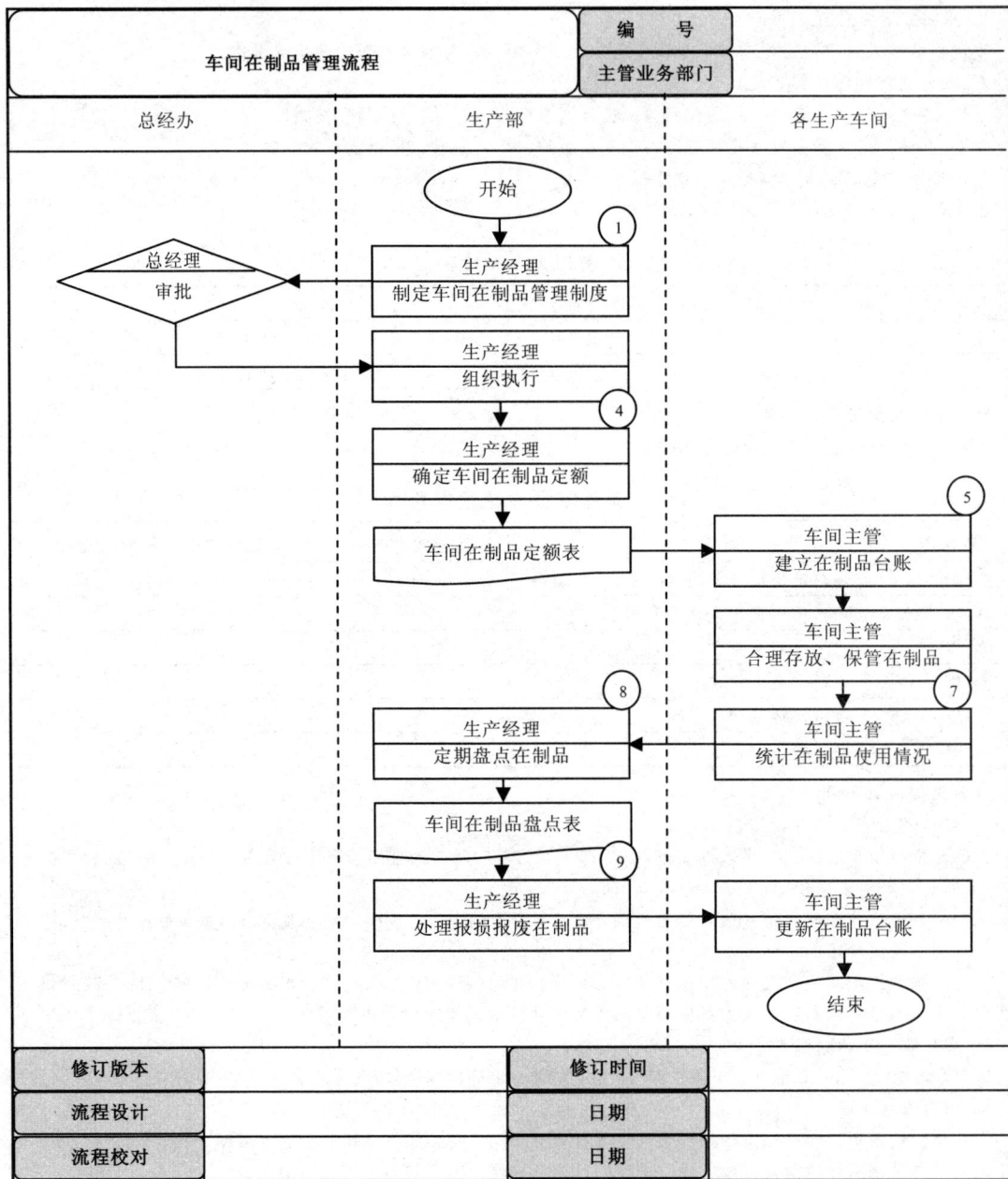

| 车间在制品管理流程 | 编　　号 |
| | 主管业务部门 |

总经办	生产部	各生产车间

开始

① 生产经理
制定车间在制品管理制度

总经理
审批

生产经理
组织执行

④ 生产经理
确定车间在制品定额

车间在制品定额表

⑤ 车间主管
建立在制品台账

车间主管
合理存放、保管在制品

⑧ 生产经理
定期盘点在制品

⑦ 车间主管
统计在制品使用情况

车间在制品盘点表

⑨ 生产经理
处理报损报废在制品

车间主管
更新在制品台账

结束

修订版本		修订时间	
流程设计		日期	
流程校对		日期	

5.5.4 车间在制品管理流程说明文件

车间在制品管理流程说明

流程名称：车间在制品管理流程	流程编号：
编制部门：生产部	日期： 年 月 日

一、流程简介

1．流程内容：关于车间在制品管理全过程。

2．流程的起止点：本流程由 <u>车间在制品成本管理</u> 事件触发，输入信息为 <u>车间在制品定额表</u> ；本流程结束状态为 <u>更新在制品台账</u> ，输出信息为 <u>在制品台账</u> 。

二、管理/工作职责

1．业务主管单位及职责。

本流程业务主管单位为生产部，负责制度车间制定在制品管理制度，确定车间在制品定额，并对在制品进行日常管理等工作。

（1）生产总监负责对生产经理制定的车间在制品管理制度进行审批，并下达生产部门进行执行。

（2）生产部经理负责制定车间在制品管理制度，确定车间在制品定额，控制在制品成本；定期组织盘点车间在制品，掌握在制品的生产情况；并负责按企业规定对破损及报废的在制品进行处理。

2．业务参与部门及其职责。

（1）总经办职责。

总经办负责对生产经理制定的车间在制品管理制度进行审批，并下达生产部门进行执行。

（2）生产车间职责。

车间主管负责建立在制品台账，并对在制品进行日常管理。

三、流程依据的制度、标准及体系文件

本流程所依据的文件如下表所示。

流程参考文件列表

步骤名称	文件类型	文件名称
组织执行	制度	车间在制品管理制度
确定车间在制品定额	制度	车间在制品管理制度
定期盘点在制品	工作标准	在制品盘点工作标准

四、流程相关的表单记录

本流程所依据或生成的表单记录如下表所示。

流程依据/生成记录列表

步骤序号	表单名称	是否全部电子化	表单模板所依据的文件
第1步	生产车间在制品管理制度	是	
第4步	车间在制品定额表	是	
第5步	车间在制品管理台账	是	
第7步	在制品使用情况登记表	是	
第8步	车间在制品盘点表	是	
第9步	报损报废在制品处理说明表	是	

五、流程关键环节

1．制定车间在制品管理制度。

生产经理根据企业实际情况制定车间在制品管理制度，经生产总监审批通过后组织执行。

在制品管理的目的是保证各个生产环节的衔接和协调，缩短生产周期，减少在制品占用量、避免在制品积压的损失，继而提高企业经济效益。

2．确定车间在制品定额。

（1）生产经理在正确划分在制品种类的基础上，结合企业实际，通过分析计算，确定车间在制品定额，并制定车间在制品定额表，供车间使用。

（2）在制品定额是保证各生产环节顺利衔接所必需的、最低限度的在制品储备数量。

3．建立在制品台账。

车间主管根据生产经理制定的车间在制品定额表，建立在制品台账，并对在制品进行合理的存放及保管，定期对在制品的使用情况进行统计。

4．定期盘点在制品。
生产经理应定期对车间在制品进行盘点，以控制在制品数量及成本。
5．处理报损报废在制品。
生产经理定期对企业报损报废的在制品进行处理。
六、流程存在的问题和改进建议
1．存在的问题：该流程未能体现工艺、运输及工序间流动对在制品的要求及影响。
2．改进建议：建议增加相关内容。

5.6　生产完工入库管理

5.6.1　完工总检管理流程

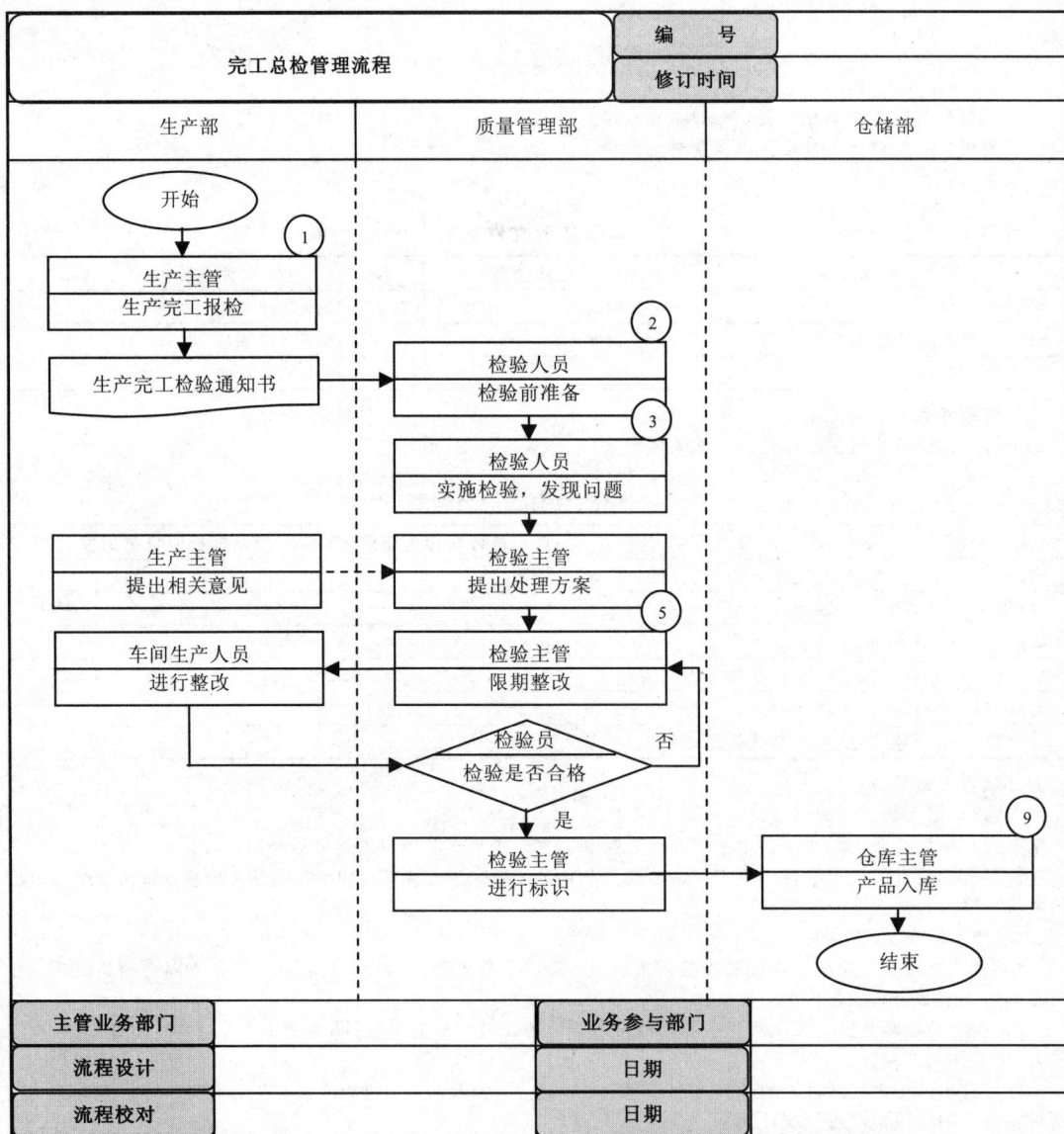

完工总检管理流程	编　号	
	修订时间	

生产部	质量管理部	仓储部

```
                    开始

              ① 生产主管
                 生产完工报检

         生产完工检验通知书 ──→  ② 检验人员
                                  检验前准备

                               ③ 检验人员
                                  实施检验，发现问题

         生产主管          ┄┄→  检验主管
         提出相关意见            提出处理方案

         车间生产人员     ←──  ⑤ 检验主管
         进行整改               限期整改

                         检验员        否
                         检验是否合格

                              是

                         检验主管  ──→  ⑨ 仓库主管
                         进行标识          产品入库

                                          结束
```

主管业务部门		业务参与部门	
流程设计		日期	
流程校对		日期	

5.6.2 完工总检管理流程说明文件

完工总检管理流程说明

流程名称：完工总检管理流程	流程编号：
编制部门：生产部	日期：　年　月　日

一、流程简介

1．流程内容：关于生产完工后对产品进行总体检验的全过程。

2．流程的起止点：本流程由　产品最终检验　事件触发，输入信息为　生产完工检验通知单　；本流程结束状态为　产品入库　，输出信息为　产品入库登记表　。

二、管理/工作职责

1．业务主管单位及职责。

本流程业务主管单位为质量管理部，负责对完工产品的检验工作。

2．业务参与部门及其职责。

（1）生产部门负责产品的生产，并根据检验主管提出的产品处理方案进行限期整改。

（2）仓储部门负责组织产品入库，并对产品进行保管。

三、流程依据的制度、标准及体系文件

本流程所依据的文件如下表所示。

流程参考文件列表

步骤名称	文件类型	文件名称
检验前准备	工作标准	产品检验工作标准
实施检验，发现问题	制度	产品检验管理制度
产品入库	制度	产品保管制度

四、流程相关的表单记录

本流程所依据或生成的表单记录如下表所示。

流程依据/生成记录列表

步骤序号	表单名称	是否全部电子化	表单模板所依据的文件
第1步	生产完工检验通知书	是	
第2步	产品检验准备说明表	是	
第3步	产品检验报告单	是	
第5步	限期整改通知单	是	
第9步	产品入库登记表	是	

五、流程关键环节

1．检验前准备。

检验人员在收到生产主管发现的"生产完工检验通知书"后，开始着手对产品的检验进行准备。检验准备由产品性质及检验方法决定。大多数企业采用抽检的方式进行。

2．实施检验，发现问题。

检验人员做好检验准备后按产品检验管理制度对产品进行检验，并对检验过程中发现的问题进行记录。

3．提出处理方案。

检验主管将在产品检验过程中发现的问题进行汇总，并结合生产主管提供的相关意见提出处理方案。

4．限期整改。

检验主管对问题产品的处理提出限期整改要求，并由生产人员进行整改。

5．产品入库。

在产品检验完成后，仓库主管根据检验主管对产品进行的标识进行相关产品的入库管理。入库产品一般分为合格品、半合格品、可回收利用产品及废品等。

续表

六、流程存在的问题和改进建议

1. 存在的问题：该流程有效体现了生产完工后检验有问题的处理情况，但对产品检验合格的情况却未进行说明。

2. 改进建议：建议将"实施检验，发现问题"分为两步进行。若检验未发现问题，则产品可直接入库。若检验有问题，则按该流程进行。

5.6.3　产成品完工入库流程

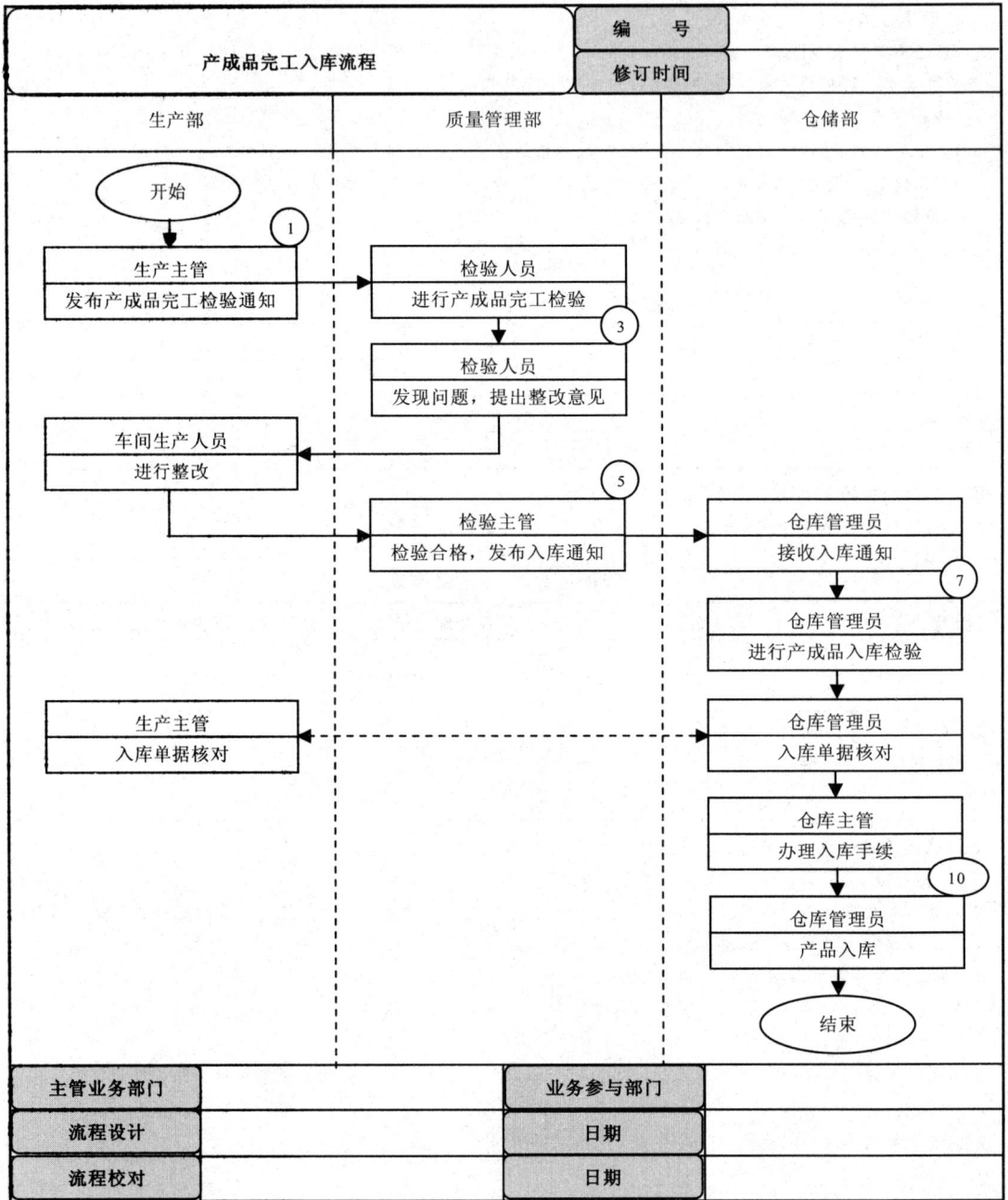

| 产成品完工入库流程 | 编　号 | |
| | 修订时间 | |

| 生产部 | 质量管理部 | 仓储部 |

开始

① 生产主管　发布产成品完工检验通知 → 检验人员　进行产成品完工检验

③ 检验人员　发现问题，提出整改意见

车间生产人员　进行整改

⑤ 检验主管　检验合格，发布入库通知 → 仓库管理员　接收入库通知

⑦ 仓库管理员　进行产成品入库检验

仓库管理员　入库单据核对

生产主管　入库单据核对

仓库主管　办理入库手续

⑩ 仓库管理员　产品入库

结束

主管业务部门		业务参与部门	
流程设计		日期	
流程校对		日期	

5.6.4 产成品完工入库流程说明文件

产成品完工入库流程说明

流程名称：产成品完工入库流程		流程编号：
编制部门：仓储部		日期：　　　年　月　日

一、流程简介

1．流程内容：关于产成品入库管理的全过程。

2．流程的起止点：本流程由____产品检验____事件触发，输入信息为____产成品检验报告____；本流程结束状态为____产品入库____，输出信息为____产品入库登记表____。

二、管理/工作职责

1．业务主管单位及职责。

本流程业务主管单位为仓储部，负责产成品入库检验管理工作。

2．业务参与部门及其职责。

（1）生产部门负责企业产品的生产，并根据质量管理部提出的问题整改意见进行整改。

（2）质量管理部门负责产成品的检验工作。

三、流程依据的制度、标准及体系文件

本流程所依据的文件如下表所示。

流程参考文件列表

步骤名称	文件类型	文件名称
进行产成品完工检验	制度	产品检验管理制度
进行产成品入库检验	制度	入库检验管理制度

四、流程相关的表单记录

本流程所依据或生成的表单记录如下表所示。

流程依据/生成记录列表

步骤序号	表单名称	是否全部电子化	表单模板所依据的文件
第1步	产成品完工检验通知书	是	
第3步	产成品检验问题登记表	是	
第5步	入库通知书	是	
第7步	入库检验报告	是	
第10步	产品入库登记表	是	

五、流程关键环节

1．进行产成品完工检验。

产品生产完成后，检验人员及时组织进行产成品的完工检验。若检验人员发现产品问题，则根据问题的严重程度提出相应的整改意见。生产主管根据整改意见组织车间生产人员进行相应整改。

2．接收入库通知。

产品检验合格后，由检验主管下发产品入库通知。入库通知内容包括入库时间、检验员姓名、检验时间、产品名称、产品数量、产品批次、检验方法、检验数量、合格品数量及不合格品数量等信息。

3．进行产成品入库检验。

仓库管理员对入库的合格品进行再次检验，检验方法根据产品性质及产品数量决定。并出具入库产品检验报告。

4．办理入库手续。

仓库管理员根据入库产品检验报告，核对生产主管提供的入库单，为入库产品办理入库手续。

5.7 生产统计核算管理

5.7.1 生产进度统计管理流程

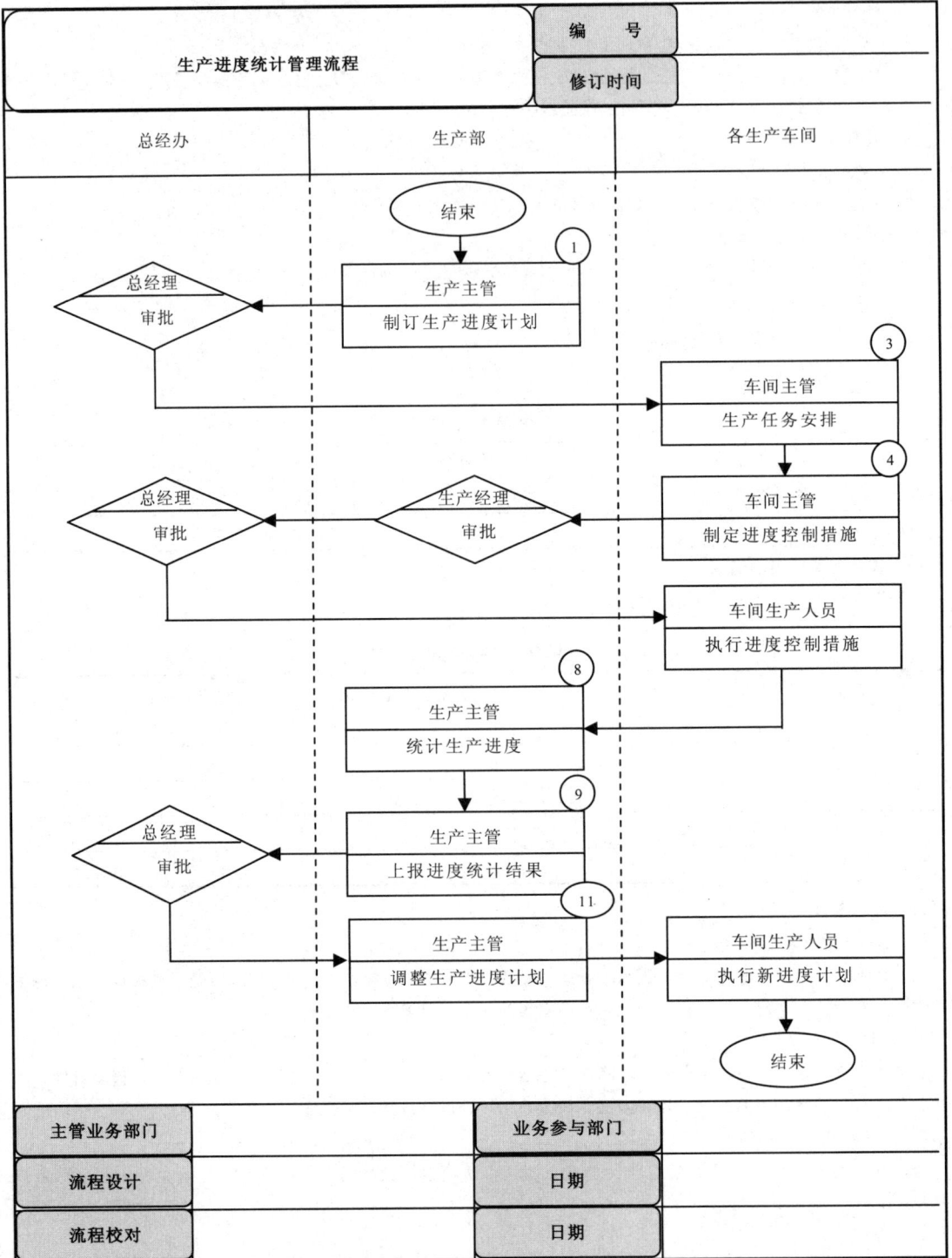

生产进度统计管理流程	编　号
	修订时间

总经办	生产部	各生产车间

结束

① 生产主管 制订生产进度计划

总经理 审批

③ 车间主管 生产任务安排

④ 车间主管 制定进度控制措施

生产经理 审批

总经理 审批

车间生产人员 执行进度控制措施

⑧ 生产主管 统计生产进度

⑨ 生产主管 上报进度统计结果

总经理 审批

⑪ 生产主管 调整生产进度计划

车间生产人员 执行新进度计划

结束

主管业务部门		业务参与部门	
流程设计		日期	
流程校对		日期	

5.7.2 生产进度统计管理流程说明文件

生产进度统计管理流程说明

流程名称：生产进度统计管理流程	流程编号：
编制部门：生产部	日期：　　年　月　日

一、流程简介

1. 流程内容：关于生产进度统计管理全过程。

2. 流程的起止点：本流程由　制订生产进度计划　事件触发，输入信息为　生产进度计划说明书　；本流程结束状态为　执行新进度计划　，输出信息为　调整生产进度计划说明书　。

二、管理/工作职责

1. 业务主管单位及职责。

本流程业务主管单位为生产部，负责制订并统计生产进度计划。

2. 业务参与部门及其职责。

（1）总经办管理职责。

总经理负责审批由生产主管制订的生产进度计划、车间主管制定进度控制措施及进度问题解决方案。

（2）各生产车间职责。

车间主管负责分析生产进度安排，制定和执行生产进度控制措施。

三、流程依据的制度、标准及体系文件

本流程所依据的文件如下表所示。

流程参考文件列表

步骤名称	文件类型	文件名称
制订生产进度计划	制度	生产计划管理制度
制定进度控制措施	标准	生产进度控制工件标准
统计生产进度	制度	生产进度管理制度

四、流程相关的表单记录

本流程所依据或生成的表单记录如下表所示。

流程依据/生成记录列表

步骤序号	表单名称	是否全部电子化	表单模板所依据的文件
第1步	生产进度计划说明书	是	
第3步	生产任务安排表	是	
第4步	生产进度控制说明书	是	
第8步	生产进度统计表	是	
第9步	生产进度问题登记表	是	
第11步	调整生产进度计划说明书	是	

五、流程关键环节

1. 制订生产进度计划。

生产主管根据企业生产任务、生产计划及各车间生产能力制订生产进度计划，上报总经理进行审批，并在审批通过后下达至企业各生产车间。

2. 制定进度控制措施。

（1）各车间主管根据生产进度计划分析各自生产任务安排，并制定相应的进度控制措施，上报生产经理审核、总经理审批，并在审批通过后组织执行。

（2）生产进度控制是指在生产计划执行的过程中，对相关产品的生产数量及生产期限的控制，其目的在于保证生产作业计划能够在生产期限到达前完成，并保证生产的均衡进行。

3. 统计生产进度。

（1）常用的生产进度统计方法有零部件表示法、产成品表示法、完成比例表示法、文字表示法、材料表示法及工时表示法等。

（2）若生产人员在统计生产进度时发现与原计划存在差距的情况，则应对该情况进行及时上报。

4. 上报进度统计结果。

生产主管定期上报生产进度统计结果，确定生产过程中影响生产进度的因素，制定解决措施，调整生产进度计划。

5. 执行新进度计划。

生产主管根据车间主管提出的解决方案，并结实际情况，调整生产进度计划，并下达至生产车间，由生产人员执行新的进度计划。

5.8 生产运营设备管理

5.8.1 生产设备管理流程

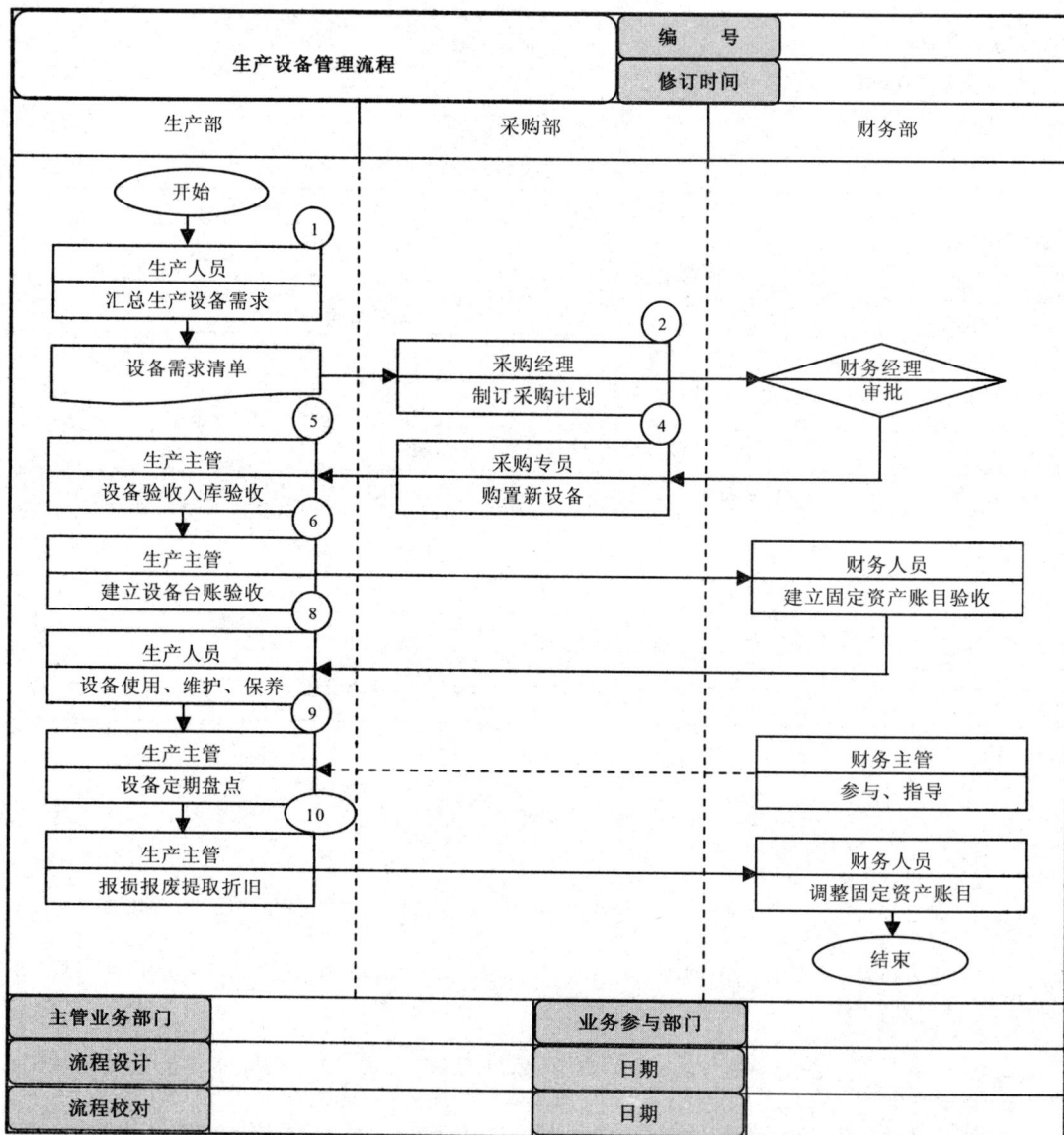

5.8.2 生产设备管理流程说明文件

生产设备管理流程说明

流程名称：生产设备管理流程	流程编号：
编制部门：生产部	日期： 年 月 日

一、流程简介

1. 流程内容：关于生产设备管理全过程。

2. 流程的起止点：本流程由 <u>汇总生产设备需求</u> 事件触发，输入信息为 <u>生产设备说明书、生产设备需求清单</u> ；本流程结束状态为 <u>调整固定资产账目</u> ，输出信息为 <u>调整后的固定资产账目</u> 。

二、管理/工作职责

1. 业务主管单位及职责。

本流程业务主管单位为生产部，负责生产设备的管理工作，包括设备进厂验收、使用、维护保养、检查修理及日常的登记、保管、调拨、报废等内容。

2. 业务参与部门及其职责。

（1）采购部门根据设备需求制订设备采购计划，做好设备的采购工作。

（2）财务部门负责采购计划的审批工作，新设备购置后，建立固定资产账目，并根据设备折旧情况，调整固定资产账目。

三、流程依据的制度、标准及体系文件

本流程所依据的文件如下表所示。

流程参考文件列表

步骤名称	文件类型	文件名称
制订采购计划	制度	采购计划管理制度
设备验收入库	工作标准	设备验收标准
建立设备台账	制度	设备台账管理制度
建立固定资产账目	制度	固定资产管理制度
设备使用、维护、保养	制度	生产设备使用管理制度 生产设备维护保养制度
设备定期盘点	工作标准	设备盘点工作标准
报损报废提取折旧	工作方法 制度	设备计提折旧方法 设备报损报废制度

四、流程相关的表单记录

本流程所依据或生成的表单记录如下表所示。

流程依据/生成记录列表

步骤序号	表单名称	是否全部电子化	表单模板所依据的文件
第1步	生产设备需求汇总表	是	
第2步	采购计划表	是	
第4步	生产设备采购单	是	
第5步	生产设备验收合格、入库单	是	
第6步	生产设备台账	是	
第8步	生产设备使用登记表 生产设备维护保养记录表	是	
第9步	生产设备盘点表	是	
第10步	固定资产折旧表	是	

五、流程关键环节

1. 汇总生产设备需求。各生产车间根据生产计划和生产过程中的实际需求，提出生产设备需求；生产主管对企业的生产设备需求进行汇总，编制"生产设备需求清单"。

2. 制订采购计划。采购部对需要购置的设备进行市场调研，评估供应商的设备价格、性能、信用、服务等指标，制订设备采购计划，报财务部审批。

3. 购置新设备。采购部组织相关人员进行新设备的购买、安装、调试等。

4. 设备验收入库。生产部和采购部共同对采购的设备进行验收，验收合格后方可入库。

5. 建立设备台账。设备购置后，生产部建立设备台账，财务部建立固定资产项目。

6. 设备使用、维护、保养。各生产车间设备操作人员需按操作规程使用设备，并按规定对设备进行维护、保养等。

7. 设备定期盘点。生产部定期组织各生产车间对所用设备进行盘点，财务部参与、指导盘点的进行。

8. 报损报废提取折旧。生产部定期进行设备的报损报废处理，根据固定资产折旧提取办法，对设备进行折旧处理。

9. 调整固定资产账目。财务部根据盘点结果和报损报废情况，调整固定资产账目。

5.8.3 设备维护管理流程

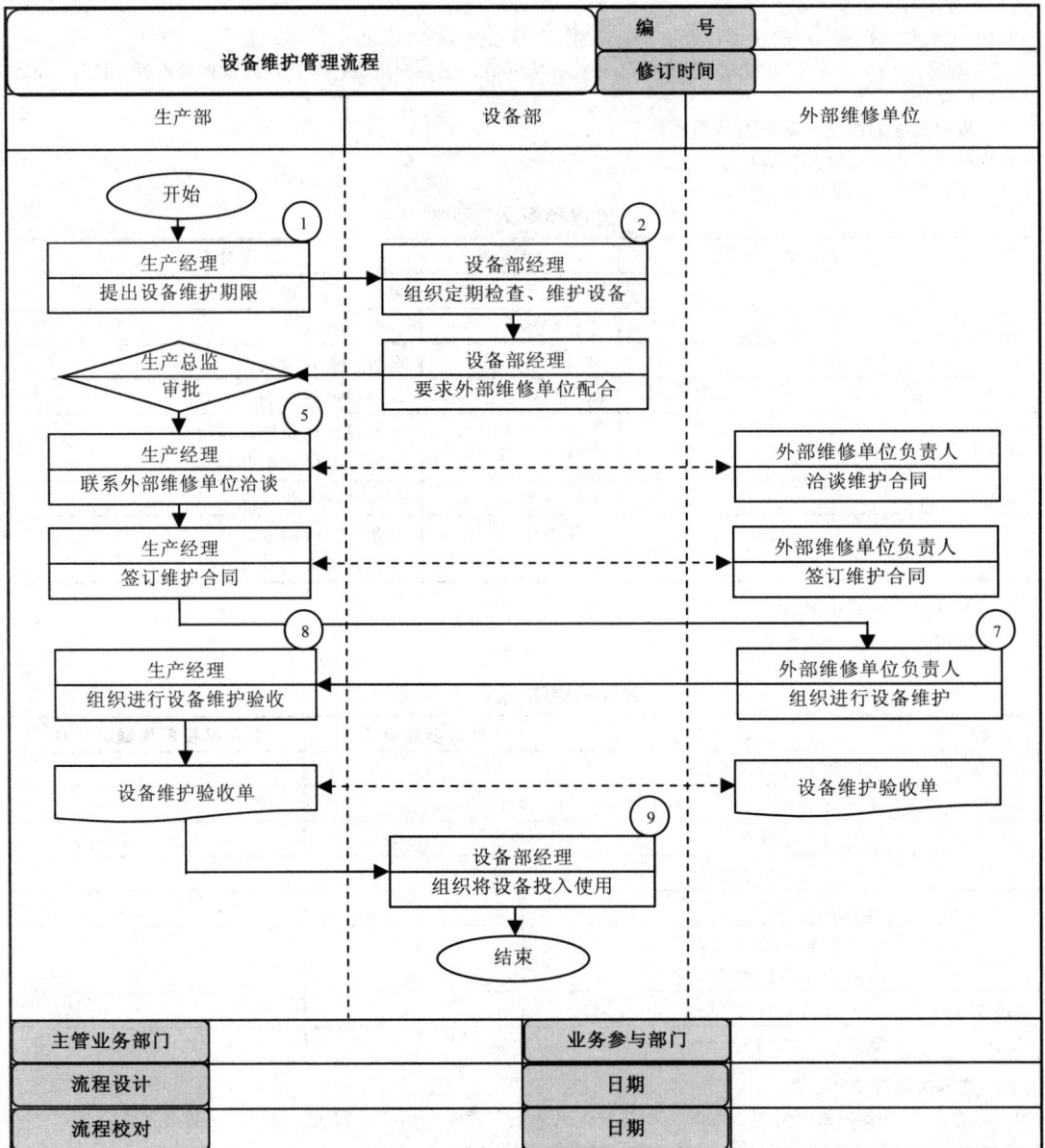

5.8.4 设备维护管理流程说明文件

设备维护管理流程说明

流程名称：设备维护管理流程	流程编号：
编制部门：生产部	日期： 年 月 日

一、流程简介

1. 流程内容：关于设备维护管理全过程。

2. 流程的起止点：本流程由 __提出设备维护期限__ 事件触发，输入信息为 __设备使用说明书__ ；本流程结束状态为 __组织将设备投入使用__ ，输出信息为 __设备使用记录表__ 。

二、管理/工作职责

1. 业务主管单位及职责。

本流程业务主管单位为生产部，负责全公司生产设备维护保养工作，保证生产设备经常完好，延长设备使用寿命。

2. 业务参与部门及其职责。

（1）设备部门负责生产设备维护保养工作的具体管理落实及实施工作。

（2）外部维修单位负责设备的维修工作。

三、流程依据的制度、标准及体系文件

本流程所依据的文件如下表所示。

流程参考文件列表

步骤名称	文件类型	文件名称
组织定期检查、维护设备	制度	设备定期检查维护管理制度
要求外部维修单位配合	工作标准	设备外修标准
	制度	设备外修管理制度
签订维护合同	制度	设备维护合同管理制度
组织进行设备维护验收	制度	设备验收管理制度

四、流程相关的表单记录

本流程所依据或生成的表单记录如下表所示。

流程依据/生成记录列表

步骤序号	表单名称	是否全部电子化	表单模板所依据的文件
第1步	设备维护期限说明表	是	
第2步	设备定期检查表 设备维护记录表	是	
第5步	外部维修单位洽谈记录表	是	
第7步	设备外部维护记录表	是	
第8步	设备维护验收合格单	是	
第9步	设备使用登记表	是	

五、流程关键环节

1. 提出设备维护期限。生产部根据设备使用说明书，确定设备维护周期，在规定的期限内，对生产设备进行维护保养工作。

2．组织定期检查、维护设备。

（1）生产设备管理人员应每日对设备进行检查并做好检查记录，发现问题及时上报，以便及时采取措施避免损失。

（2）设备部根据设备使用情况定期对设备进行保养，提高设备使用寿命，消除设备安全隐患，确保生产安全。

3．要求外部维修单位配合。当本公司设备维护人员无法完成设备的维护工作或设备自行维护成本过高且在维修保修期内，可以申请进行外部维护，要求外部维修单位进行设备维护。

4．签订维护合同。生产部与外部维护单位关于设备维护相关问题进行洽谈，签订维护合同。

5．组织进行设备维护。外部维护单位负责人接到设备维护通知后，组织人员对设备进行维护工作。

6．组织进行设备维护验收。设备维护工作结束后，生产经理按照设备质量标准对设备进行维护验收，外部维护单位参与设备维护验收工作，验收合格后填制"设备维护验收单"。

第 6 章

企业质量管理流程设计

6.1 质量管理体系结构

6.1.1 质量管理体系总体结构

质量管理体系由质量保证、质量控制等方面构成，其中质量保证包括品质工程、供应商品质工程等事项，质量控制包括原料进货质量控制、制造过程质量控制、成品入库质量控制、成品出库质量控制等事项。质量管理体系的总体结构如图 6-1 所示。

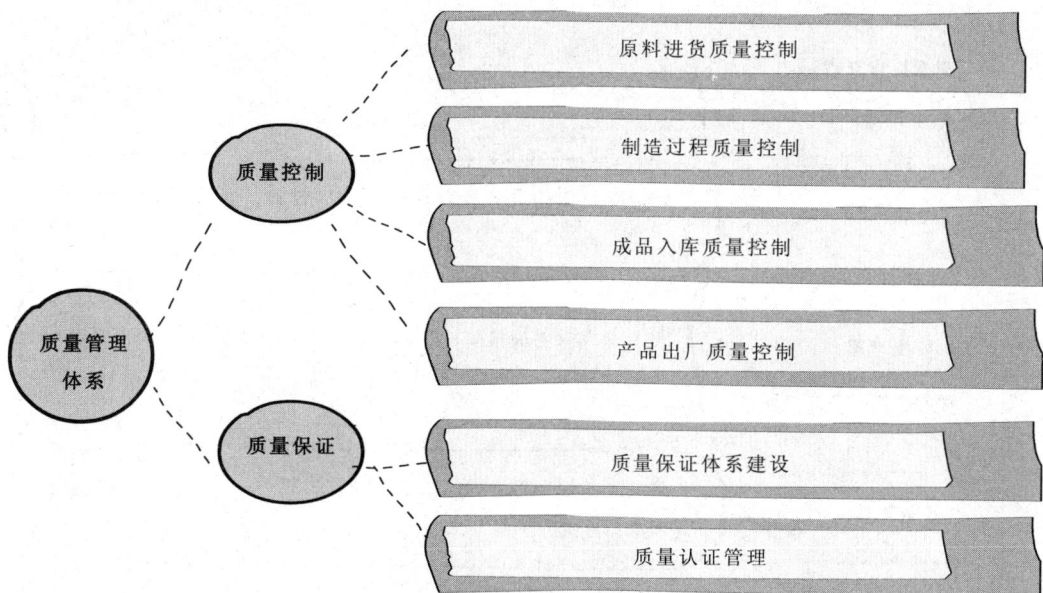

图 6-1 质量管理体系总体结构图

6.1.2 质量管理体系工作重点

质量管理体系工作重点包括质量体系建设，质量目标计划、质量控制等，主要由最高管理者、管理者代表、采购管理、仓库管理、生产管理、质量检查管理、文控管理、仪校管理、设备管理、技术管理等人员来共同完成，在工作过程中，各方人员的工作重点具体如图 6-2 所示。

最高管理者	包括体系策划、体系管理组织结构、组织职责划分、确定质量目标、管理评审等相关事宜
管理者代表	包括质量管理体系策划、确定内审员及内审介绍等事项
采购管理	包括供应商沟通、供应商考核、外包供应商管理和供应商信誉及市场占有率的调查管理
仓库管理	包括检查账、卡、料的一致性、过期品检查管理、5S管理及消防管理等事项
生产管理	包括原材料、半成品及成品标识管理、生产图纸及作业指导书管理、生产作业规范性、不良品纠正、参数记录等事项
质量检查管理	包括原材料、半成品及成品的检验规范性、质量异常处理、关键过程检查等事项
文控管理	包括受控文件清单管理、文件发放管理、质量记录管理等事项
仪校管理	包括检测仪器清单、仪器校验管理、仪器使用管理及保存管理等事项
设备管理	包括设备相关手册管理、设备点检、校正、保养、重大维修改造管理等项目
技术管理	包括工程或项目图纸的绘制、技术变更管理、新产品开发、评审、验证、确认等事项

图 6-2　质量管理体系工作重点说明

6.2 质量体系的建设

6.2.1 质量体系建设流程

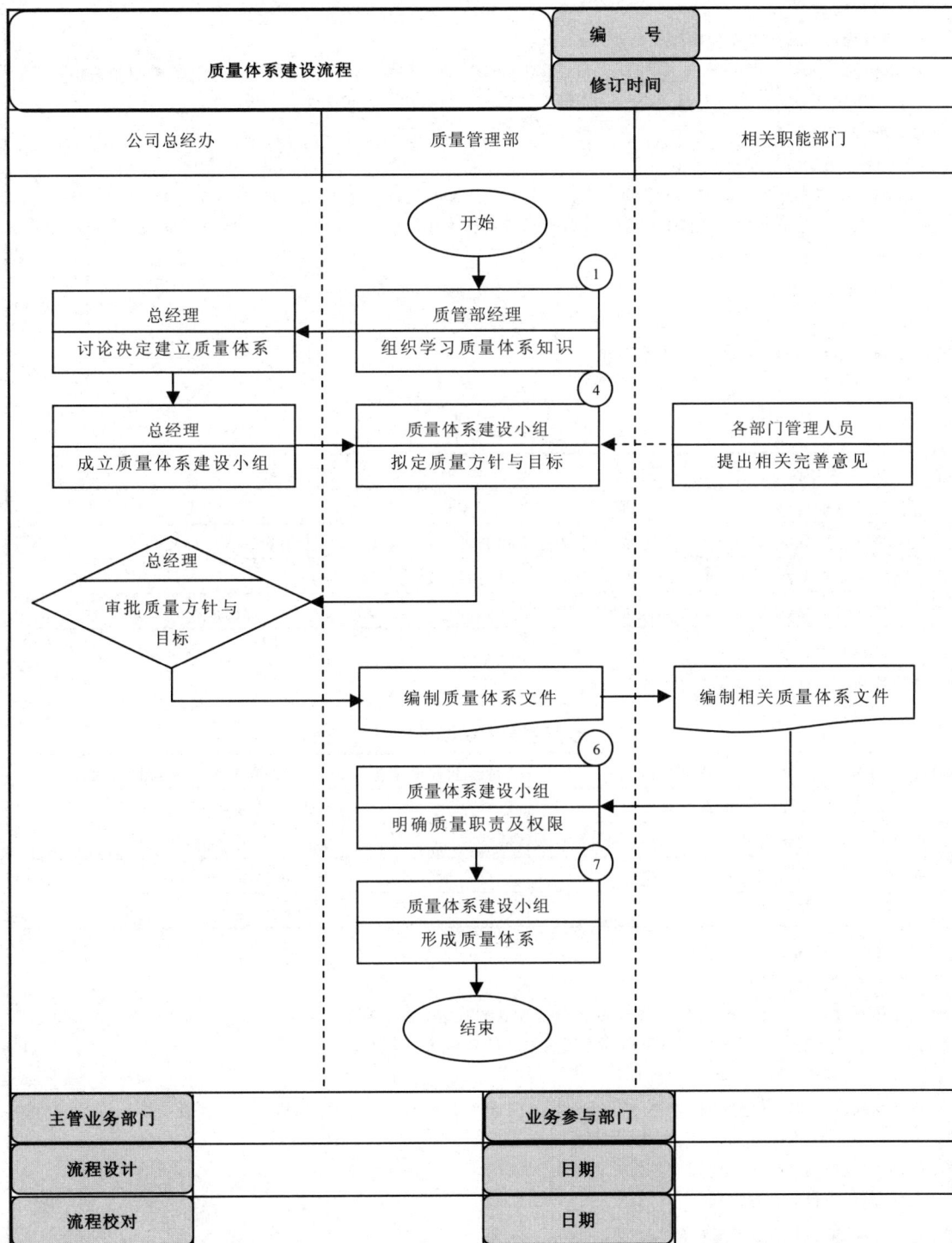

质量体系建设流程	编　号	
	修订时间	

公司总经办	质量管理部	相关职能部门

开始

① 质管部经理 / 组织学习质量体系知识

总经理 / 讨论决定建立质量体系

总经理 / 成立质量体系建设小组

④ 质量体系建设小组 / 拟定质量方针与目标

各部门管理人员 / 提出相关完善意见

总经理 / 审批质量方针与目标

编制质量体系文件

编制相关质量体系文件

⑥ 质量体系建设小组 / 明确质量职责及权限

⑦ 质量体系建设小组 / 形成质量体系

结束

主管业务部门		业务参与部门	
流程设计		日期	
流程校对		日期	

109

6.2.2 质量体系建设流程说明文件

质量体系建设流程说明

流程名称：质量体系建设流程	流程编号：
编制部门：质量管理部	日期： 年 月 日

一、流程简介

1．流程内容：关于质量体系建设的全过程。

2．流程的起止点：本流程由 组织学习质量体系知识 事件触发，输入信息为 质量体系学习相关资料 ；本流程结束状态为 质量体系建设完成 ，输出信息为 质量体系说明文件 。

二、管理/工作职责

1．业务主管单位及职责。

本流程业务主管单位为质量体系建设小组，组长为企业最高领导，副组长为质量管理部经理，体系建设小组负责组织学习质量体系知识、建立质量方针及目标、推行形成质量体系等工作。

2．业务参与部门及其职责。

（1）公司总经办负责审批并完善质量方针及与之建立质量体系建设小组工作。

（2）其他职能部门负责完善质量方针与目标及编制相关质量体系文件工作。

三、流程依据的制度、标准及体系文件

本流程所依据的文件如下表所示。

流程参考文件列表

步骤名称	文件类型	文件名称
学习质量体系知识	工作标准	质量体系国家标准
拟定质量方针与目标	工作标准	中华人民共和国标准化法、企业经营战略与目标
编制质量体系文件	工作标准	质量方针与目标说明、评审准则
明确质量职责及权限	工作标准	质量手册、程序文件、作业指导书、部门职位说明表

四、流程相关的表单记录

本流程所依据或生成的表单记录如下表所示。

流程依据/生成记录列表

步骤序号	表单名称	是否全部电子化	表单模板所依据的文件
第1步	质量管理体系培训计划	是	质量管理体系建设计划书
第4步	质量管理方针和目标说明书	是	企业质量水平调查表
第6步	质量职责和权限设计方案	是	体系结构图
第7步	质量体系文件	是	部门职位说明表、作业指导书

五、流程关键环节

1．拟定质量方针与目标。

质量体系建设小组要结合各职能部门与企业发展要求制定质量方针与目标，质量方针要与本企业的质量水平、管理职能、服务水平一致；质量目标是质量方针的具体化。

2．成立质量体系建设小组。

成立以最高管理者（总经理、厂长等）为组长，质量管理部经理为副组长的质量体系建设小组。其主要任务如下。

（1）体系建设的总体规划。

（2）制定质量方针和目标。

（3）按职能部门进行质量职能的分解。

3．编制质量体系文件。

质量体系的实施和运行需要通过质量体系文件来实现，质量体系文件一般由质量手册、程序文件、作业指导书、质量记录表组成。

4．明确质量职责及权限。

确定质量方针与目标后，质量管理部发布质量体系职能分配表。

6.2.3　质量体系文件管理流程

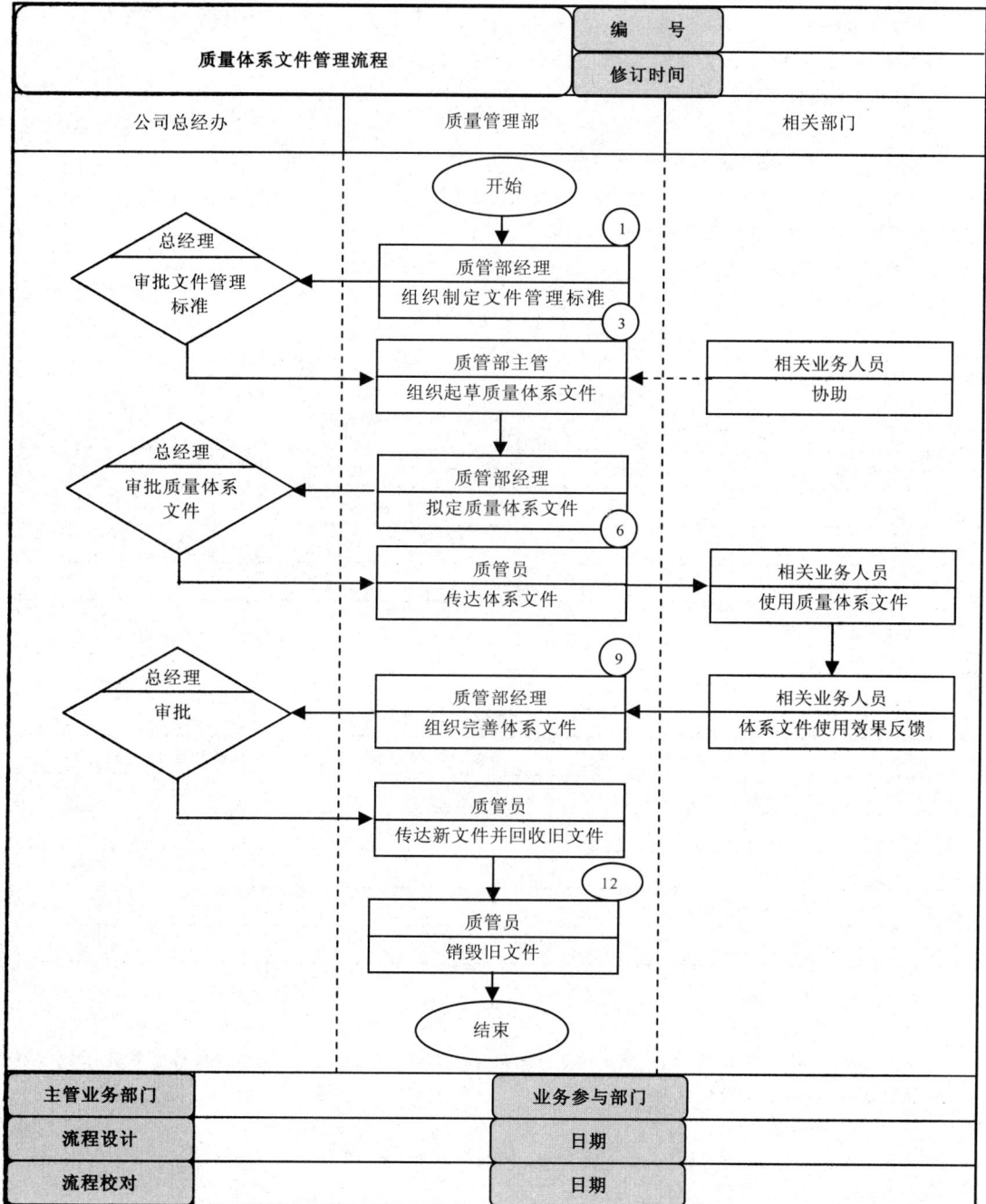

| 质量体系文件管理流程 | 编　　号 |
| | 修订时间 |

公司总经办	质量管理部	相关部门

开始

① 质管部经理 / 组织制定文件管理标准

总经理 审批文件管理标准

③ 质管部主管 / 组织起草质量体系文件

相关业务人员 / 协助

总经理 审批质量体系文件

质管部经理 / 拟定质量体系文件

⑥ 质管员 / 传达体系文件

相关业务人员 / 使用质量体系文件

总经理 审批

⑨ 质管部经理 / 组织完善体系文件

相关业务人员 / 体系文件使用效果反馈

质管员 / 传达新文件并回收旧文件

⑫ 质管员 / 销毁旧文件

结束

主管业务部门		业务参与部门	
流程设计		日期	
流程校对		日期	

6.2.4 质量体系文件管理流程说明文件

质量体系文件管理流程说明

流程名称：质量体系文件管理流程	流程编号：
编制部门：质量管理部	日期： 年 月 日

一、流程简介

1．流程内容：关于质量体系文件编制、使用等管理的全过程。

2．流程的起止点：本流程由 __组织制定文件管理标准__ 事件触发，输入信息为 __质量体系相关文件__ ；本流程结束状态为 __销毁旧文件__ ，输出信息为 __文件销毁记录__ 。

二、管理/工作职责

1．业务主管单位及职责。

本流程业务主管单位为质量管理部，负责质量体系文件编制、完善等管理工作。

2．业务参与部门及其职责。

（1）总经办负责体系文件管理过程中的审批工作。

（2）相关业务部门主要负责体系文件的使用及使用效果反馈工作。

三、流程依据的制度、标准及体系文件

本流程所依据的文件如下表所示。

流程参考文件列表

步骤名称	文件类型	文件名称
组织制定文件 管理标准	工作标准	质量体系文件编制计划
文件编号及版本核对	制度	质量体系文件管理标准
使用质量体系文件	制度	质量体系文件使用方法
组织完善体系文件	制度	质量体系文件管理制度
传达新文件并回收旧文件	工作标准	文件发放与回收记录表、文件销毁记录表

四、流程相关的表单记录

本流程所生成/依据的表单记录如下表所示。

流程生成/依据记录列表

步骤序号	表单名称	是否全部电子化	表单模板所生成的文件
第1步	文件管理说明表	是	
第3步	文件起草任务分配表	是	
第6步	文件收发记录表	是	
第9步	文件修订记录表	是	
第12步	文件销毁记录	是	

五、流程关键环节

1．组织制定文件管理标准。

质管部经理根据企业管理需要，组织制定文件管理标准，文件管理工作标准应包含企业体系管理文件的制定要求、使用范围、失效要求等内容。

2．组织起草质量体系文件。

质量体系文件包含企业质量方针、目标和所有过程控制的程序文件部门工作手册及其他质量体系文件由归口职能部门负责编写。

3．组织完善体系文件。

（1）质量部经理根据文件使用效果反馈意见，组织人员对文件进行修订及完善，并将完善后的文件上交总经理审批。

（2）在修改时，一般文件如没有引起页数重大变更可不用变更版本，修改时只需对相关修改次数及页码和部门名称等进行变更。

4．销毁旧文件。

质量专员作废文件应在其正本正面盖上"作废文件"红色印章，并妥善保管，以防误用，在文件实施销毁时，要做好保密工作。

6.2.5　质量体系认证管理流程

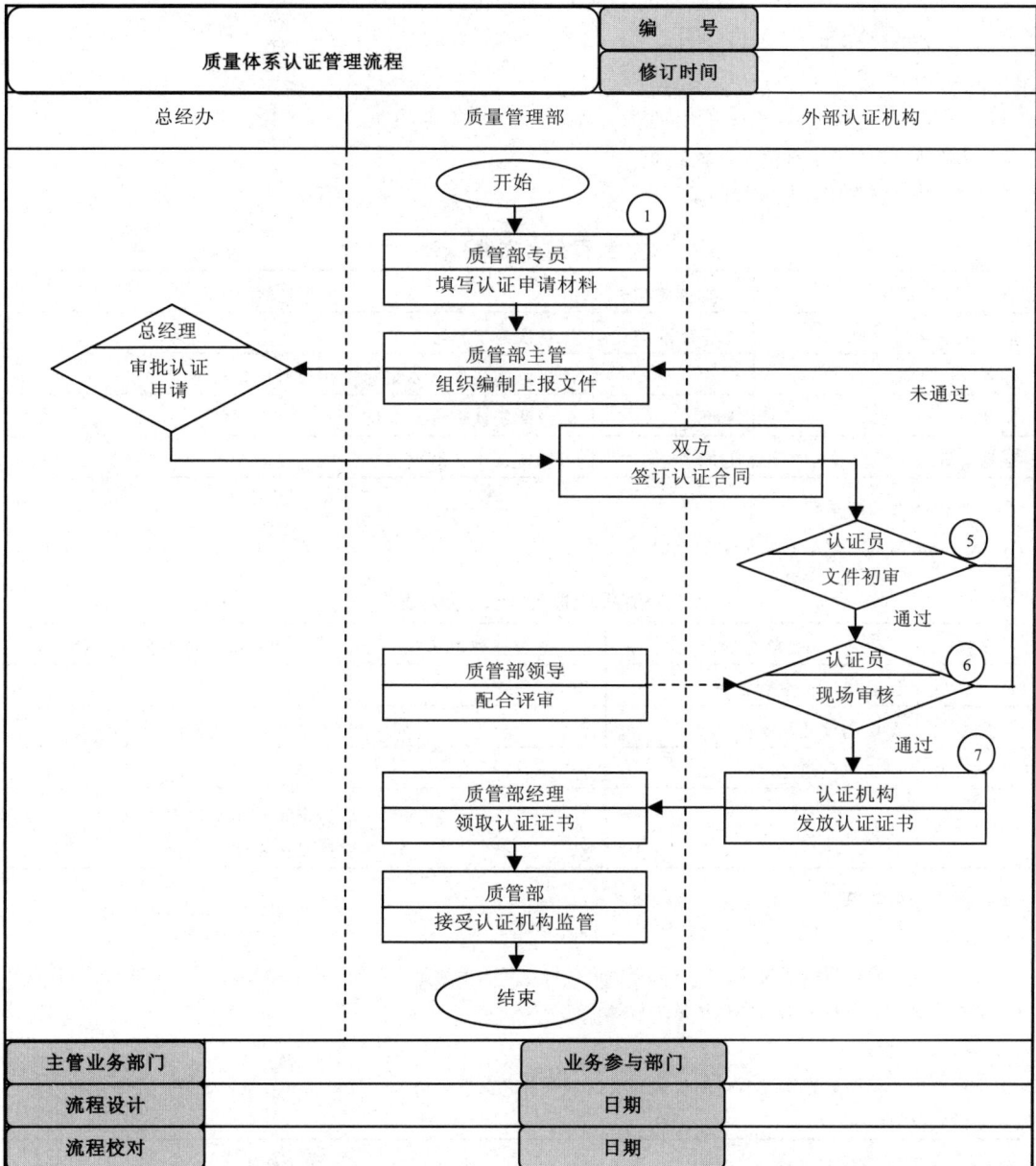

质量体系认证管理流程		编　　号	
		修订时间	
总经办	质量管理部	外部认证机构	

开始

① 质管部专员 / 填写认证申请材料

质管部主管 / 组织编制上报文件

总经理 审批认证申请

双方 / 签订认证合同

未通过

⑤ 认证员 / 文件初审　通过

质管部领导 / 配合评审

⑥ 认证员 / 现场审核　通过 ⑦

质管部经理 / 领取认证证书

认证机构 / 发放认证证书

质管部 / 接受认证机构监管

结束

主管业务部门		业务参与部门	
流程设计		日期	
流程校对		日期	

6.2.6 质量体系认证管理流程说明文件

质量体系认证管理流程说明

流程名称：质量体系认证管理流程	流程编号：
编制部门：质量管理部	日期：　　年　月　日

一、流程简介

1．流程内容：关于质量体系认证管理的流程。

2．流程的起止点：本流程由　<u>填写认证申请材料</u>　事件触发，输入信息为　<u>质量体系认证申请材料</u>　；本流程结束状态为　<u>接收认证机构监管</u>　，输出信息为　<u>质量体系认证资料</u>　。

二、管理/工作职责

1．业务主管单位及职责。

本流程业务主管单位为质量管理部，负责体系认证的组织实施工作。

2．业务参与部门及其职责。

（1）总经办负责认证文件的审批完善工作。

（2）外部认证机构负责体系的审核认证及认证证书的颁发工作。

三、流程依据的制度、标准及体系文件

本流程所依据的文件如下表所示。

流程参考文件列表

步骤名称	文件类型	文件名称
填写认证申请材料	工作标准	体系认证工作标准
签订认证合同	工作标准	认证机构资质、质量体系建设目标说明书
文件初审	制度	质量体系认证管理制度
现场审核	制度	质量体系认证制度

四、流程相关的表单记录

本流程所依据或生成的表单记录如下表所示。

流程依据/生成记录列表

步骤	表单名称	是否全部电子化	表单模板所依据的文件
第1步	认证申请材料登记表	否	质量体系认证申请方法
第5步	文件初审通知书	否	质量体系认证方法
第6步	现场审核通知书	否	质量体系认证方法
第7步	质量体系认证证书	否	质量体系认证报告 质量体系认证方法

五、流程关键环节

1．填写认证申请材料。

质量管理部首先根据认证需要，填写认证申请材料。书面申请包括组织名称、总部地点、审核场所名称及地点等相关信息；申请材料主要包括质量手册等。

2．签订认证合同。

企业管理体系申请审查通过后，由质管部根据签收的"受理申请书"与认证机构签订合同，并通知相关部门做好工作安排。

3．配合评审。

质管部中层以上领导与认证机构同时参加现场审核会议，并对会议上认证机构出具的具体审查报告提出意见。

4．领取认证证书。

企业获得认证时，应根据认证机构规定和认证证书管理要求，确定相关责任部门并做好信息的落实通报工作。

6.3　质量目标计划管理

6.3.1　质量目标考核流程

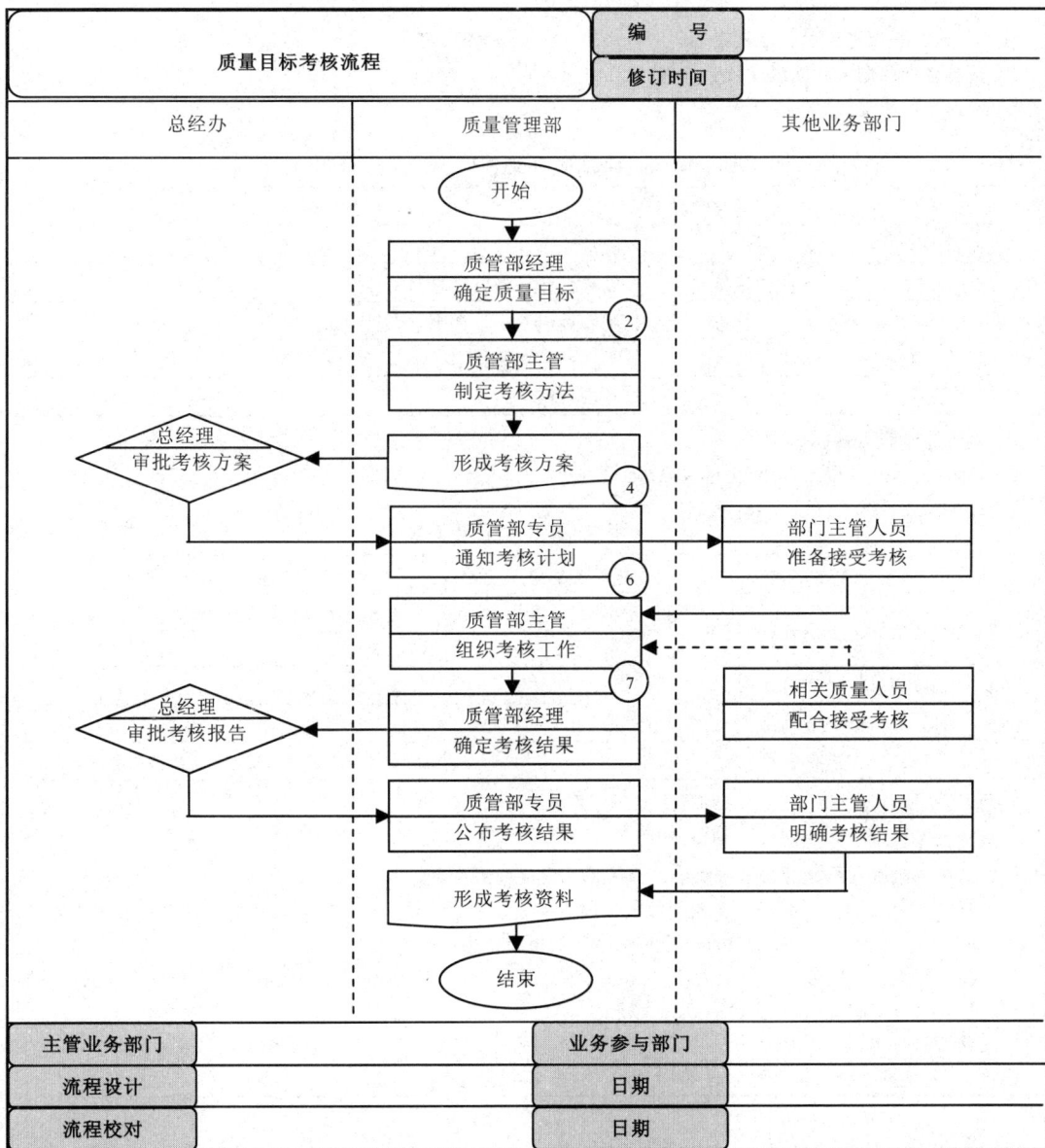

质量目标考核流程		编　　号	
		修订时间	
总经办	质量管理部	其他业务部门	

```
                        ┌─────────┐
                        │  开始   │
                        └────┬────┘
                             │
                    ┌────────▼────────┐
                    │   质管部经理     │
                    │  确定质量目标   │ 2
                    └────────┬────────┘
                             │
                    ┌────────▼────────┐
                    │   质管部主管     │
                    │  制定考核方法   │
                    └────────┬────────┘
                             │
        ◇总经理        ┌────◀┴────┐
        审批考核方案◀──│形成考核方案│ 4
        ◇              └─────────┘
        │
        │           ┌────────────┐      ┌────────────┐
        └──────────▶│ 质管部专员  │─────▶│部门主管人员 │
                    │通知考核计划 │ 6    │准备接受考核 │
                    └────────────┘      └────────────┘
                    ┌────────────┐      ┌────────────┐
                    │ 质管部主管  │◀─────│相关质量人员 │
                    │组织考核工作 │ 7    │配合接受考核 │
                    └────────────┘      └────────────┘
        ◇总经理      ┌────────────┐
        审批考核报告◀─│ 质管部经理  │
        ◇            │确定考核结果 │
        │            └────────────┘
        │           ┌────────────┐      ┌────────────┐
        └──────────▶│ 质管部专员  │─────▶│部门主管人员 │
                    │公布考核结果 │      │明确考核结果 │
                    └────────────┘      └────────────┘
                    ┌────────────┐
                    │形成考核资料 │◀────
                    └─────┬──────┘
                        ┌─▼───┐
                        │ 结束 │
                        └─────┘
```

主管业务部门		业务参与部门	
流程设计		日期	
流程校对		日期	

6.3.2 质量目标考核流程说明文件

质量目标考核流程说明

流程名称：质量目标考核流程	流程编号：
编制部门：质量管理部	日期：　　年　月　日

一、流程简介

1. 流程内容：关于目标考核管理的全过程。

2. 流程的起止点：本流程由　确定质量目标　事件触发，输入信息为　质量管理战略规划　；本流程结束状态为　形成考核资料　，输出信息为　质量目标考核相关资料　。

二、管理/工作职责

1. 业务主管单位及职责。

本流程业务主管单位为质量管理部，负责质量目标考核的组织及实施工作。

2. 业务参与部门及其职责。

（1）总经理负责对考核方案及考核结果的审批工作。

（2）其他业务部门负责配合质量考核工作，使考核工作顺利开展。

三、流程依据的制度、标准及体系文件

本流程所依据的文件如下表所示。

流程参考文件列表

步骤名称	文件类型	文件名称
确定质量目标	工作标准	质量体系方针与目标、质量工作计划书
制定考核方法	工作标准	质量目标、考核工作计划书
准备接受考核	工作标准	质量目标考核通知书
组织考核工作	工作标准	质量目标考核方案、质量目标考核通知书
公布考核结果	工作标准	质量目标考核单

四、流程相关的表单记录

本流程所依据或生成的表单记录如下表所示。

流程依据/生成记录列表

步骤	表单名称	是否全部电子化	表单模板所依据的文件
第2步	质量目标考核方案	是	质量体系方针与目标、质量工作计划书
第4步	质量考核计划通知书	是	质量工作计划书
第6步	质量考核记录单	否	质量目标考核方案
第7步	考核结果汇总表	是	质量目标考核方案、质量考核报告

五、流程关键环节

1. 确定质量目标。

（1）质管部经理根据企业发展战略及产品战略制定企业质量目标。

（2）建立质量目标的目的是为企业全体员工提供了其在质量方面关注的焦点，同时帮助企业有目的地、合理地分配和利用现有资源，以达到确保质量目标与质量方针保持一致。

（3）质量目标按时间可分为中长期质量目标、年度质量目标和短期质量目标；按层次可分为企业质量目标、部门质量目标、车间质量目标及个人质量目标。

2. 制定考核方案。

质管部主管根据企业质量目标制定考核方案，并上交总经理进行审批。

3．组织考核工作。

质量目标考核方案经总经理审批通过后，由质管部专员通知各部门主管人员准备考核，并由质管部主管组织考核工作。

4．确定考核结果。

质管部经理对考核结果进行确认，并上交总经理进行审核。审核后，质管部专员对考核结果进行公布，并对相关资料进行存档。

6.3.3　质量工作计划制订流程

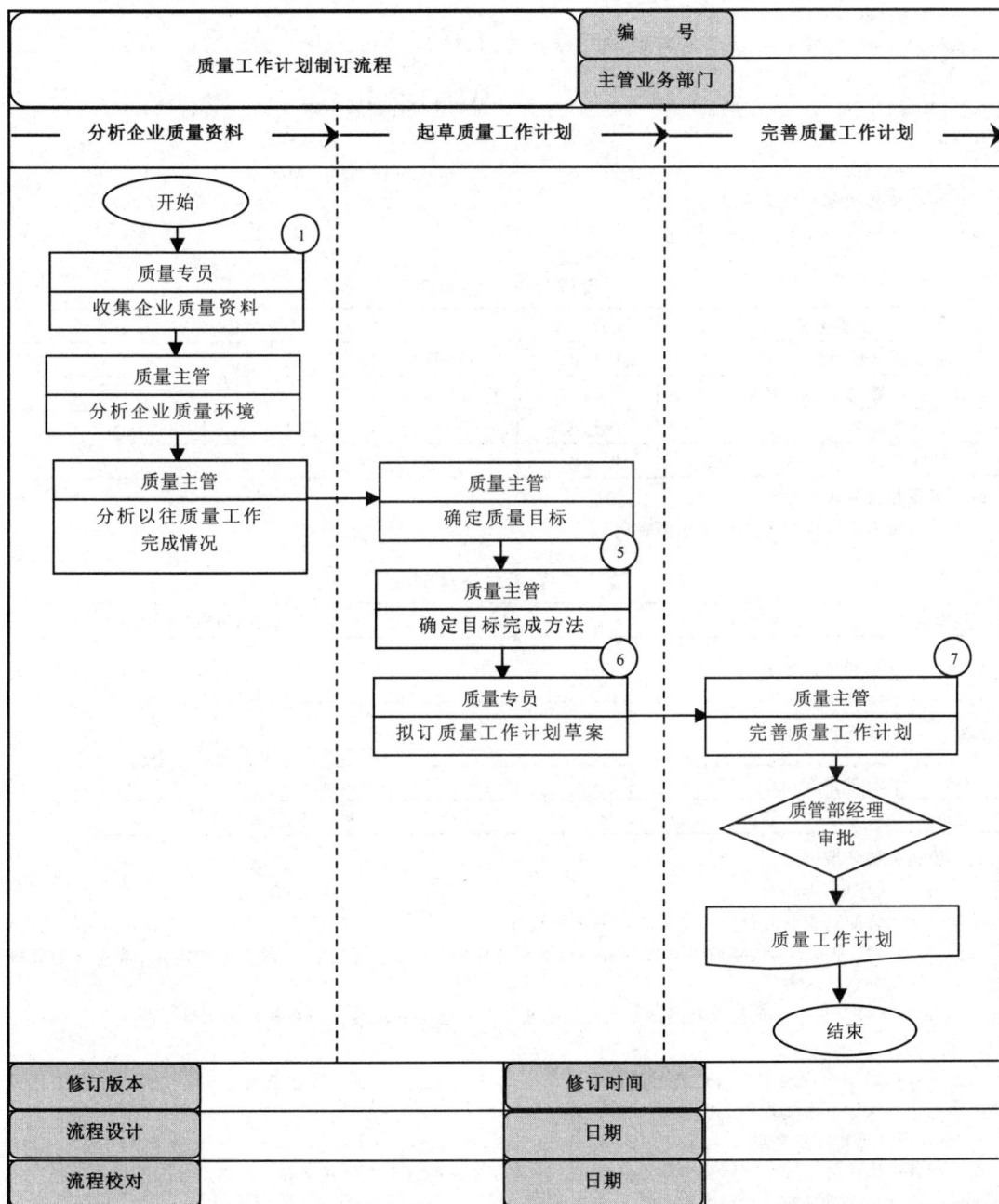

6.3.4 质量工作计划制订流程说明文件

质量工作计划制订流程说明

流程名称：质量工作计划制订流程	流程编号：
编制部门：质量管理部	日期：　　年　月　日

一、流程简介

1. 流程内容：关于质量工作计划的起草、完善等全过程。

2. 流程的起止点：本流程由　收集企业质量资料　事件触发，输入信息为　企业质量管理相关资料　；本流程结束状态为　完善质量工作计划　，输出信息为　质量工作计划　。

二、管理/工作职责

1. 业务主管人员及职责。

本流程业务主要负责人员为质量管理部主管，负责组织起草、完善质量工作计划等工作。

2. 业务参与人员及其职责。

（1）质量管理部经理负责审批质量工作计划，并对计划内容进行指导完善，确保质量计划调整的科学性与合理性。

（2）质量专员负责收集企业生产质量各项资料，并根据上级主管指导拟订质量工作计划草案。

三、流程依据的制度、标准及体系文件

本流程所依据的文件如下表所示。

流程参考文件列表

步骤名称	文件类型	文件名称
分析企业质量环境	工作标准	市场质量调研报告
分析以往质量工作完成情况	工作标准	质量工作考核报告
确定质量目标	工作标准	企业经营管理目标、质量体系方针和目标
确定目标完成方法	工作标准	质量控制方法说明

四、流程相关的表单记录

本流程所依据或生成的表单记录如下表所示。

流程依据/生成记录列表

步骤	表单名称	是否全部电子化	表单模板所依据的文件
第1步	企业质量资料	否	企业质量规划和目标、企业生产发展相关信息
第5步	质量目标完成方法	是	企业质控工作任务分配表、企业质控工作目标分析表
第6步	质量工作计划草书	是	年度质量工作计划
第7步	质量工作计划书	是	质量工作计划草书

五、流程关键环节

1. 分析企业环境。

质量控制主管应对企业现阶段所处的内、外环境进行分析。

（1）外部环境分析主要包括政治环境分析、经济环境分析、技术环境分析、市场环境分析、竞争环境分析以及资源环境分析等内容。

（2）内部环境分析主要包括企业经济实力状况分析、生产能力状况分析、企业的优劣势分析等内容。

2. 确定质量目标。

质量主管应根据企业的现实条件和质量专员工作执行能力的大小及工作效率的高低等确定质量工作的任务和目标，并对质量工作任务和工作目标进行分解。

3. 拟订质量工作计划草案。

确定质量工作任务、工作目标和工作方法之后，质量专员应拟订工作计划草案，草案内容应包括企业自身生产建设管理、企业质量安全建设管理等各项工作内容。

6.4 产品质量过程控制

6.4.1 来料质量检验流程

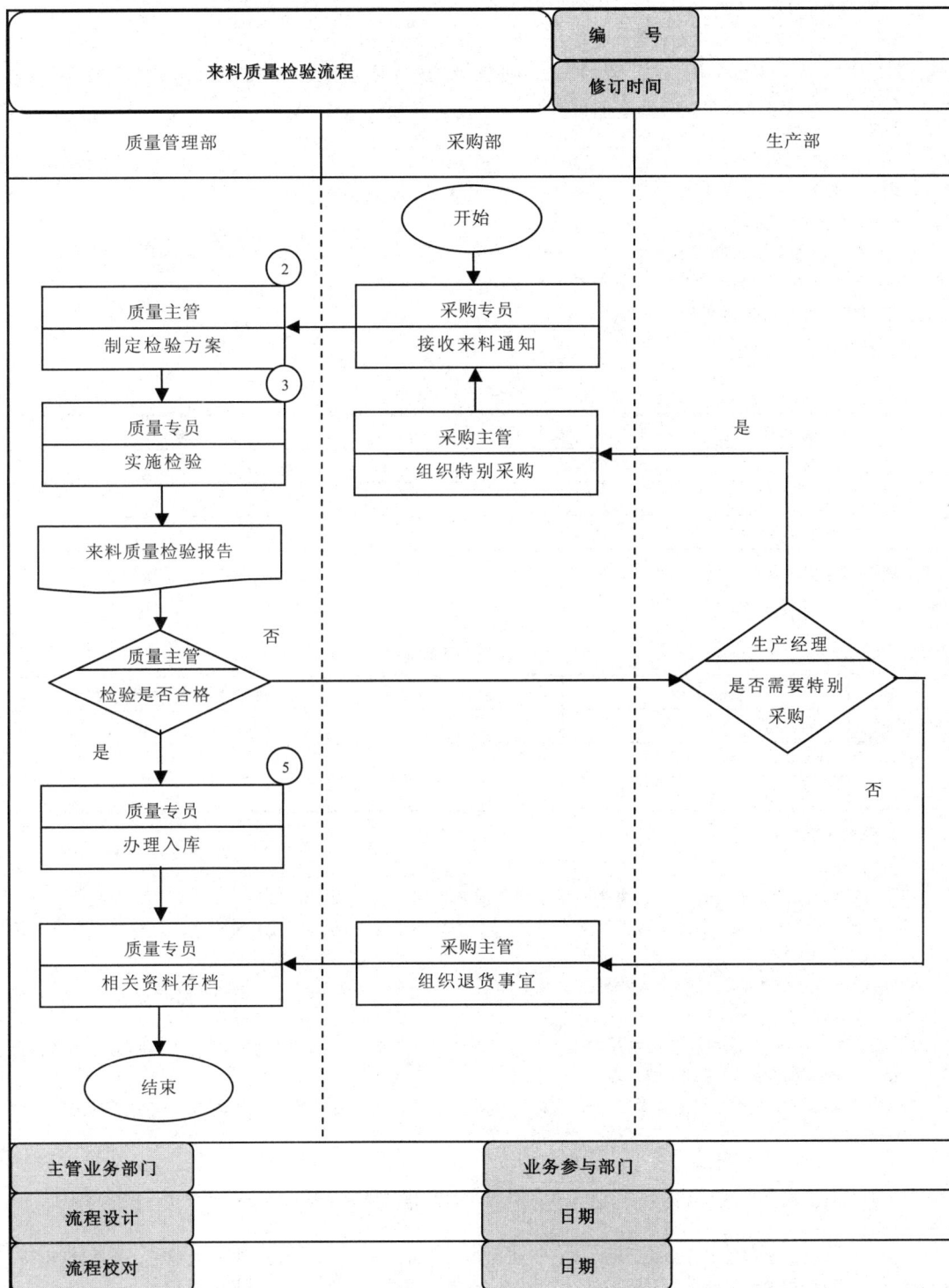

来料质量检验流程	编　　号	
	修订时间	

质量管理部	采购部	生产部

开始

② 质量主管 / 制定检验方案

采购专员 / 接收来料通知

③ 质量专员 / 实施检验

采购主管 / 组织特别采购

是

来料质量检验报告

质量主管 / 检验是否合格　否

生产经理 / 是否需要特别采购

是

⑤ 质量专员 / 办理入库

否

质量专员 / 相关资料存档

采购主管 / 组织退货事宜

结束

主管业务部门		业务参与部门	
流程设计		日期	
流程校对		日期	

119

6.4.2 来料质量检验流程说明文件

来料质量检验流程说明

流程名称：来料质量检验流程	流程编号：
编制部门：质量管理部	日期： 年 月 日

一、流程简介

1．流程内容：关于对来料实施质量检验的全过程。

2．流程的起止点：本流程由 <u>接收来料通知</u> 事件触发，输入信息为 <u>来料通知单</u> ；本流程结束状态为 <u>相关资料存档</u> ，输出信息为 <u>来料质量检验资料</u> 。

二、管理/工作职责

1．业务主管单位及职责。

本流程业务主管单位为质量管理部，负责来料检验及检验结果记录工作。

2．业务参与部门及其职责。

（1）采购部门负责组织特别采购及不合格来料的退货工作。

（2）生产部门负责判定不合格来料是否需要特别采购等事项。

三、流程依据的制度、标准及体系文件

本流程所依据的文件如下表所示。

流程参考文件列表

步骤名称	文件类型	文件名称
制定检验方案	工作标准	材料检验管理制度
实施检验	工作标准	材料检验工作规范
组织特别采购	工作标准	特别采购工作标准

四、流程相关的表单记录

本流程所依据的表单记录如下表所示。

流程依据记录列表

步骤	表单名称	是否全部电子化	表单模板所依据的文件
第2步	来料质量检验方案	否	
第3步	来料质量检验说明书	是	
第5步	物料入库登记表	否	

五、流程关键环节

1．制定检验方案。

（1）采购专员在接到来料通知后，将来料信息通知质量主管。

（2）质量主管根据来料的种类、性质、数量、供应商类别等信息，选择合适的检验方式及检验流程，并形成检验方案。

（3）检验一般根据供应商的品质及物料的数量、单价、体积等，选择全检、抽检或免检。

2．实施检验。

（1）质量专员根据 "来料检验方案"对来料进行检验。检验项目一般分为外观检验和特性检验。其中特性检验是指通过检测仪器或设备对来料进行检验。

（2）质量专员需严格按照相关检验流程对来料进行检验，并如实编制"来料检验报告"，由质量主管确定来料是否合格。

3．办理入库。

若经检验来料符合企业相关生产要求，则质量专员为来料办理"检验合格证明"，并办理入库手续。

4．组织特别采购

当质量主管判定来料质量不合格时，生产部经理组织部门人员根据生产计划及企业相关规定，判断是否进行物料特采，如需特别采购，则通知采购部进行采购事宜；若无须进行特别采购，则通知采购部处理退货事宜。

6.4.3 制程质量检验流程

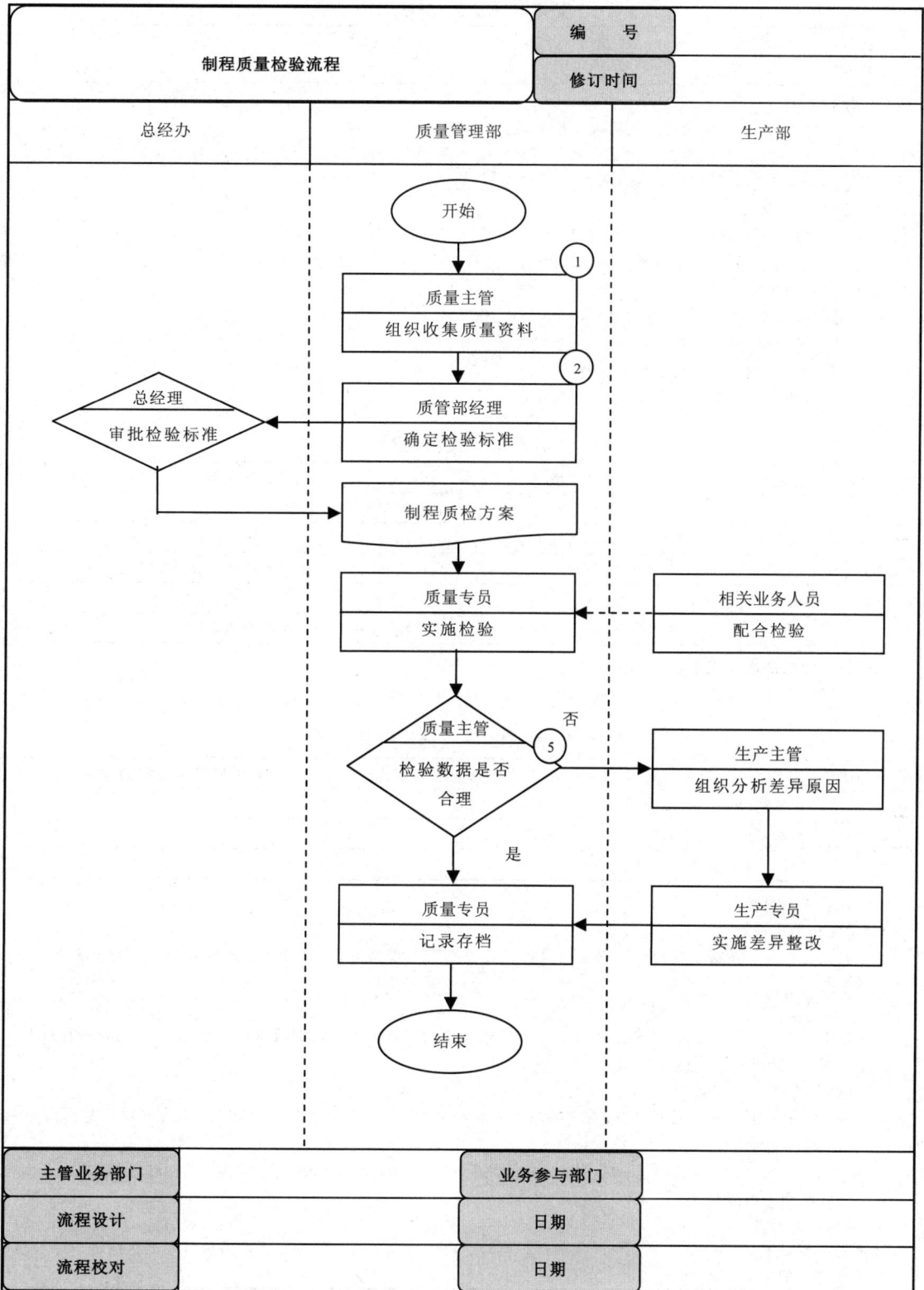

制程质量检验流程	编　　号	
	修订时间	

总经办	质量管理部	生产部

开始

① 质量主管 / 组织收集质量资料

② 质管部经理 / 确定检验标准

总经理 / 审批检验标准

制程质检方案

质量专员 / 实施检验 ←--- 相关业务人员 / 配合检验

质量主管 / 检验数据是否合理 ⑤ ——否——→ 生产主管 / 组织分析差异原因

是

质量专员 / 记录存档 ← 生产专员 / 实施差异整改

结束

主管业务部门		业务参与部门	
流程设计		日期	
流程校对		日期	

6.4.4 制程质量检验流程说明文件

制程质量检验流程文件

流程名称：制程质量检验流程	流程编号：
编制部门：质量管理部	日期： 年 月 日

一、流程简介

1．流程内容：关于产品制造过程的质量检验及控制的全过程。

2．流程的起止点：本流程由 <u>组织收集质量资料</u> 事件触发，输入信息为 <u>制程质量记录</u> ；本流程结束状态为 <u>记录存档</u> ，输出信息为 <u>制程质量检验资料</u> 。

二、管理/工作职责

1．业务主管单位及职责。

本流程业务主管单位为质量管理部，负责对生产过程实施检验，并进行制程的纠正等工作。

2．业务参与部门及其职责。

（1）总经理负责对制程检验标准进行审批完善工作。

（2）生产部门负责制程质量差异原因分析及整改工作。

三、流程依据的制度、标准及体系文件

本流程所依据的文件如下表所示。

流程参考文件列表

步骤名称	文件类型	文件名称
制定检验标准	制度、工作标准	工艺图纸、质量目标
制程质检方案	制度、工作标准	质量职责和权限、制定检验标准
实施检验	工作标准	制程质检方案、质检器具操作说明表
检验数据是否合理	工作标准	检验记录表、制程质量检验标准
组织分析差异原因	工作标准	检验结果统计表、制程检验报告

四、流程相关的表单记录

本流程所依据或生成的表单记录如下表所示。

流程依据/生成记录列表

步骤	表单名称	是否全部电子化	表单模板所依据的文件
第1步	质量资料登记表	是	
第2步	制程质量检验方案	是	
第5步	检验数据汇总表	是	

五、流程关键环节

1．确定检验标准。

制定检验标准前，质量主管要参考产品质量目标及生产流程图等资料，确定制程检验点及相应的检验值合理区间等标准。

2．形成制程质检方案。

质量检验方案应包括各生产环节中产品形状、形态、性质不同制定适宜的质量检验方法，并根据检验方法，选择合适的质检工具。

3．实施检验。

检验通常包括首件检验、巡回检验、完工检验及末件检验等项目，质量人员要做好检验过程及相应数据记录。

4．检验数据是否合理。

质量人员要仔细核对检验标准及实际数据，如发现不合理数据，质量主管组的质量人员应对问题数据进行检查、核对，并分析异常数据产生的原因。

5．实施差异整改。

生产部根据质量差异记录对自身生产环节进行检查、研讨并制定改进措施，生产人员落实改进措施，逐步提高各生产环节的产品质量。

6.4.5 终检质量检验流程

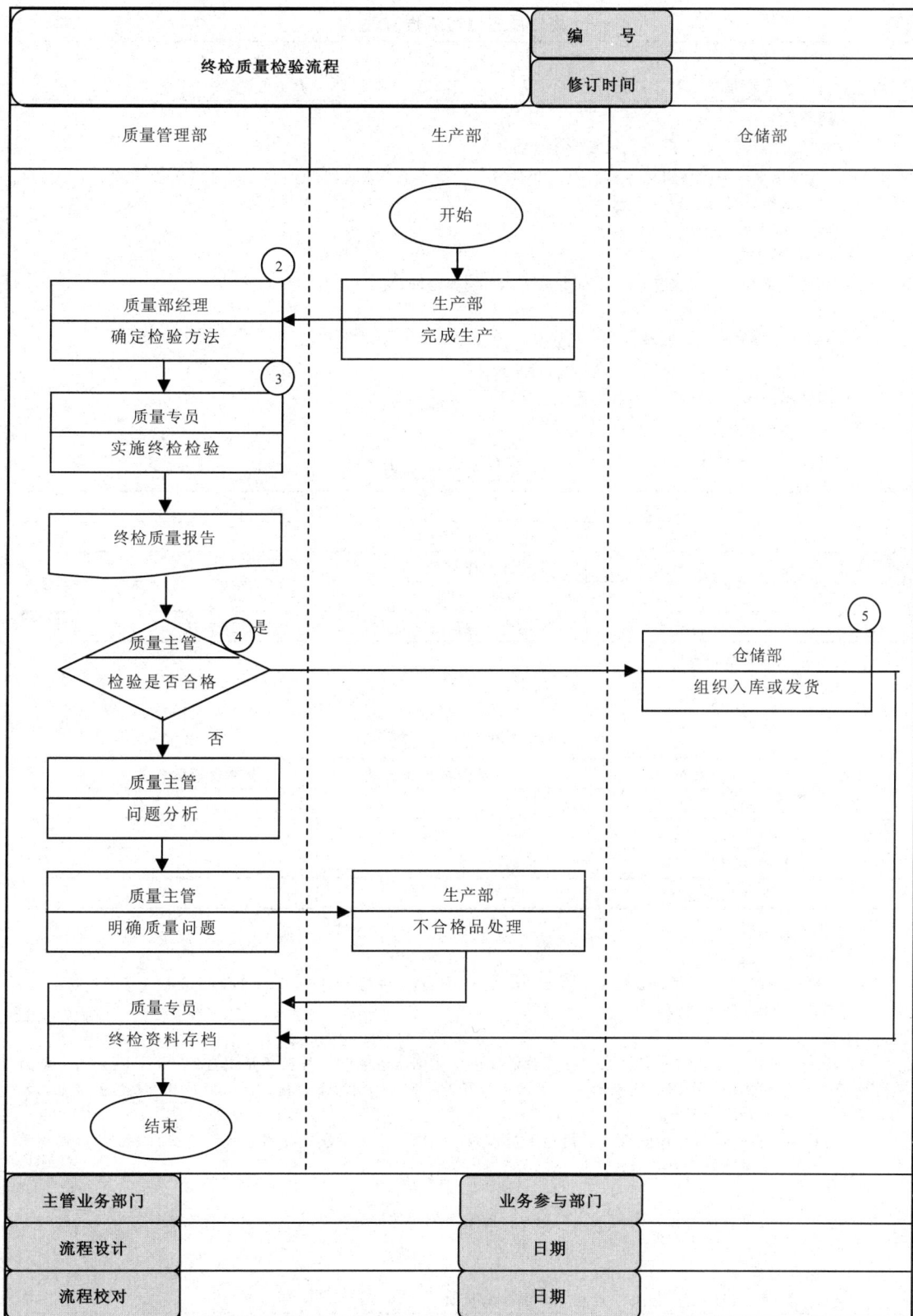

终检质量检验流程	编　号
	修订时间

质量管理部	生产部	仓储部

```
                              ┌──────────┐
                              │   开始   │
                              └────┬─────┘
                                   │
        ②                          ▼
  ┌─────────────┐         ┌─────────────┐
  │  质量部经理  │◄────────│   生产部    │
  │  确定检验方法 │         │  完成生产   │
  └──────┬──────┘         └─────────────┘
        ③  │
  ┌──────▼──────┐
  │  质量专员   │
  │ 实施终检检验 │
  └──────┬──────┘
         │
  ┌──────▼──────┐
  │ 终检质量报告 │
  └──────┬──────┘
        ④  │                                          ⑤
    ◇────▼────◇    是                          ┌─────────────┐
    │质量主管  │──────────────────────────────►│   仓储部    │
    │检验是否合格│                               │ 组织入库或发货│
    ◇────┬────◇                               └─────────────┘
      否  │
  ┌──────▼──────┐
  │  质量主管   │
  │  问题分析   │
  └──────┬──────┘
         │
  ┌──────▼──────┐         ┌─────────────┐
  │  质量主管   │────────►│   生产部    │
  │ 明确质量问题 │         │ 不合格品处理 │
  └─────────────┘         └─────────────┘
  ┌─────────────┐◄────────────┘
  │  质量专员   │◄──────────────────────────────────┘
  │ 终检资料存档 │
  └──────┬──────┘
         │
  ┌──────▼──────┐
  │    结束     │
  └─────────────┘
```

主管业务部门		业务参与部门	
流程设计		日期	
流程校对		日期	

123

6.4.6 终检质量检验流程说明文件

终检质量检验流程文件

流程名称：终检质量检验流程	流程编号：
编制部门：质量管理部	日期：　　年　月　日

一、流程简介

1. 流程内容：关于产品生产质量最终检验全过程。

2. 流程的起止点：本流程由 __完成生产__ 事件触发，输入信息为 __生产记录__ ；本流程结束状态为 __终检资料存档__ ，输出信息为 __终检资料__ 。

二、管理/工作职责

1. 业务主管单位及职责。

本流程业务主管单位为质量管理部，负责质量终检及终检问题的分析处理工作。

2. 业务参与部门及其职责。

（1）仓储部负责组织对质检合格的产品实施入库或发货等工作。

（2）生产部负责按企业规定对不合格品进行处理。

三、流程依据的制度、标准及体系文件

本流程所依据的文件如下表所示。

流程参考文件列表

步骤名称	文件类型	文件名称
确定检验方法	工作标准	产品检验管理制度
实施终检检验	工作标准	质量终检工作标准
明确质量问题	工作标准	检验记录单
不合格品处理	制度	产品不合格原因分析报告、不合格产品处理方法

四、流程相关的表单记录

本流程所依据或生成的表单记录如下表所示。

流程依据/生成记录列表

步骤	表单名称	是否全部电子化	表单模板所依据的文件
第2步	终检检验方式说明书	是	
第3步	终检检验统计表	是	
第4步	检验结果记录单	是	
第5步	产品入库登记表	是	

五、流程关键环节

1. 确定检验方法。

质量终检方法应包括该批次产品的名称、型号、数量、结构、外形、结构、尺寸检验（安装尺寸及连接尺寸）以及产品性能测试等的各项参数。

2. 实施终检检验。

（1）质量专员根据检验方法对产品实施检验，并根据实际结论编制"终检质量报告"。若检验合格，则为产品办理入库手续并由仓储部门组织入库或直接进行发货处理；若检验不合格，则质量专员须在检验单上列明问题项目，并对问题进行汇报。

（2）终检问题报告应包括检验批次、检验人员、采用标准、采用方法、使用工具、检验数据、检验过程中发现的各类问题及问题处理办法等。

3. 问题分析。

质量主管参照质量目标及相关质检规定，对照检验单上列明的问题项目进行分析，查明产品出现该问题的主要原因。

4. 不合格品处理。

生产部在了解质量问题后，按规定对相关产品进行处理。

6.5　质量不合格处置管理

6.5.1　材料不合格处置流程

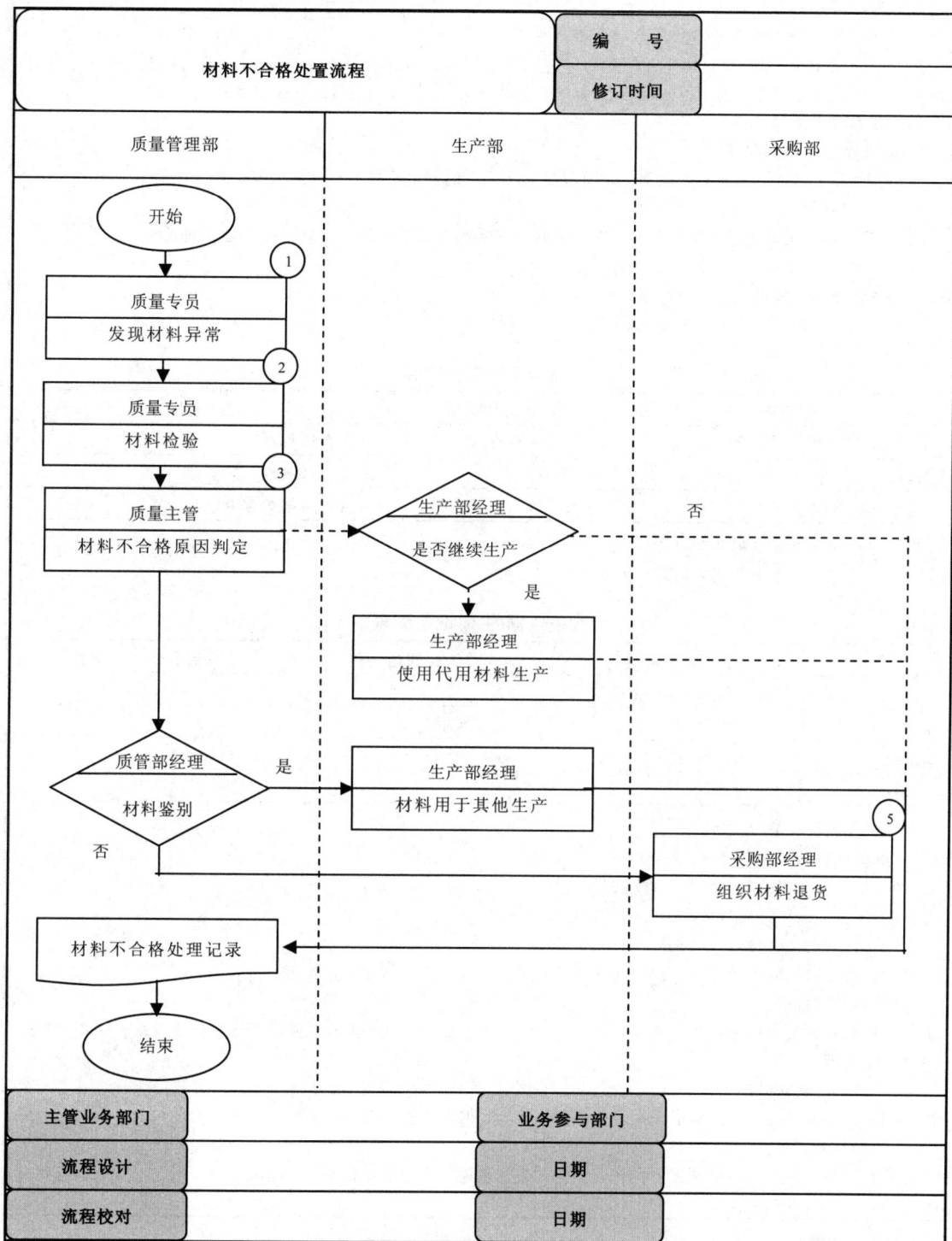

材料不合格处置流程	编　　号	
	修订时间	

质量管理部	生产部	采购部

开始

① 质量专员
发现材料异常

② 质量专员
材料检验

③ 质量主管
材料不合格原因判定

生产部经理
是否继续生产 —— 否

是
生产部经理
使用代用材料生产

质管部经理
材料鉴别 —— 是 —— 生产部经理
材料用于其他生产

否

⑤ 采购部经理
组织材料退货

材料不合格处理记录

结束

主管业务部门		业务参与部门	
流程设计		日期	
流程校对		日期	

6.5.2 材料不合格处置流程说明文件

材料不合格处置流程说明

流程名称：材料不合格处置流程	流程编号：
编制部门：质量管理部	日期：　年　月　日

一、流程简介

1．流程内容：关于材料不合格处置的全过程。

2．流程的起止点：本流程由　<u>发现材料异常</u>　事件触发，输入信息为　<u>材料合格标准</u>　；本流程结束状态为　<u>材料不合格处理记录</u>　，输出信息为　<u>材料不合格处理记录表</u>　。

二、管理/工作职责

1．业务主管单位及职责。

本流程业务主管单位为质量管理部，负责材料异常原因的判定及异常材料的处置工作。

2．业务参与部门及其职责。

（1）生产部门负责根据生产任务决定是否继续生产，并选择合理的代用材料或其他材料进行生产。

（2）采购部门负责组织材料退货工作。

三、流程依据的制度、标准及体系文件

本流程所依据的文件如下表所示。

流程参考文件列表

步骤名称	文件类型	文件名称
发现材料异常	工作标准	材料合格标准
材料退货	制度	退货管理制度
材料不合格处理记录	制度	材料不合格处理制度

四、流程相关的表单记录

本流程所依据或生成的表单记录如下表所示。

流程依据/生成记录列表

步骤序号	表单名称	是否全部电子化	表单模板所依据的文件
第1步	材料异常记录表	是	
第2步	材料检验报告	是	
第3步	材料不合格原因说明表	是	
第5步	材料退货单	是	

五、流程关键环节

1．发现材料异常。

（1）质量专员根据质量标准对材料进行检查，发现异常及时上报。

（2）质量专员须将异常材料和合格材料分开存放。

2．材料不合格原因判定。

质量主管接到材料异常通知后，需立即对异常材料进行分析，判定异常原因。

3．使用代用材料生产。

若生产部经理要求继续生产，则应采用其他代用材料进行。代用材料的选择以不影响产品质量和保证生产的顺利进行为准。

4．材料用于其他生产。

经判断，该材料还能用作其他生产，则生产部应建议对其进行保留。

5．组织材料退货。

经分析，发现使用其他材料代替生产会使生产成本激增，降低企业效益，使企业出现亏损。经研究，需做出退货决定，将材料返给供应商。

6．组织材料退货。

采购部经理填写"材料退货单"，注明退货原因，将材料退给供应商。

7．材料不合格处理记录。

质量管理部根据异常材料处理方式，做好材料不合格处理记录。

6.5.3　产品不合格处置流程

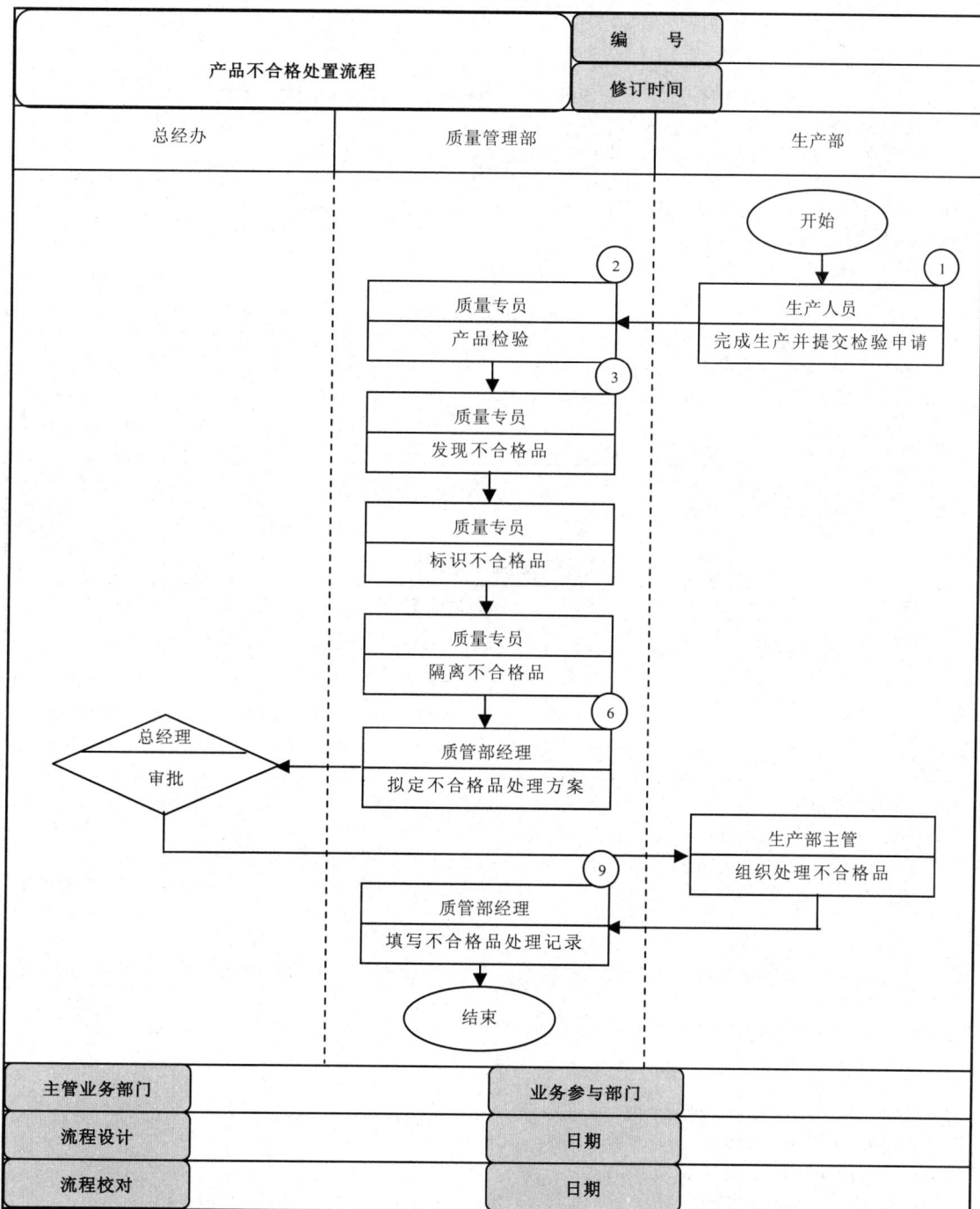

产品不合格处置流程	编　　号	
	修订时间	
总经办	质量管理部	生产部

```
                                                开始
                                                 │
                                                 ▼
                          ② 质量专员              ① 生产人员
                             产品检验  ◄────────────  完成生产并提交检验申请
                                 │
                                 ▼
                          ③ 质量专员
                             发现不合格品
                                 │
                                 ▼
                             质量专员
                             标识不合格品
                                 │
                                 ▼
                             质量专员
                             隔离不合格品
                                 │
                                 ▼
        ◄─────────────────  ⑥ 质管部经理
      总经理                    拟定不合格品处理方案
      审批
        │                                        生产部主管
        │                                        组织处理不合格品
        │                                            │
        └──────────────────► ⑨                      │
                             质管部经理  ◄────────────┘
                             填写不合格品处理记录
                                 │
                                 ▼
                               结束
```

主管业务部门		业务参与部门	
流程设计		日期	
流程校对		日期	

127

6.5.4 产品不合格处置流程说明文件

产品不合格处置流程说明

流程名称：产品不合格处置流程	流程编号：
编制部门：质量管理部	日期： 年 月 日

一、流程简介

1. 流程内容：关于不合格品处理的全过程。

2. 流程的起止点：本流程由 <u>完成生产并提交检验申请</u> 事件触发，输入信息为 <u>产品检验申请表</u> ；本流程结束状态为 <u>填写不合格品处理记录</u> ，输出信息为 <u>不合格品处理记录表</u> 。

二、管理/工作职责

1. 业务主管单位及职责。

本流程业务主管单位为质量管理部，负责根据质量检验标准进行产品检验，做好不合格品的处置工作。

2. 业务参与部门及其职责。

（1）总经办负责对不合格品处理办法进行审批，并监督不合格品的处理过程。

（2）生产部门负责保质、保量、按时完成产品生产任务，并向质量管理部提交检验申请；按照质量管理部的检验结果及处理意见做好不合格品的处理工作。

三、流程依据的制度、标准及体系文件

本流程所依据的文件如下表所示。

流程参考文件列表

步骤名称	文件类型	文件名称
完成生产并提交检验申请	制度	成品质量管理制度
产品检验	工作标准	产品质量标准
标识不合格品	制度	不合格品管理制度

四、流程相关的表单记录

本流程所依据或生成的表单记录如下表所示。

流程依据/生成记录列表

步骤序号	表单名称	是否全部电子化	表单模板所依据的文件
第1步	产品检验申请表	是	
第2步	产品检验记录表	是	
第3步	不合格品登记表	是	
第6步	不合格品处理方案	是	
第9步	不合格品处理记录表	是	

五、流程关键环节

1. 完成生产并提交检验申请。

（1）各生产车间按照质量检验标准的规定进行生产，并在生产过程中做好产品质量的把控工作。

（2）各生产车间按计划完成产品生产任务，并将已完成的产品放置在指定地点，并向质量管理部提交产品检验申请。

2. 产品检验。

（1）生产车间提交检验申请后，质量管理部按照质量验收标准对产品进行质量检验，并按照规定如实填写产品质量验收单。

（2）质量检验的主要内容主要包括产品的外观、产品的结构、尺寸检验（安装尺寸和连接尺寸）及易于检验的性能等四项内容。

3. 标识不合格品。

确定产品不合格后，质量管理部质检人员对不合格产品做出明确标示。在标示时，质检人员应按照瑕疵品、一般不合格品及严重不合格品三种标准对不合格产品进行区分管理。

4. 隔离不合格品。

质检人员须将不合格品放置于专门区域，以便与合格品隔离，避免将不合格品混入合格品中。

5．拟定不合格品方案。

（1）不合格品隔离后，质量管理部应拟定不合格品的处理方案，交总经理进行审批。

（2）拟定处理方案时，质管部经理应考虑产品质量缺陷程度对其实际效用的影响及客户对产品质量的具体要求等。

6．组织处理不合格品。

生产部主管按照不合格品处理办法的规定对质量缺陷产品进行处理，并做详细记录。

7．填写不合格品处理记录。

在完成产品质量检验结果处理后，质量管理部负责填写产品检验处理记录，并存档备查。

6.6 质量改进工作管理

6.6.1 质量改进管理流程

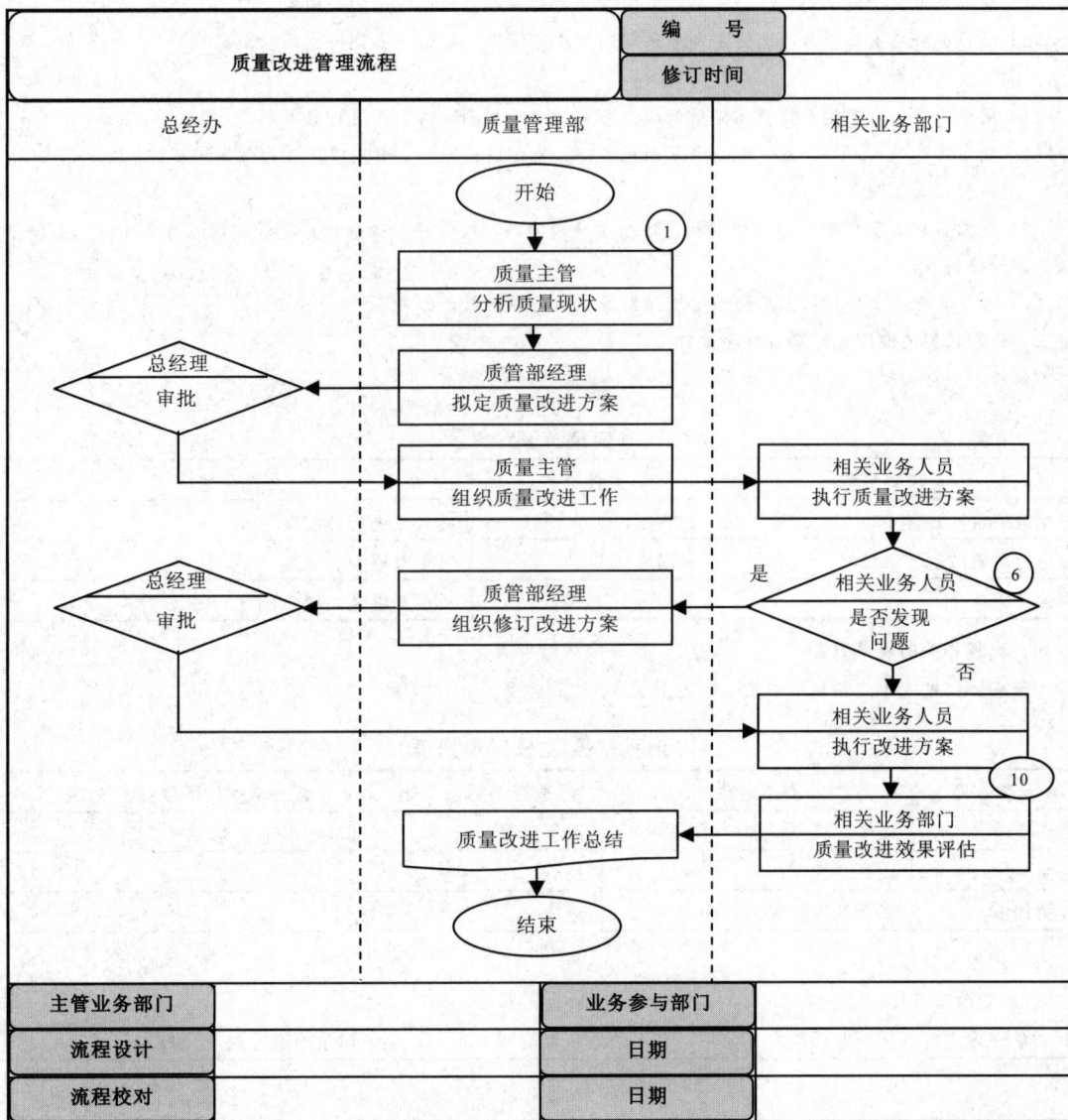

质量改进管理流程		编　　号	
		修订时间	
总经办	质量管理部		相关业务部门

```
                              开始
                               │
                               ▼                  ①
                        ┌─────────────┐
                        │   质量主管    │
                        │  分析质量现状  │
                        └─────────────┘
                               │
     ◇总经理            ┌─────────────┐
     ◇审批  ◀───────────│  质管部经理   │
                        │ 拟定质量改进方案│
                        └─────────────┘
                               │
     ┌─────────────┐    ┌─────────────┐      ┌─────────────┐
     │   质量主管    │──▶│ 组织质量改进工作│─────▶│  相关业务人员  │
     └─────────────┘    └─────────────┘      │ 执行质量改进方案│
                                              └─────────────┘
                                                     │
     ◇总经理            ┌─────────────┐   是 ◇相关业务人员  ⑥
     ◇审批  ◀───────────│  质管部经理   │◀────◇是否发现
                        │ 组织修订改进方案│     ◇问题
                        └─────────────┘         │ 否
                                              ┌─────────────┐
                                              │  相关业务人员  │
                                              │  执行改进方案  │
                                              └─────────────┘
                                                     │      ⑩
                        ┌─────────────┐      ┌─────────────┐
                        │ 质量改进工作总结 │◀────│  相关业务部门  │
                        └─────────────┘      │ 质量改进效果评估│
                               │              └─────────────┘
                             结束
```

主管业务部门		业务参与部门	
流程设计		日期	
流程校对		日期	

6.6.2 质量改进管理流程说明文件

质量改进管理流程说明

流程名称：质量改进管理流程	流程编号：
编制部门：质量管理部	日期：　　年　月　日

一、流程简介

1．流程内容：关于质量改进工作的全过程。

2．流程的起止点：本流程由___明确改进目标___事件触发，输入信息为___质量目标___；本流程结束状态为___编制质量改进报告___，输出信息为___质量改进报告书___。

二、管理/工作职责

1．业务主管单位及职责。

本流程业务主管单位为质量管理部，负责分析质量现状，明确质量问题，制定质量改进措施，进行质量改进，使产品达到标准要求。

2．质量经理职责。

（1）质量经理负责确定质量改进目标，并组织质量管理人员及相关部门完成质量改进工作。

（2）质量经理负责对质量改进方案及质量问题解决对策进行审批，并提出指导意见。

3．质量主管职责。

（1）质量主管负责编制及指导实施质量改进方案，对质量的改进工作进行监督和指导。

（2）质量主管分析质量问题，制定质量改进策略，确定解决对策，并对质量改进效果进行评估。

4．质量管理人员职责。

（1）质量管理人员负责分析质量现状，以明确质量问题，根据质量改进策略完成质量改进工作，达成质量改进的最终目标。

（2）质量管理人员负责根据质量改进实施情况信息，编制质量改进报告。

三、流程依据的制度、标准及体系文件

本流程所依据的文件如下表所示。

流程参考文件列表

步骤名称	文件类型	文件名称
制定质量改进方案	制度	质量改进管理制度
进行质量改进	制度	质量改进控制制度
效果评估	制度	质量改进效果评估制度

四、流程相关的表单记录

本流程所依据或生成的表单记录如下表所示。

流程依据/生成记录列表

步骤序号	表单名称	是否全部电子化	表单模板所依据的文件
第1步	质量现状分析表	是	
第6步	质量问题汇总表	是	
第10步	质量改进效果评估表	是	

五、流程关键环节

1．明确改进目标。

质量管理主管分析企业质量发展趋势、企业战略规划等相关资料，确定质量改进方向及目标。

2．制定质量改进方案。

（1）质量管理主管根据对质量现状的调查和分析，制定质量改进方案，报质量经理审批。

（2）质量改进方案主要包括质量改进目标、内容、改进过程、改进工具、改进策略、效果评估等内容。

3．分析质量现状。

质量管理人员根据质量相关资料，对质量现状进行分析，并编写质量现状总结报告。该报告中应明确质量存在问题及其发展趋势。

4．制定质量改进策略。

（1）质量改进主管根据质量改进方案及质量现状实际情况制定质量改进策略，并进行指导和监督。

（2）常用的质量改进策略主要有"递增型"策略和"跳跃型"策略两种。如果企业要在全体人员中树立"不断改进"的思想，使质量改进具有持久的群众性，可采取递增式策略；对于某些具有竞争性的重大质量项目，可采取跳跃型策略。

5．进行质量改进。

质量管理人员根据下发的质量方案进行质量改进工作。

6．编制质量改进报告。

质量管理主管根据质量改进工作的实际开展情况编制质量改进报告，该报告主要包括质量改进主要负责人、质量问题及其改进情况、质量改进工作的建议等内容。

第 7 章

企业安全生产流程设计

7.1 安全生产管理结构

7.1.1 安全生产管理总体结构

安全生产管理包括安全生产目标管理、安全生产作业管理、安全生产教育培训管理、安全生产事故管理等 4 大工作事项，具体的结构如图 7-1 所示。

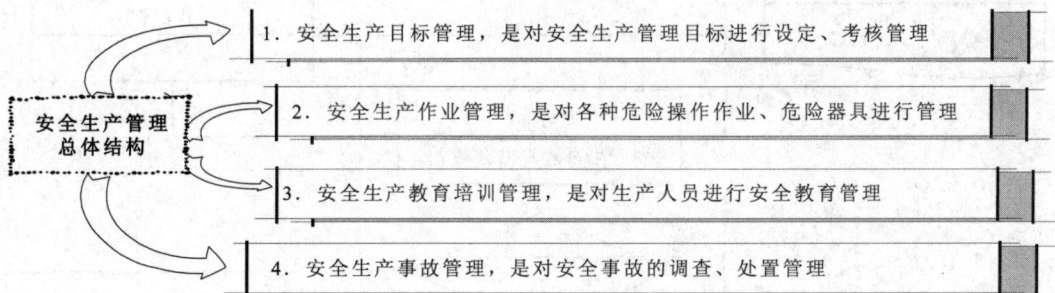

图 7-1 安全生产管理总体结构图

7.1.2 安全生产管理工作重点

安全生产管理的重点主要包括以下方面内容，具体如图 7-2 所示。

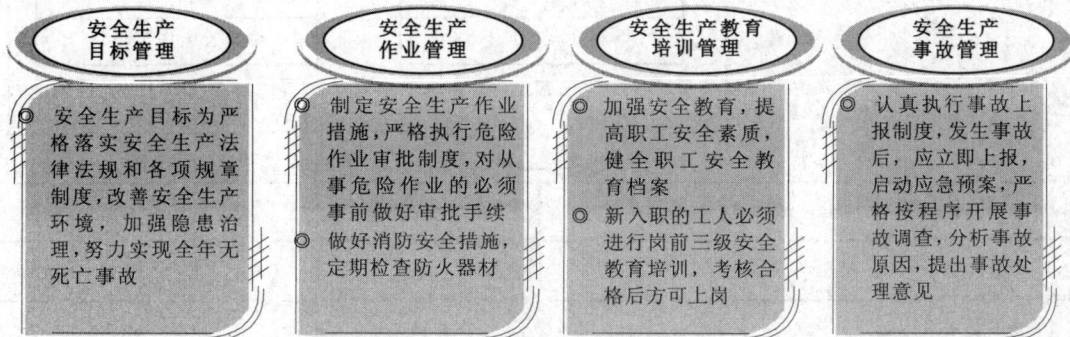

图 7-2 安全生产管理重点说明图

7.2 安全生产计划管理

7.2.1 安全生产计划管理流程

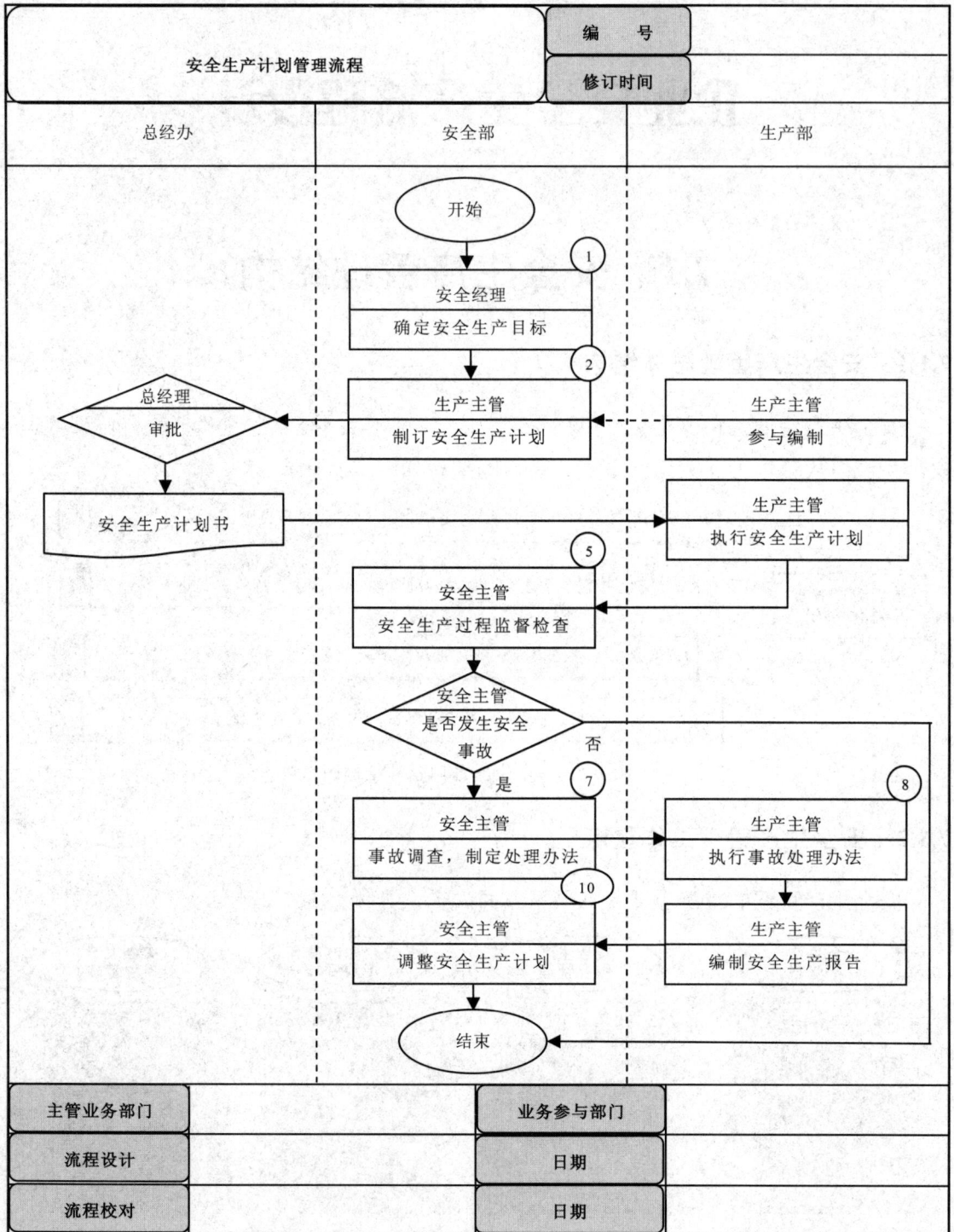

安全生产计划管理流程	编　　号	
	修订时间	

总经办	安全部	生产部

开始

① 安全经理
确定安全生产目标

② 生产主管
制订安全生产计划

总经理
审批

生产主管
参与编制

安全生产计划书

生产主管
执行安全生产计划

⑤ 安全主管
安全生产过程监督检查

安全主管
是否发生安全事故　否　是

⑦ 安全主管
事故调查，制定处理办法

⑧ 生产主管
执行事故处理办法

⑩ 安全主管
调整安全生产计划

生产主管
编制安全生产报告

结束

主管业务部门		业务参与部门	
流程设计		日期	
流程校对		日期	

7.2.2 安全生产计划管理流程说明文件

安全生产计划管理流程说明

流程名称：安全生产计划管理流程	流程编号：
编制部门：安全部	日期： 年 月 日

一、流程简介

1. 流程内容：关于安全生产计划管理全过程。

2. 流程的起止点：本流程由 <u>确定安全生产目标</u> 事件触发，输入信息为 <u>安全生产目标责任书</u> ；本流程结束状态为 <u>调整安全生产计划</u> ，输出信息为 <u>新安全生产计划</u> 。

二、管理/工作职责

1. 业务主管单位及职责。

本流程业务主管单位为安全部，负责安全生产计划的制订及调整、生产过程的安全监督检查和安全事故调查处理工作。

2. 业务参与部门及其职责。

（1）总经办负责对安全生产计划进行审批，对不合理之处加以修正，形成正式的安全生产计划书。

（2）生产部门负责参与编制安全生产计划，并严格按照安全生产计划书进行生产；协助安全部进行安全生产事故调查，执行事故处理办法，编制安全生产报告。

三、流程依据的制度、标准及体系文件

本流程所依据的文件如下表所示。

流程参考文件列表

步骤名称	文件类型	文件名称
确定安全生产目标	制度	安全生产目标管理制度
制订安全生产计划	制度	公司安全生产制度
事故调查，制定处理办法	制度	安全生产事故管理制度

四、流程相关的表单记录

本流程所依据或生成的表单记录如下表所示。

流程依据/生成记录列表

步骤序号	表单名称	是否全部电子化	表单模板所依据的文件
第1步	安全生产目标说明表	是	
第2步	安全生产计划表	是	
第5步	安全生产检查表	是	
第7步	安全生产事故登记表 安全生产事故调查表	是	
第8步	安全生产事故处理记录表	是	
第10步	安全生产计划调整表	是	

五、流程关键环节

1. 确定安全生产目标。

安全部根据国家有关法律、法规和公司安全生产管理相关规定，确定安全生产目标。

2. 制订安全生产计划。

（1）安全部协同生产部根据公司安全生产目标和生产要求，制订安全生产计划，并报总经理审批。

（2）安全生产计划主要包括工作目标、任务安排、工作标准、安全措施、事故处理等内容。

3. 执行安全生产计划。

安全生产计划报领导批准后，由生产部落实。各生产车间执行安全生产计划。

4. 安全生产过程监督检查。

在执行安全生产计划过程中，安全部应对安全生产进行监督和定期检查。

5. 事故调查，制定处理办法。

（1）若发生安全事故，由各下属生产车间上报安全部。安全部应对事故进行调查，分析事故原因，必要时通知质量管理部、人力资源部等相关人员参与讨论。

（2）安全部在进行事故原因调查与分析的基础上，拟定事故处理办法。一般事故报安全部经理，重大事故报总经理。

6. 编制安全生产报告。

生产部定期汇总公司安全生产报表，并于年终提出安全生产报告。

7.3 危险操作作业管理

7.3.1 危险操作作业审批流程

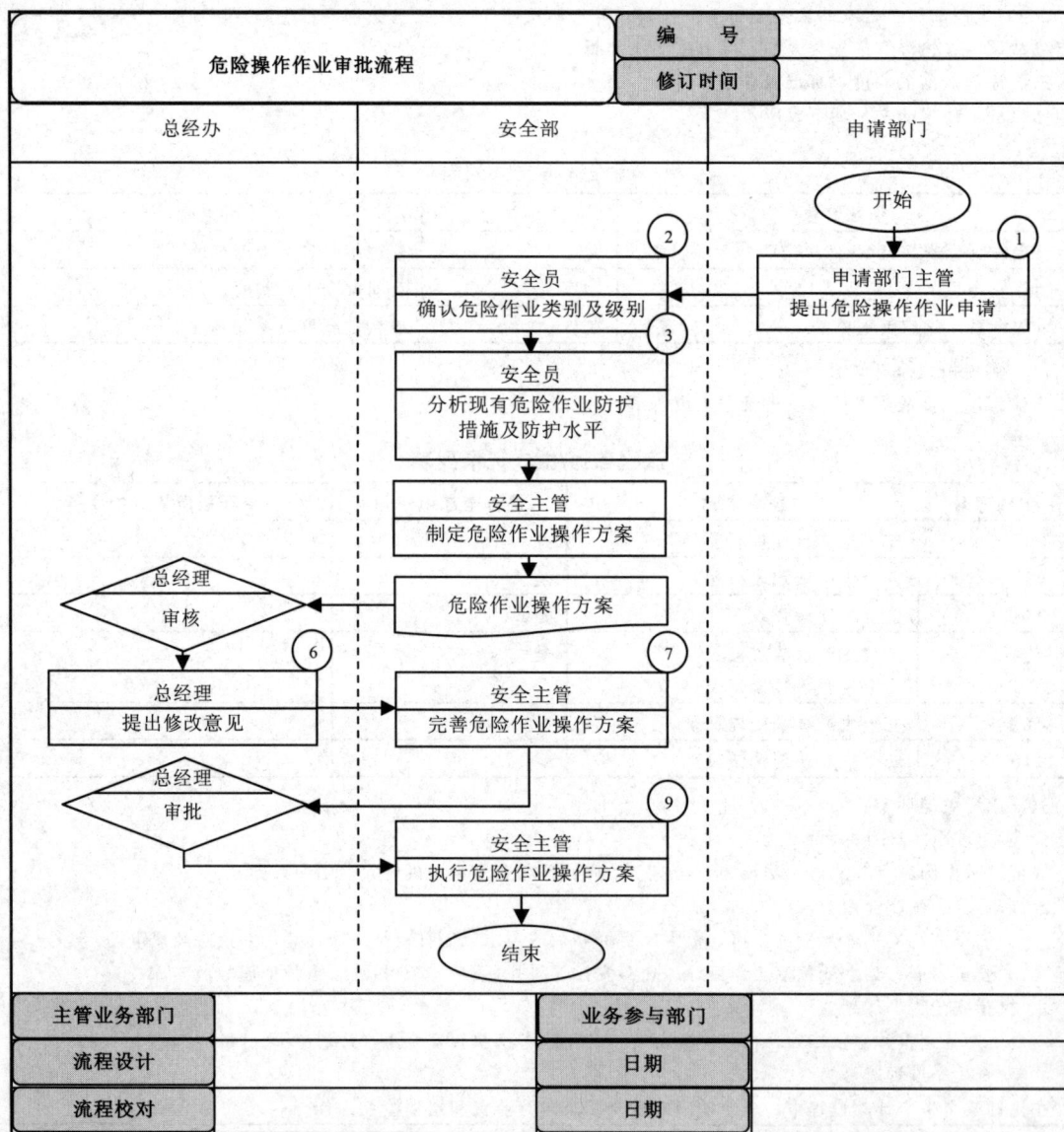

危险操作作业审批流程	编　号	
	修订时间	

总经办	安全部	申请部门

开始

① 申请部门主管 提出危险操作作业申请

② 安全员 确认危险作业类别及级别

③ 安全员 分析现有危险作业防护措施及防护水平

安全主管 制定危险作业操作方案

危险作业操作方案

总经理 审核

⑥ 总经理 提出修改意见

⑦ 安全主管 完善危险作业操作方案

总经理 审批

⑨ 安全主管 执行危险作业操作方案

结束

主管业务部门		业务参与部门	
流程设计		日期	
流程校对		日期	

7.3.2 危险操作作业审批流程说明文件

危险操作作业审批流程说明

流程名称：危险操作作业审批流程	流程编号：
编制部门：安全部	日期： 年 月 日

一、流程简介

1．流程内容：关于危险操作作业审批的全过程。

2．流程的起止点：本流程由＿＿＿提出危险操作作业申请＿＿＿事件触发，输入信息为＿＿＿企业战略发展规划＿＿＿；本流程结束状态为＿＿＿执行危险作业操作方案＿＿＿，输出信息为＿＿＿危险作业操作问题反馈表、危险作业操作过程记录表＿＿＿。

二、管理/工作职责

1．业务主管单位及职责。

本流程业务主管单位为安全部，负责根据申请部门的申请要求等确定申请作业的类别及危险级别，调查并分析企业现有的危险作业防护措施及防护水平等，制定危险作业操作方案，交由总经办进行审核审批，并具体执行危险作业操作方案。

2．业务参与部门及其职责。

（1）总经办负责对安全部门制定的危险作业操作方案进行审核和审批，并提出修改意见等，监督方案的执行。

（2）申请部门负责向安全部提出危险作业申请，并详细说明申请危险作业的事由及危险作业的类别等。

三、流程依据的制度、标准及体系文件

本流程所依据的文件如下表所示。

流程参考文件列表

步骤名称	文件类型	文件名称
提出危险操作作业申请	制度	危险作业审批管理制度
分析现有危险作业防护措施及防护水平	制度	危险作业安全管理制度
确认危险作业类别及级别	工作标准	危险作业控制工作标准
制定危险作业操作方案	制度	危险作业操作管理制度
提出修改意见	制度	危险作业审批管理制度

四、流程相关的表单记录

本流程所依据或生成的表单记录如下表所示。

流程依据/生成记录列表

步骤序号	表单名称	是否全部电子化	表单模板所依据的文件
第1步	危险作业操作申请表	是	
第2步	危险作业类别说明表	是	
第3步	危险作业防护调查表 危险作业防护调查报告	是	
第6步	改进意见说明表	是	
第7步	危险作业操作方案	是	
第9步	危险作业操作过程记录表 危险作业操作问题汇总表	是	

五、流程关键环节

1．提出危险操作作业申请。

申请部门在提出危险作业申请时，应以书面形式提交申请，申请书中应详细说明申请危险作业的申请事由及需要进行危险作业的种类、作业的时间及作业地点等。

2．制定危险作业操作方案。

安全部门人员在制定危险作业操作方案时，应充分考虑企业现实的危险作业防护现状，以最大限度地保证危险作业操作人员的安全。

3．提出修改意见。

总经理应根据企业的安全作业管理的现实水平及财务资金现状条件等对危险作业操作方案进行指导修改，为危险作业操作人员提供最大的安全保护。

7.4　消防安全防火管理

7.4.1　消防设施管理流程

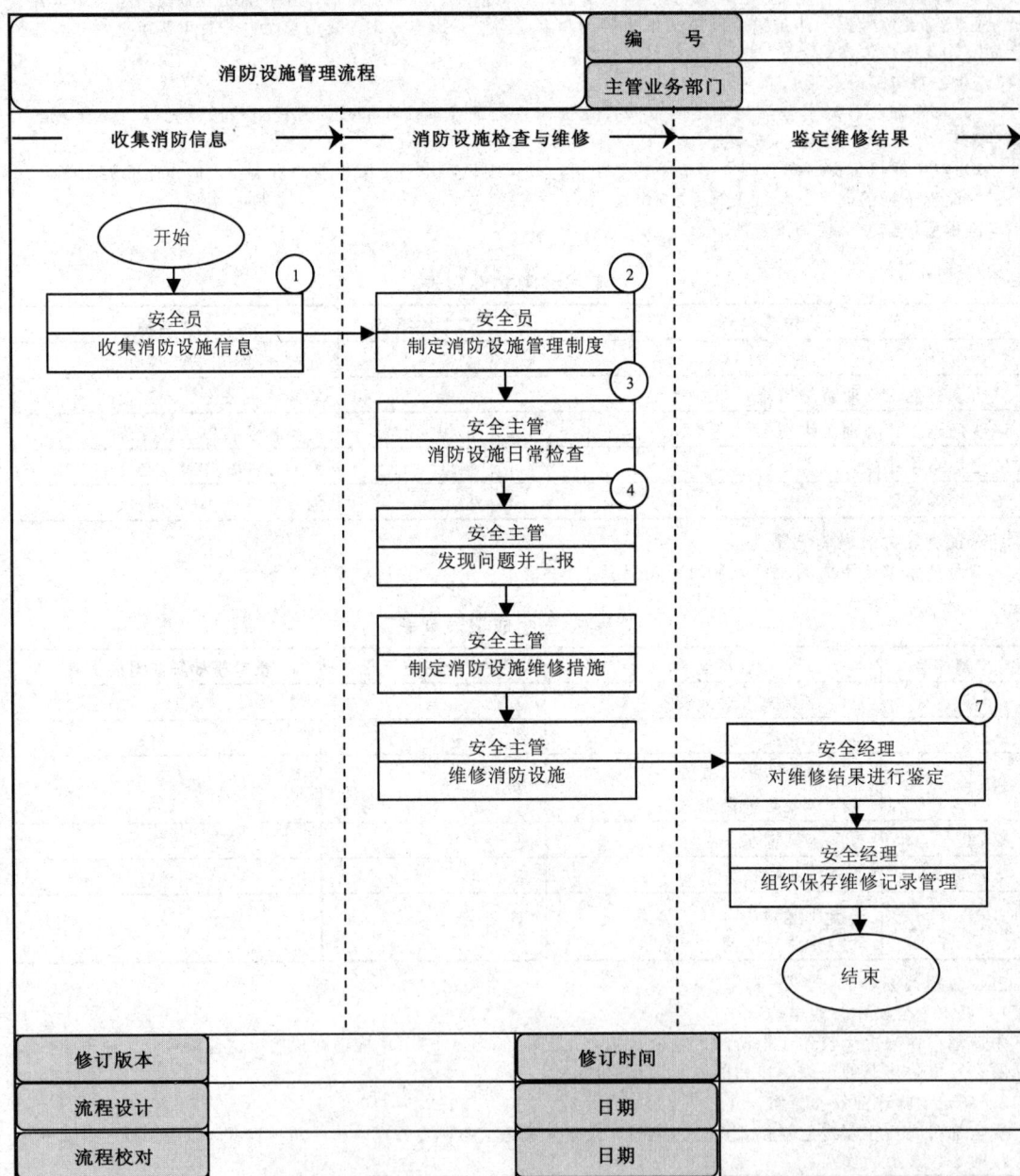

7.4.2 消防设施管理流程说明文件

消防设施管理流程说明

流程名称：消防设施管理流程	流程编号：
编制部门：安全部	日期： 年 月 日

一、流程简介

1．流程内容：关于消防设施管理的全过程。

2．流程的起止点：本流程由 _____收集消防设施信息_____ 事件触发，输入信息为 ____企业安全管理制度____；本流程结束状态为 ____维修记录存档管理____，输出信息为 ____消防设施维修记录表、维修记录存档管理表____ 。

二、管理/工作职责

1．业务人员及职责。

本流程业务主管人员为安全主管，负责制定消防设施管理制度，组织对消防设施进行日常管理，维修故障消防设施等。

2．业务参与人员及其职责。

（1）安全经理负责对安全管理制度进行审核审批，并对消防设施的维修结果进行鉴定。

（2）安全员负责为安全主管制定的消防设施管理制度提供相关信息，定期对消防设施进行检查，及时上报检查过程中发现的相关问题，并对消防设施进行维修管理。

三、流程依据的制度、标准及体系文件

本流程所依据的文件如下表所示。

流程参考文件列表

步骤名称	文件类型	文件名称
制定消防设施管理制度	制度	消防安全管理制度
消防设施日常检查	制度	消防安全管理制度
发现问题并上报	制度	消防设施日常检查管理制度
维修消防设施	制度	消防设施管理制度
对维修结果进行鉴定	制度	消防设施管理制度

四、流程相关的表单记录

本流程所依据或生成的表单记录如下表所示。

流程依据/生成记录列表

步骤序号	表单名称	是否全部电子化	表单模板所依据的文件
第1步	消防设施信息采集表 消防设施信息汇总表	是	
第2步	消防设施管理制度	是	
第3步	消防设施日常检查记录表 消防设施问题整理汇总表	是	
第4步	消防设施问题上报记录表	是	
第7步	维修结果鉴定记录表 维修鉴定审核表	是	

五、流程关键环节

1．收集消防设施信息。

安全员在收集消防设施信息时，应重点收集与企业消防管理相关的设施信息，并对各信息进行整理汇总后交由安全主管进行管理。

2．发现问题并上报。

安全主管在发现消防设施问题时，应在发现的第一时间通知上级领导，并采取相应的控制措施，以防止消防设施问题的进一步扩大。

3．对维修结果进行鉴定。

消防设施维修后，安全经理应对消防设施的维修结果进行鉴定，确定消防设施是否具有继续使用的可能等，以最大限度地保证企业财产及员工的安全。

六、流程存在的问题和改进建议
1．存在的问题：本流程中未涉及消防设施使用管理的相关事项。
2．改进建议：企业可在本流程后附文件说明消防设施使用管理的相关事项。

7.5　安全生产教育培训

7.5.1　安全培训管理流程

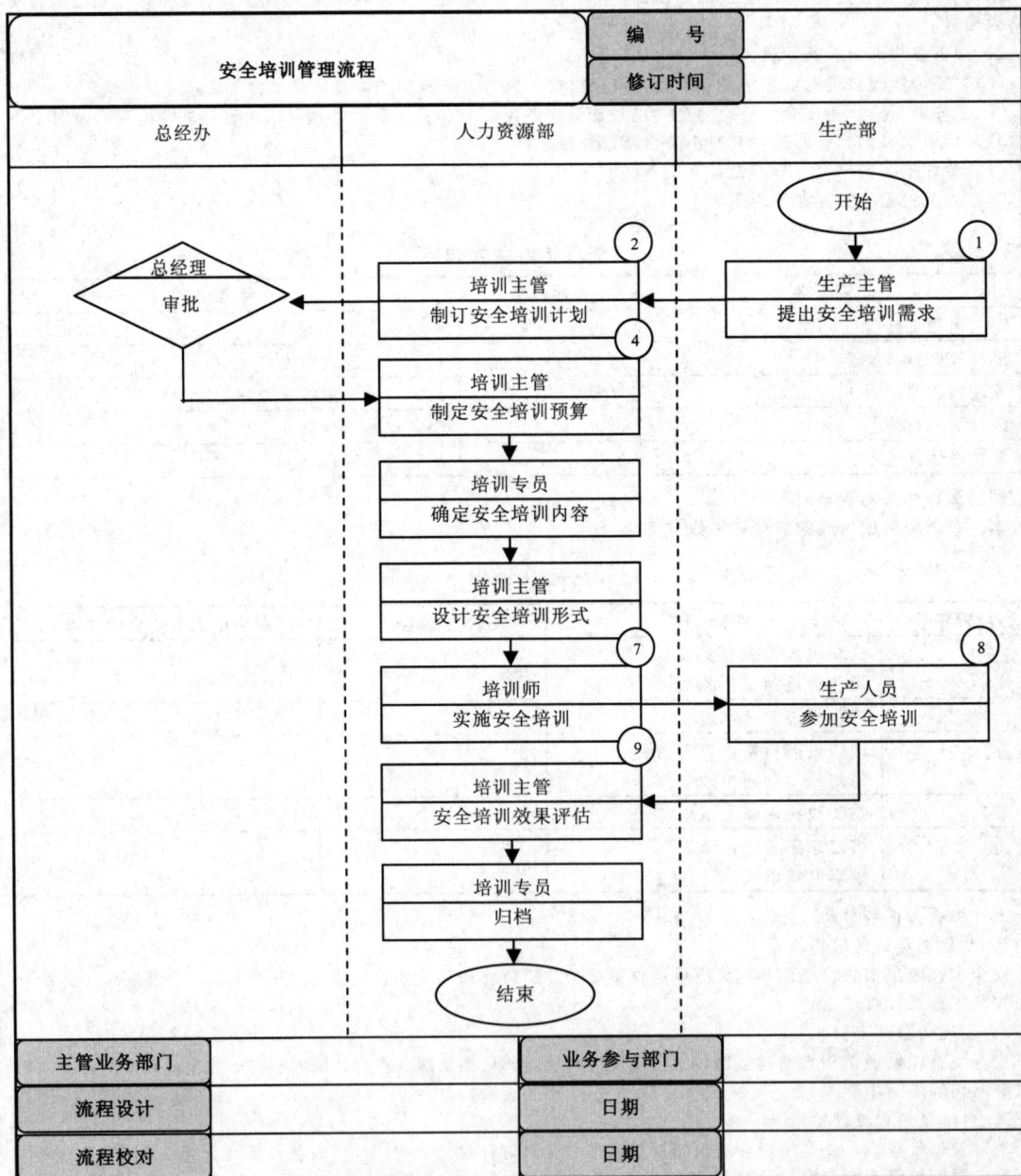

安全培训管理流程

编　号

修订时间

总经办　　人力资源部　　生产部

开始

1 生产主管 提出安全培训需求

2 培训主管 制订安全训计划

总经理 审批

4 培训主管 制定安全训预算

培训专员 确定安全训内容

培训主管 设计安全训形式

7 培训师 实施安全训

8 生产人员 参加安全训

9 培训主管 安全训效果评估

培训专员 归档

结束

主管业务部门		业务参与部门	
流程设计		日期	
流程校对		日期	

140

7.5.2　安全培训管理流程说明文件

安全培训管理流程说明

流程名称：安全培训管理流程	流程编号：
编制部门：人力资源部	日期：　　年　月　日

一、流程简介

1. 流程内容：关于安全生产教育培训管理的全过程。

2. 流程的起止点：本流程由＿＿＿提出安全培训需求＿＿＿事件触发，输入信息为＿＿＿车间生产人员安全生产培训需求调查分析报告＿＿＿；本流程结束状态为＿＿＿归档＿＿＿，输出信息为＿＿＿培训档案＿＿＿。

二、管理/工作职责

1. 业务主管单位及职责。

本流程业务主管单位为人力资源部，负责编制安全生产培训计划，制定培训预算，明确培训内容，设计培训形式，组织实施生产人员安全培训并对培训效果进行培训。

2. 业务参与部门及其职责。

（1）总经办负责安全生产培训计划的审批工作，并对安全生产培训实施过程进行监督、指导。

（2）生产部门负责调查分析培训需求并将其上报至人力资源部，生产部组织人员参加安全生产培训。

三、流程依据的制度、标准及体系文件

本流程所依据的文件如下表所示。

流程参考文件列表

步骤名称	文件类型	文件名称
提出安全培训需求	制度	培训需求识别制度
制订安全培训计划	制度	安全生产教育培训管理制度
制定安全培训预算	制度	预算管理制度
安全培训考核评估	制度	培训效果评估与跟踪管理制度
归档	制度	公司档案管理制度

四、流程相关的表单记录

本流程所依据或生成的表单记录如下表所示。

流程依据/生成记录列表

步骤序号	表单名称	是否全部电子化	表单模板所依据的文件
第1步	安全培训申请表	是	
第2步	安全培训计划表	是	
第4步	安全培训预算表	是	
第7步	安全培训记录表	是	
第8步	培训人员登记表	是	
第9步	安全培训考核评估表	是	

五、流程关键环节

1. 提出安全培训需求。

生产部根据车间生产情况提出安全培训需求，向人力资源部审批进行培训。

2. 制订安全培训计划。

（1）安全培训需求经人力资源部总监批准认可后，人力资源部将此项需求纳入培训计划，经总经理审批通过后实施。

（2）安全培训计划主要包括培训目的、培训内容、培训教师、培训时间、地点、考核标准及费用预算等内容。

3. 设计安全培训形式。

安全教育培训可以根据各自的特点，采取多种形式进行，如设培训班、上安全课、安全知识讲座等。

4. 实施安全培训。

（1）人力资源部按计划组织开展安全培训工作，生产部组织各生产车间派员参加。

（2）培训专员确认参加培训人员及费用预算，做好培训的组织工作，控制培训费用开支。

5. 安全培训考核评估。

（1）培训主管组织对参训人员进行考核评估，通常的评估方法有书面调查、谈话调查、事件分析、现场观察、查看记录、考试测评等。

续表

（2）安全知识技能考试每半年进行一次，年底考试成绩作为上岗证年审的主要依据，不及格的不得通过上岗证年审，须重新补考；补考不及格的，待岗参加安全培训班。

6．归档。

（1）培训专员负责对培训过程进行记录，保存过程资料，培训结束后以此为依据建立培训档案。

（2）档案内容包括员工基本信息卡片、经常性培训教育卡片、岗前三级教育卡片、转岗培训卡片、复岗人员教育卡片、特殊工种作业证复印件、考试卷、考试成绩表等。

7.6 安全事故处理处置

7.6.1 安全事故调查流程

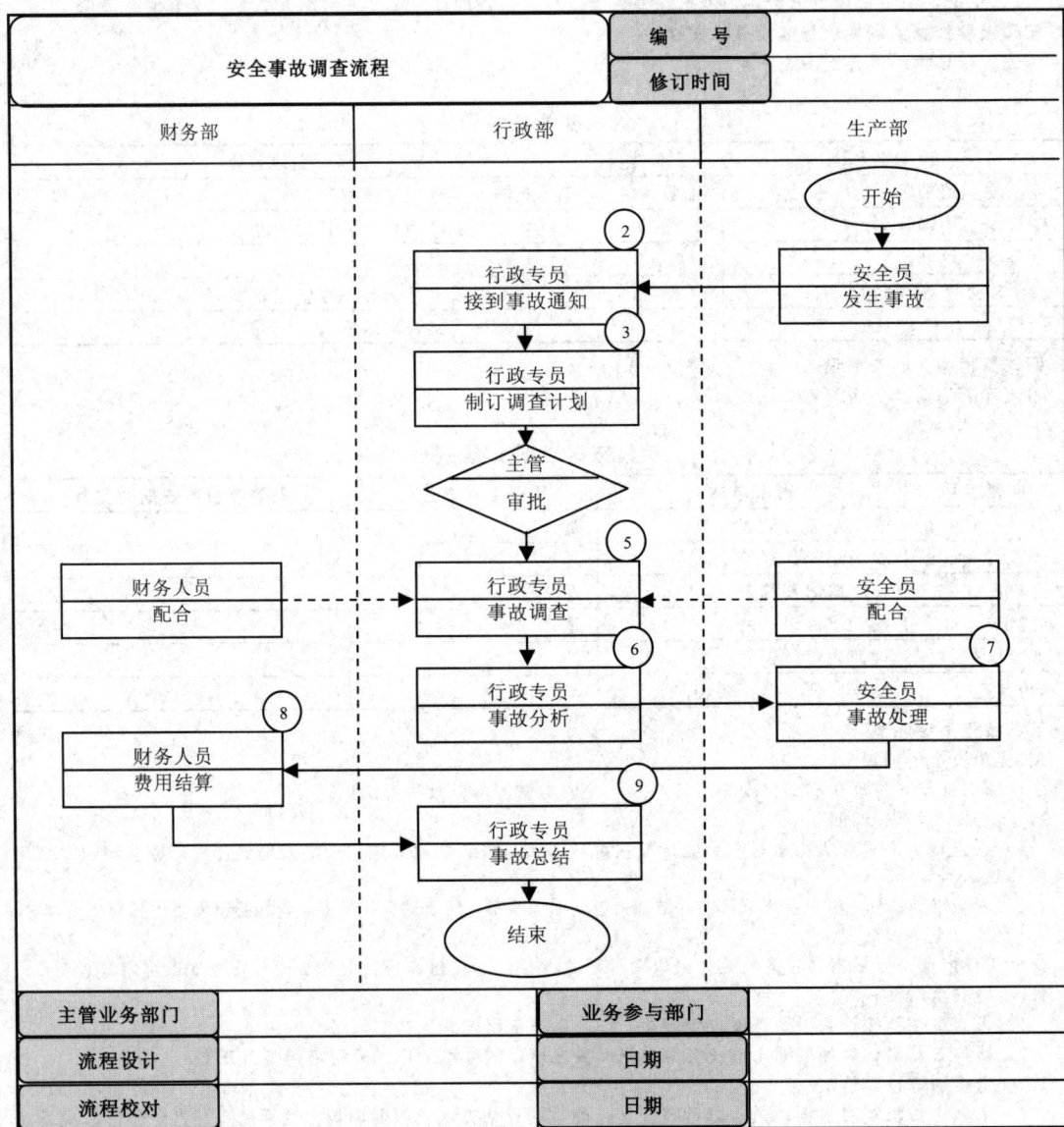

安全事故调查流程		编　　号	
		修订时间	
财务部	行政部	生产部	

开始

② 行政专员　接到事故通知　←　安全员　发生事故

③ 行政专员　制订调查计划

主管　审批

财务人员　配合　→　⑤ 行政专员　事故调查　←　安全员　配合

⑥ 行政专员　事故分析　→　⑦ 安全员　事故处理

⑧ 财务人员　费用结算　←

⑨ 行政专员　事故总结

结束

主管业务部门		业务参与部门	
流程设计		日期	
流程校对		日期	

7.6.2 安全事故调查流程说明文件

安全事故调查流程说明

流程名称：安全事故调查流程	流程编号：
编制部门：行政部	日期： 年 月 日

一、流程简介

1. 流程内容：关于安全事故调查全过程。

2. 流程的起止点：本流程由 <u>发生事故</u> 事件触发，输入信息为 <u>安全事故通知</u> ；本流程结束状态为 <u>事故总结</u> ，输出信息为 <u>事故总结报告</u> 。

二、管理/工作职责

1. 业务主管单位及职责。

本流程业务主管单位为行政部，负责制订事故调查的工作计划、事故调查、事故分析、事故处理、事故总结等工作。

2. 业务参与部门及其职责。

（1）生产部门负责事故处理同时配合行政部进行事故调查的工作。

（2）财务部门负责事故调查费用的结算工作。

三、流程依据的制度、标准及体系文件

本流程所依据的文件如下表所示。

流程参考文件列表

步骤名称	文件类型	文件名称
制订调查计划	制度	调查计划管理制度
事故调查	工作标准	事故调查管理工作标准
事故分析	工作标准	事故分析管理工作标准
事故处理	制度	安全事故处理管理制度
费用结算	制度	事故调查处置费用结算管理制度
事故总结	工作标准	事故总结管理制度

四、流程相关的表单记录

本流程所依据或生成的表单记录如下表所示。

流程依据/生成记录列表

步骤序号	表单名称	是否全部电子化	表单模板所依据的文件
第2步	事故通知单	否	
第3步	调查计划说明书	否	
第5步	事故调查记录表单	是	
第6步	事故分析报告	是	
第7步	事故处理报告	是	
第8步	事故调查费用明细表	是	
第9步	事故总结报告	否	

五、流程关键环节

1. 接到事故通知。

行政人员接到事故通知要详细记录事故单位、事故类别、伤亡情况、事故时间、事故地点、事故简单发生情况等事故基本情况。

2. 事故调查。

（1）现场勘查前，行政专员应先找事故当事人或知情人了解事故发生的时间、发生地点、发生经过等事故基本情况。

（2）事故调查时，需收集相关资料，计算事故直接经济损失。

（3）事故直接经济损失由人身伤亡后指出费用、善后处理费用和财产损失价值三部分组成。

3．事故处理。

行政部督促事故发生部门落实防范和整改措施，防止事故再次发生。

4．事故总结。

行政部门在进行总结时，要全面地分析此次事故发生的原因，以及如何避免此类事故的再次发生，制订事故防范计划。

7.6.3　安全事故处置流程

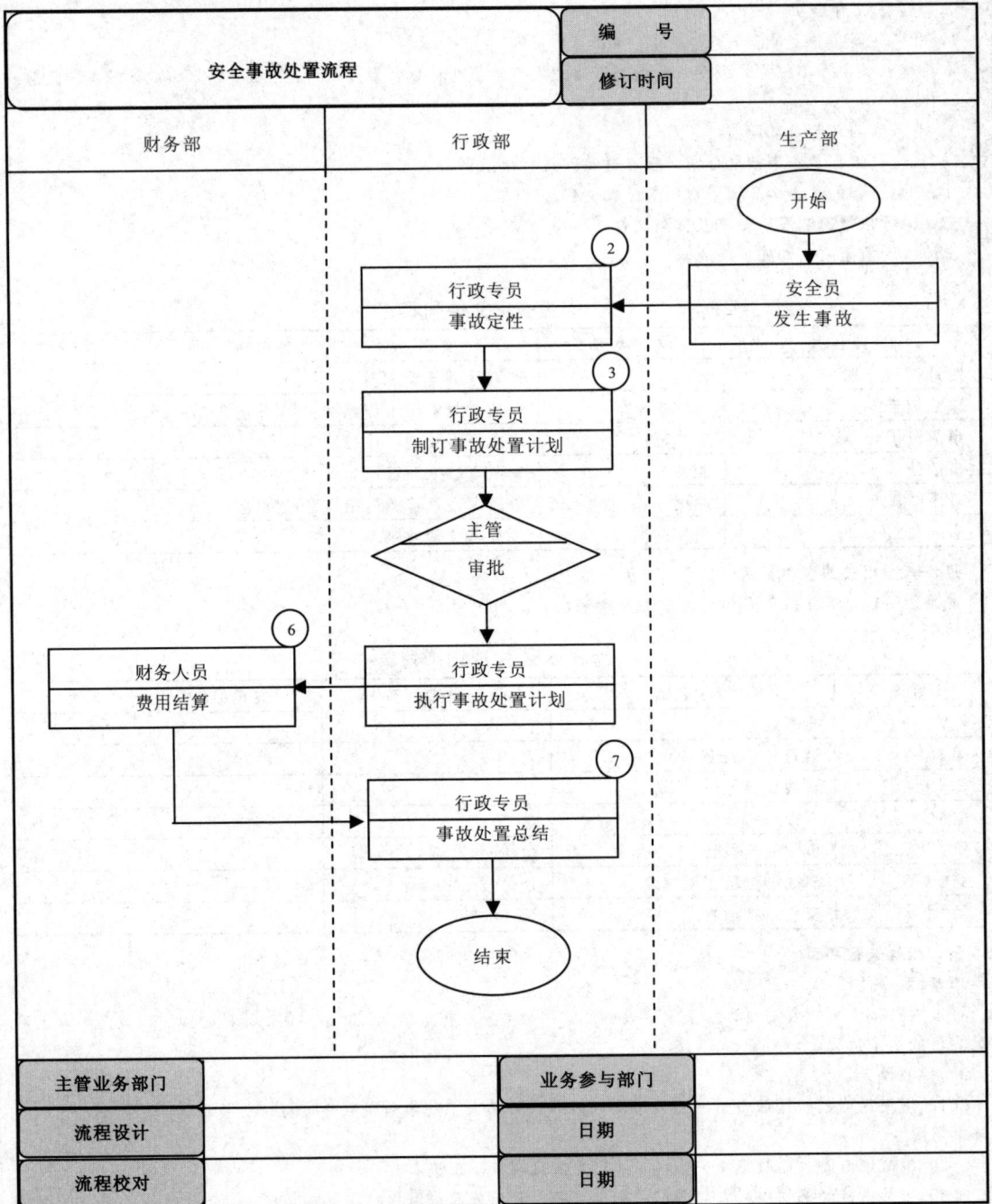

安全事故处置流程		编　号	
		修订时间	
财务部	行政部	生产部	

开始

行政专员 / 事故定性 ②

安全员 / 发生事故

行政专员 / 制订事故处置计划 ③

主管 审批

财务人员 / 费用结算 ⑥

行政专员 / 执行事故处置计划

行政专员 / 事故处置总结 ⑦

结束

主管业务部门		业务参与部门	
流程设计		日期	
流程校对		日期	

7.6.4　安全事故处置流程说明文件

安全事故处置流程说明

流程名称：安全事故处置流程	流程编号：
编制部门：行政部	日期：　　年　月　日

一、流程简介

1．流程内容：关于安全事故处置全过程。

2．流程的起止点：本流程由　发生事故　事件触发，输入信息为　事故通知单　；本流程结束状态为　事故处置总结　，输出信息为　事故处置总结报告　。

二、管理/工作职责

1．业务主管单位及职责。

本流程业务主管单位为行政部，负责事故处置计划的制订、计划执行、事故总结等工作。

2．业务参与部门及其职责。

（1）生产部门负责发现生产过程中存在险情的工作。

（2）财务部门负责处理事故所消耗费用的结算工作。

三、流程依据的制度、标准及体系文件

本流程所依据的文件如下表所示。

流程参考文件列表

步骤名称	文件类型	文件名称
事故定性	制度	事故定性管理工作制度
制订事故处置计划	工作标准	安全事故处置管理工作标准
执行事故处置计划	制度	安全事故处置管理规章制度
费用结算	制度	事故处置费用结算管理制度

四、流程相关的表单记录

本流程所依据或生成的表单记录如下表所示。

流程依据/生成记录列表

步骤序号	表单名称	是否全部电子化	表单模板所依据的文件
第2步	事故分析报告	是	
第3步	事故处置计划说明书	否	
第6步	费用结算报表	是	
第7步	事故总结报告	是	

五、流程关键环节

1．事故定性。

行政部在决定处理事故之前要先准确地对事故进行定性分析，只有这样才能更好地有助于处置事故。安全事故的定性要严格按照我国关于安全事故管理的相关规定和法律条文。

2．制订事故处置计划。

（1）事故处置计划包含事故处置的方法、事故处置的预算、事故处置的成本、事故处置的影响等事宜。

（2）事故处置计划要全面地考虑事故发生带来的各方面影响，系统地收集资料，为事故的处置做好充分的准备。

3. 事故处置。

（1）事故处置措施要及时、全面和准确。

（2）行政部应用临时会议制定事故处置措施的落实。

（3）其他各相关部门要给予事故处置措施落实充分的配合。

六、流程存在的问题和改进建议

1. 存在的问题：本流程缺少上级领导部门的重视及上级领导审批检查。

2. 改进建议：增加总经理办公室在安全事故处置过程中的作用。

第 8 章
企业采购供应流程设计

8.1 采购供应管理机构

8.1.1 采购供应管理总体结构

采购供应管理包括计划管理、活动管理、供应商管理等工作事项，其总体的结构如图 8-1 所示。

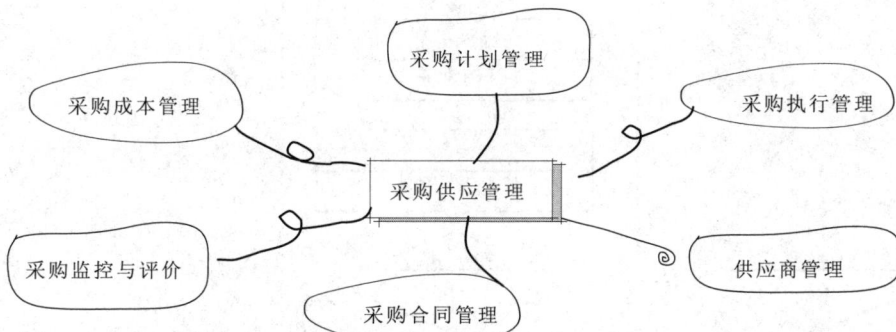

图 8-1 采购供应管理总体结构

8.1.2 采购供应管理工作重点

采购供应管理工作的重点如图 8-2 所示。

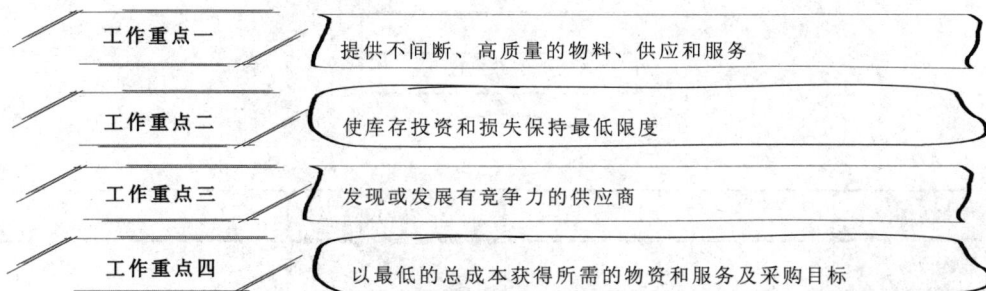

工作重点一	提供不间断、高质量的物料、供应和服务
工作重点二	使库存投资和损失保持最低限度
工作重点三	发现或发展有竞争力的供应商
工作重点四	以最低的总成本获得所需的物资和服务及采购目标

图 8-2 采购供应管理工作重点

| 工作重点五 | 在企业内部和其他职能部门之间建立和谐而富有效率的工作关系 |

图 8-2　采购供应管理工作重点（续）

8.2　采购供应计划管理

8.2.1　采购需求计划制订流程

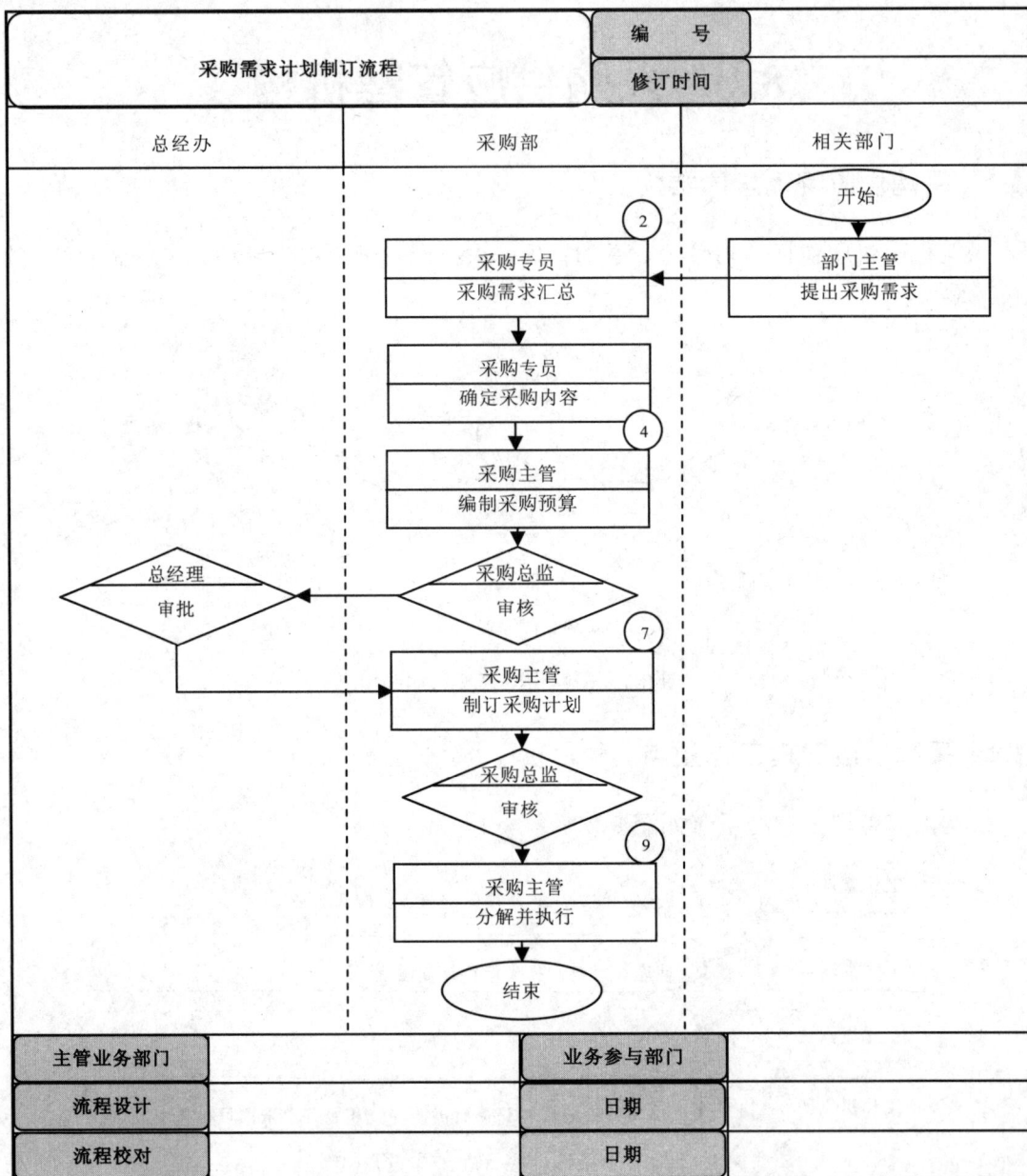

| 采购需求计划制订流程 | 编　　号 | |
| | 修订时间 | |

总经办	采购部	相关部门

```
                                              开始
                              ②
                    采购专员            部门主管
                    采购需求汇总  ◄────  提出采购需求

                    采购专员
                    确定采购内容
                              ④
                    采购主管
                    编制采购预算

        总经理          采购总监
        审批    ◄────   审核
                              ⑦
                    采购主管
                    制订采购计划

                    采购总监
                    审核
                              ⑨
                    采购主管
                    分解并执行

                    结束
```

主管业务部门		业务参与部门	
流程设计		日期	
流程校对		日期	

148

8.2.2 采购需求计划制订流程说明文件

采购需求计划制订流程说明

流程名称：采购需求计划制订流程	流程编号：
编制部门：采购部	日期：____年__月__日

一、流程简介

1．流程内容：关于制订采购需求计划的过程。

2．流程的起止点：本流程由_____提出采购需求_____事件触发，输入信息为_____采购需求申请表_____；本流程结束状态为_____执行采购计划_____，输出信息为_____采购计划_____。

二、管理/工作职责

1．业务主管单位及职责。

本流程业务主管单位为采购部，负责汇总采购需求、确定采购内容、编制采购预算、制订采购计划并执行的工作。

2．业务参与部门及其职责。

（1）相关部门负责提出各自部门的采购需求并递交需求申请。

（2）总经理负责对采购预算进行审批工作。

三、流程依据的制度、标准及体系文件

本流程所依据的文件如下表所示。

流程参考文件列表

步骤名称	文件类型	文件名称
提出采购需求	制度	采购计划管理制度
确定采购内容	制度	公司生产计划
编制采购预算	标准	公司年度预算
制订采购计划	制度	采购计划管理制度
分解并执行	制度	公司采购计划

四、流程相关的表单记录

本流程所依据或生成的表单记录如下表所示。

流程依据/生成记录列表

步骤序号	表单名称	是否全部电子化	表单模板所依据的文件
第2步	物资请购单、采购需求汇总表	否	公司生产计划
第4步	采购需求计划、采购需求预算	否	公司生产计划、公司预算
第7步	采购计划书	否	公司预算、采购需求计划
第9步	采购任务分解表、采购计划执行记录表	否	采购计划管理制度

五、流程关键环节

1．提出采购需求。

公司各部门根据公司经营计划和本部门的情况提出物资采购需求。

2．确定采购内容。

采购部汇总各部门提出的采购需求，对物资的库存情况与各部门的采购情况进行分析，并结合公司上一阶段的生产、销售状况确定物资采购的种类、数量、时间及方式等。

3．编制采购预算。

采购部根据需求状况及财务预算额度编制采购预算。

4．制订采购计划。

采购部应根据采购需求及审批的预算额度编制采购计划，采购计划应交采购总监审核。

8.2.3　采购计划编制管理流程

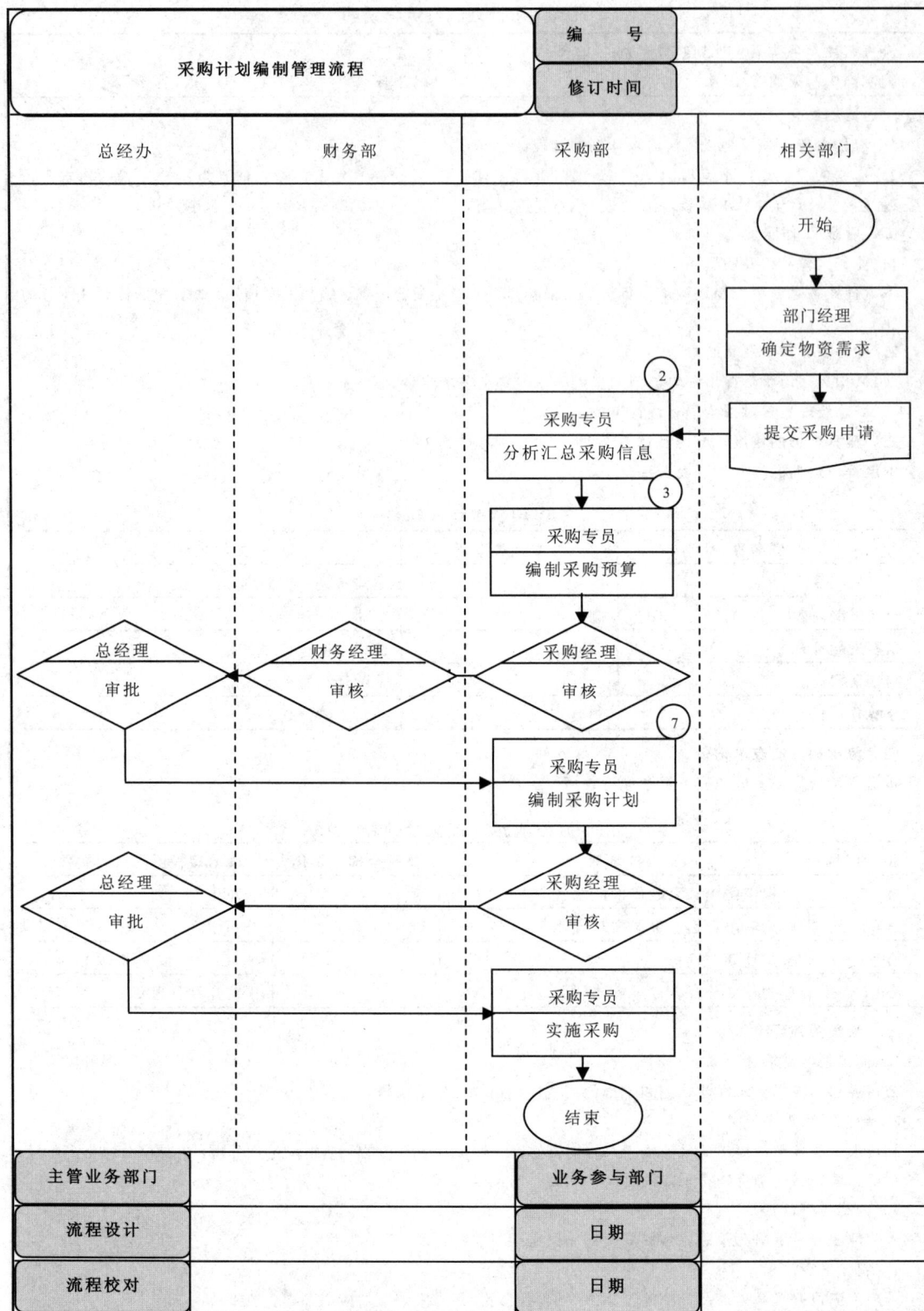

采购计划编制管理流程			编　　号	
			修订时间	
总经办	财务部	采购部	相关部门	

开始

部门经理
确定物资需求

提交采购申请

②
采购专员
分析汇总采购信息

③
采购专员
编制采购预算

总经理
审批　　　　财务经理
审核　　　　采购经理
审核

⑦
采购专员
编制采购计划

总经理
审批　　　　采购经理
审核

采购专员
实施采购

结束

主管业务部门		业务参与部门	
流程设计		日期	
流程校对		日期	

8.2.4 采购计划编制管理流程说明文件

采购计划编制管理流程说明

流程名称：采购计划编制管理流程	流程编号：
编制部门：采购部	日期：＿＿＿年＿＿月＿＿日

一、流程简介

1．流程内容：关于采购计划编制的全过程。

2．流程的起止点：本流程由 <u>确定物资需求</u> 事件触发，输入信息为 <u>物资采购申请</u>；本流程结束状态为 <u>实施采购</u>，输出信息为 <u>经审批的采购计划</u>。

二、管理/工作职责

1．业务主管单位及职责。

本流程业务主管单位为采购部，负责采购申请的汇总、采购预算和采购计划的编制，以及采购物资采购工作的具体实施等。

2．业务参与部门及其职责。

（1）各相关部门负责计划本部门的物资需求并将所缺物资申报采购部。

（2）采购部门负责收集各部门的采购需求、进行采购预算、拟订采购计划并实施采购等工作。

（3）财务部门负责根据公司年度预算审核采购部提交的采购预算。

（4）总经理负责流程中各重要文件的审批。

三、流程依据的制度、标准及体系文件

本流程所依据的文件如下表所示。

流程参考文件列表

步骤名称	文件类型	文件名称
确定物资需求	工作标准	生产订单、单位产品物料使用标准
提交采购申请	制度	物料领用管理制度
编制采购预算	制度	预算管理制度、物资采购管理办法
编制采购计划	制度	物资采购计划编制规定
实施采购	方案	物资采购计划

四、流程相关的表单记录

本流程所依据或生成的表单记录如下表所示。

流程依据/生成记录列表

步骤序号	表单名称	是否全部电子化	表单模板所依据的文件
第2步	安全库存表单和请购单	是	库存量表
第3步	采购预算表	否	年度采购预算
第7步	物资采购计划	否	物资采购计划编制规定

五、流程关键环节

1．提交采购申请。

各部门提出部门的物资采购需求，向采购部提交请购单和采购计划调整申请。

2．编制采购预算。

采购部汇总相关部门的采购需求，结合年度采购计划进行分解，确定采购需求，并编制月度采购预算。

3．拟订采购计划。

采购部根据预算和相关部门及领导的意见拟订采购计划。

8.3　对供应商管理控制

8.3.1　供应商选择流程

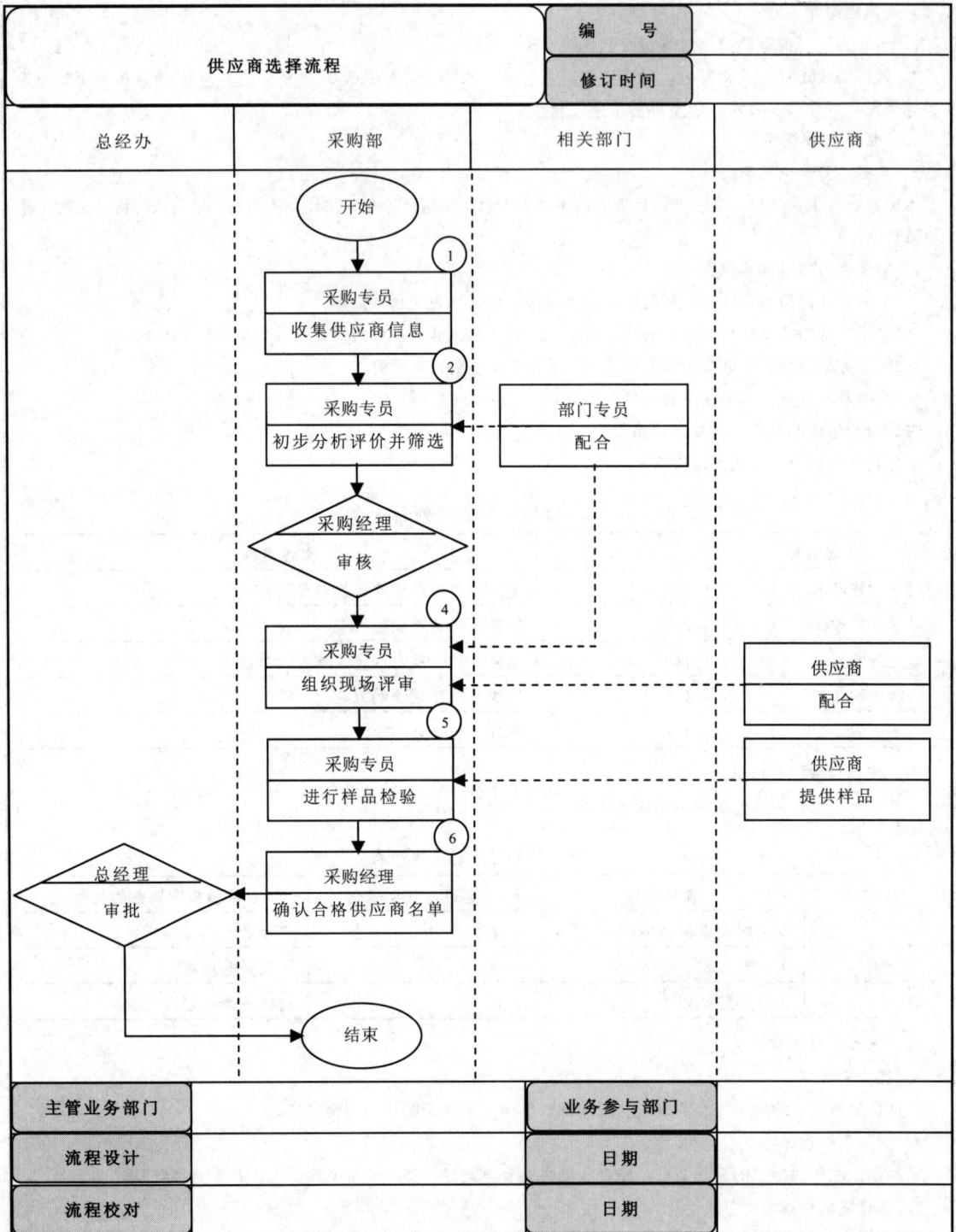

供应商选择流程		编　　号	
		修订时间	
总经办	采购部	相关部门	供应商

```
                        开始
                         │
                        (1)
                ┌────────────┐
                │   采购专员  │
                │ 收集供应商信息│
                └────────────┘
                        │
                       (2)
                ┌────────────┐        ┌──────────┐
                │   采购专员  │ ------ │  部门专员 │
                │初步分析评价并筛选│     │   配合   │
                └────────────┘        └──────────┘
                        │
                   ◇采购经理◇
                    审核
                        │
                       (4)
                ┌────────────┐                    ┌──────────┐
                │   采购专员  │◄----               │  供应商  │
                │ 组织现场评审 │◄----------------- │   配合   │
                └────────────┘                    └──────────┘
                        │
                       (5)
                ┌────────────┐                    ┌──────────┐
                │   采购专员  │                    │  供应商  │
                │ 进行样品检验 │◄----------------- │ 提供样品 │
                └────────────┘                    └──────────┘
                        │
                       (6)
   ◇总经理◇      ┌────────────┐
    审批 ◄────── │   采购经理  │
      │          │确认合格供应商名单│
      │          └────────────┘
      │
      └──────────► 结束
```

主管业务部门		业务参与部门	
流程设计		日期	
流程校对		日期	

8.3.2 供应商选择流程说明文件

供应商选择流程说明

流程名称：供应商选择流程	流程编号：
编制部门：采购部	日期：＿＿＿年＿＿月＿＿日

一、流程简介

1．流程内容：关于合格供应商选择审批的全过程。

2．流程的起止点：本流程由＿＿＿＿＿＿收集供应商信息＿＿＿＿＿＿事件触发，输入信息为 供应商信息调查表 ；本流程结束状态为 确定合格供应商名单 ，输出信息为 合格供应商名单 。

二、管理/工作职责

1．业务主管单位及职责。

本流程业务主管单位为采购部，负责供应商相关信息的收集、分析与筛选，以及对供应商的现场评审及名单的确定工作。

2．业务参与部门及其职责。

（1）各相关部门负责在有关环节配合采购部的工作。

（2）总经理负责对最终确认名单的审批工作。

三、流程依据的制度、标准及体系文件

本流程所依据的文件如下表所示。

流程参考文件列表

步骤名称	文件类型	文件名称
收集供应商信息	制度	采购管理制度
初步分析评价并筛选	制度	采购管理制度
组织现场评审	制度	供应商评审规定
进行样品检验	制度	供应商管理规定、样品检验规定、质量保证协议
确认合格供应商名单	制度	供应商管理制度

四、流程相关的表单记录

本流程所依据或生成的表单记录如下表所示。

流程依据/生成记录列表

步骤序号	表单名称	是否全部电子化	表单模板所依据的文件
第1步	供应商信息调查表	是	
第2步	供应商调查报告、供应商候选名单	否	
第4步	供应商评审记录表	否	
第5步	供应商样品质量检验报告	否	
第6步	合格供应商名单	是	

五、流程关键环节

1．收集供应商信息。

采购专员在相关部门的配合下，通过发放问卷、面谈和收集资料等方式对供应商进行调查，调查内容包括供应商的供货状况、产品质量情况、价格水平、生产技术水平、财务状况、信用情况及管理制度等。

2．初步分析评价并筛选。

采购部整理、分析调查所得的供应商资料，根据合格供应商的评定标准，对所有的供应商进行初步评价和筛选。

3．组织现场评审。

采购部组织相关部门及相关人员按规定对供应商进行现场评审，评审过程由采购经理和总经理进行指导和监督。

4．样品检验。

采购管理人员通知供应商提供样品，并组织相关部门和人员对样品的质量进行检验和监督。

5．确定供应商名单。

将存在质量问题的供应商予以剔除，由采购部确定最终的供应商名单并由总经理审批。

8.3.3 供应商考察评估流程

4．样品检验。

采购管理人员通知供应商提供样品，并组织相关部门和人员对样品的质量进行检验和监督。

5．确定供应商名单。

将存在质量问题的供应商予以剔除，由采购部确定最终的供应商名单并由总经理审批。

8.3.3 供应商考察评估流程

供应商考察评估流程		编　号	
		修订时间	

总经办	采购部	相关部门	供应商

开始

1　供应商主管　制定评估标准

总经理审批

3　采购专员　收集供应商资料 ← 相关人员　配合

4　供应商主管　进行评估并给出建议 ← 相关人员　配合

总经理审批

6　供应商主管　供应商定级

7　供应商主管　更新供应商档案

供应商主管　与供应商沟通 ← → 供应商　沟通

结束

主管业务部门		业务参与部门	
流程设计		日期	
流程校对		日期	

8.3.4 供应商考察评估流程说明文件

供应商考察评估流程

流程名称：供应商考察评估流程	流程编号：
编制部门：采购部	日期：____年__月__日

一、流程简介

1．流程内容：关于供应商考核评估的过程。

2．流程的起止点：本流程由 ____制定评估标准____ 事件触发，输入信息为 ____供应商评定标准____ ；本流程结束状态为 ____与供应商沟通____ ，输出信息为 ____供应商档案____ 。

二、管理/工作职责

1．业务主管单位及职责。

本流程业务主管单位为采购部，负责供应商评估标准的制定和执行，以及与供应商进行沟通的工作。

2．业务参与部门及其职责。

（1）相关部门负责配合采购部的供应商评估工作。

（2）总经理负责审批供应商评估标准及最终结果，并对整个评估过程给予指导和帮助。

三、流程依据的制度、标准及体系文件

本流程所依据的文件如下表所示。

流程参考文件列表

步骤名称	文件类型	文件名称
制定评估标准	制度	供应商管理制度
收集供应商资料	制度	供应商管理制度
进行评估	标准	供应商评估标准
供应商定级	标准	供应商评估标准
更新供应商档案	制度	供应商管理制度

四、流程相关的表单记录

本流程所依据或生成的表单记录如下表所示。

流程依据/生成记录列表

步骤序号	表单名称	是否全部电子化	表单模板所依据的文件
第1步	供应商评估标准	否	
第3步	供应商资料调查表	否	
第4步	供应商评估记录表	否	
第6步	供应商级别说明表		
第7步	供应商档案	是	

五、流程关键环节

1．制定评估标准。

供应商主管制定供应商评估标准，该标准以指标体系形式体现，评估标准由总经理审批确定。

2．供应商评估。

根据收集的资料，参与评估人员按评估标准对各个供应商进行评价，并根据评分结果给出评估建议。

3．更新供应商档案。

供应商主管根据新评定的供应商登记更新供应商档案资料，并与供应商进行沟通，以协调双方今后的合作关系。

8.4 采购供应过程管理

8.4.1 采购询价管理流程

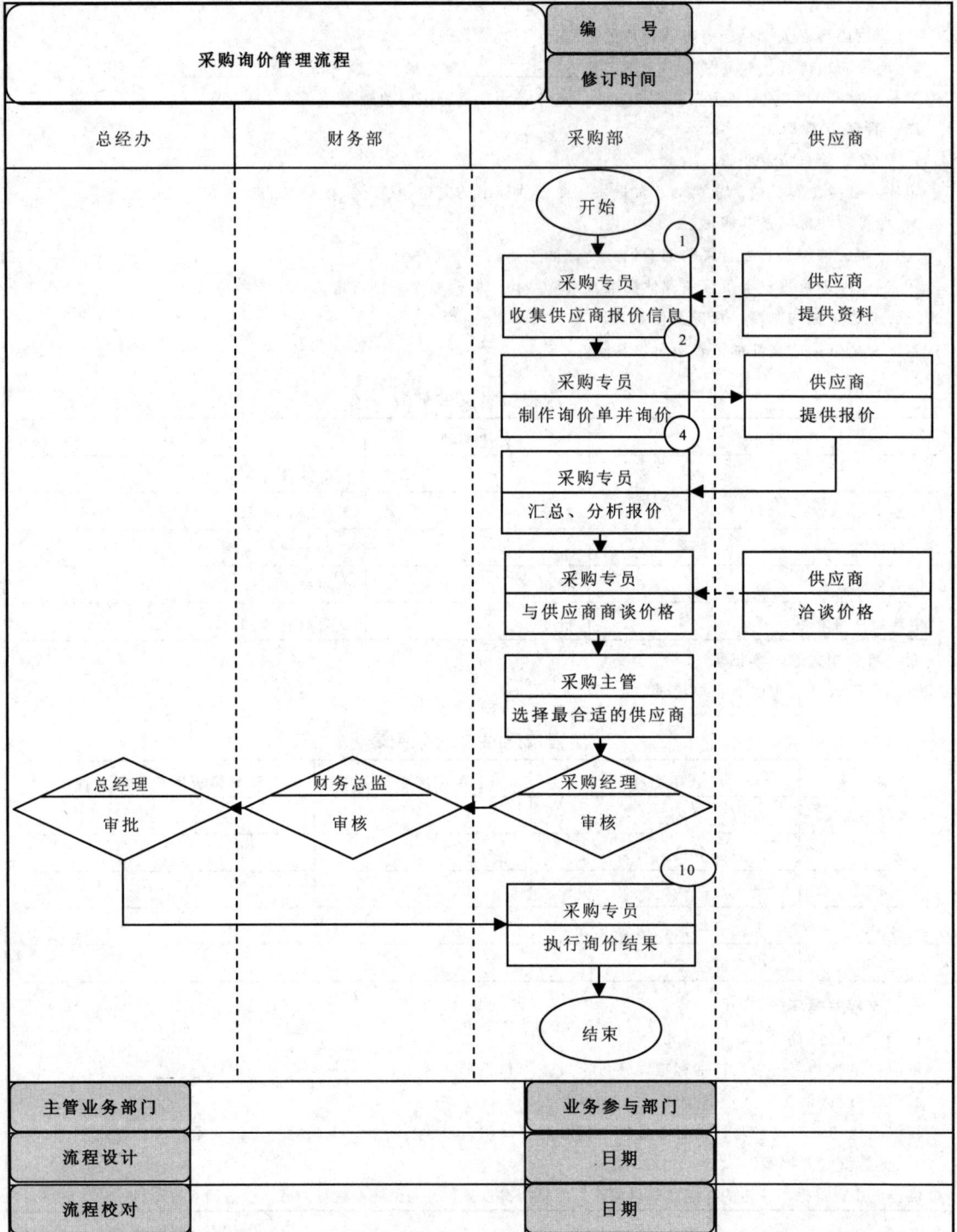

采购询价管理流程		编　号	
		修订时间	
总经办	财务部	采购部	供应商

开始

① 采购专员
收集供应商报价信息

供应商
提供资料

② 采购专员
制作询价单并询价

供应商
提供报价

④ 采购专员
汇总、分析报价

采购专员
与供应商商谈价格

供应商
洽谈价格

采购主管
选择最合适的供应商

总经理
审批

财务总监
审核

采购经理
审核

⑩ 采购专员
执行询价结果

结束

主管业务部门		业务参与部门	
流程设计		日期	
流程校对		日期	

8.4.2　采购询价管理流程说明文件

采购询价管理流程说明

流程名称：采购询价管理流程	流程编号：
编制部门：采购部	日期：＿＿＿年＿＿月＿＿日

一、流程简介

1．流程内容：关于采购询价的全过程。

2．流程的起止点：本流程由 __收集供应商报价信息__ 事件触发，输入信息为 __供应商价格信息表__ ；本流程结束状态为 __执行询价结果__ ，输出信息为 __采购询价报告__ 。

二、管理/工作职责

1．业务主管单位及职责。

本流程业务主管单位为采购部，负责供应商价格信息的收集、分析以及与之进行价格谈判并选择最合适的供应商的工作。

2．业务参与部门及其职责。

（1）财务部门负责对询价工作给予支持和帮助，并对采购部选择的供应商条件进行审核。

（2）总经办负责对询价工作予以监督和指导，并由总经理确定最终的供应商人选。

三、流程依据的制度、标准及体系文件

本流程所依据的文件如下表所示。

流程参考文件列表

步骤名称	文件类型	文件名称
收集供应商报价信息	制度	采购管理制度
制作询价单并询价	制度	采购管理制度
汇总分析报价	制度	采购管理制度
与供应商商谈价格	制度	采购管理制度
选择最合适的供应商	制度	采购管理制度
执行询价结果	制度	采购管理制度

四、流程相关的表单记录

本流程所依据或生成的表单记录如下表所示。

流程依据/生成记录列表

步骤序号	表单名称	是否全部电子化	表单模板所依据的文件
第1步	供应商价格信息表	否	采购计划
第2步	采购询价单、供应商报价单	否	供应商名单
第4步	采购询价记录表	否	采购询价单
第10步	采购询价执行方案	否	采购询价报告

五、流程关键环节

1．收集供应商报价信息。

采购人员依据询价项目选择相应的供应商，并通过各种渠道收集供应商的价格信息。

2．制作询价单并询价。

（1）采购人员根据不同的采购对象制作不同的询价单，并要求供应商在规定时间内报价。

（2）询价单应列明物资名称、规格、型号、质量要求和需求数量等信息。

3．与供应商商谈价格。

采购人员根据汇总、分析的信息，与符合要求的供应商进一步商谈价格及相关条件。

4．选择最合适的供应商。

根据洽谈结果采购负责人初步选择价格最优、相关条件最好的供应商，并将最终的询价结果形成书面报告，呈交相关领导审查。

5．执行询价结果。

采购人员按最终审批后的结果与指定供应商实施采购活动。

8.4.3 采购合同管理流程

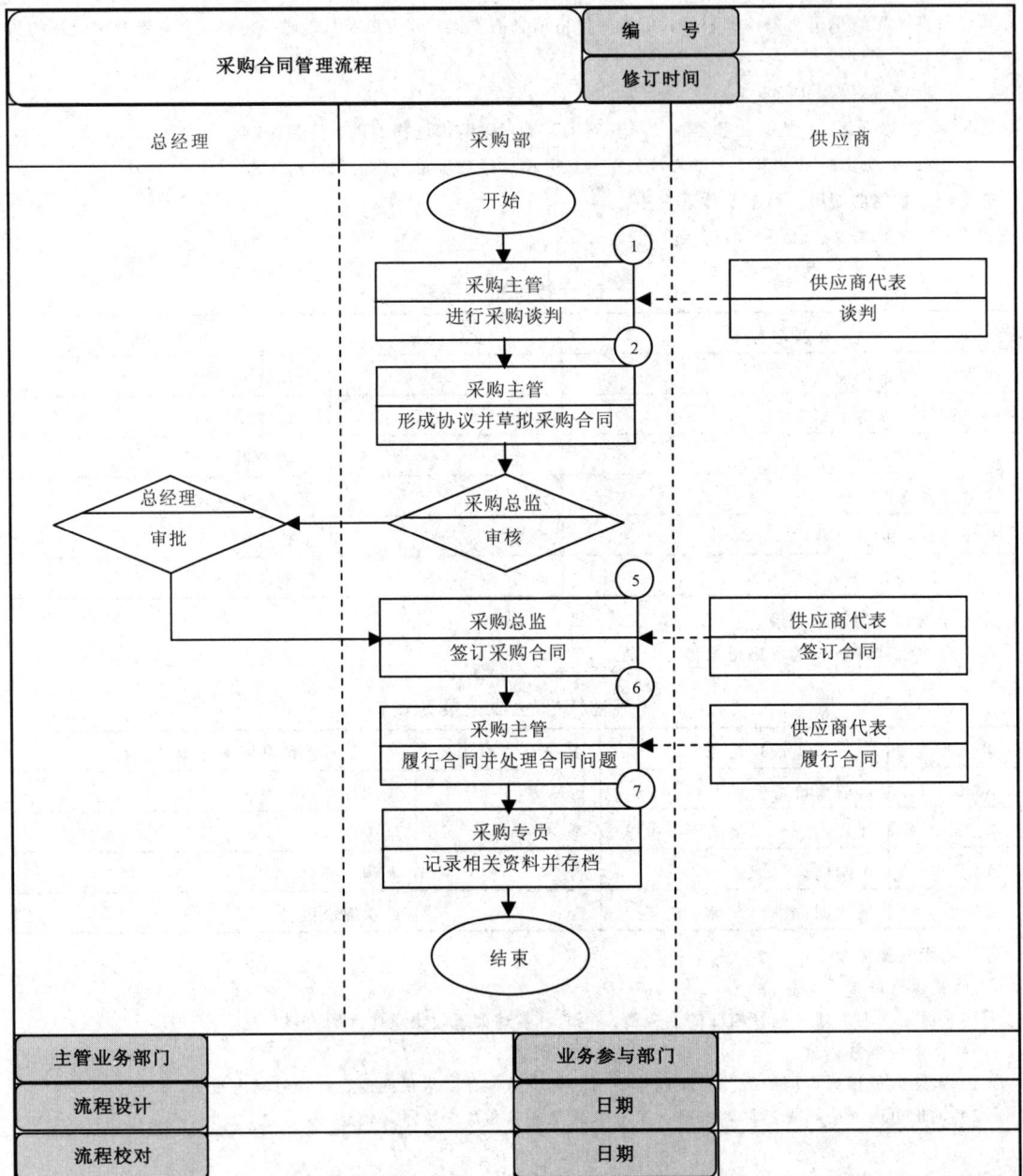

8.4.4 采购合同管理流程说明文件

采购合同管理流程

流程名称：采购合同管理流程	流程编号：
编制部门：采购部	日期：＿＿年＿月＿日

一、流程简介

1．流程内容：关于采购合同管理的过程。

2．流程的起止点：本流程由 <u>采购谈判</u> 事件触发，输入信息为 <u>采购谈判方案</u>；本流程结束状态为 <u>记录相关资料并存档</u>，输出信息为 <u>采购合同管理档案</u>。

二、管理/工作职责

1．业务主管单位及职责。

本流程业务主管单位为采购部，负责采购谈判、草拟并与供应商签订采购合同、履行合同条款、记录并保存合同相关资料等工作。

2．业务参与部门及其职责。

总经理负责对谈判过程进行指导和监督并对草拟的采购合同进行审批工作。

三、流程依据的制度、标准及体系文件

本流程所依据的文件如下表所示。

流程参考文件列表

步骤名称	文件类型	文件名称
进行采购谈判	制度	公司谈判管理规定
形成协议并草拟采购合同	制度	公司谈判管理规定、合同管理制度
签订采购合同	制度	合同管理制度
履行合同并处理合同问题	制度	合同执行管理制度
记录相关资料并存档	制度	合同执行管理制度、档案管理制度

四、流程相关的表单记录

本流程所依据或生成的表单记录如下表所示。

流程依据/生成记录列表

步骤序号	表单名称	是否全部电子化	表单模板所依据的文件
第1步	采购谈判记录	否	采购谈判方案
第2步	采购谈判协议	否	采购谈判方案、采购谈判记录
第5步	采购合同评审意见、采购合同	否	采购合同草案
第6步	货物催交记录	是	采购合同
第7步	采购合同执行记录、采购合同管理档案	是	采购合同执行管理制度

五、流程关键环节

1．进行采购谈判。

（1）采购主管带领谈判小组人员根据之前制定的谈判方案与供应商进行谈判，在保证双赢的前提下，尽量追求最低的成交价格。

（2）谈判过程应严格保密，无关人员未经允许不得进入谈判会场，参与谈判的人员不得泄露与谈判有关的内容，谈判结果未经审定不得公布。

2．形成协议并草拟合同。

（1）谈判达成一致后，应及时根据谈判达成的条件制定谈判协议，将采购各事项交代明白，便于执行。

（2）采购部必须在进行供应商调查和询价、比价、采购谈判的基础上拟定采购合同草案，并交采购总监审核，总经理审批。

3．履行合同并处理合同问题。

（1）采购双方应严格履行采购合同，采购部应按照合同约定向供应商发出订单，供应商应根据订单要求及时备货。

（2）采购双方均应对合同的执行过程进行监督，确保按时交货，双方在履行合同的过程中若出现纠纷，应及时制定解决方案。

4．记录相关资料并存档。

采购合同执行过程中的各事项应进行及时记录，采购部应派专人在采购合同执行过程中对相关文件进行归档，并妥善保存。

8.5 采购到货付款管理

8.5.1 采购退货管理流程

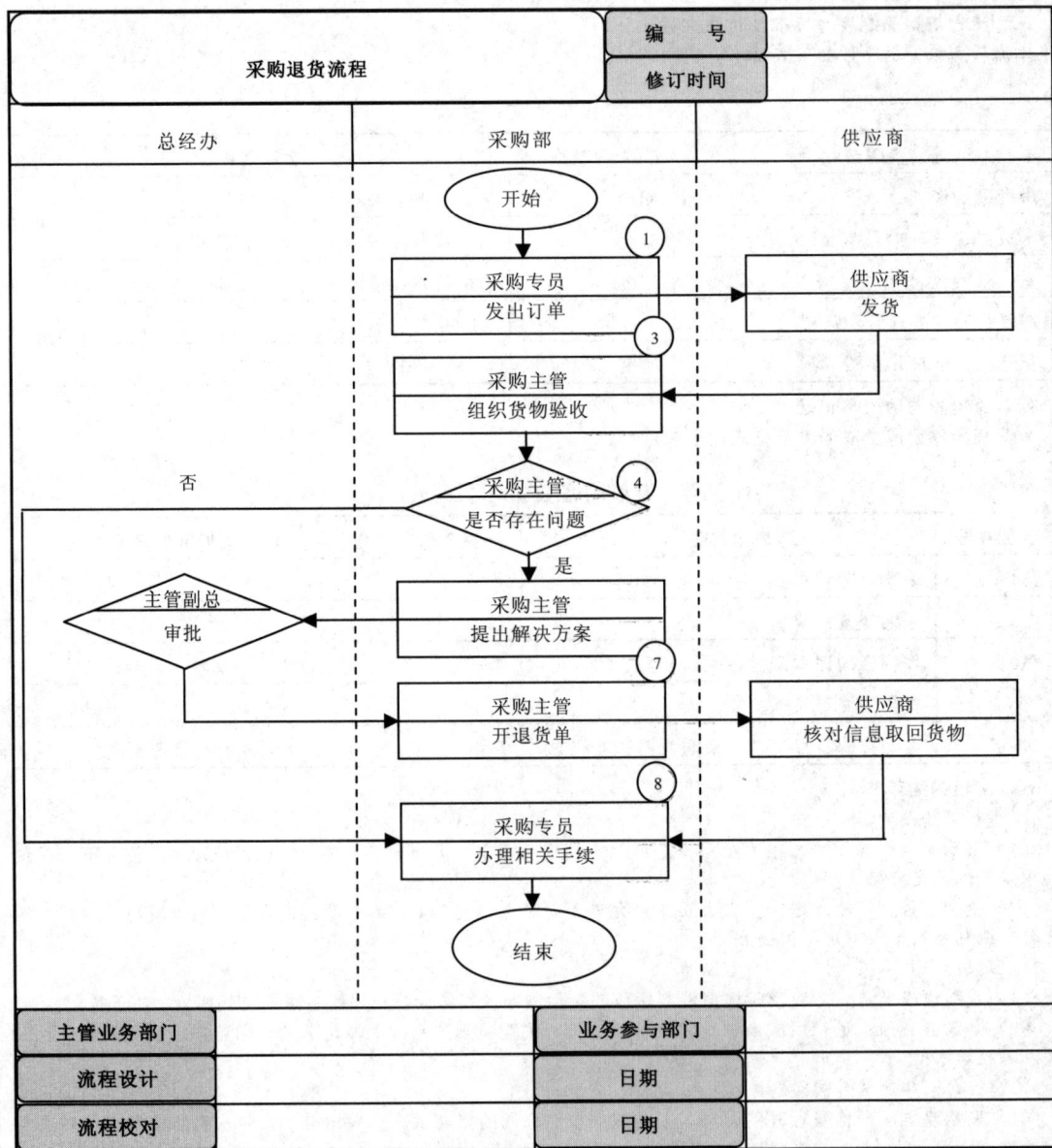

8.5.2 采购退货管理流程说明文件

采购退货管理流程说明

流程名称：采购退货管理流程	流程编号：
编制部门：采购部	日期：＿＿＿年＿月＿日

一、流程简介

1．流程内容：关于采购退货的全过程。

2．流程的起止点：本流程由＿＿发出订单＿＿事件触发，输入信息为＿采购订单＿；本流程结束状态为＿＿办理相关手续＿＿，输出信息为＿取消付款申请或付款申请＿。

二、管理/工作职责

1．业务主管单位及职责。

本流程业务主管单位为采购部，负责发出采购订单催促供应商及时交货、组织货物验收并对不合格货物进行退货处理工作。

三、流程依据的制度、标准及体系文件

本流程所依据的文件如下表所示。

流程参考文件列表

步骤名称	文件类型	文件名称
发出订单	制度	采购管理制度
组织货物验收	制度	采购管理制度
提出解决方案	制度	退货管理规定
开退货单	制度	退货管理规定
办理相关手续	制度	公司采购管理制度

四、流程相关的表单记录

本流程所依据或生成的表单记录如下表所示。

流程依据/生成记录列表

步骤序号	表单名称	是否全部电子化	表单模板所依据的文件
第1步	采购订单	否	采购订单
第3步	货物验收单	否	采购合同
第4步	采购问题说明文件	否	采购合同
第7步	退货单	否	采购问题说明文件、采购合同
第8步	付款申请或取消付款申请	否	退货单

五、流程关键环节

1．发出订单。

采购专员根据采购计划进行采购工作，并催促供应商按时交货。

2．组织货物验收。

采购主管组织相关人员清点货物的数量，逐一检查货物的外观与数量，并与质量管理部门和技术部门一起进行质量检验。

3．提出解决方案。

对于存在质量问题的货物，采购主管根据采购合同及公司退货管理规定提出对于问题货物的解决方案。

4．开退货单。

采购专员根据审批后的结果开具退货单，并与供应商交涉退货、赔偿等事宜。

5．办理相关手续。

（1）供应商收到采购部的退货后，应及时与采购部办理相关退货手续，如采购部未付款，则应填写取消付款申请。

（2）对于合格货物则应办理相应的付款手续。

8.5.3 采购付款管理流程

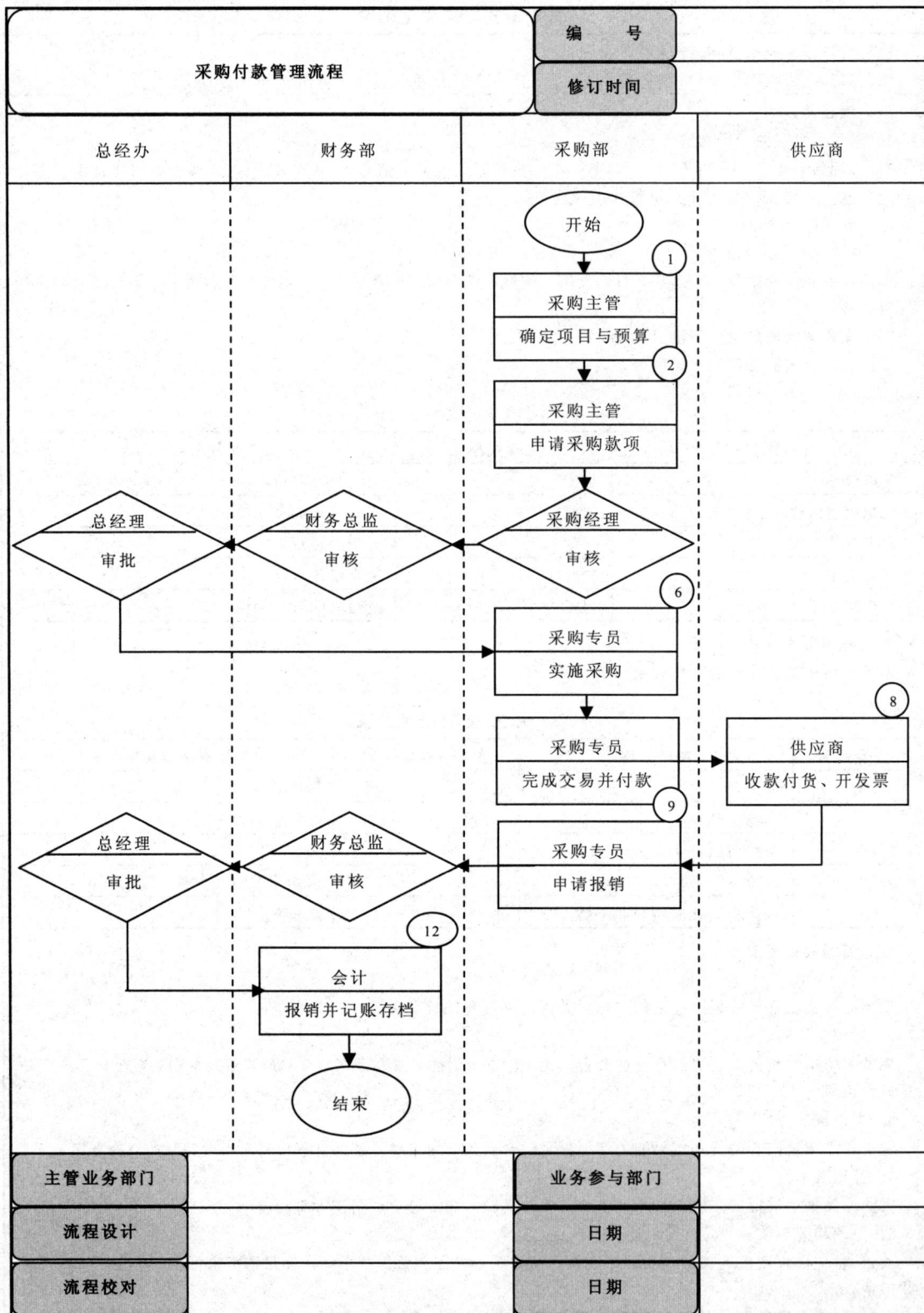

采购付款管理流程			编　　号	
			修订时间	

总经办	财务部	采购部	供应商

开始

① 采购主管
确定项目与预算

② 采购主管
申请采购款项

总经理
审批　　　财务总监
审核　　　采购经理
审核

⑥ 采购专员
实施采购

采购专员
完成交易并付款　　　⑧ 供应商
收款付货、开发票

总经理
审批　　　财务总监
审核　　　⑨ 采购专员
申请报销

⑫ 会计
报销并记账存档

结束

主管业务部门		业务参与部门	
流程设计		日期	
流程校对		日期	

8.5.4 采购付款管理流程说明文件

采购付款管理流程说明

流程名称：采购付款管理流程	流程编号：
编制部门：采购部	日期：＿＿＿年＿＿月＿＿日

一、流程简介

1．流程内容：关于物资采购付款的过程。

2．流程的起止点：本流程由　　确定项目与预算　　事件触发，输入信息为　　采购计划书　　；本流程结束状态为　报销并记账存档　，输出信息为　报销单及相关单据　。

二、管理/工作职责

1．业务主管单位及职责。

本流程业务主管单位为采购部，负责确定采购项目并在预算后申请采购款项，以及采购工作的具体实施和采购款项的报销等工作。

2．业务参与部门及其职责。

（1）财务部门负责对采购预算及报销凭证的审核工作。

（2）总经办负责对采购预算及采购款项的报销审批等工作。

三、流程依据的制度、标准及体系文件

本流程所依据的文件如下表所示。

流程参考文件列表

步骤名称	文件类型	文件名称
确定项目与预算	制度	采购管理制度
申请采购款项	制度	采购管理制度、财务管理制度
实施采购	制度	采购管理制度
完成交易并付款	制度	采购付款管理制度
申请报销	制度	采购付款管理制度
报销并记账存档	制度	财务管理制度

四、流程相关的表单记录

本流程所依据或生成的表单记录如下表所示。

流程依据/生成记录列表

步骤序号	表单名称	是否全部电子化	表单模板所依据的文件
第1步	采购项目预算单	否	
第2步	采购预算申请、借款单	否	
第6步	采购实施记录	否	
第8步	发票	否	
第9步	报销申请、发票	否	
第12步	发票及相关凭证、采购工作记录	否	

五、流程关键环节

1．确定项目与预算。

采购人员根据企业的实际生产经营需要及库存情况确定采购项目，并根据采购项目的当期市场状况及价位等确定采购所需费用，编制采购预算。

2．申请采购款项。

采购人员根据采购预算填写"借款单"，连同相关预算清单及说明资料报财务部审核，总经理审批。

3．完成交易并付款。

交易双方按照事先确定的地点、方式时间等进行交易，待确认交易达成后，采购部与供应商之间结算货款。供应商付货、收款并出具发票。

4．申请报销。

采购人员整理各项单据，详细列明各项费用情况，填写"报销单"交财务部审核，总经理审批。

5．报销并记账存档。

财务部报销后由会计人员做好会计记录、记账、登记相关账目，并将相应单据存档备案。

8.6 外包外协协作管理

8.6.1 采购外包管理流程

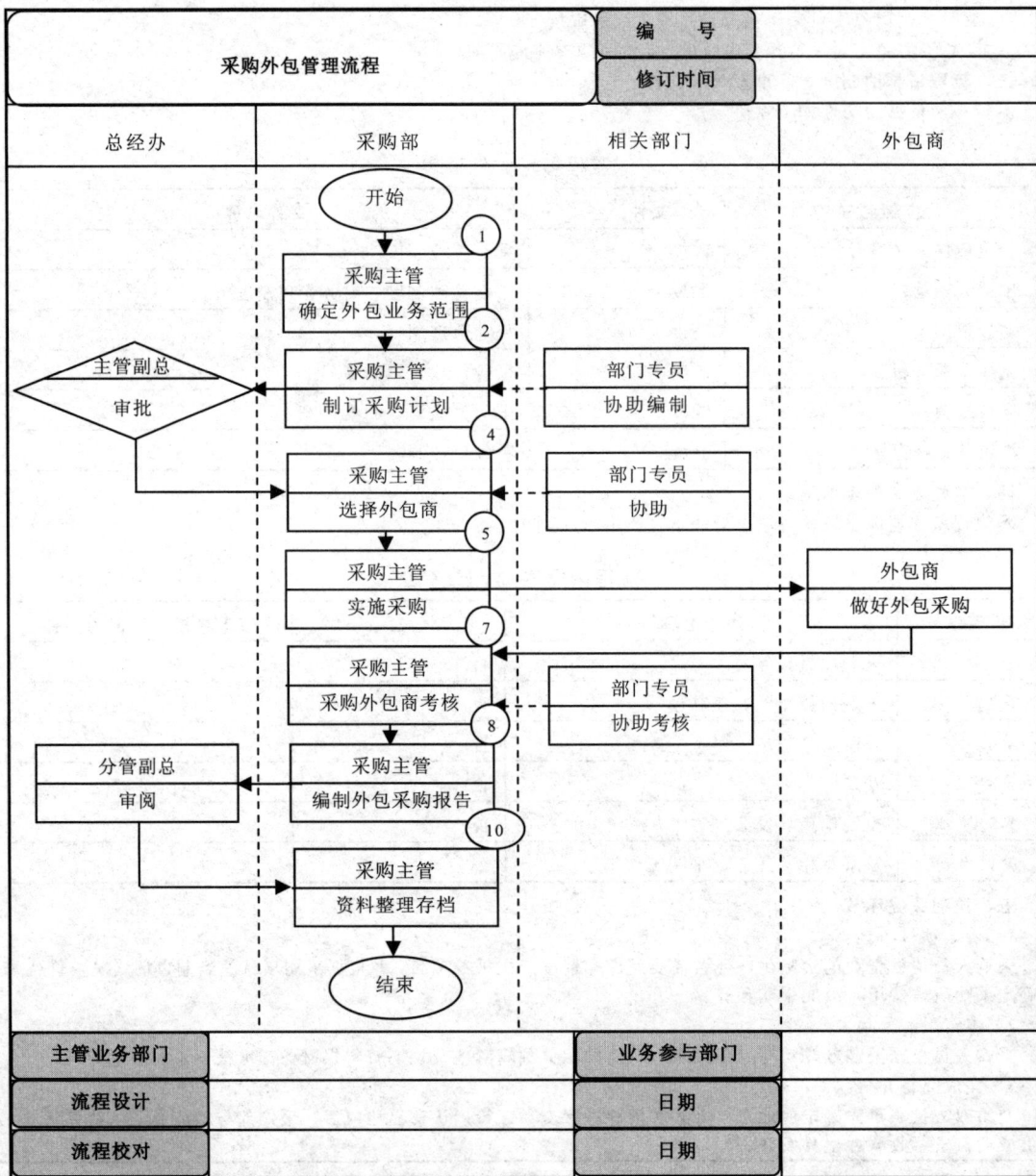

采购外包管理流程		编　　号	
		修订时间	

总经办	采购部	相关部门	外包商

开始

① 采购主管 / 确定外包业务范围

② 采购主管 / 制订采购计划　　部门专员 / 协助编制

主管副总 审批

④ 采购主管 / 选择外包商　　部门专员 / 协助

⑤ 采购主管 / 实施采购　　外包商 / 做好外包采购

⑦ 采购主管 / 采购外包商考核　　部门专员 / 协助考核

⑧ 采购主管 / 编制外包采购报告　　分管副总 / 审阅

⑩ 采购主管 / 资料整理存档

结束

主管业务部门		业务参与部门	
流程设计		日期	
流程校对		日期	

8.6.2 采购外包管理流程说明文件

采购外包管理流程说明

流程名称：采购外包管理流程	流程编号：
编制部门：采购部	日期：____年__月__日

一、流程简介

1. 流程内容：关于采购外包管理的全过程。

2. 流程的起止点：本流程由 __确定采购外包业务__ 事件触发，输入信息为 __采购外包业务范围说明书__；本流程结束状态为 __资料整理存档__，输出信息为 __采购外包管理档案__。

二、管理/工作职责

1. 业务主管单位及职责。

本流程业务主管单位为采购部，负责采购外包业务范围的确定、采购计划的制订、外包商管理及采购外包的实施等工作。

2. 业务参与部门及其职责。

（1）总经办负责对整个采购外包工作进行指导和监督，并对重要事项进行审批。

（2）相关各部门负责提供资料、采购需求及协助采购部对外包商的考核等工作。

三、流程依据的制度、标准及体系文件

本流程所依据的文件如下表所示。

流程参考文件列表

步骤名称	文件类型	文件名称
确定外包业务范围	制度	采购外包管理制度
制订采购计划	标准	采购外包业务范围说明书
选择外包商	制度	采购外包商管理制度
实施采购	制度	采购外包管理制度
采购外包商考核	制度	采购外包商管理制度
编制外包采购报告	制度	采购外包管理制度
资料整理存档	制度	采购外包管理制度

四、流程相关的表单记录

本流程所依据或生成的表单记录如下表所示。

流程依据/生成记录列表

步骤序号	表单名称	是否全部电子化	表单模板所依据的文件
第1步	采购外包业务范围说明书、采购外包申请书	否	
第2步	采购外包计划书	否	
第4步	合格外包商名单、采购外包合同	否	
第5步	采购外包实施记录	否	
第7步	采购外包商考核表	否	
第8步	采购外包商管理报告	否	
第10步	采购外包管理档案	否	

五、流程关键环节

1. 确定采购外包业务范围。

采购人员分析企业的核心竞争力，据此确定采购外包业务的范围和目标，并编制业务范围说明书。

2. 制订采购计划。

（1）采购部在确定了采购外包业务内容后，应会同与该业务相关的部门一起编制采购计划。

（2）采购计划书中应包括采购外包业务的背景、采购业务的内容、具体实施程序及采购外包的主要风险和预期收益等。计划书的制订由主管副总指导并审批。

3. 选择外包商。

采购部组织人员按"采购外包商审核制度"开展对外包商的审核，并根据评审结果对外包商进行筛选，选出合格外包商。

4．实施采购。

采购部与外包商签订采购外包服务合同，并应定期会同相关部门及人员对外包商的工作进行监督管理，并对过程中出现的问题进行及时沟通和协调。

5．采购外包商考核。

（1）各相关部门应将外包商的情况反馈给采购部，采购主管定期或不定期地对合作外包商进行考评。

（2）考核过程中，生产、质量、技术等各相关部门应协助并提出建议。

6．编制外包采购报告。

完成采购后，采购主管应根据考核结果编制外包采购管理报告，并报分管副总审阅。

8.6.3　采购外包商选择流程

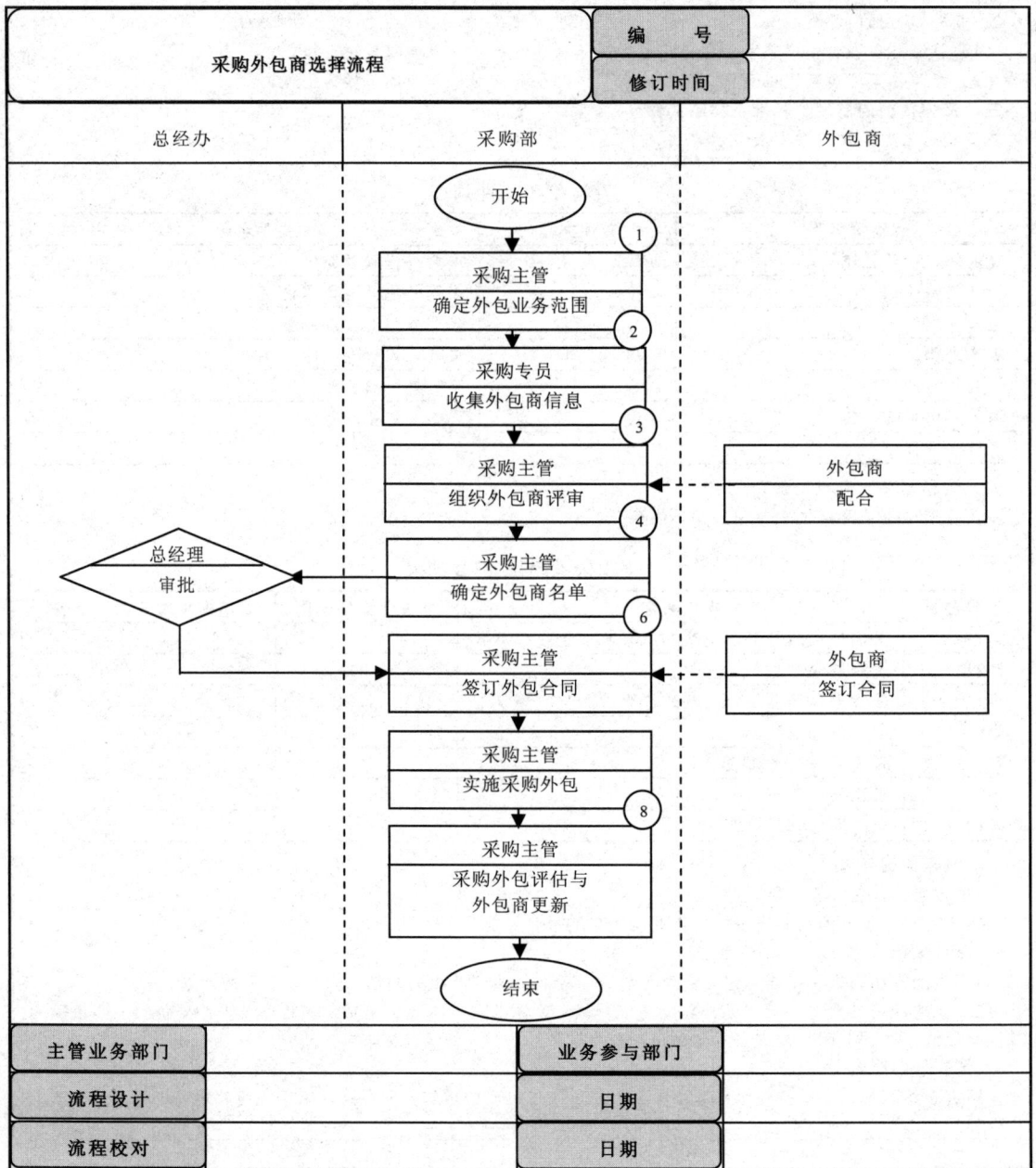

8.6.4 采购外包商选择流程说明文件

采购外包商选择流程说明

流程名称：采购外包商选择流程	流程编号：
编制部门：采购部	日期：____年__月__日

一、流程简介

1．流程内容：关于采购外包商选择的过程。

2．流程的起止点：本流程由　确定外包业务范围　事件触发，输入信息为　采购外包业务范围说明书　；本流程结束状态为　采购外包评估与外包商更新　，输出信息为　采购外包商评审记录　。

二、管理/工作职责

1．业务主管单位及职责。

本流程业务主管单位为采购部，负责确定外包业务范围、收集外包商信息、评审外包商资质、与外包商签订采购外包合同并负责实施。

2．业务参与部门及其职责。

总经办负责监督外包商的评审，并对外包商名单进行最终审批工作。

三、流程依据的制度、标准及体系文件

本流程所依据的文件如下表所示。

流程参考文件列表

步骤名称	文件类型	文件名称
确定外包业务范围	制度	采购外包管理制度
收集外包商信息	制度	外包商选择办法
组织外包商评审	制度	外包商选择办法
确定外包商名单	制度	外包商选择办法
签订外包合同	制度	采购外包管理制度
实施采购外包	制度	采购外包管理制度
采购外包评估与外包商更新	制度	采购外包商管理办法

四、流程相关的表单记录

本流程所依据或生成的表单记录如下表所示。

流程依据/生成记录列表

步骤序号	表单名称	是否全部电子化	表单模板所依据的文件
第1步	采购外包业务范围说明书		
第2步	外包商资料调查表、外包商候选名单		
第3步	外包商评审记录、样品检验记录		
第4步	合格外包商名单		
第6步	采购外包合同		
第8步	采购外包商评审记录		

五、流程关键环节

1．确定采购外包业务范围。

采购人员分析企业的核心竞争力，据此确定采购外包业务的范围和目标，并编制采购外包业务范围说明书。

2．收集外包商信息。

采购部通过各种渠道收集外包商的信息，并将整理、分析、调查所得的资料，根据合格外包商的评定标准，对所有外包商进行初步评价和筛选。

3．组织外包商评审。

（1）采购部组织质量管理部、生产部、技术部、财务部等相关部门的人员组成外包评审小组，对外包商进行现场评审。

（2）采购部应要求外包商及时送交样品，质检人员对样品应进行材质、性能、尺寸、外观质量等方面的检验，并填写样品检验确认表。

4．确定外包商名单。

对于评审得分较高的外包商，应审核其资料是否齐全，对于各方面均符合公司采购外包业务要求的外包商，应将其列入合格外包商名单。

5．采购外包商评估与更新。

采购部应定期对外包商进行评审，检验其是否满足公司外包业务的需要。

8.6.5 采购外包评估管理流程

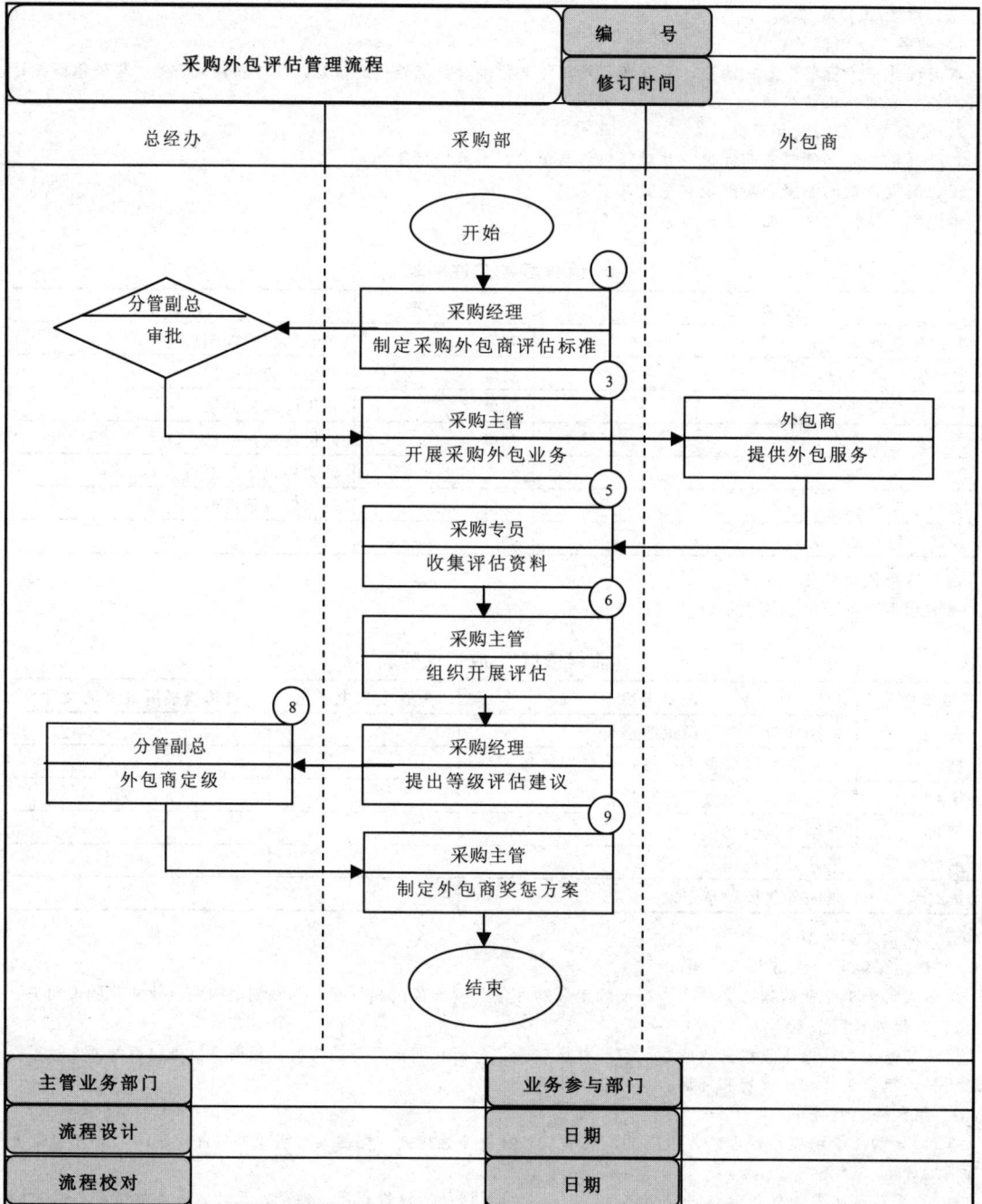

8.6.6 采购外包评估管理流程说明文件

采购外包评估管理流程说明

流程名称：采购外包评估管理流程	流程编号：
编制部门：采购部	日期：＿＿＿年＿＿月＿＿日

一、流程简介

1. 流程内容：关于评估采购外包商服务、管理水平的全过程。

2. 流程的起止点：本流程由 ＿制定采购外包商评估标准＿ 事件触发，输入信息为 ＿采购外包商评估标准＿ ；本流程结束状态为 ＿制定外包商奖惩方案＿ ，输出信息为 ＿外包商奖惩方案＿ 。

二、管理/工作职责

1. 业务主管单位及职责。

本流程业务主管单位为采购部，负责评估标准的制定、采购外包业务的执行、采购外包评估工作的开展，并制定相应的奖惩方案和执行等工作。

2. 业务参与部门及其职责。

总经办负责对采购外包商评估标准的审批以及对外包商评估结果的最终确定等工作。

三、流程依据的制度、标准及体系文件

本流程所依据的文件如下表所示。

流程参考文件列表

步骤名称	文件类型	文件名称
制定采购外包商评估标准	制度	采购外包商管理制度
开展采购外包业务	制度	采购外包业务管理规定
收集评估资料	制度及标准	采购外包商管理制度、采购外包商评估标准
组织开展评估	制度及标准	采购外包商管理制度、采购外包商评估标准
外包商定级	标准	采购外包商评估标准
制定外包商奖惩方案	制度	采购外包商管理制度

四、流程相关的表单记录

本流程所依据或生成的表单记录如下表所示。

流程依据/生成记录列表

步骤序号	表单名称	是否全部电子化	表单模板所依据的文件
第1步	采购外包商评估标准	否	
第3步	采购外包业务记录	否	
第5步	外包商评估资料	否	
第6步	外包商考核评分表、外包商考核报告	否	
第8步	外包商分级名单	否	
第9步	外包商奖惩方案、外包商奖惩记录	否	

五、流程关键环节

1. 制定采购外包商评估标准。

（1）采购部应及时制定外包商评估标准，作为采购外包商评估的重要依据。

（2）评估标准应以指标体系的形式体现，标准制定后交分管副总审批。

2. 收集评估资料。

采购部应积极收集、整理外包商的合作业务记录，并以此作为评估采购外包商的重要依据，收集的资料应包括采购订单、物资接收记录、物资质量跟踪记录等。

3. 组织开展评估。

根据收集的资料，参与评估人员应按评估标准对企业各供应商进行评价，并在"外包商考核评分表"上评分。

4.外包商定级。

对供应商进行考核评分后，采购部应根据外包商的得分情况对其进行分级，并将评分结果及分级建议交分管副总审阅，并由分管副总确定外包商最终的分级情况。

5.制定外包商奖惩方案。

采购部根据考核结果及外包商的表现，编制外包商奖惩方案，并依据方案对相应的外包商进行奖惩。

8.7 仓库存储保管管理

8.7.1 入库管理流程

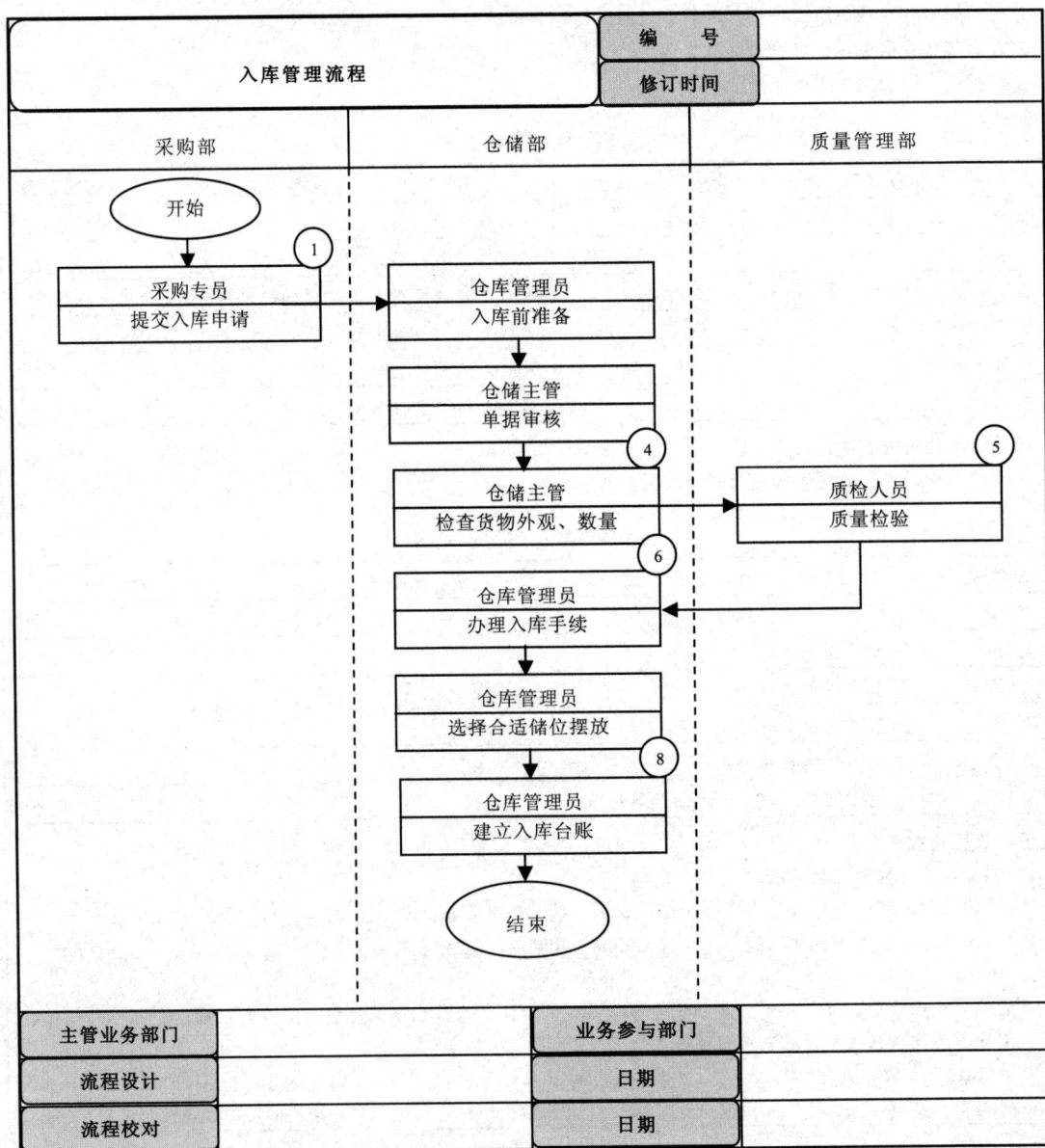

入库管理流程	编　号	
	修订时间	

采购部	仓储部	质量管理部

开始

① 采购专员 / 提交入库申请

仓库管理员 / 入库前准备

仓储主管 / 单据审核

④ 仓储主管 / 检查货物外观、数量

⑤ 质检人员 / 质量检验

⑥ 仓库管理员 / 办理入库手续

仓库管理员 / 选择合适储位摆放

⑧ 仓库管理员 / 建立入库台账

结束

主管业务部门		业务参与部门	
流程设计		日期	
流程校对		日期	

8.7.2 入库管理流程说明文件

入库管理流程说明

流程名称：入库管理流程	流程编号：
编制部门：仓储部	日期：＿＿＿年＿月＿日

一、流程简介

1. 流程内容：关于物资采购入库过程。

2. 流程的起止点：本流程由＿＿提交入库申请＿＿事件触发，输入信息为＿＿入库申请单＿＿；本流程结束状态为＿建立入库台账＿，输出信息为＿＿入库台账＿＿。

二、管理/工作职责

1. 业务主管单位及职责。

本流程业务主管单位为仓储部，负责物资入库前准备、入库前检查、货物入库及办理相关入库手续等工作。

2. 业务参与部门及其职责。

（1）采购部门负责接收货物并及时将入库信息通知仓储部。

（2）质量管理部门负责在货物入库前对货物进行质量检验。

三、流程依据的制度、标准及体系文件

本流程所依据的文件如下表所示。

流程参考文件列表

步骤名称	文件类型	文件名称
提交入库申请	制度	物资采购管理制度
入库前准备	制度	接货管理制度
单据审核	制度	物资入库管理制度
检查货物外观、数量	制度	入库检验管理规定
质量检验	制度	入库检验管理规定
办理入库手续	制度	物资入库管理制度
建立入库台账	制度	物资入库管理制度

四、流程相关的表单记录

本流程所依据或生成的表单记录如下表所示。

流程依据/生成记录列表

步骤序号	表单名称	是否全部电子化	表单模板所依据的文件
第1步	货物入库申请单	否	
第4步	入库货物检查记录	否	
第5步	入库货物检验记录	否	
第6步	入库单	否	
第8步	入库货物台账	是	

五、流程关键环节

1. 提交入库申请。

采购部在到货前向仓储部递交"货物入库申请单"，说明货物的种类、数量、规格、存放要求等。

2. 单据审核。

仓储主管负责审核入库货物单据是否齐全，若发现单据不全，应将货物存放于暂存库，并及时通知采购部处理。

3. 检查货物外观、数量。

仓储主管对入库货物进行直观检查，确认货物的外观和数量是否和采购订单相符。

4. 质量检验。

质量管理部门负责对货物的性质、性能、结构、功能等进行检验。

5．办理入库手续。	

对于经检验合格的货物，由仓库管理员负责办理相关入库手续，并将货物存放于适当的存储位置。

6．建立入库台账。

仓库管理员填写"入库单"，建立入库台账，并将相关信息变成电子格式转给财务部登记入账。

8.7.3 仓库存储保管流程

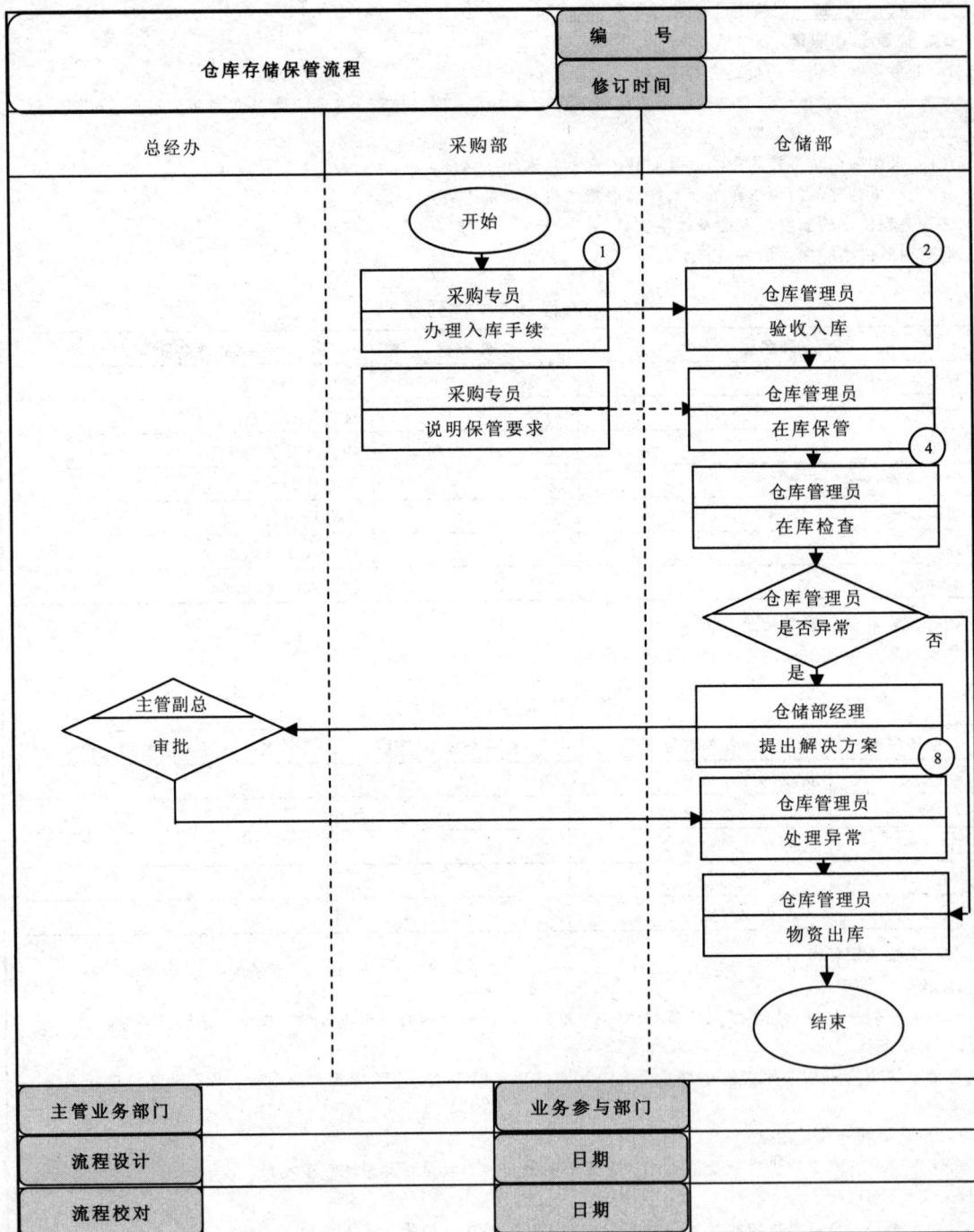

仓库存储保管流程	编　号	
	修订时间	

总经办	采购部	仓储部

开始

① 采购专员 / 办理入库手续 → ② 仓库管理员 / 验收入库

采购专员 / 说明保管要求 ⤍ 仓库管理员 / 在库保管

④ 仓库管理员 / 在库检查

仓库管理员 / 是否异常　否

是

仓储部经理 / 提出解决方案

主管副总 / 审批

⑧ 仓库管理员 / 处理异常

仓库管理员 / 物资出库

结束

主管业务部门		业务参与部门	
流程设计		日期	
流程校对		日期	

8.7.4　仓库存储保管流程说明文件

仓库存储保管流程说明

流程名称：仓库存储保管流程	流程编号：
编制部门：仓储部	日期：＿＿＿年＿＿月＿＿日

一、流程简介

1．流程内容：关于采购物资的存储保管全过程。

2．流程的起止点：本流程由＿＿办理入库手续＿＿事件触发，输入信息为＿＿入库申请＿＿；本流程结束状态为＿＿物资出库＿＿，输出信息为＿＿提货单＿＿。

二、管理/工作职责

1．业务主管单位及职责。

本流程业务主管单位为仓储部，负责物资验收入库，对物资进行日常的保管和检查，并对存储过程中出现的问题及时予以解决。

2．业务参与部门及其职责。

（1）采购部门负责办理采购物资的入库手续，并向仓储人员说明该物资的存储要求。

（2）总经办负责对仓储部的工作进行检查和监督，并审批对于出现存储异常物资的处理办法。

三、流程依据的制度、标准及体系文件

本流程所依据的文件如下表所示。

流程参考文件列表

步骤名称	文件类型	文件名称
办理入库手续	制度	采购管理制度
验收入库	制度	物资入库管理制度
在库保管	制度	物资存储管理制度
在库检查	制度	物资存储管理制度
处理异常	制度	物资存储管理制度

四、流程相关的表单记录

本流程所依据或生成的表单记录如下表所示。

流程依据/生成记录列表

步骤序号	表单名称	是否全部电子化	表单模板所依据的文件
第1步	物资入库申请	否	
第2步	入库单	否	
第4步	物资日常检查记录	否	
第8步	问题物资处理记录	否	

五、流程关键环节

1．办理入库手续。

采购人员确认所购物资无误并完成相关手续后向仓储部提出物资入库申请。

2．验收入库。

仓储管理员对将要入库的物资进行检验后办理入库手续。

3．在库保管。

（1）采购人员向仓储部说明物资的存储要求，以便物资的保管、检查与领用。

（2）仓库管理员根据物资特点对物资进行在库保管，具体包括控制湿度、温度，做好防腐、防霉、防锈、防虫害、安全、卫生管理等工作。

4．在库检查。

仓库管理员要定期或不定期地做好物资的在库检查工作，以便及时发现异常情况，避免问题扩大。

5．处理异常。

对于发生异常的物资，由仓储部经理提出解决方案交主管副总审批决定后进行处理。

8.7.5 仓库盘点管理流程

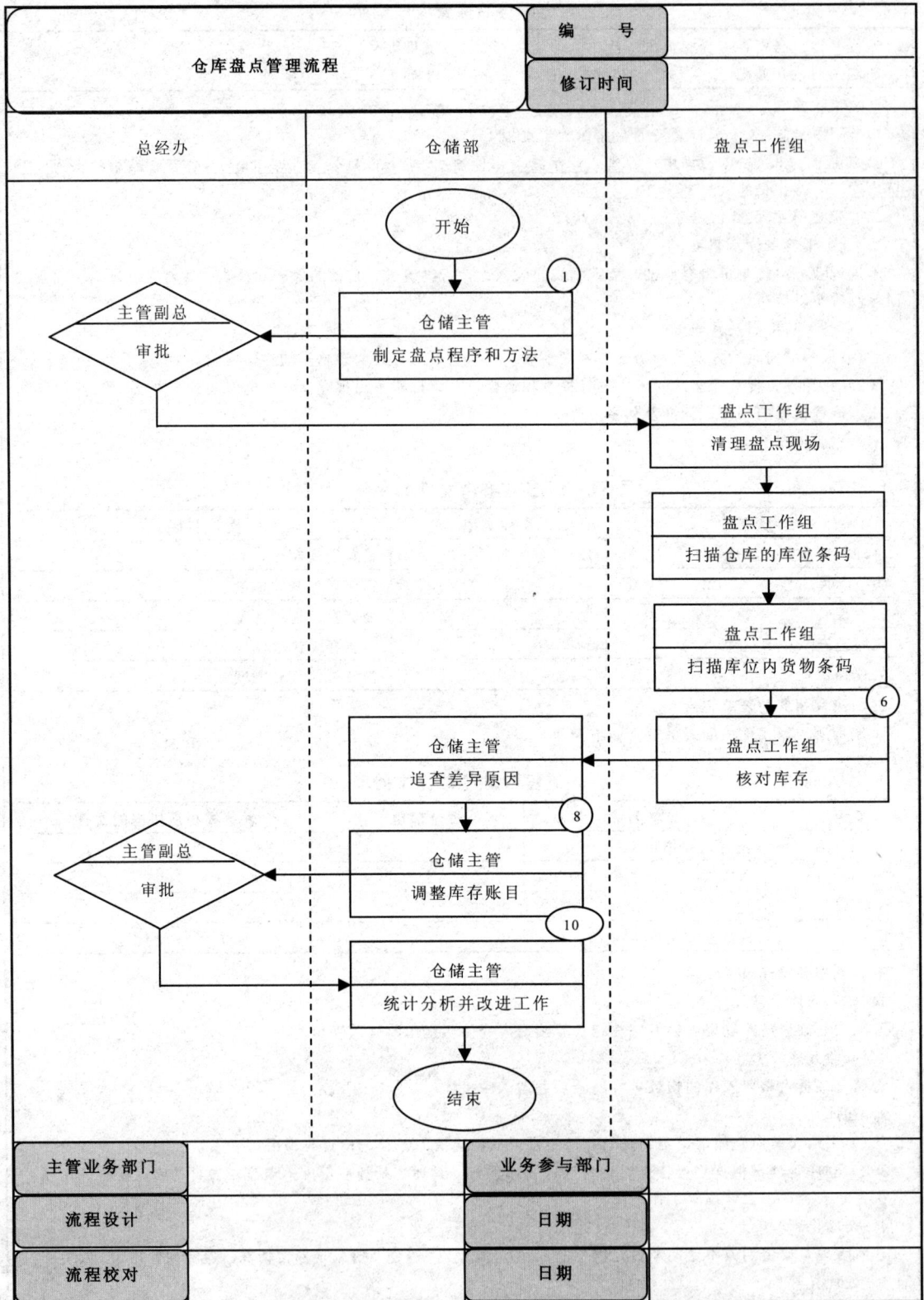

仓库盘点管理流程	编　　号	
	修订时间	

总经办	仓储部	盘点工作组

开始

主管副总
审批

① 仓储主管
制定盘点程序和方法

盘点工作组
清理盘点现场

盘点工作组
扫描仓库的库位条码

盘点工作组
扫描库位内货物条码

⑥ 盘点工作组
核对库存

仓储主管
追查差异原因

⑧ 仓储主管
调整库存账目

主管副总
审批

⑩ 仓储主管
统计分析并改进工作

结束

主管业务部门		业务参与部门	
流程设计		日期	
流程校对		日期	

8.7.6 仓库盘点管理流程说明文件

仓库盘点管理流程说明

流程名称：仓库盘点管理流程	流程编号：
编制部门：仓储部	日期：____年__月__日

一、流程简介

1．流程内容：关于仓库盘点管理的全过程。

2．流程的起止点：本流程由　制定盘点程序和方法　事件触发，输入信息为　仓库盘点通知单　；本流程结束状态为　统计分析并改进工作　，输出信息为　仓储工作改进措施　。

二、管理/工作职责

1．业务主管单位及职责。

本流程业务主管单位为仓储部，负责仓库盘点的准备、实施、核对、异常处理及工作改进等工作。

2．业务参与部门及其职责。

主管副总负责指导整个盘点过程及对关键事项的审批工作。

三、流程依据的制度、标准及体系文件

本流程所依据的文件如下表所示。

流程参考文件列表

步骤名称	文件类型	文件名称
制定盘点程序和方法	制度	物料盘点管理制度
清理盘点现场	制度	物料盘点管理制度
扫描仓库的库位条码	制度	物料盘点管理制度
扫描库位内货物条码	制度	物料盘点管理制度
核对库存	制度	物料盘点管理制度
调整库存账目	制度	物料盘点管理制度、公司账目管理制度
统计分析并改进工作	制度	仓储部管理制度

四、流程相关的表单记录

本流程所依据或生成的表单记录如下表所示。

流程依据/生成记录列表

步骤序号	表单名称	是否全部电子化	表单模板所依据的文件
第1步	仓库盘点方案	否	
第6步	盘点数据统计表、盘点表	否	
第8步	库存调整表、盘点盈亏报告	否	
第10步	仓库工作改进计划	否	

五、流程关键环节

1．制定盘点程序和方案。

仓储部经理在对以往盘点工作进行检讨修正的基础上，确定此次盘点的程序和方法，提交公司主管副总审批后执行。

2．核对库存。

盘点人员根据"货物库存表"对库存现状，按库位或按批核对，同时填写"盘点表"。

3．追查差异原因。

仓储部、盘点人员核对账、物是否存在差异，并查找造成差异的原因。

4．调整库存账目。

仓储部根据差异的真正原因调整库存，并填写"库存调整表"，编制"盘点盈亏报告"，确定处理对策，连同盘点工作报告提交主管副总审批。

第 9 章

企业财务成本流程设计

9.1 企业财务成本管理

9.1.1 财务成本管理总体结构

财务成本管理包括成本分析管理、成本预测管理、成本规划管理、成本决策管理、成本控制管理、成本核算管理、成本考核管理工作事项，其总体的结构如图 9-1 所示。

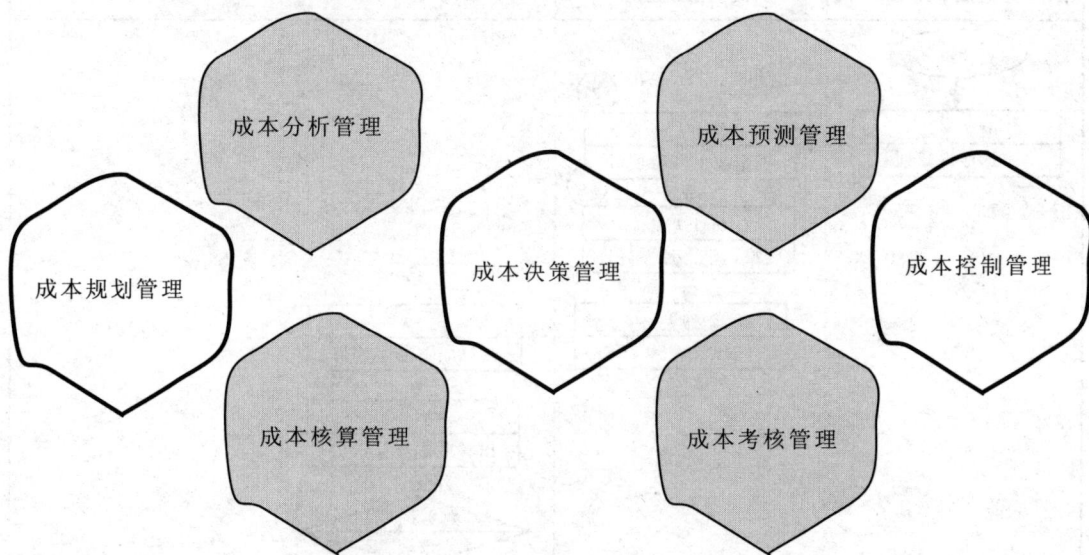

图 9-1 财务成本管理总体结构示意图

9.1.2 财务成本管理工作重点

财务成本管理的重点主要包括四个方面的内容，具体如图 9-2 所示。

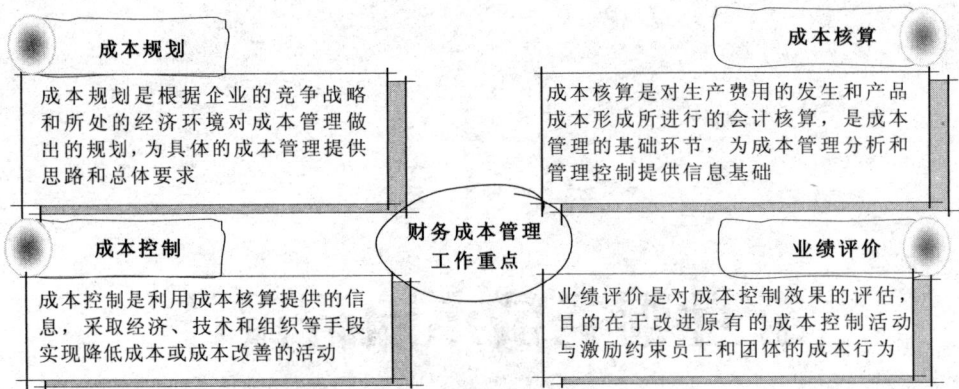

图 9-2　财务成本管理工作重点

9.2　企业成本核算管理

9.2.1　成本核算管理流程

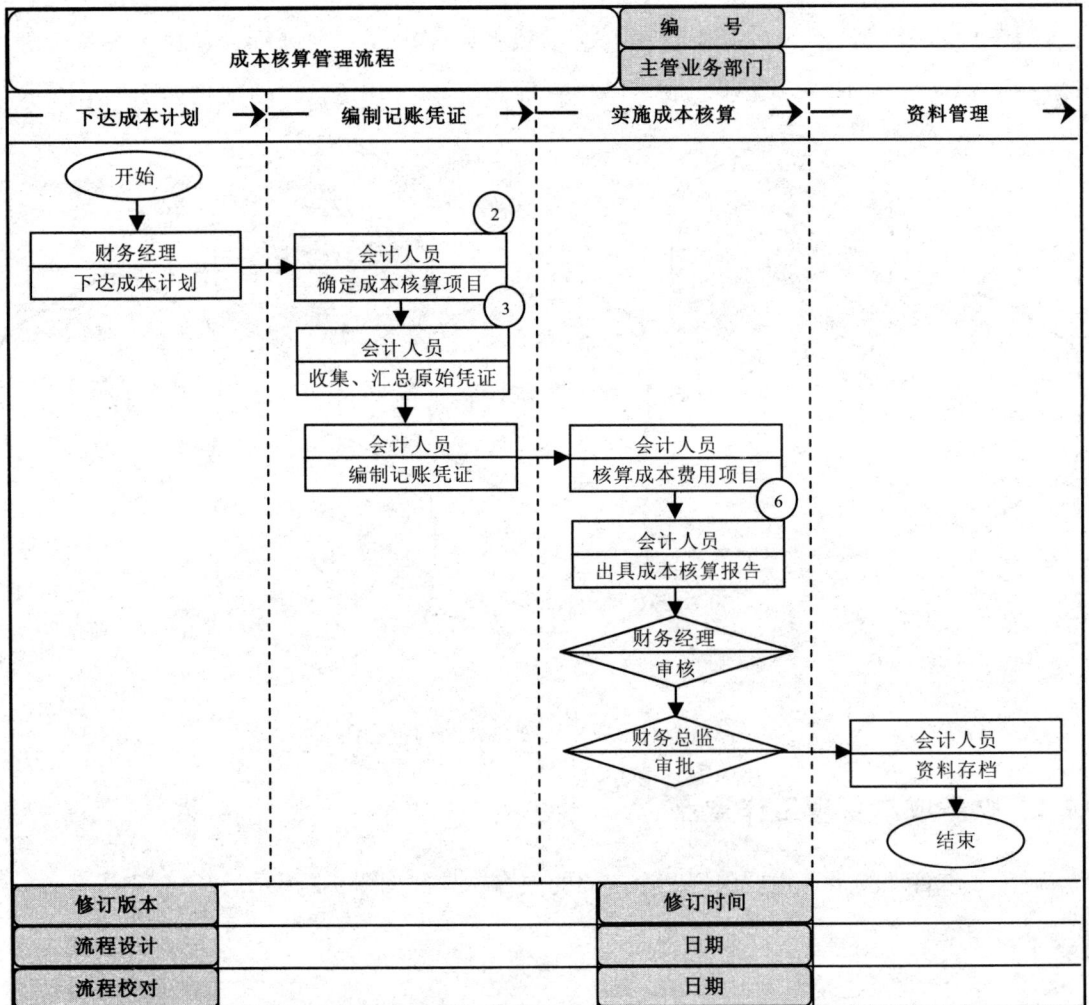

9.2.2 成本核算管理流程说明文件

成本核算管理流程说明

流程名称：成本核算管理流程	流程编号：
编制部门：财务部	日期： 年 月 日

一、流程简介

1. 流程内容：关于企业实施成本核算全过程。

2. 流程的起止点：本流程由 <u>下达成本计划</u> 事件触发，输入信息为 <u>企业年度费用预算</u> ；本流程结束状态为 <u>资料存档</u> ，输出信息为 <u>成本核算资料归档记录表</u> 。

二、管理/工作职责

1. 业务主管单位及职责。

本流程业务主管单位为财务部，全面负责企业成本费用核算的相关工作。

2. 财务总监职责。

财务总监负责对企业的成本核算报告进行审核，并组织做好相关问题的解决。

3. 财务经理职责。

（1）负责根据企业的年度费用预算制订企业的成本计划，下发到各个职能部门并组织执行。

（2）负责审核成本核算报告，并提出有效的意见。

4. 会计人员职责。

（1）负责根据相关的政策、规定确定企业成本核算的项目和具体内容。

（2）负责对企业各职能部门提供的原始凭证进行收集、汇总。

（3）负责根据原始凭证编制记账凭证，并进行成本费用项目的归集和分配。

（4）负责实施成本费用的核算，并根据核算结果填制总账和明细账。

（5）负责出具成本核算报告，并做好相关资料的整理、编号和归档。

三、流程依据的制度、标准及体系文件

本流程所依据的文件如下表所示。

流程参考文件列表

步骤名称	文件类型	文件名称
确定成本核算项目	制度	成本核算管理制度
收集、汇总原始凭证	工作标准	会计账务处理工作标准
编制记账凭证	工作标准	会计账务处理工作标准
核算成本费用项目	制度	成本核算管理制度
资料存档	制度	企业财务资料管理办法

四、流程相关的表单记录

本流程所依据或生成的表单记录如下表所示。

流程依据/生成记录列表

步骤序号	表单名称	是否全部电子化	表单模板所依据的文件
第2步	企业成本费用项目明细表	是	
第3步	企业成本费用原始凭证记录	是	
第6步	企业成本费用总账、明细账	是	

五、流程关键环节

1. 确定成本核算项目。

会计人员负责根据企业的相关规章制度确定成本费用核算的项目，主要包括基本生产成本的核算内容、辅助生产成本的核算内容等。

2. 收集、汇总原始凭证。

（1）会计人员根据确定的产品成本核算项目收集成本核算需要的原始凭证并进行分类、整理。

（2）会计人员必须对各部门上报的原始凭证的真实性、合法性和完整性进行严格审核，对审核不合格的应及时转上报部门处理。

3．核算成本费用项目。

（1）会计人员根据成本费用核算的项目及成本计算的需要，开设成本核算相关账户，并根据相关部门提供的成本费用发生的具体业务，对成本费用项目进行归集，并合理分配。

（2）会计人员根据归集分配完毕的成本费用金额，进行成本核算，根据核算结果填制成本费用明细账和总账，并编制成本核算报告交由上级领导审核。

9.2.3 成本费用控制流程

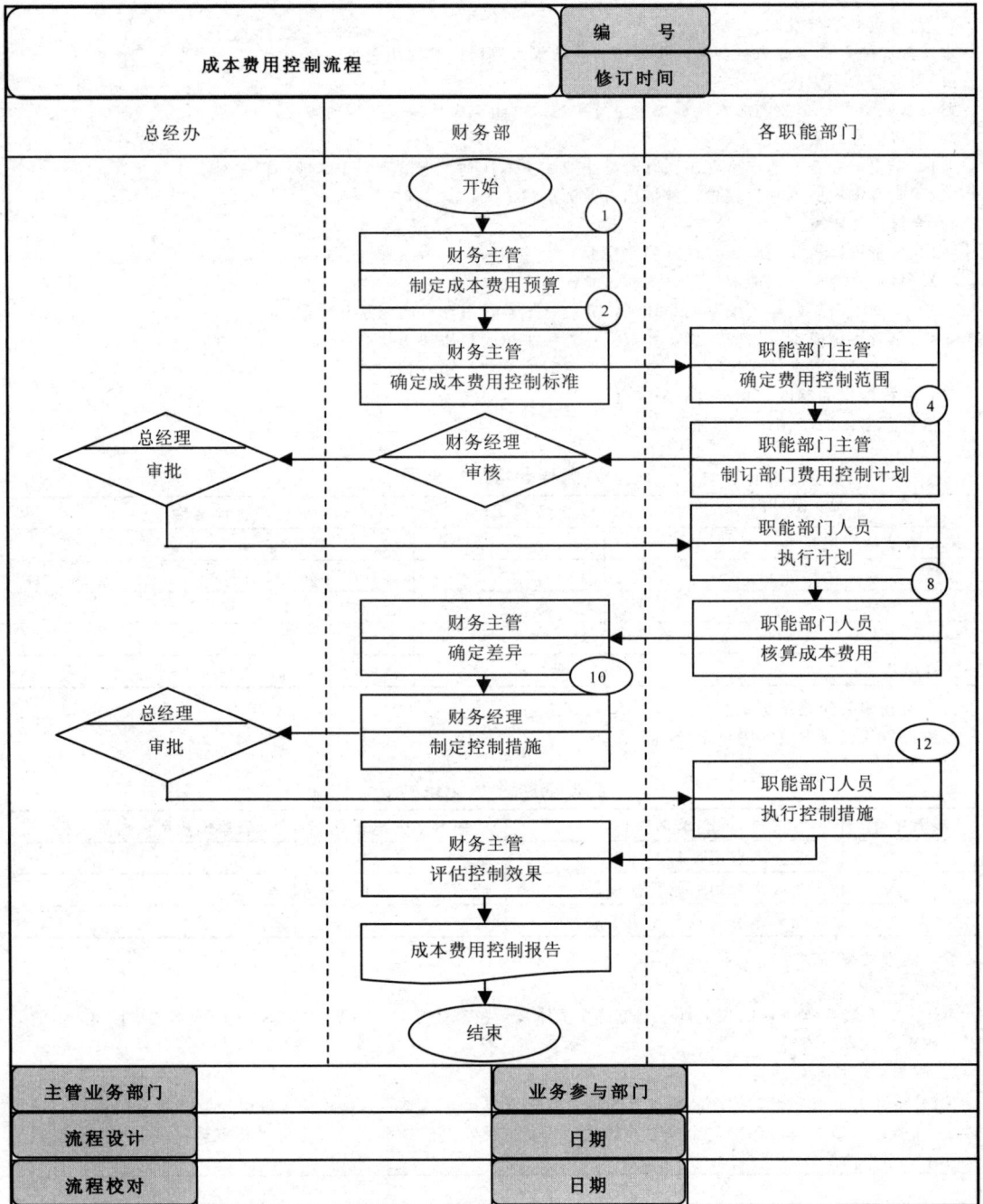

成本费用控制流程

| 编　号 | |
| 修订时间 | |

| 总经办 | 财务部 | 各职能部门 |

开始

1
财务主管
制定成本费用预算

2
财务主管
确定成本费用控制标准

职能部门主管
确定费用控制范围

总经理
审批

财务经理
审核

4
职能部门主管
制订部门费用控制计划

职能部门人员
执行计划

8
职能部门人员
核算成本费用

财务主管
确定差异

10
财务经理
制定控制措施

总经理
审批

12
职能部门人员
执行控制措施

财务主管
评估控制效果

成本费用控制报告

结束

主管业务部门		业务参与部门	
流程设计		日期	
流程校对		日期	

9.2.4 成本费用控制流程说明文件

成本费用控制流程说明

流程名称：成本费用控制流程	流程编号：
编制部门：财务部	日期： 年 月 日

一、流程简介

1. 流程内容：关于成本费用控制的全过程。

2. 流程的起止点：本流程由 <u>制定成本费用预算</u> 事件触发，输入信息为 <u>企业财务预算</u> ；本流程结束状态为 <u>评估控制效果</u> ，输出信息为 <u>成本费用控制报告</u> 。

二、管理/工作职责

1. 业务主管单位及职责。

本流程业务主管单位为财务部，负责制定成本费用预算，确定成本费用控制标准，确定实际成本费用与预算成本费用差异，根据差异制定成本费用控制措施、评估控制效果等。

2. 业务参与部门及其职责。

（1）总经办负责对各部门的费用控制计划及成本费用控制措施进行审核审批，并监督执行。

（2）各职能部门负责确定本部门的成本费用控制范围，制订并执行本部门的成本费用控制计划，定期核算成本，执行成本控制措施。

三、流程依据的制度、标准及体系文件

本流程所依据的文件如下表所示。

流程参考文件列表

步骤名称	文件类型	文件名称
制定成本费用预算	制度	财务预算管理制度
确定成本费用控制标准	制度	成本费用控制管理制度
核算成本费用	制度	财务核算管理制度
制定控制措施	制度	成本费用控制管理制度
评估控制效果	制度	成本费用控制管理制度

四、流程相关的表单记录

本流程所依据或生成的表单记录如下表所示。

流程依据/生成记录列表

步骤序号	表单名称	是否全部电子化	表单模板所依据的文件
第1步	成本费用预算 成本费用预算执行说明表	是	
第2步	成本费用控制标准说明表	是	
第4步	职能部门成本费用控制计划	是	
第8步	成本费用核算说明表 成本费用核算过程记录表	是	
第10步	成本费用控制措施 成本费用控制措施执行说明表	是	
第12步	成本费用控制问题反馈表 成本费用控制报告	是	

五、流程关键环节

1. 制定成本费用预算。

在制定成本费用预算时，财务人员应确定合适的成本预算方法和成本费用预算项目，并说明关于成本费用预算考核的相关事项。

2. 确定成本费用控制标准。

财务部门所确定的成本费用控制标准应切实可行，且不影响企业资金的正常运转等。

3. 核算成本费用。

企业各职能部门应在财务部的指导下选择合适的成本费用核算方法对本部门的成本费用核算项目进行核算，以保证核算结果的科学性。

4．制定控制措施。

财务人员应根据成本费用的核算结果等制定成本费用控制措施，且所制定的成本控制措施不能影响企业的正常运营。

5．评估控制效果。

财务人员在评估控制效果时，应主要说明财务成本控制工作取得的主要工作业绩及不足，以检验成本控制措施的有效性，方便对成本控制措施进行改进。

9.3 财务审计纳税管理

9.3.1 内部审计管理流程

内部审计管理流程		编　　号	
		修订时间	

财务部	审计部	被审计部门

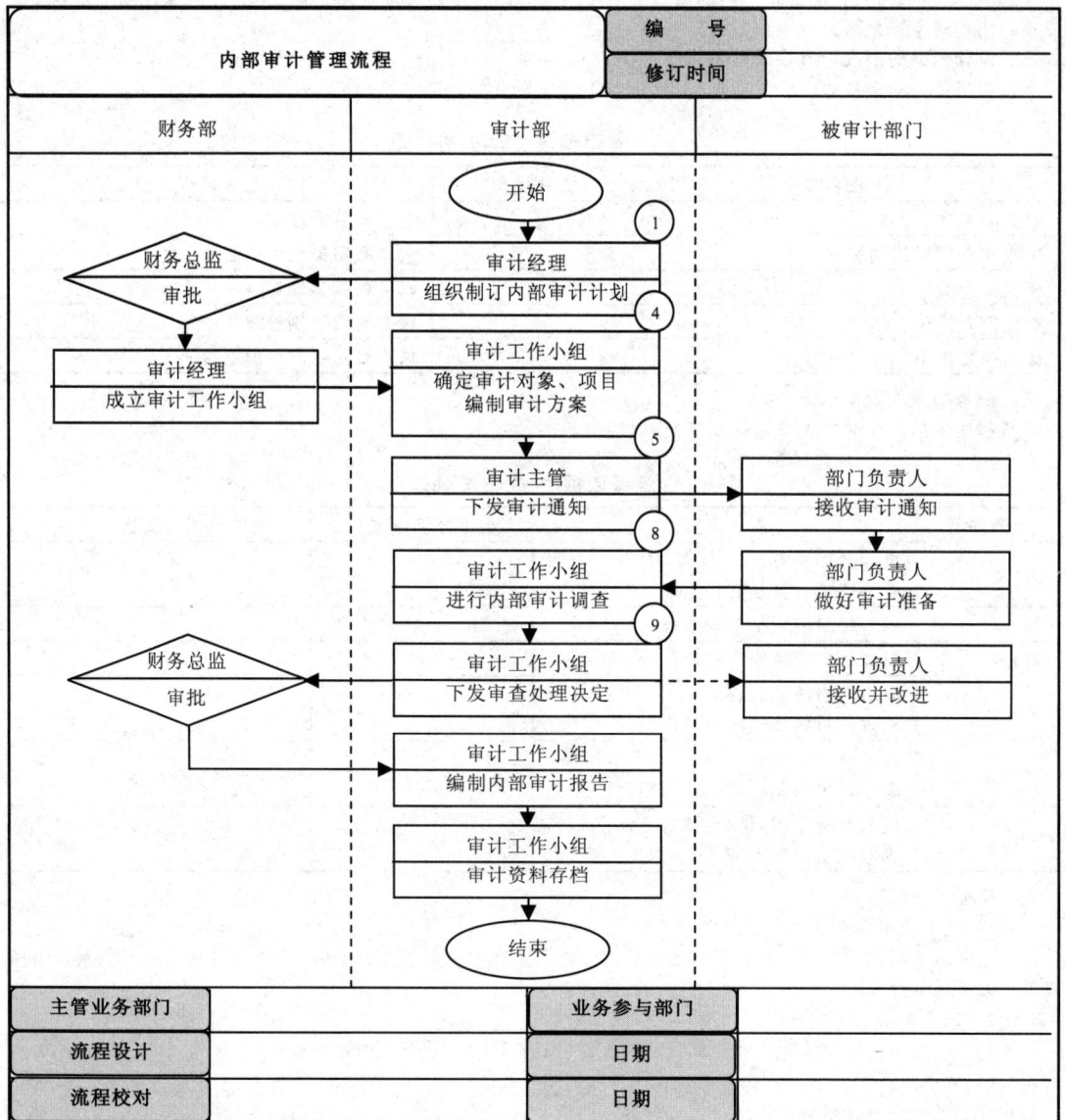

主管业务部门		业务参与部门	
流程设计		日期	
流程校对		日期	

9.3.2 内部审计管理流程说明文件

内部审计管理流程说明

流程名称：内部审计管理流程	流程编号：
编制部门：审计部	日期： 年 月 日

一、流程简介

1．流程内容：关于内部审计管理的全过程。

2．流程的起止点：本流程由____组织制订内部审计计划____事件触发，输入信息为____审计任务____；本流程结束状态为____审计资料存档____，输出信息为____审计工作档案____。

二、管理/工作职责

1．业务主管单位及职责。

本流程业务主管单位为审计部，负责制订审计计划，确定审计对象、项目编制审计方案，执行内部审计，编制审计工作报告。

2．业务参与部门及其职责。

（1）财务部门负责对审计计划进行审批，成立审计工作小组，并对内部审计工作过程进行监督指导。

（2）被审计部门负责接收审计通知，做好审计准备，积极配合内部审计小组的审计工作。

三、流程依据的制度、标准及体系文件

本流程所依据的文件如下表所示。

流程参考文件列表

步骤名称	文件类型	文件名称
组织制订内部审计计划	制度	企业内部审计管理制度
编制内部审计报告	工作标准	审计报告模板
审计资料存档	制度	内部审计档案管理制度

四、流程相关的表单记录

本流程所依据或生成的表单记录如下表所示。

流程依据/生成记录列表

步骤序号	表单名称	是否全部电子化	表单模板所依据的文件
第1步	内部审计计划表	是	
第4步	审计项目说明表	是	
第5步	内部审计通知单	是	
第8步	内部审计调查表 审计工作记录表	是	
第9步	审查意见表	是	

五、流程关键环节

1．组织制订内部审计计划。

（1）审计部根据工作内容制订企业内部审计计划，保证及时、有效地执行审计业务，提高审计效率。

（2）内部审计计划主要包括内部审计工作目标、需要执行的具体审计项目及其先后顺序、各审计项目所分配的审计资源、后续审计的必要安排等内容。

2．成立审计工作小组。

财务部根据审计任务和企业规划，组织成立审计工作小组，审计工作小组成员包括总经理、财务总监、审计部经理等领导层人员，并确定组内各成员的职责和任务。

3．确定审计对象、项目，编制审计方案。

（1）审计工作小组根据审计工作计划明确审计目标，确定审计对象和审计项目。

（2）审计工作小组组织编制初步审计方案，其主要内容包括审计依据、审计目标、审计时间、审计范围、审计内容、审计方式、具体实施步骤、计划审计报告的提交方式、时间和对象等。

4．下发审计通知。

审计工作小组向被审计部门签发审计通知单，通知被审计部门进行审计的时间、审计目标和范围，并要求被审计部门及时准备相关的文件、报表和其他资料、告知需要配合的相关事项。

5．进行内部审计调查。

（1）审计工作小组根据审计方案，组织审计人员对被审计部门进行调查，研究被审计部门提供的相关资料，并做好相关的工作记录。

（2）被审计部门积极配合审计工作小组的工作。

6．下发审查处理决定。

审计工作小组根据对被审计单位的审查结果，提出审查处理决定，经财务总监审批通过后下达给被审计部门，被审计部门根据审查处理决定认真改进日常工作。

7．编制内部审计报告。

审计工作小组负责编制内部审计报告，用简洁、扼要的文字阐述审计目标、审计范围、审计人员执行的审计程序及审计结论，并适当表明审计人员对审计中发现的问题提出相应的审计意见和建议。

9.3.3 税务筹划工作流程

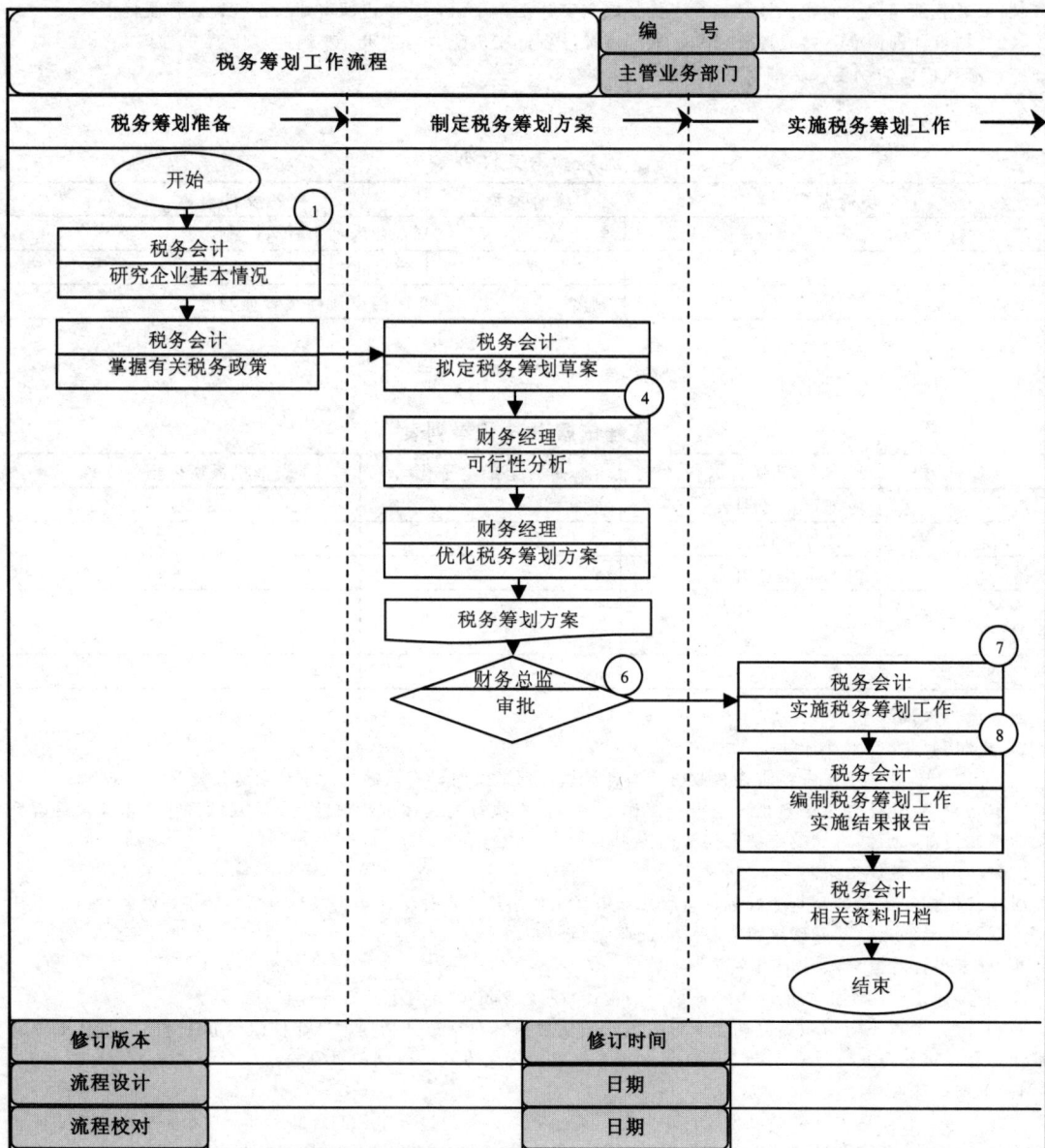

税务筹划工作流程	编 号	
	主管业务部门	

税务筹划准备	制定税务筹划方案	实施税务筹划工作

开始

① 税务会计 / 研究企业基本情况

税务会计 / 掌握有关税务政策

税务会计 / 拟定税务筹划草案 ④

财务经理 / 可行性分析

财务经理 / 优化税务筹划方案

税务筹划方案

财务总监 审批 ⑥

⑦ 税务会计 / 实施税务筹划工作

⑧ 税务会计 / 编制税务筹划工作实施结果报告

税务会计 / 相关资料归档

结束

修订版本		修订时间	
流程设计		日期	
流程校对		日期	

9.3.4 税务筹划工作流程说明文件

税务筹划工作流程说明

流程名称：税务筹划工作流程	流程编号：
编制部门：财务部	日期：　年　月　日

一、流程简介

1．流程内容：关于税务筹划管理的全过程。

2．流程的起止点：本流程由 <u>　研究企业基本情况　</u> 事件触发，输入信息为 <u>　企业财务状况、历史纳税情况　</u>；本流程结束状态为 <u>　相关资料归档　</u>，输出信息为 <u>　税务管理档案　</u>。

二、管理/工作职责

1．业务主管单位及职责。

本流程业务主管单位为财务部，负责税务筹划管控工作。

2．财务总监职责。

（1）负责审批优化后的税务筹划方案，并提出相应的修改意见。

（2）负责审批税务筹划方案实施结果报告，并提出修正意见。

3．财务经理职责。

（1）负责对拟定的税务筹划草案进行可行性分析，并提出税务筹划方案优化建议。

（2）负责监督、指导税务筹划工作的执行情况，对发现的问题进行及时解决。

4．税务会计职责。

（1）负责研究企业基本情况，收集、掌握国家税收政策，制定适合企业发展的税务筹划方案草案，并交由财务经理进行可行性分析。

（2）负责根据审核无误的税务筹划方案协调各部门完成税务筹划工作，制定税务筹划工作实施结果报告，并上报财务经理审核、财务总监审批。

三、流程依据的制度、标准及体系文件

本流程所依据的文件如下表所示。

流程参考文件列表

步骤名称	文件类型	文件名称
掌握有关税务政策	法律文件	国家税法和政策
拟定税务筹划草案	制度	税务筹划管理制度
相关资料归档	制度	企业档案管理制度

四、流程相关的表单记录

本流程所依据或生成的表单记录如下表所示。

流程依据/生成记录列表

步骤序号	表单名称	是否全部电子化	表单模板所依据的文件
第1步	企业基本情况调查表	是	
第4步	可行性分析说明表	是	
第6步	税务筹划方案审批表	是	
第7步	税务筹划工作实施记录表	是	
第8步	税务筹划工作实施结果报告	是	

五、流程关键环节

1．研究企业基本情况。

（1）税务会计研究企业经营环境、经营管理特点、发展战略目标和策略，了解企业的发展现状。

（2）税务会计负责收集财务状况信息、财务经理对税收筹划风险的态度等，了解企业历史纳税情况，明确税收筹划的重点。

2．掌握有关税务政策。

税务会计负责掌握国家税法和相关法律规定，理解企业的筹划政策，为制定适合本企业合理、合法的筹划政策提供有效依据。

3．拟定税务筹划草案。

（1）税务会计拟定可行性较强的税务筹划方案，并上交财务经理进行可行性分析。

（2）税务筹划草案主要包括：企业避税筹划、企业节税筹划、企业转嫁筹划、税收筹划途径等。

4. 可行性分析。

财务经理根据税务筹划草案,进行税务计算,并进行各因素变动分析、敏感分析。

5. 实施税务筹划工作。

(1) 税务会计根据总经理审批通过的税务筹划方案,协助其他部门完成税务筹划工作。

(2) 税务会计针对可能出现的情况调整税务筹划方案,以实现预期的税务筹划目的,控制筹划风险。

6. 编制税务筹划工作实施结果报告。

(1) 税务会计根据税务筹划工作的实际执行情况编制税务筹划工作实施结果报告,报领导审批。

(2) 税务筹划工作实施结果报告内容有:实施筹划工作的时间、地点、程序、效果、资金预算等。

9.3.5 纳税申报管理流程

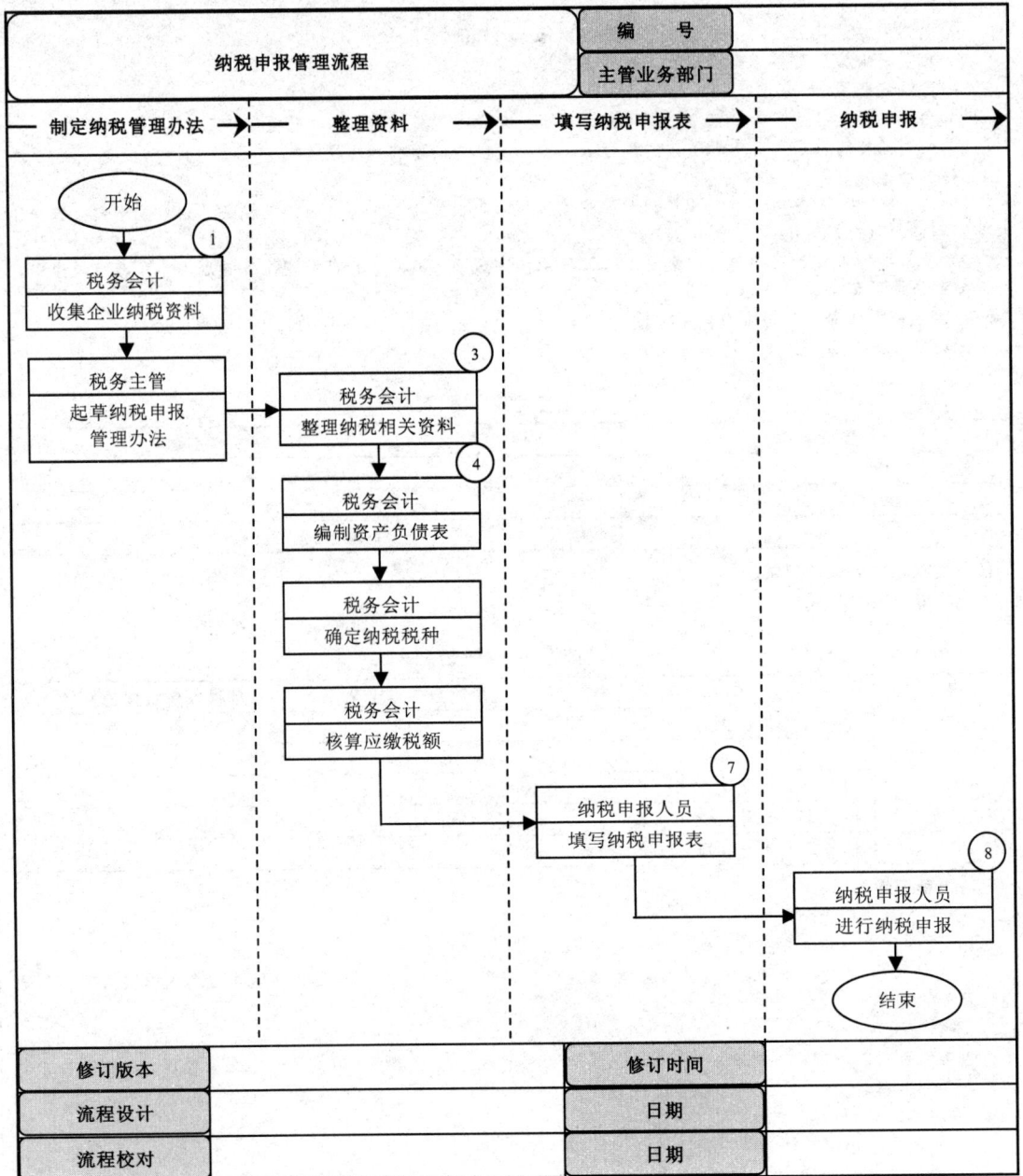

| 纳税申报管理流程 | | 编　号 | |
| | | 主管业务部门 | |

| 制定纳税管理办法 → | 整理资料 → | 填写纳税申报表 → | 纳税申报 → |

开始

① 税务会计
收集企业纳税资料

税务主管
起草纳税申报
管理办法

③ 税务会计
整理纳税相关资料

④ 税务会计
编制资产负债表

税务会计
确定纳税税种

税务会计
核算应缴税额

⑦ 纳税申报人员
填写纳税申报表

⑧ 纳税申报人员
进行纳税申报

结束

修订版本		修订时间	
流程设计		日期	
流程校对		日期	

9.3.6 纳税申报管理流程说明文件

纳税申报管理流程说明

流程名称：纳税申报管理流程	流程编号：
编制部门：税务部	日期： 年 月 日

一、流程简介

1. 流程内容：关于纳税申报管理的全过程。

2. 流程的起止点：本流程由 <u>收集纳税资料</u> 事件触发，输入信息为 <u>历年缴税证明</u> ；本流程结束状态为 <u>进行纳税申报</u> ，输出信息为 <u>税务机关纳税申报证明</u> 。

二、管理/工作职责

1. 业务主管单位及职责。

本流程业务主管单位为税务部，负责收集整理纳税申报资料，核算纳税额，填写纳税申报表，进行纳税申报工作。

2. 税务主管职责。

负责起草纳税申报管理办法，并对纳税申报过程进行监督、指导。

3. 税务会计职责。

（1）负责收集、整理纳税相关资料，编制资产负债表。

（2）根据企业业务发生情况，确定纳税税种，核算企业应缴税额，并进行记录、归档。

4. 纳税申报人员职责。

（1）根据纳税相关要求，填写纳税申请报表。

（2）负责根据纳税具体要求，准备纳税申报材料，并进行税务的申报工作。

三、流程依据的制度、标准及体系文件

本流程所依据的文件如下表所示。

流程参考文件列表

步骤名称	文件类型	文件名称
起草纳税申报管理办法	制度	企业税务管理制度
编制资产负债表	制度	财务管理制度
填写纳税申报表	制度	纳税申报管理制度

四、流程相关的表单记录

本流程所依据或生成的表单记录如下表所示。

流程依据/生成记录列表

步骤序号	表单名称	是否全部电子化	表单模板所依据的文件
第1步	企业历年纳税申报记录表	是	
第3步	纳税资料汇总表	是	
第4步	资产负债表	是	
第7步	纳税申报表	是	
第8步	纳税申报记录表	是	

五、流程关键环节

1. 收集纳税资料。

（1）税务会计对企业历年纳税申报工作情况、我国相关税法及纳税申报相关工作材料进行收集和汇总。

（2）税务会计收集相关资料的目的是为了起草纳税申报管理办法提供依据。

2．核算应缴税额。

税务会计根据利润表，明确企业所得税应纳税所得额，明确应征消费税产品的销售数量和销售额，对税务部门规定征收的其他税种需明确其课税范围，计算应纳税额。

3．填写纳税申报表。

纳税申报人员根据应缴税额的核算结果，如实填写各税种纳税申报表内容，并交税务主管审核、税务经理审批。

4．进行纳税申报。

（1）纳税申报人员在规定时间期限内办理纳税申报，如果办理纳税申报的期限最后一日遇公休、节假日的，可以顺延。

（2）实行定期定额缴纳税款的纳税人，纳税申报人员可以使用简易申报、简并征期等申报纳税方式。

第 10 章

企业人力资源流程设计

10.1　人力资源管理机构

10.1.1　人力资源管理总体结构

人力资源管理包括人力资源规划管理、员工招聘管理、绩效考核管理、薪酬管理、培训管理、劳动关系管理六大工作事项，具体的结构如图 10-1 所示。

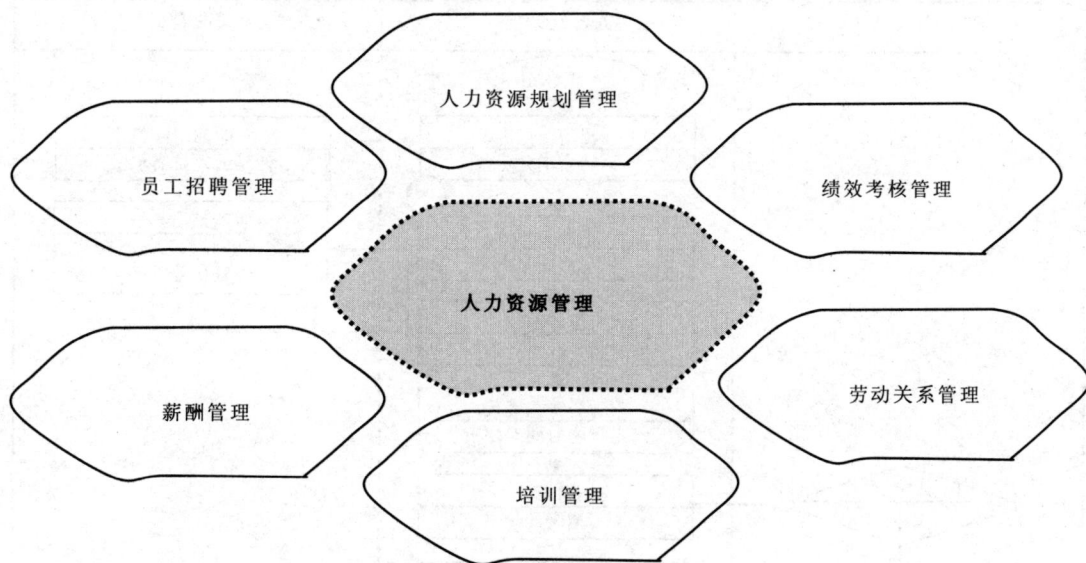

图 10-1　人力资源管理结构

10.1.2　人力资源管理工作重点

人力资源管理工作重点如图 10-2 所示。

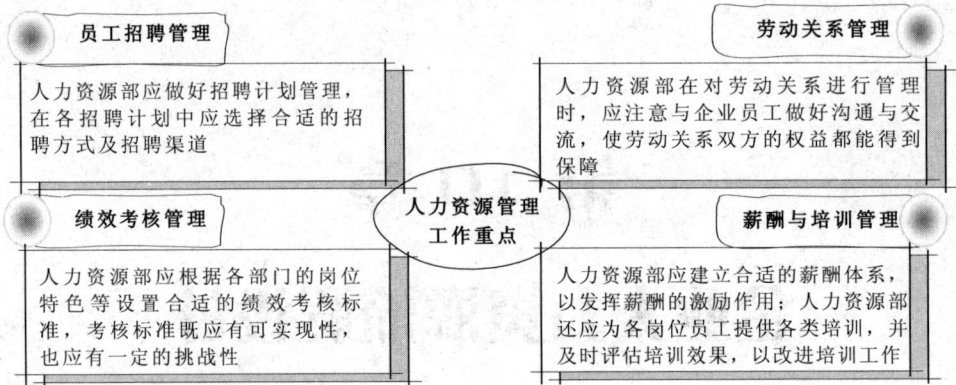

图 10-2　人力资源管理工作重点

10.2　人力资源招聘管理

10.2.1　人力资源招聘计划流程

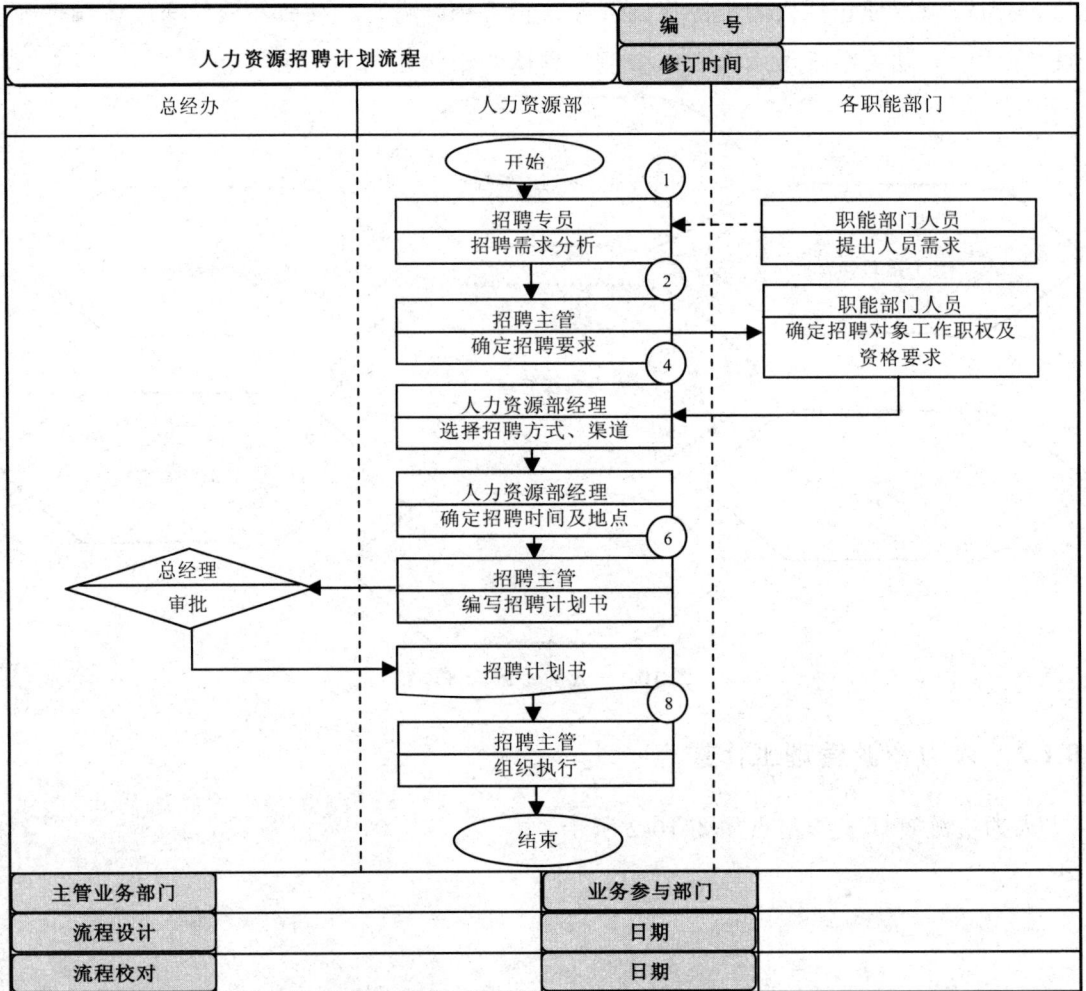

10.2.2　人力资源招聘计划流程说明文件

人力资源招聘计划流程说明

流程名称：人力资源招聘计划流程	流程编号：
编制部门：人力资源部	日期：　　年　月　日

一、流程简介

1. 流程内容：关于招聘计划制订的全过程。

2. 流程的起止点：本流程由＿＿＿＿（各职能部门）提出人员需求＿＿＿＿事件触发，输入信息为＿＿企业发展战略规划＿＿＿＿；本流程结束状态为＿＿＿＿＿（招聘计划）的组织执行＿＿＿＿，输出信息为＿＿＿招聘计划实施方案＿＿＿＿＿。

二、管理/工作职责

1. 业务主管单位及职责。

本流程业务主管单位为人力资源部，负责收集各职能部门的人员需求，并确定各部门人员招聘要求，根据实际状况确定招聘渠道及方式等。

2. 业务参与部门及其职责。

（1）总经办负责对招聘计划进行审核审批，并监督招聘计划的执行。

（2）各职能部门负责提出本部门的人员需求及人员招聘要求等，协助做好招聘计划工作。

三、流程依据的制度、标准及体系文件

本流程所依据的文件如下表所示。

流程参考文件列表

步骤名称	文件类型	文件名称
招聘需求分析	制度	人员需求预测管理制度
确定招聘对象工作职权及资格要求	岗位说明书	××岗位说明书
成立招聘工作小组	工作标准	招聘工作小组工作标准
组织执行	制度	招聘管理制度

四、流程相关的表单记录

本流程所依据或生成的表单记录如下表所示。

流程依据/生成记录列表

步骤序号	表单名称	是否全部电子化	表单模板所依据的文件
第1步	招聘需求分析表 招聘需求分析报告	是	
第2步	招聘要求说明表	是	
第4步	招聘方式及渠道汇总表 招聘方式及渠道选择说明表	是	
第6步	招聘计划书	是	
第8步	招聘计划执行记录表	是	

五、流程关键环节

1. 招聘需求分析。

在分析招聘需求时，分析人员应根据各职能部门提出的用人需求分析人力资源现状，并根据企业的战略发展要求等预测人力资源需求状况。

2. 确定招聘对象工作职权及资格要求。

各职能部门应根据岗位说明书及其他相关信息，明确招聘职位的主要岗位职责、任职资格等。

3．选择招聘方式、渠道。

人力资源部应根据所招聘的岗位选择合适的招聘方式，并根据确定后的招聘方式选择合适的招聘渠道。

六、流程存在的问题和改进建议

1．存在的问题：本流程中未涉及"招聘小组组建"事宜，可能造成人力资源部各招聘人员的职责不清及权责不明等问题。

2．改进建议：企业可针对各招聘计划成立临时性质的招聘工作小组，以保证招聘任务的顺利完成。

10.2.3 人力资源岗位设置流程

人力资源岗位设置流程		编　　号	
		修订时间	
总经办	人力资源部		各职能部门

开始

② 招聘主管
岗位设置分析 ← ① 职能部门人员
提出岗位设置需求

总经理
审核 ← 招聘主管
制定岗位设置方案

人力资源部经理
岗位设置实施方案

⑥ 人力资源部经理
组织讨论方案 ← 职能部门人员
提供岗位设置建议

总经理
审批 ← 招聘主管
确定方案 ⑨

招聘主管
制作岗位说明书 ⑩

薪酬主管
薪酬设计

结束

主管业务部门		业务参与部门	
流程设计		日期	
流程校对		日期	

10.2.4 人力资源岗位设置流程说明文件

人力资源岗位设置流程说明

流程名称：人力资源岗位设置流程	流程编号：
编制部门：人力资源部	日期： 年 月 日

一、流程简介

1．流程内容：关于岗位设置管理。

2．流程的起止点：本流程由____提出岗位设置需求____事件触发，输入信息为____企业战略发展规划等____；本流程结束状态为____薪酬设计____，输出信息为____企业新岗位薪酬设计说明书____。

二、管理/工作职责

1．业务主管单位及职责。

本流程业务主管单位为人力资源部，负责对岗位设置工作进行全面管理，包括进行岗位设置分析，制定岗位设置（实施）方案、制作岗位说明书、设计岗位薪酬等。

2．业务参与部门及其职责。

（1）总经办负责对岗位设置方案进行审核、对岗位设置实施方案进行审批。

（2）各职能部门负责提出本部门的岗位设置需求，为人力资源部提供岗位设置建议等。

三、流程依据的制度、标准及体系文件

本流程所依据的文件如下表所示。

流程参考文件列表

步骤名称	文件类型	文件名称
提出岗位设置需求	制度	岗位设置管理制度
岗位设置分析	制度	人力资源发展规划管理制度
制作岗位说明书	制度	岗位设置管理制度
薪酬设计	制度	岗位薪酬设计管理制度

四、流程相关的表单记录

本流程所依据或生成的表单记录如下表所示。

流程依据/生成记录列表

步骤序号	表单名称	是否全部电子化	表单模板所依据的文件
第1步	岗位设置需求说明表 岗位设置需求汇总表	是	
第2步	岗位设置分析报告	是	
第6步	讨论结果说明表 各职能部门意见或建议汇总表	是	
第9步	×××岗位设计说明书	是	
第10步	薪酬调查说明表 薪酬设计说明表	是	

五、流程关键环节

1．岗位设置分析。

在进行岗位设置分析时，人力资源部人员应明确岗位设置的具体要求、注意事项等，并确定企业是否具有设置某岗位的条件等。

2．制定岗位设置方案。

人力资源部人员制定的岗位设置方案应至少包含以下内容，如岗位设置方法、岗位设置方式、岗位设计部门及设置数量。

3．薪酬设计。

在对所设置的岗位进行薪酬设计时，设计人员应首先做好薪酬调研工作，以保证企业各岗位薪酬的激励作用。

六、流程存在的问题和改进建议

1. 存在的问题：本流程中未涉及"岗位设置小组组建"事宜，可能造成岗位设置不合理或影响岗位设置的工作效率等。

2. 改进建议：企业可根据岗位设置需要成立由各部门人员组成的"岗位设置小组"，该小组在企业有需要时管理各项岗位设置工作，在企业无需要时，各小组成员继续原岗位工作。

10.3　员工劳动关系管理

10.3.1　劳动合同管理流程

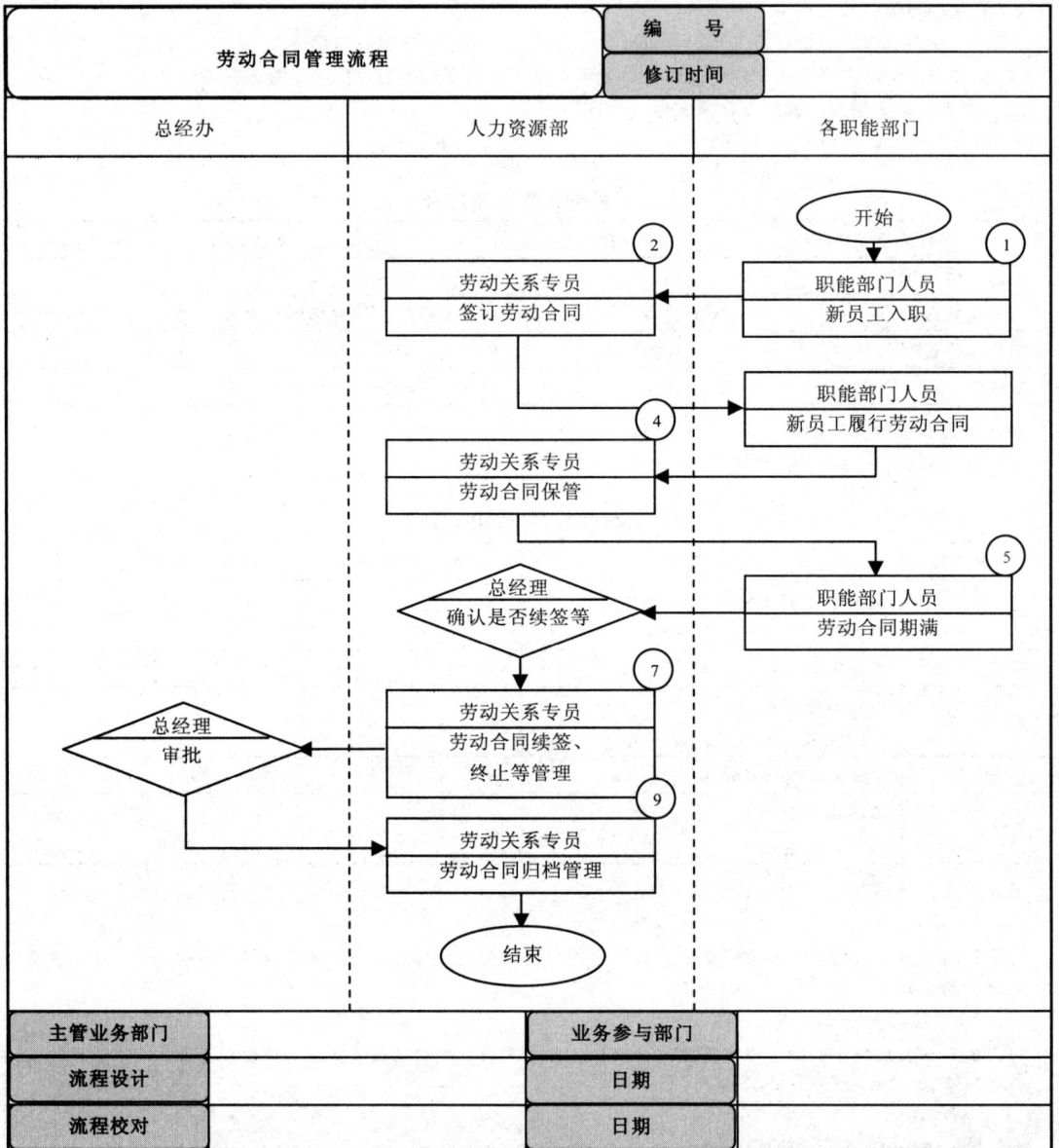

劳动合同管理流程		编　号	
		修订时间	
总经办	人力资源部	各职能部门	

```
                                                        开始
                                                         │
                        ②                               ①
              ┌──────────────────┐          ┌──────────────────┐
              │  劳动关系专员     │◄─────────│  职能部门人员      │
              │  签订劳动合同     │          │  新员工入职        │
              └──────────────────┘          └──────────────────┘
                                                         │
                                                         ▼
                        ④        ┌──────────────────┐
                       ──────────►│  职能部门人员      │
              ┌──────────────────┐│  新员工履行劳动合同 │
              │  劳动关系专员     │└──────────────────┘
              │  劳动合同保管     │◄─────────────┘
              └──────────────────┘                       ⑤
                       │                       ┌──────────────────┐
                       │                       │  职能部门人员      │
                   ◇总经理◇◄──────────────────│  劳动合同期满      │
                   确认是否续签等               └──────────────────┘
                       │
                       ▼        ⑦
              ┌──────────────────┐
        ◇总经理◇◄────────────│  劳动关系专员     │
         审批                  │  劳动合同续签、    │
           │                   │  终止等管理        │
           │                   └──────────────────┘ ⑨
           │                   ┌──────────────────┐
           └──────────────────►│  劳动关系专员     │
                               │  劳动合同归档管理  │
                               └──────────────────┘
                                        │
                                     ( 结束 )
```

主管业务部门		业务参与部门	
流程设计		日期	
流程校对		日期	

10.3.2　劳动合同管理流程说明文件

劳动合同管理流程说明

流程名称：劳动合同管理流程	流程编号：
编制部门：人力资源部	日期：　　年　月　日

一、流程简介

1．流程内容：关于劳动合同管理的全过程。

2．流程的起止点：本流程由_____新员工入职_____事件触发，输入信息为_____企业招聘计划等_____；本流程结束状态为_____劳动合同归档管理_____，输出信息为_____企业员工劳动合同归档记录表_____。

二、管理/工作职责

1．业务主管单位及职责。

本流程业务主管单位为人力资源部，负责与各职能部门新入职员工签订劳动合同，保管新入职员工的劳动合同；待员工合同期满后确认企业员工是否续签劳动合同等。

2．业务参与部门及其职责。

（1）总经办负责对续签或终止后的劳动合同进行审核审批。

（2）各职能部门负责指导本部门新入职员工与人力资源部签订劳动合同，监督新入职员工履行劳动合同等。

三、流程依据的制度、标准及体系文件

本流程所依据的文件如下表所示。

流程参考文件列表

步骤名称	文件类型	文件名称
新员工入职	制度	员工招聘管理制度
签订劳动合同	制度	劳动合同管理制度
劳动合同保管	制度	劳动合同保管制度
劳动合同续签、终止等管理	制度	劳动合同变更管理制度
劳动合同归档管理	制度	劳动合同保管制度

四、流程相关的表单记录

本流程所依据或生成的表单记录如下表所示。

流程依据/生成记录列表

步骤序号	表单名称	是否全部电子化	表单模板所依据的文件
第1步	新员工入职登记表 新员工名单	是	
第2步	劳动合同	是	
第4步	劳动合同保管说明表	是	
第5步	劳动合同期满人员名单	是	
第7步	劳动合同续签人员名单 劳动合同终止人员名单	是	
第9步	劳动合同归档记录	是	

五、流程关键环节

1．签订劳动合同。

劳动关系专员在与各职能部门新入职员工签订劳动合同时，应向新入职员工详细解释说明合同中的相关条款，纠正新入职员工对劳动合同的理解偏差等。

2．劳动合同保管。

在保管劳动合同时，劳动关系专员应明确合同的保管要求及保管注意事项，保证劳动合同在保管期间的安全等。

3．劳动合同续签、终止等管理。

如企业员工需要续签或终止劳动合同，需在劳动关系专员处认真填写"劳动合同续签、终止申请书"，详细说明劳动合同续签或终止的事由等。

六、流程存在的问题和改进建议

1．存在的问题：该流程中未涉及劳动合同监督执行的内容，无法说明企业与员工在执行劳动合同时对合同所做的管理等。

2．改进建议：企业可另附文件说明劳动合同在监督执行过程中的管理事宜等。

10.3.3　专项合同管理流程

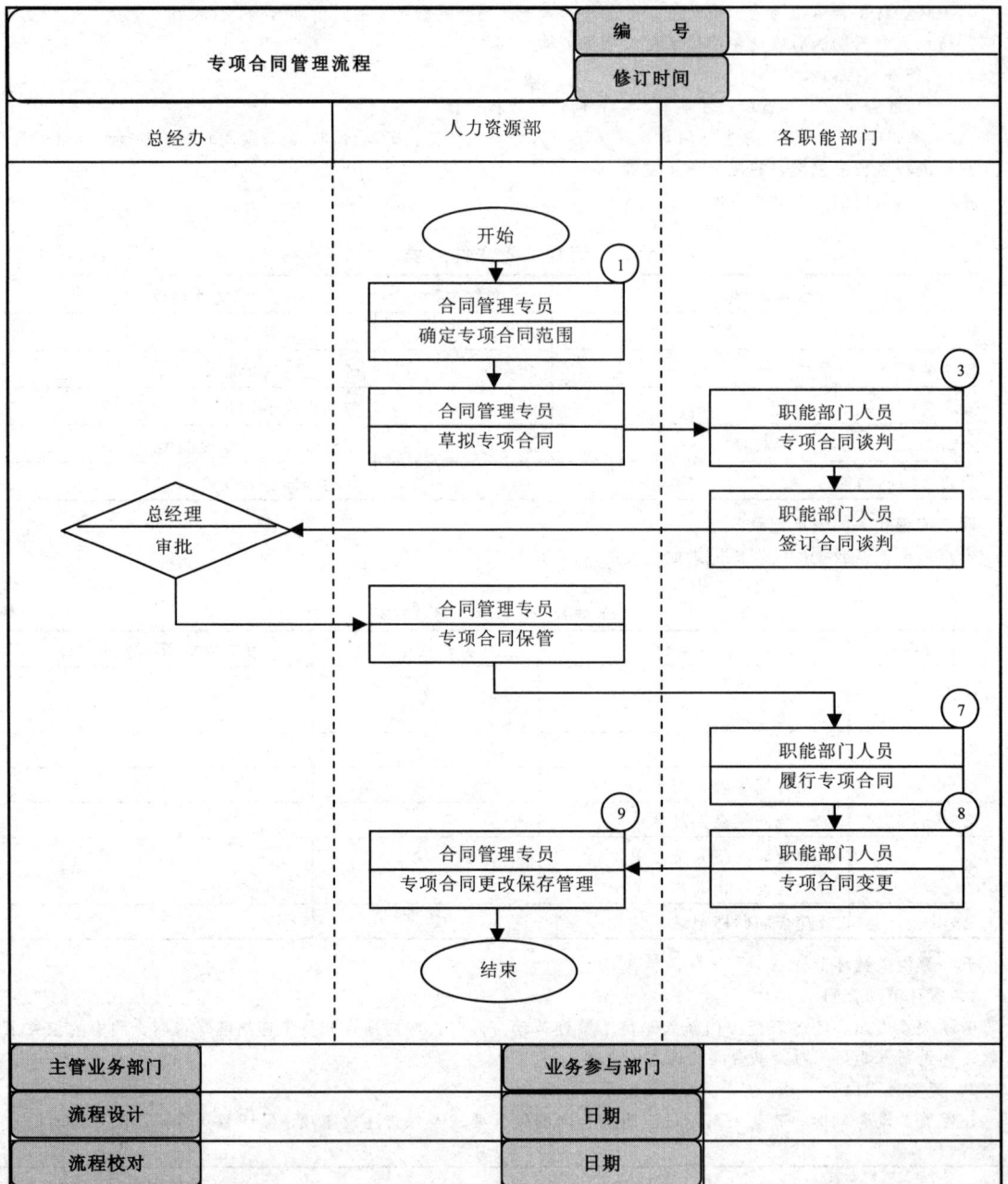

专项合同管理流程	编　　号	
	修订时间	

总经办	人力资源部	各职能部门

开始

① 合同管理专员 确定专项合同范围

合同管理专员 草拟专项合同

③ 职能部门人员 专项合同谈判

职能部门人员 签订合同谈判

总经理 审批

合同管理专员 专项合同保管

⑦ 职能部门人员 履行专项合同

⑨ 合同管理专员 专项合同更改保存管理

⑧ 职能部门人员 专项合同变更

结束

主管业务部门		业务参与部门	
流程设计		日期	
流程校对		日期	

10.3.4 专项合同管理流程说明文件

专项劳动合同管理流程说明

流程名称：专项合同管理流程	流程编号：
编制部门：人力资源部	日期： 年 月 日

一、流程简介

1. 流程内容：关于专项合同管理的全过程。

2. 流程的起止点：本流程由 <u>确定专项合同范围</u> 事件触发，输入信息为 <u>专项合同管理制度等</u> ；本流程结束状态为 <u>专项合同更改保存管理</u> ，输出信息为 <u>专项合同归档记录表</u> 。

二、管理/工作职责

1. 业务主管单位及职责。

本流程业务主管单位为人力资源部，负责确立专项合同的范围，对专项合同进行草拟及保管等。

2. 业务参与部门及其职责。

（1）总经办负责对专项合同进行审批，并监督专项合同的保管等。

（2）各职能部门负责根据草拟后的专项合同与合同对方进行合同谈判，并签订及履行专项合同，待合同变更时及时协助人力资源部对合同管理做出相应的调整等。

三、流程依据的制度、标准及体系文件

本流程所依据的文件如下表所示。

流程参考文件列表

步骤名称	文件类型	文件名称
确定专项合同范围	工作标准	专项合同界定工作标准
草拟专项合同	工作标准	专项合同草拟工作标准
专项合同谈判	制度	专项合同谈判管理制度 专项合同签订管理制度
专项合同保管	制度	专项合同谈判管理制度
专项合同变更	制度	专项合同变更管理制度

四、流程相关的表单记录

本流程所依据或生成的表单记录如下表所示。

流程依据/生成记录列表

步骤序号	表单名称	是否全部电子化	表单模板所依据的文件
第1步	专项合同界定说明表 专项合同名单	是	
第3步	专项合同谈判记录表 专项合同不明条款说明表	是	
第7步	专项合同履行说明表 专项合同履行过程记录表	是	
第8步	专项合同变更说明表 专项合同（变更后）	是	
第9步	专项合同更改记录表	是	

五、流程关键环节

1. 确定专项合同范围。

在确定专项合同范围时，人力资源部应首先确定各职能部门的专项合同类别，然后按部门确定各专项合同的类别，最后对各专项合同进行整理汇总，确定专项合同的范围。

2. 草拟专项合同。

合同管理专员在草拟各专项合同时，应根据各专项合同的特点及合同标的等进行拟制，所拟定专项合同的相关条款应具有法律上的约束能力。

3. 履行专项合同。

在履行专项合同时，各职能部门应保持与合同对方的友好关系，随时记录合同的履行状态等，及时处理合同履行过程中的问题。

4. 专项合同变更。

专项合同如有变更，各职能部门应详细说明变更的具体事宜或变更的主要条款等，以方便合同的履行。

10.4 员工绩效考核管理

10.4.1 工时定额标准制定流程

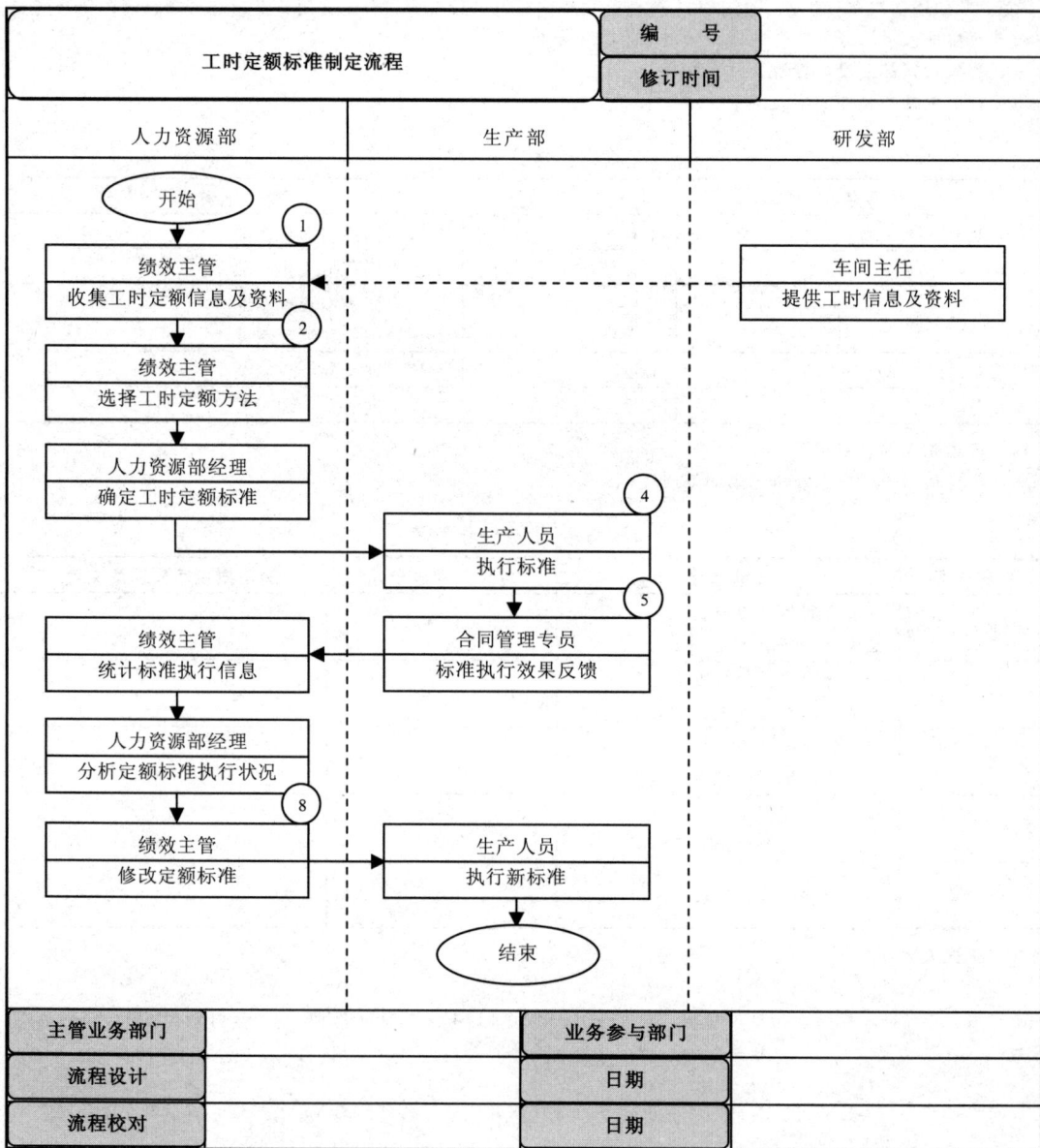

工时定额标准制定流程	编　　号	
	修订时间	

人力资源部	生产部	研发部

开始

① 绩效主管
收集工时定额信息及资料

车间主任
提供工时信息及资料

② 绩效主管
选择工时定额方法

人力资源部经理
确定工时定额标准

④ 生产人员
执行标准

⑤ 合同管理专员
标准执行效果反馈

绩效主管
统计标准执行信息

人力资源部经理
分析定额标准执行状况

⑧ 绩效主管
修改定额标准

生产人员
执行新标准

结束

主管业务部门		业务参与部门	
流程设计		日期	
流程校对		日期	

10.4.2 工时定额标准制定流程说明文件

工时定额标准制定流程说明

流程名称：工时定额标准制定流程	流程编号：
编制部门：人力资源部	日期： 年 月 日

一、流程简介

1．流程内容：关于工时定额标准制定管理的全过程。

2．流程的起止点：本流程由 ____收集工时定额信息及资料____ 事件触发，输入信息为 ____生产类型、工艺规程、工艺装备、产品图纸、技术资料等____ ；本流程结束状态为 ____执行新标准____ ，输出信息为 ____工时定额新标准执行问题反馈____ 。

二、管理/工作职责

1．业务主管单位及职责。

本流程业务主管单位为人力资源部，负责收集工时定额信息及资料、选择工时定额方法，并根据企业的实际生产条件等确定工时定额标准，并根据工时定额标准的执行状况等对定额标准进行适时修改。

2．业务参与部门及其职责。

（1）生产部门负责执行工时定额标准，并对工时定额标准的执行效果进行反馈。

（2）研发部门负责为人力资源部提供工时信息及资料，主要包括生产类型、工艺规程、工艺装备、产品图纸、技术资料等。

三、流程依据的制度、标准及体系文件

本流程所依据的文件如下表所示。

流程参考文件列表

步骤名称	文件类型	文件名称
收集工时定额信息及资料	制度	信息采集管理制度
确定工时定额标准	制度	绩效考核管理制度
执行标准	制度	工时定额管理制度
统计标准执行信息	制度	信息采集管理制度
分析定额标准执行状况	制度	工时定额管理制度

四、流程相关的表单记录

本流程所依据或生成的表单记录如下表所示。

流程依据/生成记录列表

步骤序号	表单名称	是否全部电子化	表单模板所依据的文件
第1步	工时定额信息采集表 工时定额信息整理汇总表	是	
第2步	工时定额方法比较分析法 工时定额方法选择说明表	是	
第4步	工时定额标准执行记录表 工时定额标准执行问题汇总表	是	
第5步	工时定额标准执行反馈表	是	
第8步	工时定额标准（新）	是	

五、流程关键环节

1．收集工时定额信息及资料。

人力资源部需要收集的工时定额信息及资料主要包括工艺规程信息、工装信息、产品信息、生产技术信息等。

2．确定工时定额标准。

研发部及生产部等要向人力资源部提供各产品零件的工时消耗定额，人力资源部根据生产部及研发部提供的信息，并结合车间实际，切实掌握定额水平和平衡状况等。

3．标准执行效果反馈。

生产部人员需按月统计工时定额标准的实际完成情况，并及时将各信息传递给人力资源部。

4．修改定额标准。

人力资源部应根据生产部提供的工时定额标准执行的实际信息，并结合产品批次的生产类型等对工时定额标准进行修改。

10.4.3　员工绩效考核流程

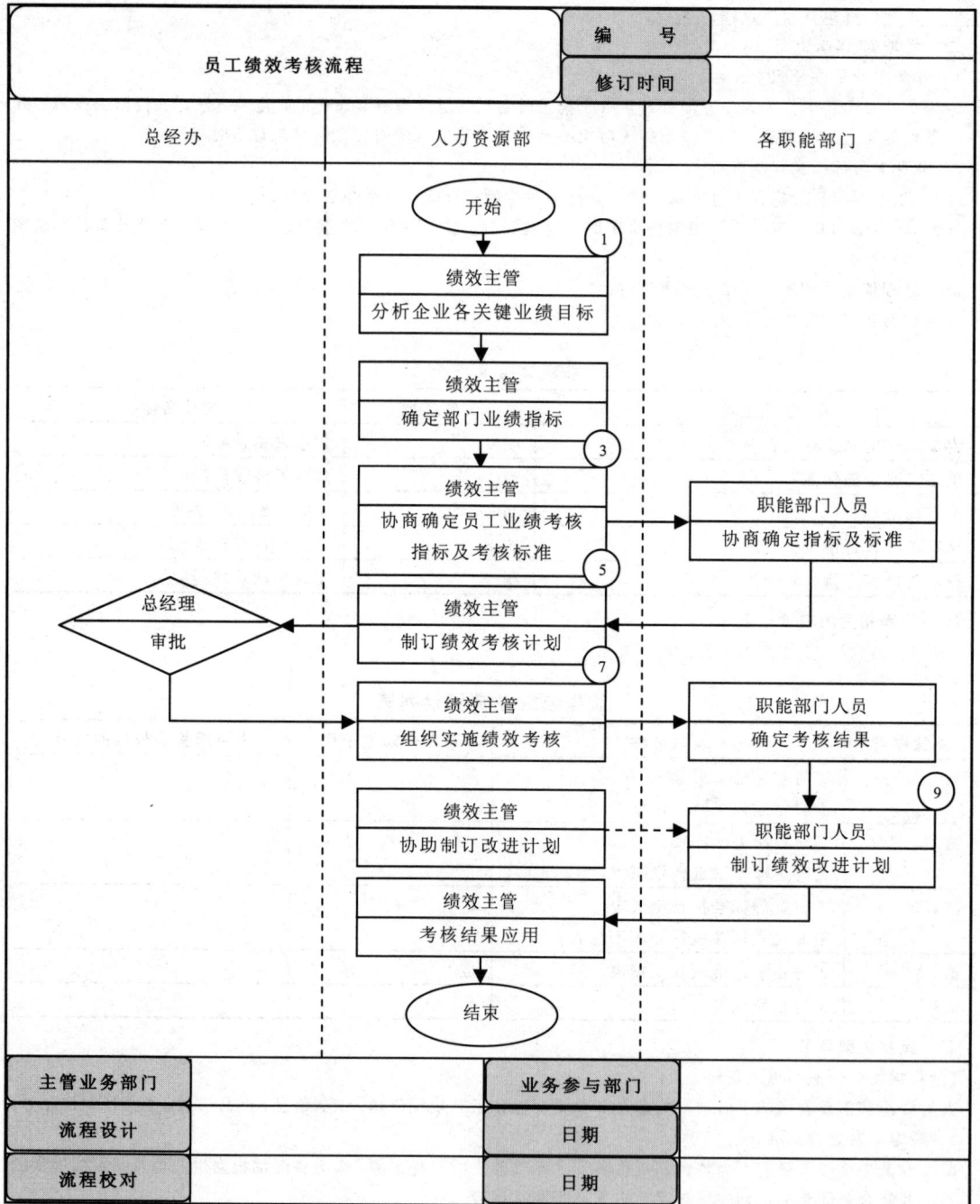

10.4.4 员工绩效考核流程说明文件

员工绩效考核流程说明

流程名称：员工绩效考核流程	流程编号：
编制部门：人力资源部	日期： 年 月 日

一、流程简介

1．流程内容：关于员工绩效考核管理的全过程。

2．流程的起止点：本流程由 <u>分析企业各关键业绩目标</u> 事件触发，输入信息为 <u>员工绩效考核管理制度、人力资源规划管理制度</u> ；本流程结束状态为 <u>考核结果应用</u> ，输出信息为 <u>绩效考核应用说明表</u> 。

二、管理/工作职责

1．业务主管单位及职责。

本流程业务主管单位为人力资源部，负责收集企业各项业绩目标、部门及员工个人的考核指标及考核标准，制订员工绩效考核计划并组织实施绩效考核、应用考核结果等。

2．业务参与部门及其职责。

（1）总经办负责审批人力资源部制订的绩效考核计划，并监督计划的执行。

（2）各职能部门负责与人力资源部协商确定绩效考核指标及标准，确认绩效考核结果与自身工作业绩的符合程度等，并根据绩效考核结果制订绩效改进计划。

三、流程依据的制度、标准及体系文件

本流程所依据的文件如下表所示。

流程参考文件列表

步骤名称	文件类型	文件名称
确定部门业绩指标	制度	员工绩效考核管理制度
协商确定员工业绩考核指标及考核标准	制度	员工绩效考核管理制度
组织实施绩效考核	制度	员工绩效考核管理制度
考核结果应用	制度	绩效考核结果应用管理制度

四、流程相关的表单记录

本流程所依据或生成的表单记录如下表所示。

流程依据/生成记录列表

步骤序号	表单名称	是否全部电子化	表单模板所依据的文件
第1步	企业关键业绩目标分析表	是	
第3步	企业各岗位考核量表 考核标准说明表	是	
第5步	绩效考核计划	是	
第7步	绩效考核实施记录表 绩效考核问题汇总表	是	
第9步	绩效改进计划	是	

五、流程关键环节

1．分析企业各关键业绩目标。

人力资源部首先可通过企业经营计划等确定企业的各类关键绩效目标，然后根据企业整体的关键业绩目标确定部门的业绩目标，最后根据部门的业绩目标确定个人的绩效目标、考核标准等。

2．制订绩效考核计划。

人力资源部确定的绩效考核计划应以各职能部门及员工进行绩效沟通后才能确定最后的绩效考核相关指标及标准。

3．制订绩效改进计划。 　人力资源部应在对员工实施绩效考核后，根据员工工作业绩的实际情况等制订员工绩效改进计划，并监督计划的执行。 4．考核结果应用。 　人力资源部应将考核结果与企业的薪酬调整、岗位晋升等措施结合起来应用，以充分发挥绩效考核的记录作用。

10.5　人力资源薪酬与培训

10.5.1　员工岗位培训流程

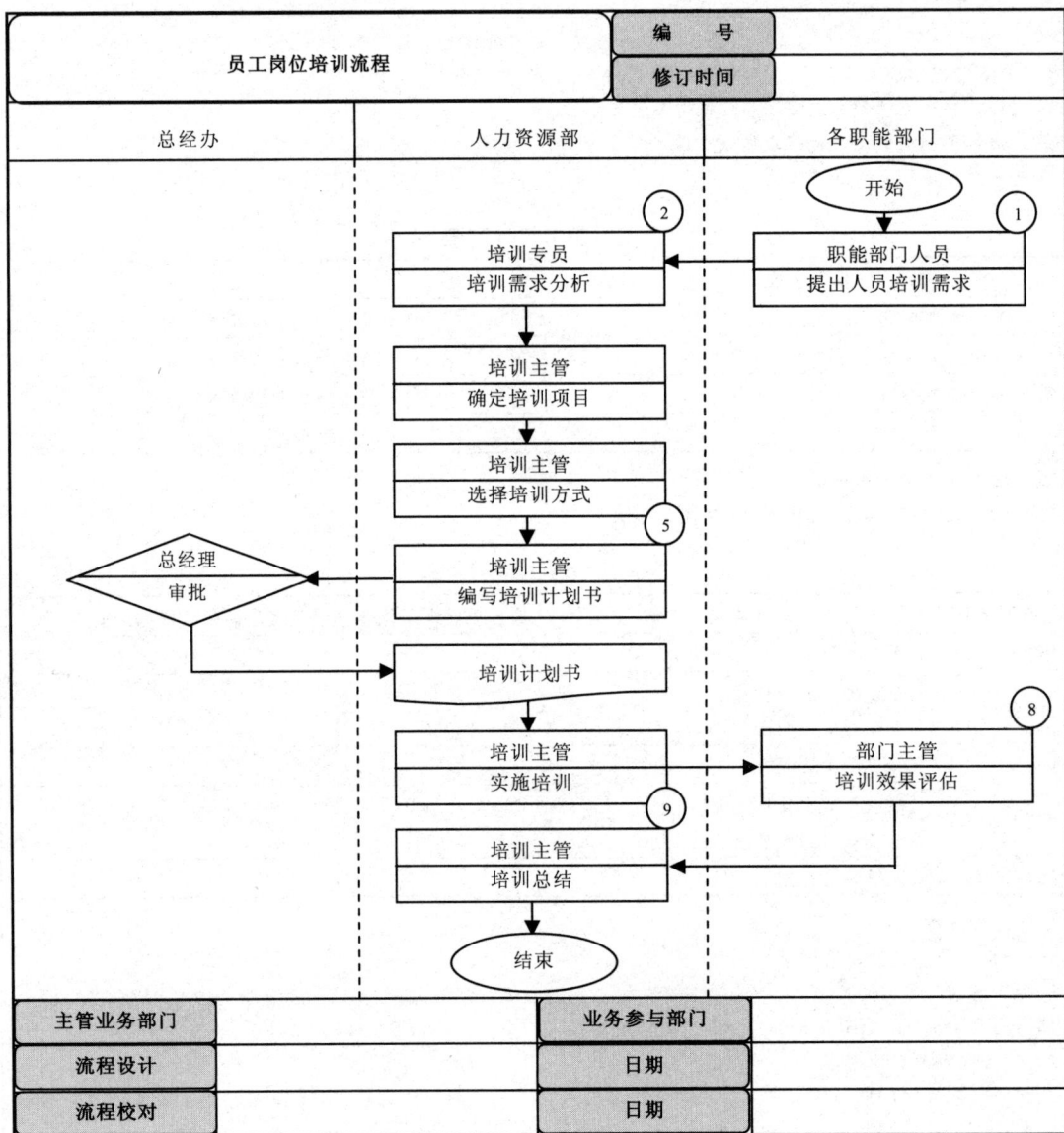

10.5.2　员工岗位培训流程说明文件

员工岗位培训流程说明

流程名称：员工岗位培训流程	流程编号：
编制部门：人力资源部	日期：　　年　月　日

一、流程简介

1．流程内容：关于员工岗位培训流程管理的全过程。

2．流程的起止点：本流程由　员工工作能力欠缺　事件触发，输入信息为　人员培训需求计划　；本流程结束状态为　培训效果评估　，输出信息为　培训效果评估报告　。

二、管理/工作职责

1．业务主管单位及职责。

本流程业务主管单位为人力资源部，负责培训需求分析、确定培训项目、编制培训计划并实施人员培训等工作。

2．业务参与部门及其职责。

（1）总经办负责对人力资源部的培训计划进行审批，控制培训预算。

（2）各职能部门负责提出人员培训需求。

三、流程依据的制度、标准及体系文件

本流程所依据的文件如下表所示。

流程参考文件列表

步骤名称	文件类型	文件名称
提出人员培训需求	制度	员工培训管理制度
确定培训项目	工作标准	员工培训工作标准

四、流程相关的表单记录

本流程所依据或生成的表单记录如下表所示。

流程依据/生成记录列表

步骤序号	表单名称	是否全部电子化	表单模板所依据的文件
第1步	人员培训需求调查表	是	
第2步	培训需求分析表	是	
第5步	培训计划书	是	
第8步	培训效果评估报告	是	
第9步	培训总结	是	

五、流程关键环节

1．提出人员培训需求。

各职能部门人员在工作的过程中发现自身的知识及业务水平不足以应对企业的发展，或需要进行工作能力的提高时，向人力资源部提出培训的需求。

2．培训需求分析。

培训专员对相关部门提出的培训需求进行分析，发现部门人员需要培训的原因所在，找出其知识水平及工作能力欠缺之处，以便有目的的选择培训方式及培训内容。

3．编写培训计划书。

（1）培训主管根据员工的培训需求制订培训计划，并上交总经理进行审批。

（2）一份完整的培训计划书包括培训时间、培训目标人群、培训重点、培训方式、培训讲师、培训预算及培训预期效果等内容。

4．实施培训。

培训主管根据培训计划对目标人群进行培训。一般而言，培训分为定期培训和不定期培训两种。

5．培训效果评估。

（1）部门主管对人力资源部的培训效果进行评估，确定培训是否能够提高员工的工作能力，是否对员工有实际帮助作用。

（2）培训主管应对培训效果进行总结，并提高培训水平。

六、流程存在的问题和改进建议

1．存在的问题：培训需求由职能部门人员提出，并由培训专员进行分析，培训专员并不清楚该需求是否为真实需求。

2．改进建议：人力资源部应培训需求进行调查，以确认并完善部门人员的培训需求情况。

10.5.3 薪酬福利管理流程

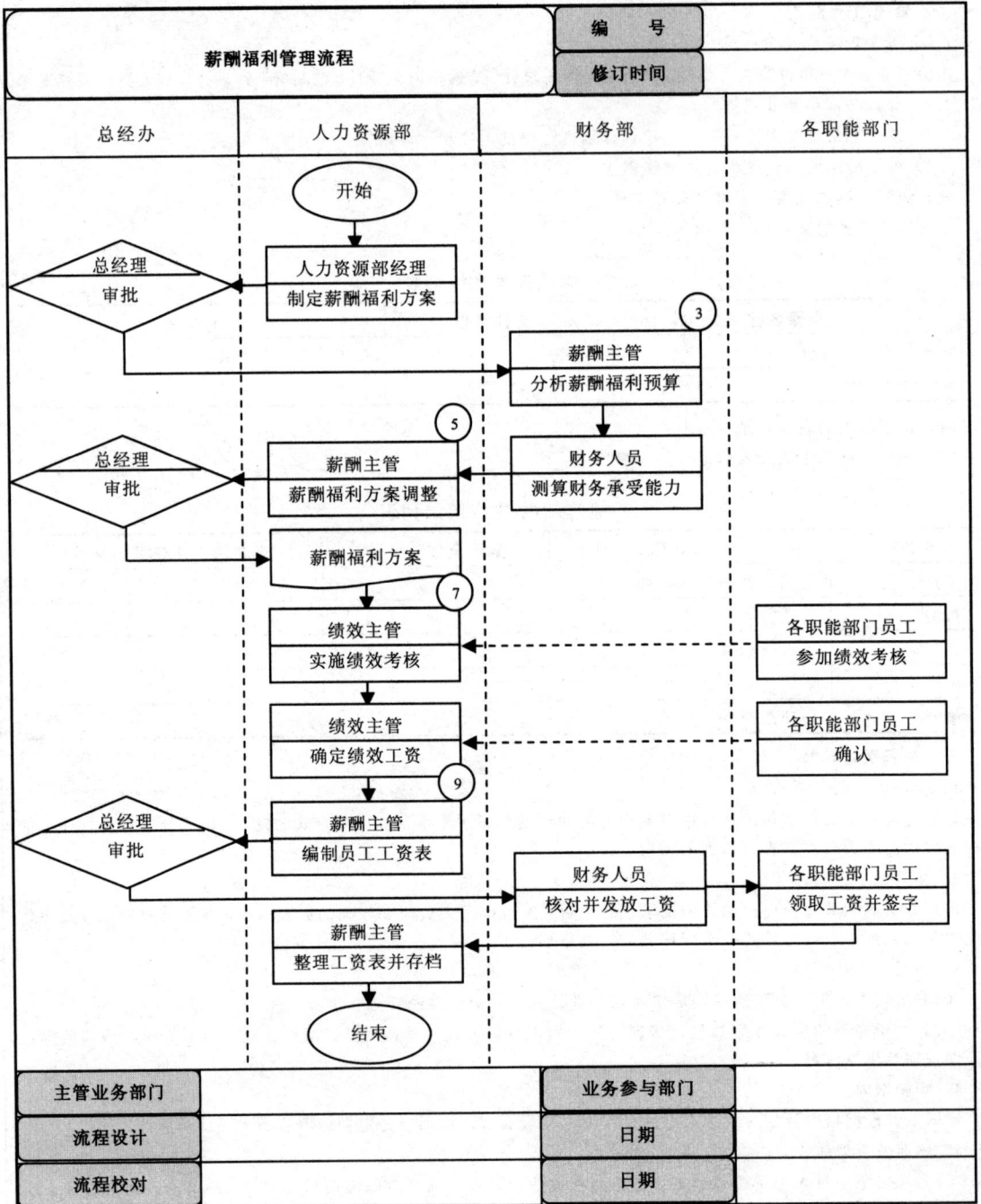

薪酬福利管理流程		编　号	
		修订时间	
总经办	人力资源部	财务部	各职能部门

开始

↓

| 总经理审批 | 人力资源部经理制定薪酬福利方案 | | |

③

薪酬主管 分析薪酬福利预算

⑤

| 总经理审批 | 薪酬主管 薪酬福利方案调整 | 财务人员 测算财务承受能力 | |

薪酬福利方案

⑦

| | 绩效主管 实施绩效考核 | | 各职能部门员工 参加绩效考核 |

| | 绩效主管 确定绩效工资 | | 各职能部门员工 确认 |

⑨

| 总经理审批 | 薪酬主管 编制员工工资表 | | |

| | | 财务人员 核对并发放工资 | 各职能部门员工 领取工资并签字 |

薪酬主管 整理工资表并存档

结束

主管业务部门		业务参与部门	
流程设计		日期	
流程校对		日期	

10.5.4 薪酬福利管理流程说明文件

薪酬福利管理流程说明

流程名称：薪酬福利管理流程	流程编号：
编制部门：人力资源部	日期： 年 月 日

一、流程简介

1．流程内容：关于制造费用核算上报全过程。

2．流程的起止点：本流程由___制定薪酬福利标准___事件触发，输入信息为___薪酬福利方案___；本流程结束状态为___整理工资表并存档___，输出信息为___工资发放登记表___。

二、管理/工作职责

1．业务主管单位及职责。

本流程业务主管单位为人力资源部，负责制定并调整薪酬福利方案、实施绩效考核、编制员工工资表等工作。

2．业务参与部门及其职责。

（1）总经办部门负责对人力资源部制定的薪酬福利方案进行审批工作。

（2）财务部门负责对薪酬福利预算进行分析，并测算财务承受能力。

（3）相关职能部门负责参加绩效考核。

三、流程依据的制度、标准及体系文件

本流程所依据的文件如下表所示。

流程参考文件列表

步骤名称	文件类型	文件名称
制定薪酬福利方案	制度	薪酬福利管理制度
实施绩效考核	制度	绩效考核管理制度

四、流程相关的表单记录

本流程所依据或生成的表单记录如下表所示。

流程依据/生成记录列表

步骤序号	表单名称	是否全部电子化	表单模板所依据的文件
第3步	薪酬福利预算说明表	是	
第5步	薪酬方案调整说明书	是	
第7步	绩效考核实施计划书 绩效考核表	是	
第9步	员工工资表	是	

五、流程关键环节

1．制定薪酬福利方案。

（1）人力资源部经理根据企业发展战略、在薪酬调查的基础上制定薪酬福利方案，并交由总经理审批。

（2）薪酬福利方案中包含薪酬福利总额的预算，预算是根据企业各岗位评价、职位信息、员工人数、工资构成项目等编制的。

2．分析薪酬福利预算。

薪酬主管人员对总经理审批后的薪酬福利方案进行预算分析，并由财务人员测算企业的财务承受能力。若财务承受能力超过企业的预算，则薪酬主管须对薪酬福利方案进行调整。

3．实施绩效考核。

绩效主管根据调整后的薪酬福利方案组织进行员工的绩效考核，各职能部门负责人与绩效主管共同负责员工的各项绩效考核工作，为薪酬发放提供依据。

4．编制员工工资表。

薪酬主管根据员工绩效考核结果编制员工工资表，经总经理审批通过后，财务人员按工资表进行员工工资的发放工作。

第 11 章

企业行政后勤流程设计

11.1 行政后勤管理机构

11.1.1 行政后勤管理总体结构

中小企业行政后勤管理包括办公用品及设施管理、会议与接待管理、车辆管理、行政公文管理、保卫与环境保护管理、食堂宿舍管理六大工作事项，具体的结构如图 11-1 所示。

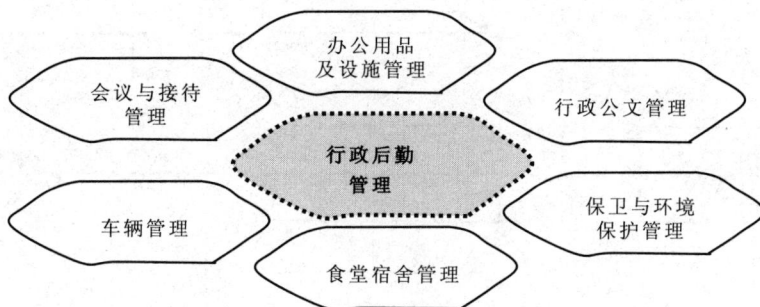

图 11-1　行政后勤管理总体结构

11.1.2 行政后勤管理工作重点

企业后勤行政管理工作归纳起来涵盖行政事务管理、后勤管理两个主要方面，具体内容如图 11-2 所示。

重点1：行政事务管理

对日常行政事务进行管理，提高工作效率和办事能力等，确保各项日常行政事务顺利开展

行政后勤

重点2：后勤管理

负责对宿舍、食堂、水电、办公用品、零星修缮、部分固定资产、卫生、环境、车辆的管理

图 11-2　行政后勤管理工作重点

11.2 办公设施用品管理

11.2.1 办公设施管理流程

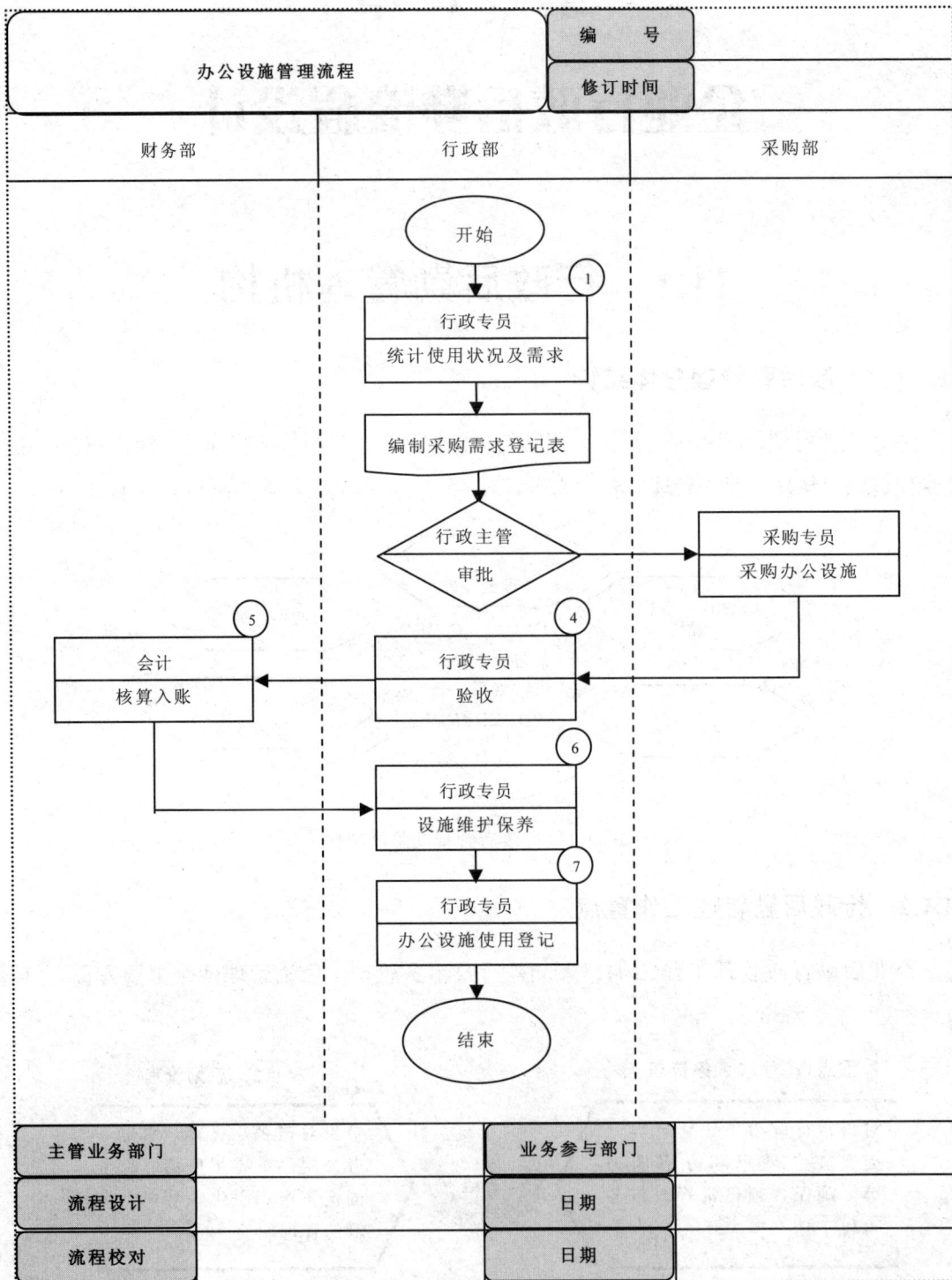

| 办公设施管理流程 | 编　　号 | |
| | 修订时间 | |

财务部	行政部	采购部

开始

① 行政专员
统计使用状况及需求

编制采购需求登记表

行政主管
审批

采购专员
采购办公设施

⑤ 会计
核算入账

④ 行政专员
验收

⑥ 行政专员
设施维护保养

⑦ 行政专员
办公设施使用登记

结束

主管业务部门		业务参与部门	
流程设计		日期	
流程校对		日期	

11.2.2 办公设施管理流程说明文件

办公设施管理流程说明

流程名称：办公设施管理流程		流程编号：	
编制部门：行政部		日期： 年 月 日	

一、流程简介

1．流程内容：关于办公用品使用管理的全过程。

2．流程的起止点：本流程由 统计使用状况及需求 事件触发，输入信息为 办公设施采购需求统计登记表 ；本流程结束状态为 办公设施使用登记 ，输出信息为 办公用品使用情况登记表 。

二、管理/工作职责

1．业务主管单位及职责。

本流程业务主管单位为行政部，负责办公设备的需求统计、领用、保管、维护及成本控制工作。

2．业务参与部门及其职责。

（1）采购部门负责采购物品的采购工作。

（2）财务部负责采购物品核算入账工作。

三、流程依据的制度、标准及体系文件

本流程所依据的文件如下表所示。

流程参考文件列表

步骤名称	文件类型	文件名称
统计使用状况及需求	工作标准	办公设施需求指标管理规定
采购办公设施	制度	公司采购管理制度
设施维护保养	制度	办公设施维护保养管理制度
办公设施使用登记	工作标准	办公设施领用管理规定

四、流程相关的表单记录

本流程所依据或生成的表单记录如下表所示。

流程依据/生成记录列表

步骤序号	表单名称	是否全部电子化	表单模板所依据的文件
第1步	物品使用情况汇总表单 物资需求登记表	否	
第4步	验收物品清单	是	
第5步	办公设施入账登记	是	
第6步	设施维护保养记录	否	
第7步	办公设备使用情况登记表	是	

五、流程关键环节

1．统计使用状况及需求。

行政专员在对办公设备总需求的统计时，要做到准确无误，保证满足现阶段需求，同时避免浪费。

2．行政主管审批。

行政主管在审批时，一定要做好成本的核算和控制，尽量控制在预算以内。

3．设施维护保养。

行政部要做好新进办公设备的检查维护工作，保证设备的完整性和安全性。检查的项目包括办公设施是否符合使用标准、是否存在隐患、设备配件是否正常等。

六、流程存在的问题和改进建议

1．存在的问题：缺少对办公设施使用情况的监督。

2．改进建议：在整个过程中增加监督过程，同时由总经理对整个计划进行审批。

11.2.3 办公用品管理流程

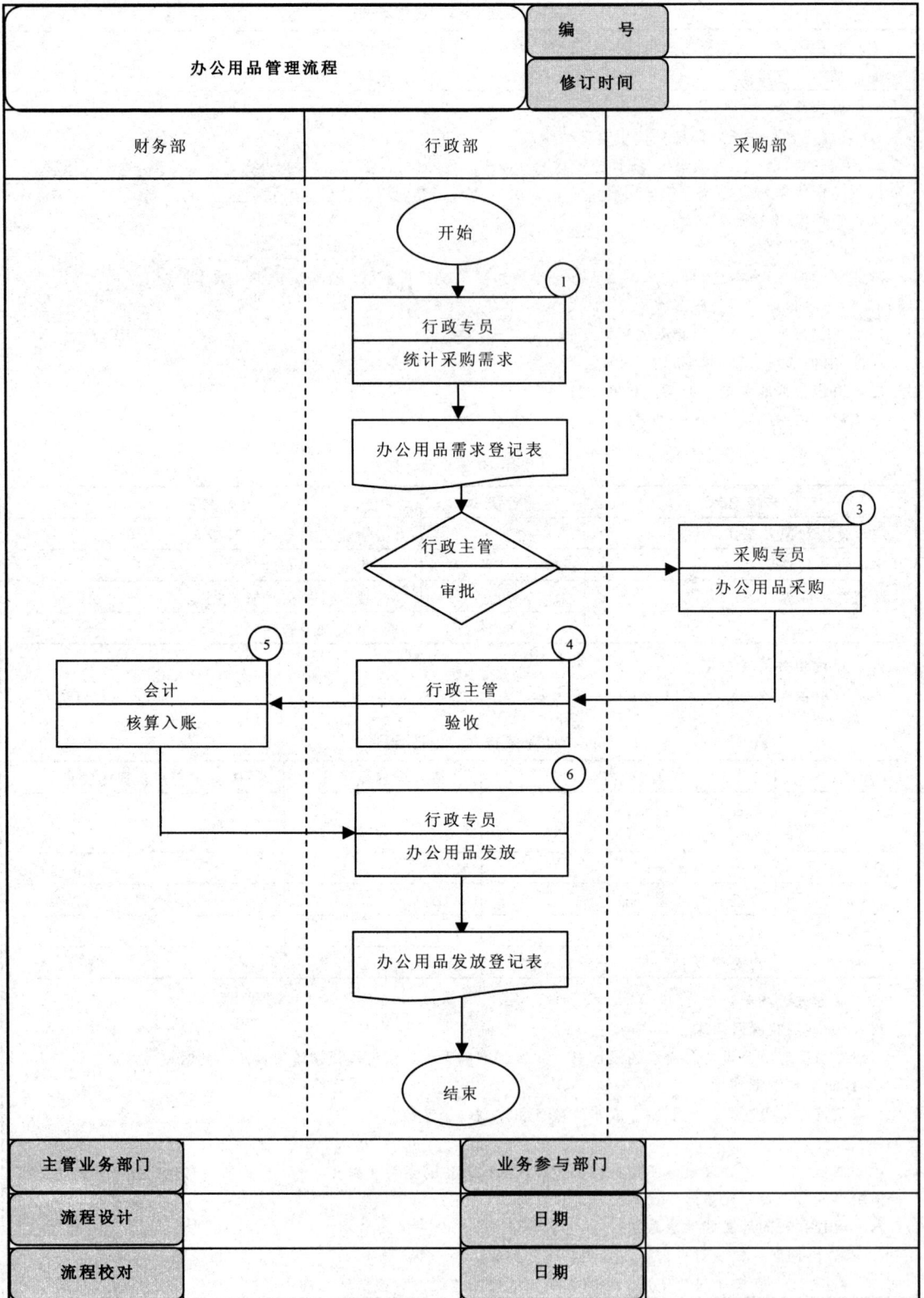

办公用品管理流程	编　号	
	修订时间	

财务部	行政部	采购部

```
                              开始
                               │
                               ▼
                        ┌─────────────┐ ①
                        │   行政专员   │
                        ├─────────────┤
                        │  统计采购需求 │
                        └─────────────┘
                               │
                               ▼
                        ╱─────────────╲
                       │办公用品需求登记表│
                        ╲─────────────╱
                               │
                               ▼
                         ╱─────────╲              ┌─────────────┐ ③
                        ╱ 行政主管  ╲             │   采购专员   │
                        ╲   审批    ╱────────────▶├─────────────┤
                         ╲─────────╱              │  办公用品采购 │
                                                  └─────────────┘
        ┌─────────────┐ ⑤        ┌─────────────┐ ④      │
        │    会计     │          │   行政主管   │        │
        ├─────────────┤◀─────────├─────────────┤◀───────┘
        │  核算入账    │          │    验收     │
        └─────────────┘          └─────────────┘
               │                 ┌─────────────┐ ⑥
               │                 │   行政专员   │
               └────────────────▶├─────────────┤
                                 │  办公用品发放 │
                                 └─────────────┘
                                        │
                                        ▼
                                 ╱─────────────╲
                                │办公用品发放登记表│
                                 ╲─────────────╱
                                        │
                                        ▼
                                      结束
```

主管业务部门		业务参与部门	
流程设计		日期	
流程校对		日期	

11.2.4 办公用品管理流程说明文件

办公用品管理流程说明

流程名称：办公用品管理流程	流程编号：
编制部门：行政部	日期： 年 月 日

一、流程简介

1. 流程内容：关于办公用品管理全过程。

2. 流程的起止点：本流程由 ___统计采购需求___ 事件触发，输入信息为 ___办公用品需求登记表___ ；本流程结束状态为 ___办公用品发放___ ，输出信息为 ___办公用品发放登记表___ 。

二、管理/工作职责

1. 业务主管单位及职责。

本流程业务主管单位为行政部，负责办公用品的计划、申请、领用、分发的工作。

2. 业务参与部门及其职责。

（1）采购部负责办公用品的采购工作。

（2）财务部负责采购物品核算入账的工作。

三、流程依据的制度、标准及体系文件

本流程所依据的文件如下表所示。

流程参考文件列表

步骤名称	文件类型	文件名称
统计采购需求	工作标准	年度采购需求统计工作标准
办公用品采购	制度	采购物品工作管理制度
验收	工作标准	办公用品验收管理标准
核算入账	制度	财务核算管理制度
办公用品发放	工作标准	办公用品分发工作标准

四、流程相关的表单记录

本流程所依据或生成的表单记录如下表所示。

流程依据/生成记录列表

步骤序号	表单名称	是否全部电子化	表单模板所依据的文件
第1步	办公用品需求登记表	是	
第3步	办公用品采购表	是	2013年办公用品汇总登记管理规定
第4步	办公用品验收登记表	否	2013年办公用品领用管理规定
第5步	办公用品核算报表	是	2013年财务核算入账管理规定
第6步	办公用品发放登记表	否	

五、流程关键环节

1. 统计采购需求。

行政部在统计办公用品时，要做到准确性和全面性，能够满足员工需求，同时避免浪费。

2. 行政主管审批。

行政主管在审批时，一定要做好成本的核算和控制，尽量控制在预算以内。

3. 办公用品采购。

采购部在采购物品时，要保证物品的安全和适用性，符合员工申请的需求。

六、流程存在的问题和改进建议

1. 存在的问题：缺少对领用物品的监督管理工作。

2. 改进建议：行政部应安排专门人员，对领用物品进行定期检查和维护。

11.3 会议与接待管理

11.3.1 来客接待管理流程

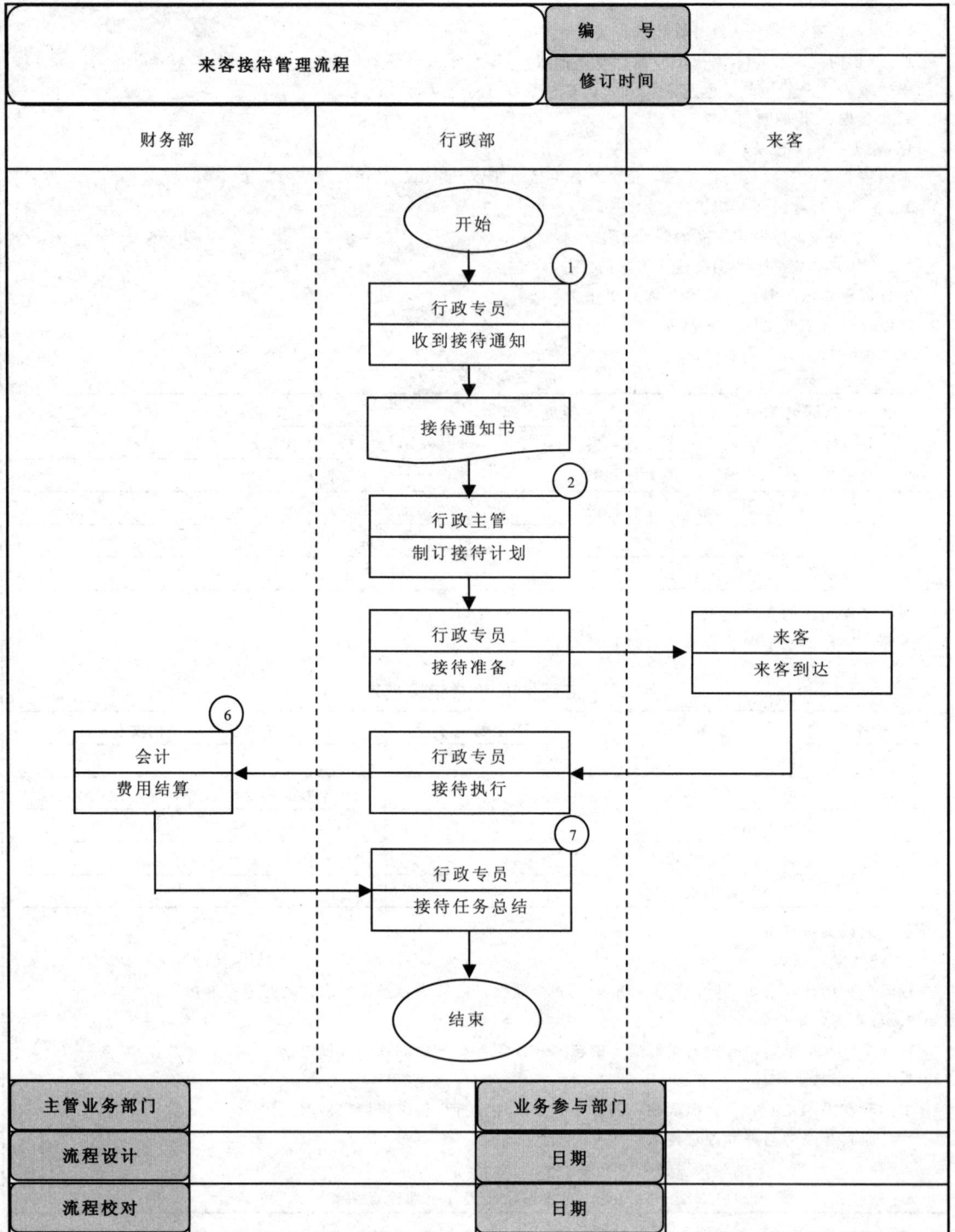

来客接待管理流程		编 号	
		修订时间	
财务部	行政部	来客	

```
                         ┌─────────┐
                        (  开始   )
                         └────┬────┘
                              ↓              ①
                      ┌──────────────┐
                      │   行政专员    │
                      ├──────────────┤
                      │  收到接待通知  │
                      └──────┬───────┘
                              ↓
                      ┌──────────────┐
                      │  接待通知书    │
                      └──────┬───────┘
                              ↓              ②
                      ┌──────────────┐
                      │   行政主管    │
                      ├──────────────┤
                      │  制订接待计划  │
                      └──────┬───────┘
                              ↓
                      ┌──────────────┐      ┌──────────────┐
                      │   行政专员    │─────→│    来客       │
                      ├──────────────┤      ├──────────────┤
                      │   接待准备    │      │   来客到达     │
                      └──────────────┘      └──────┬───────┘
         ⑥                                         │
  ┌──────────────┐      ┌──────────────┐           │
  │    会计      │←─────│   行政专员    │←──────────┘
  ├──────────────┤      ├──────────────┤
  │   费用结算    │      │   接待执行    │
  └──────┬───────┘      └──────────────┘
         │                      ↓              ⑦
         │              ┌──────────────┐
         │              │   行政专员    │
         └─────────────→├──────────────┤
                        │  接待任务总结  │
                        └──────┬───────┘
                                ↓
                         ┌─────────┐
                        (  结束   )
                         └─────────┘
```

主管业务部门		业务参与部门	
流程设计		日期	
流程校对		日期	

11.3.2 来客接待管理说明文件

来客接待管理流程说明

流程名称：来客接待管理流程	流程编号：
编制部门：行政部	日期： 年 月 日

一、流程简介

1．流程内容：关于企业开展来客接待工作全过程。

2．流程的起止点：本流程由 收到接待通知 事件触发，输入信息为 来客接待通知 ；本流程结束状态为 接待任务总结 ，输出信息为 接待任务总结报告 。

二、管理/工作职责

1．业务主管单位及职责。

本流程业务主管单位为行政部，负责接待计划制订、接待工作准备、接待工作执行及接待总结等工作。

2．业务参与部门及其职责。

财务部门负责来客接待的费用结算工作。

三、流程依据的制度、标准及体系文件

本流程所依据的文件如下表所示。

流程参考文件列表

步骤名称	文件类型	文件名称
制订接待计划	制度	企业接待管理制度
接待准备	工作标准	来客接待工作标准
接待执行	工作标准	来客接待工作标准
费用结算	制度	接待费用结算管理制度
接待任务总结	制度	接待任务总结管理制度

四、流程相关的表单记录

本流程所依据或生成的表单记录如下表所示。

流程依据/生成记录列表

步骤序号	表单名称	是否全部电子化	表单模板所依据的文件
第1步	接待通知书	是	
第2步	接待计划表	否	
第6步	费用核算报表	是	
第7步	接待总结工作报告	否	

五、流程关键环节

1．收到接待通知。

接待人员在接待来宾的过程中要询问好客宾来访的目的和内容，以便公司领导准备会谈事宜。

2．制订接待计划。

接待计划应包含接待计划、接待方针、接待规格、接待人员的安排上，要准备好接待环节中需要用到的必需品，同时后勤部在安排客人等候时，要做好安抚工作，让客人感到满意和舒心。

3．接待执行。

接待人员要充分考虑来访客人的目的，安排好接待的时间、地点、内容和时间。

4．接待任务总结。

行政人员要对本次接待进行系统和全面地总结，以便日后所需。

六、流程存在的问题和改进建议

1．存在的问题：缺少接待管理特殊情况的处置过程。

2．改进建议：增加客人来访未完成目的相关流程。

11.3.3 会议组织管理流程

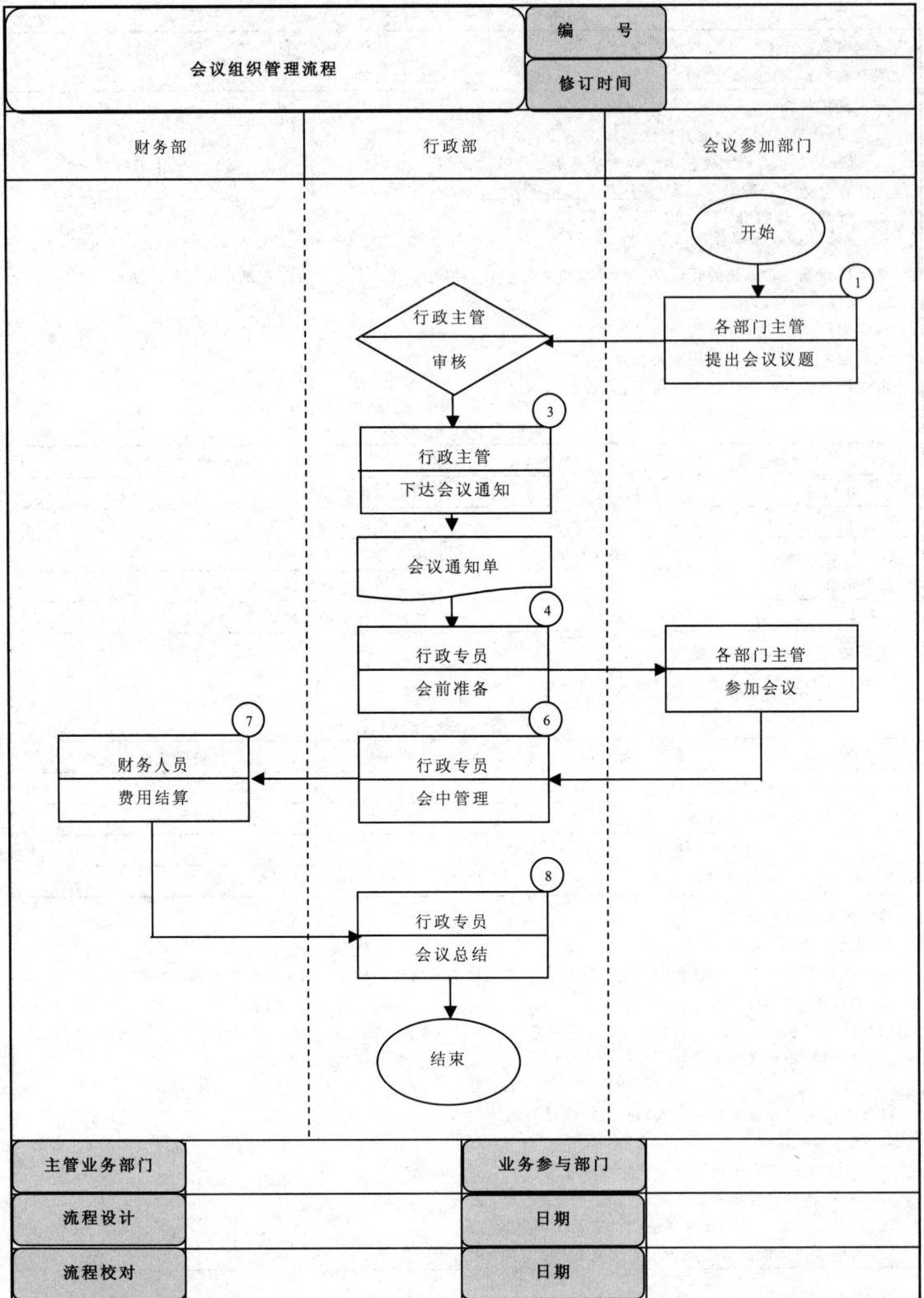

会议组织管理流程		编 号	
		修订时间	
财务部	行政部	会议参加部门	

```
                                              ┌──────────┐
                                              │   开始    │
                                              └────┬─────┘
                                                   │
                              ┌────────────┐       ▼        ①
                              ╱ 行政主管   ╲  ┌─────────────┐
                             ╱    审核     ╲─│  各部门主管   │
                              ╲            ╱  │  提出会议议题  │
                               ╲────┬────╱    └─────────────┘
                                    │③
                            ┌───────────────┐
                            │   行政主管      │
                            │  下达会议通知    │
                            └───────┬───────┘
                            ┌───────────────┐
                            │  会议通知单     │
                            └───────┬───────┘
                                    │④
                            ┌───────────────┐      ┌─────────────┐
                            │   行政专员      │─────▶│  各部门主管   │
                            │  会前准备       │      │  参加会议     │
                            └───────┬───────┘      └──────┬──────┘
            ⑦                       │⑥                     │
    ┌───────────────┐      ┌───────────────┐             │
    │   财务人员      │◀─────│   行政专员      │◀────────────┘
    │  费用结算       │      │  会中管理       │
    └───────┬───────┘      └───────────────┘
            │                       │⑧
            │              ┌───────────────┐
            └─────────────▶│   行政专员      │
                           │  会议总结       │
                           └───────┬───────┘
                                   ▼
                             ┌──────────┐
                             │   结束    │
                             └──────────┘
```

主管业务部门		业务参与部门	
流程设计		日期	
流程校对		日期	

11.3.4 会议组织管理流程说明文件

会议组织管理流程说明

流程名称：会议组织管理流程	流程编号：
编制部门：行政部	日期：　　年　月　日

一、流程简介

1．流程内容：关于企业组织会议管理全过程。

2．流程的起止点：本流程由 <u>各部门提出议题</u> 事件触发，输入信息为 <u>提出会议议题</u> ；本流程结束状态为 <u>会议总结</u> ，输出信息为 <u>会议总结</u> 。

二、管理/工作职责

1．业务主管单位及职责。

本流程业务主管单位为行政部，负责对会议的审核、传达、准备、执行、总结工作。

2．业务参与部门及其职责。

（1）财务部负责对会议费用的控制和结算。

（2）会议参与部门负责提出会议议题的工作。

三、流程依据的制度、标准及体系文件

本流程所依据的文件如下表所示。

流程参考文件列表

步骤名称	文件类型	文件名称
提出会议议题	工作标准	会议议题制定标准
下达会议通知	制度	会议通知管理制度
会前准备	工作标准	会议安排管理标准
会中管理	工作标准	会议主持管理标准
费用结算	制度	会议费用管理制度
会议总结	制度	会议总结管理制度

四、流程相关的表单记录

本流程所依据或生成的表单记录如下表所示。

流程依据/生成记录列表

步骤序号	表单名称	是否全部电子化	表单模板所依据的文件
第1步	会议议题拟定报告	是	
第3步	会议通知单	否	
第4步	会前准备清单	是	
第6步	会议项目评审表	是	
第7步	会议费用核算报表	是	
第8步	会议总结	否	

五、流程关键环节

1．行政主管审核。

行政部在审核时要确定会议议题的合理性和实用性，提前分析会议的目标。

2．下达会议通知。

行政部在下达会议通知时一定要及时迅速地将会议举行的时间、地点、内容、参与部门名称下发到各部门，以便各参加部门能提前做好会议的准备。

3．会前准备。

在准备会议的过程中，要全面地收集有关会议的资料，迅速布置会场环境，为会议的召开提供一个健康正常的环境。

4．会中管理。

会中管理一定要控制好会议的时间和氛围，确保会议正常有效地进行。

六、流程存在的问题和改进建议

1. 存在的问题：会议参与部门较少，会议思路不开阔。

2. 改进建议：增加参加与会部门。

11.4　车辆管理

11.4.1　车辆使用管理流程

车辆使用管理流程		编　号	
		修订时间	
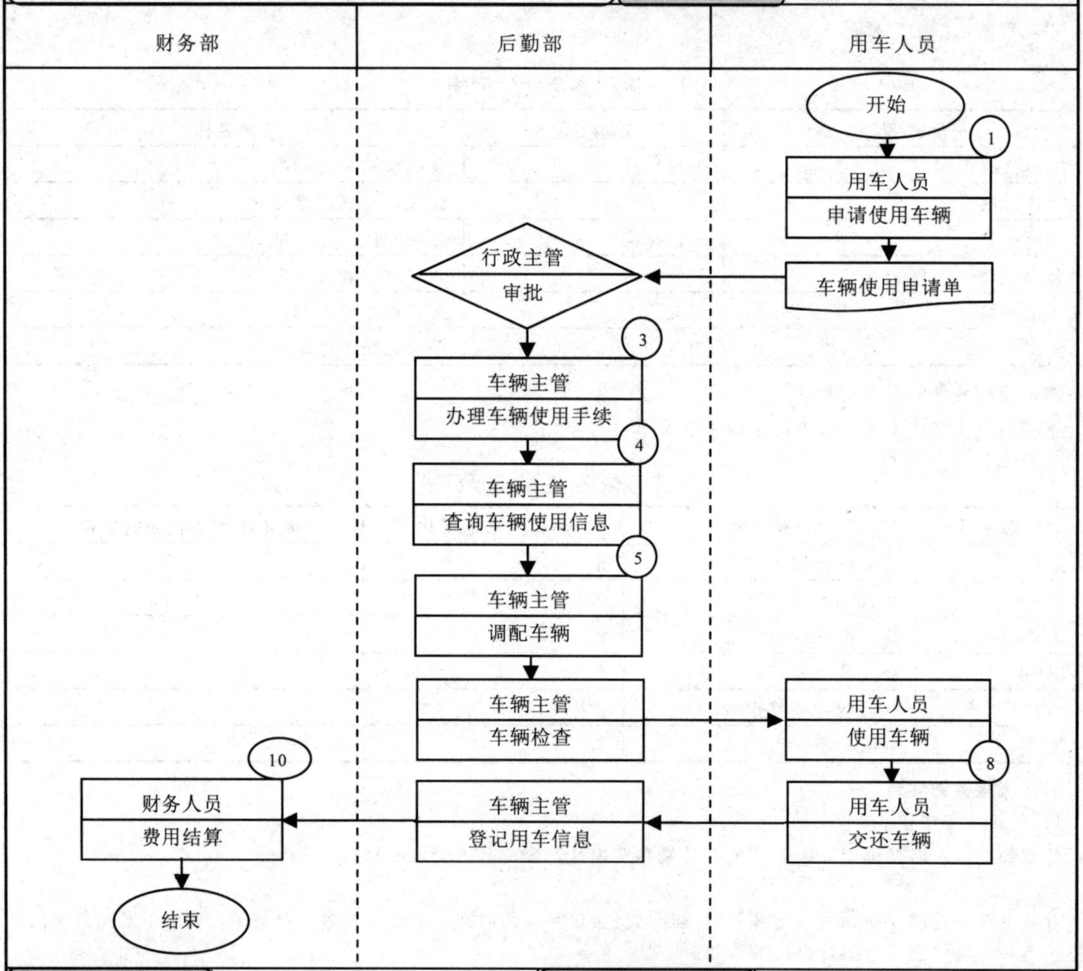 财务部	后勤部	用车人员	

开始

1　用车人员　申请使用车辆

车辆使用申请单

行政主管　审批

3　车辆主管　办理车辆使用手续

4　车辆主管　查询车辆使用信息

5　车辆主管　调配车辆

车辆主管　车辆检查　→　用车人员　使用车辆

10　财务人员　费用结算　←　车辆主管　登记用车信息　←　8　用车人员　交还车辆

结束

主管业务部门		业务参与部门	
流程设计		日期	
流程校对		日期	

11.4.2 车辆使用管理流程说明文件

车辆使用管理流程说明

流程名称：车辆使用管理流程		流程编号：	
编制部门：后勤部		日期： 年 月 日	

一、流程简介

1．流程内容：关于企业车辆使用管理全过程。

2．流程的起止点：本流程由 ___申请使用车辆___ 事件触发，输入信息为 ___车辆使用申请单___ ；本流程结束状态为 ___费用结算___ ，输出信息为 ___车辆使用费用结算表___ 。

二、管理/工作职责

1．业务主管单位及职责。

本流程业务主管单位为后勤部，负责车辆的申请审核、调配、维护、登记等管理工作。

2．业务参与部门及其职责。

（1）行政部门负责协助查询车辆使用信息等工作。

（2）财务部负责车辆使用费用的结算工作。

三、流程依据的制度、标准及体系文件

本流程所依据的文件如下表所示。

流程参考文件列表

步骤名称	文件类型	文件名称
申请使用车辆	制度	车辆使用管理制度
办理车辆使用手续	制度	车辆使用管理制度
查询车辆使用信息	制度	车辆管理制度
车辆检查	工作标准	车辆使用检查工作标准
登记用车信息	制度	车辆使用管理制度
费用结算	制度	车辆使用费用管理制度

四、流程相关的表单记录

本流程所依据或生成的表单记录如下表所示。

流程依据/生成记录列表

步骤序号	表单名称	是否全部电子化	表单模板所依据的文件
第1步	车辆使用申请单	否	
第3步	车辆使用登记表	是	
第4步	车辆使用信息登记表	是	
第5步	车辆出库登记表	是	
第8步	车辆入库登记表	是	
第10步	费用结算报表	是	

五、流程关键环节

1．申请使用车辆。

企业人员在需要使用车辆时，应首先填写车辆使用申请单，标明车辆的用途和使用时间，以保证合理利用车辆。

2．车辆检查。

车辆检查包含车辆证件、车辆配件是否齐全，车辆各项指标是否正常等工作事项，在检查车辆时，检查人员要做到仔细认真，确保车辆出行的安全。

3．车辆使用。

车辆的申请者要注意保养被申请车辆，做到安全整洁。

4．登记车辆信息。

车辆主管人员在登记车辆信息时，要详细全面，确保下次车辆使用时，能够准确地收集到车辆的使用信息。

11.5 行政公文管理

11.5.1 公文收发管理流程

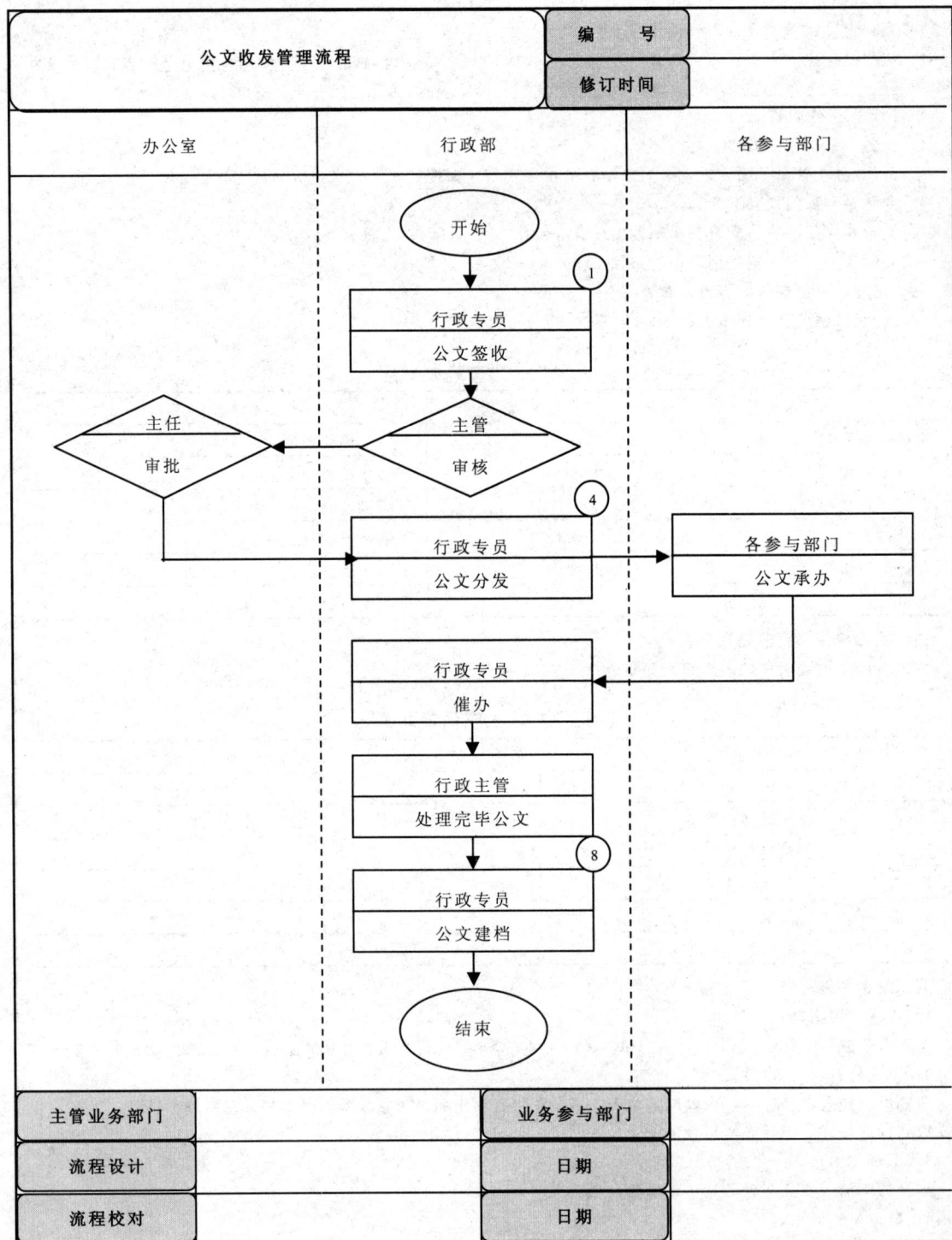

公文收发管理流程	编　　号	
	修订时间	

办公室	行政部	各参与部门

```
                        开始

                      ┌──────────┐ ①
                      │  行政专员  │
                      │  公文签收  │
                      └──────────┘

      ◇主任        ◇主管
       审批          审核

                      ┌──────────┐ ④        ┌──────────┐
                      │  行政专员  │ ───────→ │ 各参与部门 │
                      │  公文分发  │          │  公文承办  │
                      └──────────┘          └──────────┘

                      ┌──────────┐
                      │  行政专员  │ ←───────
                      │   催办    │
                      └──────────┘

                      ┌──────────┐
                      │  行政主管  │
                      │ 处理完毕公文 │
                      └──────────┘  ⑧

                      ┌──────────┐
                      │  行政专员  │
                      │  公文建档  │
                      └──────────┘

                        结束
```

主管业务部门		业务参与部门	
流程设计		日　期	
流程校对		日　期	

11.5.2 公文收发管理流程说明文件

公文收发管理流程说明

流程名称：公文收发管理流程	流程编号：
编制部门：行政部	日期：　　年　月　日

一、流程简介

1．流程内容：关于企业公文收发管理全过程。

2．流程的起止点：本流程由　接收公文　事件触发，输入信息为　公文签收　；本流程结束状态为　公文建档　，输出信息为　公文归档登记表　。

二、管理/工作职责

1．业务主管单位及职责。

本流程业务主管单位为行政部，负责公文签收、公文审核、公文分发、公文催办、公文处理、公文建档等管理工作。

2．业务参与部门及其职责。

（1）办公室主任负责对公文的审批工作。

（2）各参与部门负责公文的办理等相关工作。

三、流程依据的制度、标准及体系文件

本流程所依据的文件如下表所示。

流程参考文件列表

步骤名称	文件类型	文件名称
公文签收	工作标准	公文签收管理标准
公文分发	工作标准	公文分发管理标准
公文承办	工作标准	公文承办管理标准
公文建档	工作标准	公文建档管理标准

四、流程相关的表单记录

本流程所依据或生成的表单记录如下表所示。

流程依据/生成记录列表

步骤序号	表单名称	是否全部电子化	表单模板所依据的文件
第1步	公文接收记录单	是	
第4步	公文分发记录	是	
第8步	公文档案登记表	是	公文收发管理规定

五、流程关键环节

1．公文签收。

（1）把文稿内容同实际情况相比较，检查有无脱离实际情况的内容。

（2）公文接收后要及时交给上级领导审阅。

2．公文分发。

（1）公文在向各部门传达时要做到迅速、全面、准确。

（2）公文在传送的过程中要及时地做好记录，记录包括公文到达时间、公文内容、公文目的等。

3．公文催办。

行政部门负责公文催办，一般公文定期催办，重要公文重点催办，紧急公文跟踪催办，确保承办部门能够按时按量的完成公文内容。

4．公文建档。

（1）档案管理员要将归档文件以件为单位进行装订、分类、排列、编号、编目、装盒，使之有序化的过程。

（2）档案管理人员要及时、准确地建立档案、方便日后工作需要。

六、流程存在的问题和改进建议

1．存在的问题：缺乏公文处理的监督工作。

2．改进建议：由行政部组织专门人员对公文流程的过程进行监督完善。

11.6 保卫与环境保护

11.6.1 工厂保卫管理流程

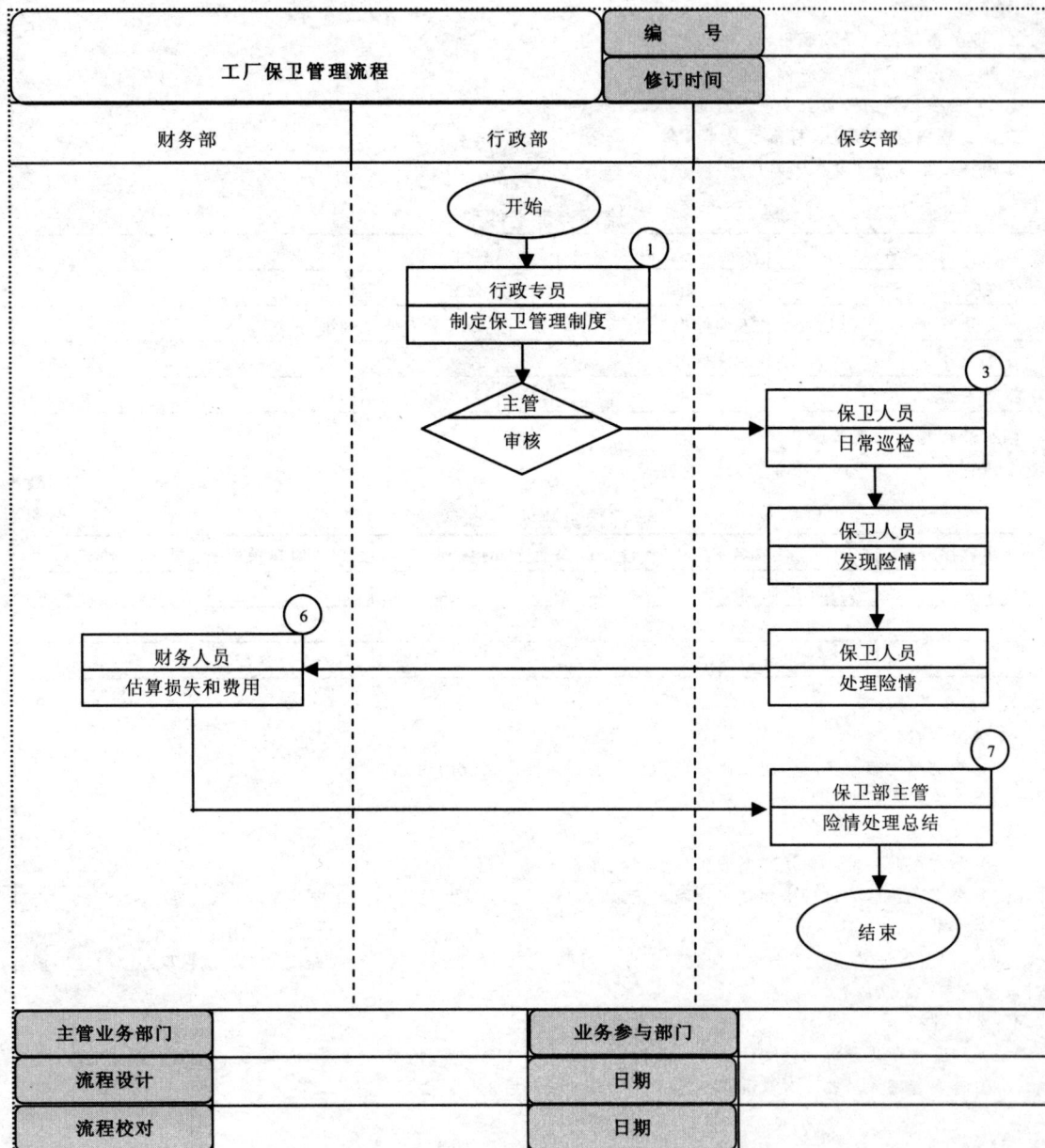

工厂保卫管理流程		编　号	
		修订时间	
财务部	行政部	保安部	

```
                              ┌─────────┐
                              │  开始   │
                              └────┬────┘
                                   │          ①
                              ┌────▼─────────┐
                              │   行政专员    │
                              │ 制定保卫管理制度│
                              └────┬─────────┘
                                   │
                              ╱────▼────╲                    ③
                             ╱   主管    ╲      ┌──────────┐
                             ╲   审核    ╱─────▶│  保卫人员 │
                              ╲─────────╱       │  日常巡检 │
                                                └────┬─────┘
                                                     │
                                                ┌────▼─────┐
                                                │  保卫人员 │
                                                │  发现险情 │
                                                └────┬─────┘
                   ⑥                                 │
        ┌──────────┐                            ┌────▼─────┐
        │  财务人员 │◀───────────────────────── │  保卫人员 │
        │估算损失和费用│                          │  处理险情 │
        └────┬─────┘                            └────┬─────┘
             │                                        │        ⑦
             │                                   ┌────▼──────┐
             └──────────────────────────────────▶│ 保卫部主管 │
                                                 │ 险情处理总结│
                                                 └────┬──────┘
                                                      │
                                                 ┌────▼────┐
                                                 │  结束   │
                                                 └─────────┘
```

主管业务部门		业务参与部门	
流程设计		日期	
流程校对		日期	

220

11.6.2 工厂保卫管理流程说明文件

工厂保卫管理流程说明

流程名称：工厂保卫管理流程	流程编号：
编制部门：保安部	日期： 年 月 日

一、流程简介

1．流程内容：关于企业工厂保卫管理全过程。

2．流程的起止点：本流程由 <u>制定保卫管理制度</u> 事件触发，输入信息为 <u>保卫管理制度草案</u> ；本流程结束状态为 <u>险情处理总结</u> ，输出信息为 <u>险情处理总结报告</u> 。

二、管理/工作职责

1．业务主管单位及职责。

本流程业务主管单位为保安部，负责工厂保卫的巡视、处理、总结、分析工作。

2．业务参与部门及其职责。

（1）行政部门负责制定保卫管理制度工作。

（2）财务部负责估算险情的处置费用和因险情所造成的损失。

三、流程依据的制度、标准及体系文件

本流程所依据的文件如下表所示。

流程参考文件列表

步骤名称	文件类型	文件名称
制定保卫管理制度	制度	公司保卫管理制度相关条例
日常巡检	工作标准	日常保卫管理工作标准
处理险情	制度	险情应急处理管理制度
估算损失和费用	制度	财产损失估算管理制度
险情处理总结	制度	工厂险情处理总结管理制度

四、流程相关的表单记录

本流程所依据或生成的表单记录如下表所示。

流程依据/生成记录列表

步骤序号	表单名称	是否全部电子化	表单模板所依据的文件
第1步	保卫制度说明书	否	
第3步	日常巡检记录表	是	
第6步	工厂损失明细表	是	
第7步	事故分析说明书	是	

五、流程关键环节

1．日常巡检。

（1）保安部巡检人员在进行日常巡检任务时要全面、仔细地巡检工厂的每一个区域和死角，确保有险情及时发现和及时处理。

（2）日常巡检包含工厂内的施工安全、工人个人防护安全、工厂防火安全、食堂和宿舍卫生、设备和工具安全使用等各项事宜。

2．发现险情。

（1）险情分为两类：一类是重大险情；一类是轻微险情。

（2）保卫人员在发现险情后，一定要做出迅速准确地判断险情的大小程度。如果是重大险情要迅速拨打报警电话，同时通知管理员组织疏散周围人员，确保人员安全。如果是轻微险情，要及时找到相关人员进行处理。

3．处理险情。

保安部保卫人员在处理险情时一定要注意人员的安全问题，确保人身安全。

4．险情处理总结。

险情处理完毕后，保安部要全面仔细地分析发生险情的原因，形成总结报告，报告中应包括险情发生原因、发生地点、发生时间等，并制订防护计划，避免同类险情多次发生。

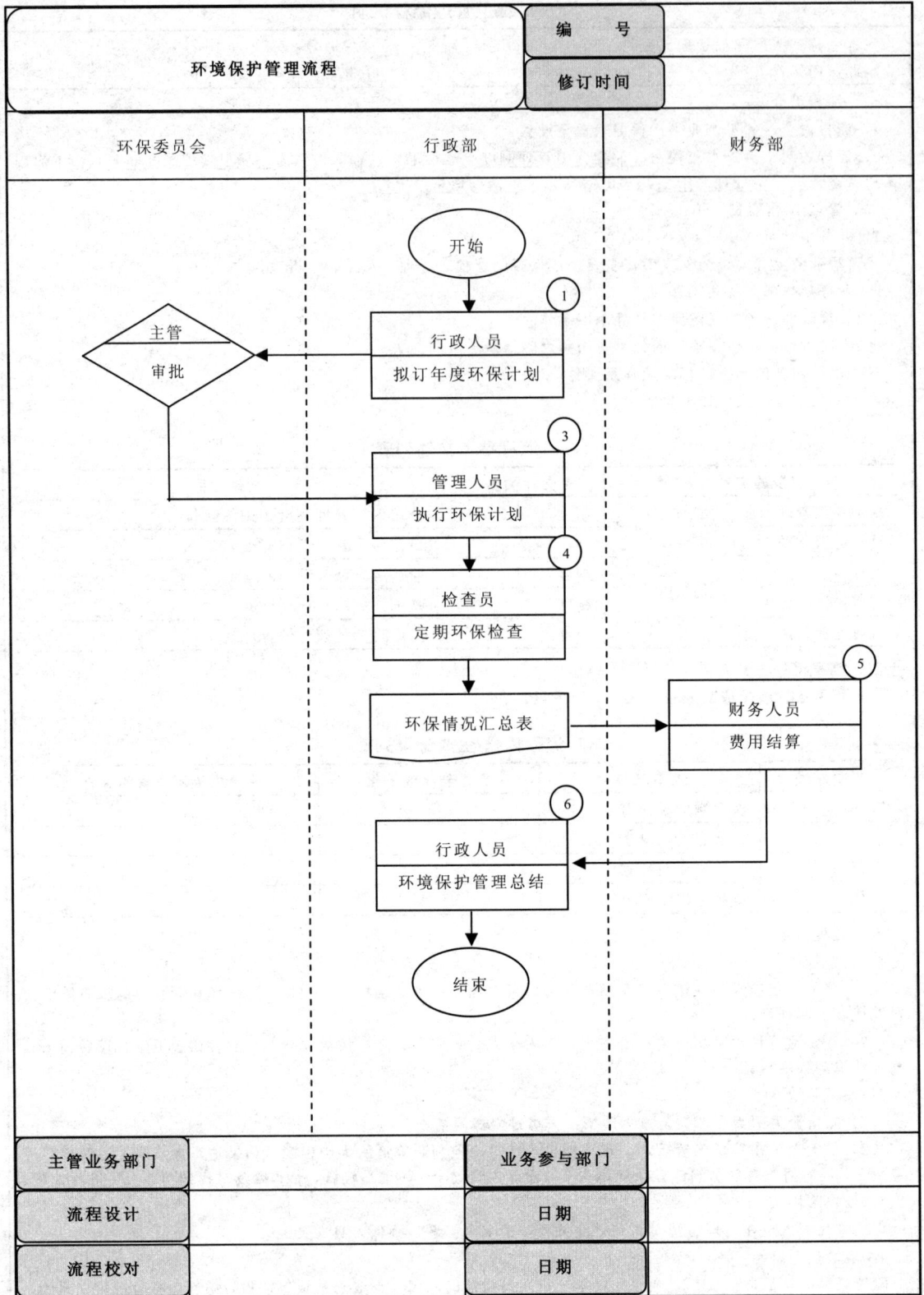

11.6.3 环境保护管理流程

环境保护管理流程		编　号	
		修订时间	
环保委员会	行政部	财务部	

```
                    ┌─────────┐
                    │   开始   │
                    └────┬────┘
                         │                    ①
   ┌──────────┐     ┌────┴────┐
   │  主管     │◄────│ 行政人员 │
   │  审批     │     │拟订年度环保计划│
   └────┬─────┘     └─────────┘
        │                               ③
        │           ┌─────────┐
        └──────────►│ 管理人员 │
                    │执行环保计划│
                    └────┬────┘
                         │                  ④
                    ┌────┴────┐
                    │ 检查员   │
                    │定期环保检查│
                    └────┬────┘
                         │
                    ┌────┴──────┐        ┌─────────┐  ⑤
                    │环保情况汇总表│──────►│ 财务人员 │
                    └───────────┘        │ 费用结算 │
                                         └────┬────┘
                         ⑥                    │
                    ┌─────────┐               │
                    │ 行政人员 │◄─────────────┘
                    │环境保护管理总结│
                    └────┬────┘
                         │
                    ┌────┴────┐
                    │   结束   │
                    └─────────┘
```

主管业务部门		业务参与部门	
流程设计		日期	
流程校对		日期	

11.6.4　环境保护管理流程说明文件

环境保护管理流程说明

流程名称：环境保护管理流程	流程编号：
编制部门：行政部	日期：　　年　月　日

一、流程简介

1．流程内容：关于环境保护管理全过程。

2．流程的起止点：本流程由　拟订年度环保计划　事件触发，输入信息为　本年度环保计划　；本流程结束状态为　环境保护管理总结　，输出信息为　环境保护管理总结报告　。

二、管理/工作职责

1．业务主管单位及职责。

本流程业务主管单位为行政部，负责环保计划的制订、实施、管理等工作。

2．业务参与部门及其职责。

（1）环保委员会负责年度环保计划的审核工作。

（2）财务部负责年度环保开销费用的结算，同时为下一年度环保计划的费用做好预算和成本控制。

三、流程依据的制度、标准及体系文件

本流程所依据的文件如下表所示。

流程参考文件列表

步骤名称	文件类型	文件名称
拟订年度环保计划	工作标准	年度环保计划拟订工作标准
执行环保计划	制度	环保计划执行制度
定期环保检查	制度	定期环保检查制度
费用结算	制度	环保计划费用结算管理规定

四、流程相关的表单记录

本流程所依据或生成的表单记录如下表所示。

流程依据/生成记录列表

步骤序号	表单名称	是否全部电子化	表单模板所依据的文件
第1步	年度环保计划说明书	否	
第3步	环保计划执行说明书	是	
第4步	环保情况汇总表	否	
第5步	环保费用结算报表	是	
第6步	环境保护管理总结报告	否	

五、流程关键环节

1．制订年度环保计划。

（1）年度环保计划包含年度环保的工作任务、年度环境保护的宣传、年度环境保护的日常工作等。

（2）在制订年度环保计划时要仔细考虑公司现有的条件，制订合理的环保计划。

2．执行环保计划。

年度环保计划的实施中要严格按照环境保护管理规定执行，不可马虎大意。

3．定期环保检查。

（1）定期检查的项目包含车间生产安全环境、车间流水线运转环境、施工现场环境、环境卫生安全、易燃易油品及化学品的管理程序等各项工作的检查。

（2）定期检查人员要贯彻落实公司关于环境保护管理的各项规定，真正地把环境保护方针应用到实际中去。

4．环境保护管理总结。

（1）对本年度环境保护工作进行总结，同时制订下一年度的环境保护计划。

（2）环保工作的总结包括成本控制的程度、管制措施的施行情况、环保检查的有效情况等事项。

六、流程存在的问题和改进建议

1．存在的问题：本流程只有环保计划的制订和环保委员会进行审批，缺少必要的监督和管制。

2．改进建议：增加总经理在环保管理过程中的职责权限。